Helmuth Meißner
Evangelischer Kirchenbau in Oberfranken
im 20. Jahrhundert

CHW-Monographien

Im Auftrag des Colloquium Historicum Wirsbergense
herausgegeben von
Günter Dippold und Ekkehard Klement

Band 5

Helmuth Meißner

Evangelischer Kirchenbau
in Oberfranken
im 20. Jahrhundert

Lichtenfels 2003

Die laufende Arbeit des Colloquium Historicum Wirsbergense wird vom Bezirk Oberfranken und einer Reihe oberfränkischer Landkreise und Gemeinden regelmäßig unterstützt.

ISBN 3-87735-175-1
ISSN 1437-4552

Colloquium Historicum Wirsbergense – Heimat- und Geschichtsfreunde am Obermain e. V.
1. Vorsitzender: Dr. Günter Dippold, Brückleinsgraben 1, D-96215 Lichtenfels

Kommissionsverlag: H. O. Schulze, Marktplatz 15, D-96215 Lichtenfels
Ausbelichtung: Fotosatz Günter Menzner, Grub a. Forst
Druck und Verarbeitung: Maintal-Druck, Mainleus

Inhalt

Vorwort

Kirchenbau im 20. Jahrhundert ist Zeichen einer Zeitgeschichte, die wir alle zu einem mehr oder weniger großen Anteil selbst miterlebt haben. Diese Kirchen werden kaum von Touristen aufgesucht und manch einer würde lieber in einer schönen, alten Kirche heiraten als in der vielleicht schmucklosen Nachkriegskirche seiner Heimatgemeinde. Diese Einstellung spiegelt sich auch in der Literatur über den Kirchenbau wider, die den Blick vor allem auf die Kirchen der Gotik, des Barock und der Markgrafenzeit richtet.

Dass Helmuth Meißner sich nun nach der Beschäftigung mit den früheren Jahrhunderten an die Aufzeichnung der Baugeschichte der oberfränkischen Kirchen im 20. Jahrhundert gewagt hat, ist ein besonderer Glücksfall für unsere Region. Ja, die Baugeschichte der Kirchen, die Helmuth Meißner hier für Oberfranken zeichnet, ist zugleich auch eine Zeitgeschichte. Die Darstellung zeigt sehr plastisch, wie sich die gesellschaftliche Realität in direkter Weise auf kirchliche Architektur und kirchliches Bauwesen auswirkt. So sind es nicht nur die deutlichen Einschnitte, die die beiden Weltkriege in das 20. Jahrhundert gerissen haben, sondern auch die veränderten Rahmenbedingungen der Moderne, von denen der Kirchenbau beeinflusst ist.

Gab es in den ersten zwanzig Jahren nach dem zweiten Weltkrieg vor allem durch die vielen Flüchtlinge bedingt eine regelrechte Neubauwelle, wird schon Ende der 60er Jahre der sakrale Kirchenbau an sich in Frage gestellt. Der Gemeinde-aufbau fordert funktionale und kommunikative Mehrzweckräume. Ist es noch zeitgemäß, für den modernen Menschen ausschließlich sakral zu nutzende Gebäude zu bauen? Wie kann eine Kirchenkunst im Zeitalter der Postmoderne aussehen? All diese Fragen beleuchtet der vorliegende Band.

Neben den reinen Neubauten wurden aber auch viele Umbauten und Veränderungen an schon bestehenden Kirchen vollzogen. Helmuth Meißner zeigt auch hier sehr eindrücklich die Tendenzen und Neuerungen in den architektonischen und nutzungsbezogenen Konzepten auf.

Didaktisch führt das Buch in spannender Weise an die Materie heran: Nach einem Überblick in die Phasen der Kirchenbaugeschichte des 20. Jahrhunderts wird man hineingenommen in die Überlegungen, die bei Umgestaltungen, dann aber auch bei den Neubauten eine Rolle spielten.

Mit diesem „Handwerkszeug" ausgestattet lässt sich der nachfolgende Katalog der Neubauten sehr leicht lesen und verstehen. Insofern ist der vorliegende Band auch für ein breiteres Publikum interessant und es bleibt zu hoffen, dass dies viele Leserinnen und Leser auch so sehen.

Den größten Dank schulden wir aber alle Helmuth Meißner, dass er mit diesem wie auch den vorausgegangenen Bänden überhaupt begonnen hat, die Schätze des Kirchenbaus in Oberfranken zu heben. Jeder, der hier schon einmal nach Literatur gesucht hat, weiß, wie unerschlossen dieses Feld bisher war. Helmuth Meißners Darstellungen zu den einzelnen Jahrhunderten stellen hier eine Basis dar, deren Wert kaum zu ermessen ist. Interessant für den „Einsteiger", aber auch für die, die weiter graben wollen und vielleicht die eine oder andere Kirche besuchen und sich für deren Entstehungsgeschichte interessieren. Wie wurde in den Zeiten, als dieses Gotteshaus gebaut oder umgestaltet wurde, der Glaube symbolhaft zum Ausdruck gebracht? Aber auch: Wie wird dies in unseren Tagen empfunden und was mag die jeweilige Gestaltung für die Gemeinde bedeuten, die sich heute, hier in dieser Kirche versammelt? Kirchen sind ein Abbild der Kulturgeschichte Oberfrankens und ich denke, nur dann, wenn man sich diese Geschichte erschließt, bewahrt aber auch gewinnt man seine eigene Identität. So hoffe ich, dass dieses Buch einlädt, unsere Heimat zu erforschen und ihren geistlichen Wurzeln nachzuspüren.

Bayreuth, im September 2003

Wilfried Beyhl
Regionalbischof des evangelisch-lutherischen Kirchenkreises Bayreuth

1. Einleitung

1.1. Untersuchungszeit und -bereich

Mit dem Ende des bayerischen Königtums schloss die Arbeit über den oberfränkischen Kirchenbau im 19. Jahrhundert.[1] Während des Ersten Weltkriegs war als letzte Kirche dieser Periode die von Redwitz mit einiger Mühe fertig gestellt worden.[2] Es dauerte dann fast ein Jahrzehnt, ehe wieder der Neubau einer evangelischen Kirche in Oberfranken vermeldet werden kann, obwohl eine ganze Reihe von Projekten seit den 90er Jahren des 19. Jahrhunderts intensiv betrieben wurde.

Das Ende des Ersten Weltkriegs brachte entscheidende Veränderungen: Eine politische Ära ging zu Ende, die für das Land Bayern den Abschluss einer jahrhundertelangen Monarchiehoheit und den Beginn einer demokratischen Regierungsform bedeutete. Für die christliche Kirche wurde eine einschneidende Zäsur dadurch eingeleitet, dass die regulierenden Zügel nicht mehr in der Hand des Königs – Summus Episcopus – lagen. Es entwickelte sich in jener Zeit eine Bewegung, mit der die Verantwortung auf die Basis der einzelnen Pfarrgemeinden und deren Gemeindeglieder verlagert wurde. Somit können nicht mehr die Persönlichkeiten an der Spitze des Landes, wie in den Jahrhunderten zuvor, zur Einteilung der einzelnen für den Kirchenbau relevanten Abschnitte herangezogen werden. Wir benötigen andere Gliederungsmomente. Als bestimmende Kriterien lassen sich Wendungen politischer Tendenzen sowie territoriale Veränderungen während des Jahrhunderts erkennen. 1920 bedeutete die Entscheidung der Bewohner des damaligen Freistaats Coburg für den Anschluss an Bayern nach dem Abdanken des letzten Herzogs 1918 ein wichtiges Ereignis, so dass nunmehr bis zum Jahrhundertende die Kirchen des Coburger Bereichs in unsere Aufmerksamkeit mit einbezogen sind.[3] Mit der Eingliederung des Dekanats Coburg (1921) wird der Untersuchungsbereich nahezu deckungsgleich mit dem Kirchenkreis Bayreuth.

Ein rascher Überblick verdeutlicht, dass die erste Periode nur von kurzer Dauer war und durch ein diktatorisches Regime abgelöst werden sollte. Obwohl sich für die Kirchenarchitektur keine wesentlichen Abweichungen gegenüber den Vorstellungen der vorausgehenden Zeit erkennen lassen und somit der Zeitraum zwischen 1918 und 1945 in der Kirchenbauentwicklung zusammenfassend behandelt werden kann, bedeutete das Jahr 1933, Beginn der Herrschaft des Nationalsozialismus, dennoch für das ganze Land und für die Kirche einen gravierenden Einschnitt.

Der Neuanfang nach dem Ende des Zweiten Weltkriegs ging auf dem Gebiet des Bauwesens zunächst zaghaft voran, setzte sich aber bald mit entschiedener Vehemenz und in fulminantem Ausmaß fort. Diese blühende Epoche eines aufstrebenden Wirtschaftswachstums geriet schließlich in eine Krise, die sich nicht exakt auf das Jahr festlegen, allenfalls über einen Zeitraum von etwa einem Jahrzehnt nach 1967 beobachten lässt und auf einigen Gebieten Konsequenzen verursachte: Sparmaßnahmen zwangen zu einem Umdenken auf dem Ressort der Bautätigkeit und führten zu teils drastischen Einschränkungen. Etwa um die gleiche Zeit brachten geopolitische Reformen Neuansätze mit Veränderungen an den Grenzen zu Mittelfranken und zur Oberpfalz: Es kam zu Ein- und Ausgliederungen von Orten mit Kirchen. Der zwischen 1968 und 1969 gewählte Zeitpunkt für die Nahtstelle zu einem weiteren Abschnitt der letzten Jahrhundertepoche mag als willkürlich erscheinen; er wird aufgrund eines gewissen baurelevanten Wandels gesetzt, der damals in der Entwicklung der Kirchengestaltung, speziell in unserem Bereich, zu verfolgen ist. So lassen sich die Kapitel nach Einschnitten gliedern, die etwa dem Generationenrhythmus entsprechen.

1.2. Kirchengeschichtliche Umwälzungen in der Zeit vom Ende des Ersten bis zum Ende des Zweiten Weltkriegs

1.2.1. Erste Phase: Die Zeit zwischen 1918 und 1933

Es wurde eingangs hingewiesen auf Projekte von Kirchenbauten, die damals längst in der Planung standen. Der Erste Weltkrieg ließ alle diese Vorhaben erlahmen. Die Zeit danach gebärdete sich ebenfalls mit Bergen von Problemen.

Was die politischen Vorgänge in Bayern betraf, so betrachtete die erste sozialdemokratische Regierung das landesherrliche Kirchenregiment als der Staatsgewalt zugehörig. Nachdem in der Nacht vom 7. zum 8. November 1918 in München die Revolution ausgebrochen war, der König fliehen und bald darauf abdanken musste, trat deutlich zutage – so stellt der Kirchenhistoriker Matthias Simon fest –, „daß die organisierte Kirche nicht mehr den Einfluß auf das Volk hatte, der ihr sonst in solcher Lage wichtigste Dienste ermöglicht hatte. Der Klerus hatte die Fühlung mit der verhetzten Bevölkerung immer mehr verloren".[4] „Der Entsittlichung weiter Gesellschaftskreise ging religiöse Interesselosigkeit zur Seite." Kirchenaustrittswellen nahmen ein „erschreckendes Ausmaß" an zwischen 1919 und 1925.[5]

Den Geistlichen gab man eine Mitschuld an Krieg und Kriegsverlängerung. Die von evangelischer Seite schon länger geforderte Beseitigung der geistlichen Schulaufsicht (bei der Generalsynode 1913) wurde schnell und definitiv ausgesprochen. Es bedurfte allerdings noch langwieriger Bemühungen, die sich über Jahre hinzogen, bis die damit verbundenen rechtlichen und finanziellen Fragen gelöst waren.[6]

Die Minister teilten zunächst die Befugnisse des Königs untereinander auf. Der Kultusminister fühlte sich als Oberbischof der protestantischen Kirche. Er beanspruchte die Rechte des Summus Episcopus.[7] Alle Beamten, auch Mitglieder des Oberkonsistoriums, wurden zur Abgabe einer Loyalitätserklärung gegenüber der neuen Regierung aufgefordert.[8] Aus „Zweckmäßigkeitsgründen" nahm man Abstand von einem förmlichen Einspruch. Erst die Weimarer Verfassung vom 11. August 1919 brachte einen „Kulturkompromiß" und damit eine grundsätzliche Änderung. Die Verfassungsurkunde in Religionsangelegenheiten garantierte „allen Staatseinwohnern volle Gewissensfreiheit, d. i. das Recht der freien religiösen Überzeugung und ihres Bekenntnisses".[9]

Das landesherrliche Kirchenregiment wurde mit Schreiben vom 2. Februar 1920 des Landtags für beendet erklärt. Ende Juni 1920 kam es zu einer neuen Kirchenverfassung und danach zum Zusammentritt der verfassungsgebenden Generalsynode mit 49 geistlichen und 98 weltlichen Abgeordneten. Es lassen sich im Umfeld der evangelischen Kirche von damals drei Strömungen erkennen, zwischen denen es aber zu keinen besonderen Auseinandersetzungen kam: die Altlutheraner (Hans Lauerer), der liberaler eingestellte Protestantische Laienbund (Dr. Christian Geyer) und der Bayerische Gemeinschaftsbund (theologisch geprägt von Adolf Schlatter).[10] Mit der Kirchenverfassung, verabschiedet am 10. September 1920, erfolgte danach die Wahl des bisherigen Oberkonsistorialpräsidenten D. Friedrich Veit zum Kirchenpräsidenten. Mit dem Inkrafttreten dieser Verfassung am 1. Januar 1921 bestand nunmehr die „Evangelisch-Lutherische Kirche" von Bayern.[11] Die Verfassung knüpfte an die im 19. Jahrhundert gewachsenen Strukturen an. Die Kirchengemeinde sollte eigene Rechtspersönlichkeit sein, das Recht zur Selbstverwaltung besitzen, innerhalb der für sie geltenden Gesetze ihre Angelegenheiten selbstständig verwalten und ordnen und ihre Ämter ohne Mitwirkung des Staates oder der bürgerlichen Gemeinde verleihen können.[12] Die Dekanatsbezirke erhielten – nach ihrer Neugliederung

damals – die „Qualität einer Selbstverwaltungskörperschaft auf mittlerer Ebene" im körperschaftlichen Aufbau der Landeskirche. Es erfolgte die Aufteilung in drei Kirchenkreise, in denen die Kreisdekane „oberhirtliche Tätigkeit" ausüben sollten, nämlich Ansbach, Bayreuth, München; ab 1935 kam dazu der Kirchenkreis Nürnberg. Die Leitung der Landeskirche lag bei den 90 Mitgliedern der Landessynode und des Landessynodalausschusses, die aus der Generalsynode resultierten. Die weiter gehenden, bisher beim Staat gelegenen Kompetenzen kamen unter das Gesetzgebungsrecht. Der Landeskirchenrat trat an die Stelle des Oberkonsistoriums mit dem endgültigen Sitz ab 1927 in München, damit der Kirchenpräsident – späterer Landesbischof – „sein Ohr am Pulsschlag der Landespolitik und der staatlichen Verwaltung" haben könne, so sagte man.[13]

Die Pfründestiftungen (Pfarrpfründen, Benefizien) wurden durch die Kirchengemeindeordnung nicht berührt. Sie unterstanden deshalb wie bisher der Genehmigung der Kreisregierung. Der Grundstock des Ortskirchenvermögens sollte ungeschmälert erhalten bleiben.[14] Kirchen und Kirchhöfe waren grund- und haussteuerfrei, Grundstücke und Gebäude, die unmittelbar zu Zwecken des Gottesdienstes dienten, frei von Gemeinde- und Kreisumlagen. Ferner bedurften Beschlüsse der ortskirchlichen Vertretungskörper in bestimmten Angelegenheiten zu ihrer Rechtsgültigkeit der Genehmigung der Staatsaufsichtsbehörde, so „bei Erwerb, Veräußerung oder Verpfändung eines Kirchen-, Einrichtungs- oder Ausstattungsgegenstandes im Werte von 1000 Mark oder mehr, bei Verpachtungen und Vermietungen auf mehr als 6 Jahre".[15]

Als in Coburg nach 1920 die Debatten begannen, welcher Landeskirche man sich anschließen könnte, hielt der dortige Oberkirchenrat zunächst einen Anschluss an die Thüringer Kirche für „denkbar". Auch aus bayerischer Sicht gab es erhebliche Vorbehalte wegen der liberalen Theologie des sächsisch-thüringischen Bereichs. Aus „praktischen Gründen" nahm man doch Verhandlungen mit der bayerischen Landeskirche auf und beschloss eine „Übergangszeit der Angleichung auf 50 Jahre". 1947 kam dann der Antrag aus dem Dekanat Coburg, die Laufzeit bereits nach 26 Jahren als beendet zu erklären.[16]

1921 gab es mit Coburg insgesamt 1 540 000 evangelische Mitglieder in der evangelisch-lutherischen Landeskirche, dies waren 24,2% der Bevölkerung im rechtsrheinischen Bayern, die sich in 67 Dekanate, 940 Pfarreien, 1006 Pfarrstellen aufgliederten.[17]

Das „Gemeindeprinzip" des Staatsvertrags von 1924 kam der Gründung von Werken der Barmherzigkeit zugute.[18] Was das kirchliche Leben in der Landeskirche betraf, so wurde 1920 die Agende überarbeitet, ein neues Gesangbuch angestrebt. Von Wunsiedel wissen wir, dass 1926 neben dem Diakonieverein ein Evangelischer Frauenbund gegründet wurde.[19] Die Übernahme der Schule durch den Staat erfolgte dort 1924.[20]

In Bayreuth, das nun seit 1921 nicht mehr Sitz des Konsistoriums, sondern nur noch eines Kreisdekans von Bayreuth war, kam es am 21. Februar 1921 zu einer ersten Kundgebung, bei der eine Stellungnahme von Oberkirchenrat Karl Prieser verlesen wurde. Die Stolgebühren (Gebühren für Taufen, Trauungen, Beerdigungen an die Pfarrer) sollten abgelöst werden, die so genannten „Beichtgelder", „um die seelsorgerliche Tätigkeit der Geistlichen von dem Odium des Gelderwerbs frei zu machen", nicht mehr erhoben werden. Dafür

kam es zur Einführung einer Kirchengemeindeumlage. Das neue Gesangbuch (altes seit 1854) übernahm man 1927.[21] 1928 wurde in der Stadt das Jean-Paul-Stift gegründet.[22] Die Errichtung von Gemeindehäusern erschien manchen Gemeinden in jener Zeit wichtiger als die von Kirchengebäuden. So wurden z. B. in Hof 1927 das Johanneshaus, 1929 das Lutherhaus erstellt, beide später zu Kirchen erweitert (Kat. 3.4. und 3.10.), 1927 eines in Rehau,[23] 1928 ein Kindergarten mit gottesdienstlichem Raum in Kulmbach-Ziegelhütten (Kat. 3.5 a/b.), 1929 eines in Bayreuth.[24]

Aus den Beschreibungen der einzelnen Kirchen im Katalogteil ist zu ersehen, dass aus finanziellen Gründen lange nicht an einen Kirchenbau gedacht werden konnte. Die Inflation 1923 ließ für viele Gemeinden ihr mühsam beschafftes Kapital zusammenschmelzen. Als Beispiel von vielen anderen sei hier Erkersreuth bei Selb genannt. Dort hatte der 1910 gegründete Kirchenbauverein bei Kriegsende 1918 ein Kapital in Höhe von 16 664,92 Mark angesammelt; am 1. Januar 1924 betrug der Kassenbestand noch 1 Pfennig.[25]

Dazu kam eine Gängelung in Kirchenbauangelegenheiten durch die Behörden, die noch Jahrzehnte später z. B. von dem Architekten Theodor Henzler gerügt wird. So sei mit den Planungsverfahren ähnlich vorgegangen worden wie in der Monarchie, behauptete er. Bestand auf Architektenseite ein gewisser Mut, neue Wege anzubahnen, so wollten die Pfarrgemeinden, Geistlichen oder auch die Behörden lieber ein Zurückgreifen auf „altbewährte" historische Stile, ähnlich denen im Jahrhundert davor; der Jugendstil war inzwischen überholt. Von Seiten der Kunstaufsicht wurde ein strenges Reglement ausgeübt, so dass oft mehrere Baupläne, bisweilen der Wechsel von Architekten gefordert waren. Dennoch konnte die kurze Zeit zwischen Inflation und Weltwirtschaftskrise (1929) in der architekturpolitischen Situation als „Zeit der Entspannung" bewertet werden; auch in unserem Bereich lässt sich ein gewisser baulicher Aufschwung erkennen.[26]

Bei der Tagung des Vereins für religiöse Kunst in der evangelischen Kirche in Berlin 1924 hielt Prof. Otto Bartning (1883–1959) einen Vortrag über evangelische Kultusgebäude (veröffentlicht 1925). Die wichtigsten Resultate daraus lassen sich in vier Punkten zusammenfassen: 1. Kunst im Gottesdienst ist nicht Dekoration und Verschönerung, sondern gestaltender Ausdruck des inneren Wesens. 2. Daher sollte es keinen Gottesdienst ohne Kunst, einschließlich der Wortkunst geben. 3. Notwendig sei die Verbindung eines einheitlichen gottesdienstlichen Typus mit gemeindlich bestimmter Mannigfaltigkeit. 4. Der evangelische Kultus sei aus den ihm eigentümlichen Ideen heraus zu gestalten, nicht in Nachahmung der römischen Messe.[27] Von Bartning gab es bereits eine Veröffentlichung von 1919, in der er dafür plädierte, den Altar nicht in einer Chornische zu platzieren, sondern nahe an die Gemeinde zu rücken, die Kanzel nicht seitwärts, sondern in die Mitte zu stellen, das Gestühl gegenüber der Kanzel geschlossen zu halten, ohne Mittelgang. Die Orgel könne hinter der Kanzel oder dem Altar, d. h. jedenfalls gegenüber der Gemeinde, postiert werden. Er wünschte keinen Turm, sondern nur „schlichte Dachreiter, den bescheidenen Mitteln angemessen".[28] In der Zeit nach dem Zweiten Weltkrieg sollte der Architekt durch die von ihm entwickelten Notkirchen noch große Bedeutung für den Kirchenbau kleiner und mittelloser Gemeinden erlangen.[29]

Mit den Leitsätzen des dritten Kirchenbaukongresses in Magdeburg 1928 wurde gefordert, den evangelischen Kultraum „schlechthin (als) Predigtkirche" zu sehen, als „Stätte einer Selbstkundgebung Gottes und des Verkehrs mit ihm und daher als Ganzes sakraler Raum". Die Heraushebung eines bevorzugten Teiles des „einheitlichen Raumes als Gnadenmittelstätte" werde am besten dadurch veranschaulicht, dass dem menschlichen Ich das göttliche Du gegenübertritt. In lutherischen Kirchen gebühre dem Altar die „Hauptstelle". Eine „Überordnung der Kanzel im Kanzelaltar" sei „nicht angemessen". Propagiert wird für die Kanzel (unter Nr. 5) die „amboartige Gestaltung und Aufstellung nach altchristlichem Vorbild". Der Taufstein habe Anspruch auf einen Platz im Altarraum; als Gegenstück zur Kanzel sei er nicht geeignet. Auf die Möglichkeit, den Kirchenraum erweitern oder verengen zu können, sei „stets Bedacht zu nehmen". Emporen könnten (höchstens) als „Mittel zu zeitweiser Raumerweiterung" angesehen werden.[30]

Auf einer Tagung des Kunst-Dienstes Dresden in Hamburg 1931 wurden Richtlinien für evangelische Gestaltung entwickelt,[31] zu denen folgende Prinzipien gehören: „Das Gotteshaus muss heute sowohl in seiner äusseren Erscheinung als auch in seiner räumlichen Wirkung von grösster Schlichtheit überzeugen." Es dürfe nicht zu einem Wettstreit mit Monumentalbauten der Großstädte kommen. Der Kirchturm in kleineren Ortschaften und auf dem Lande besitze seine volle Berechtigung. Ein Übergewicht der Kanzel sei keineswegs zu rechtfertigen, deshalb sollte auf einen Kanzelaltar von vornherein verzichtet werden, aber auch auf den auf einem „Stufenberg entrückten" Altar. Ein Gleichgewicht zwischen Altar und Kanzel sei wichtig. Weder Kanzel noch Altar komme „Heiligkeitscharakter" zu. Für das Taufgeschehen sei ein Stein oder ein Tisch möglich (Nr. 4). Der protestantische Kirchenraum solle hell und klar sein.[32]

Der von der breiten Meinung abweichende Walter Distel äußerte 1933 zum Chorbereich, dass das Bedürfnis nach einem besonderen Chorraume für die protestantische Kirche nicht bestehe. Es sei „nicht verwunderlich, wenn auch noch in den Kirchen der letzten drei Jahrzehnte der Anlage von Chören eine gewisse Bedeutung zukommt", da man immer noch von der Übernahme vorreformatorischer Kirchenanlagen überzeugt gewesen sei. Dabei zeige sich, dass „Kultgeräte vom Hauptraum abgeschnürt" würden und gewisse akustische Schwierigkeiten aufträten.[33]

Wenn es heißt, dass in den Städten ein Nachholbedarf an neuen Kirchenbauten bestand,[34] so galt dies in Oberfranken zwar für Bamberg und Hof, nicht für Bayreuth und Coburg. Besonders in Diasporagemeinden und Pfarreien, die starken Zuzug zu verzeichnen hatten, konnten ab 1926 neue Kirchen eingeweiht werden, allerdings in bescheidenen Ausmaßen. Ebenso kämpften in rein evangelischen Gebieten Gemeinden darum, auf weite Wege zur nächsten Kirche verzichten zu können und eine gottesdienstliche Stätte am eigenen Ort zu besitzen, wie wir dies im 19. Jahrhundert bereits im Falle von Wüstenselbitz verfolgen konnten.[35]

Nur bei wenigen Bauten von Kirchen der ersten Zeit wurden Planer von außerhalb der Region herangezogen, so etwa in Schwürbitz der noch aus dem 19. Jahrhundert her bekannte Johannes Will[36] oder in Bad Alexandersbad Karl Stöhr, München, der aber aus Hohenberg stammte. Der die Kirche in Erkersreuth planende John Rosenthal, Regierungsbaumeister in München (1881–1944) hat zu jener Zeit einige Projekte in Selb geleitet, z. B.

auch den Bau des Krematoriums.[37] Ansonsten finden wir Architekten aus Oberfranken selbst engagiert bei neuen Kirchenbauten. Ein über Jahrzehnte hinweg in diesem Metier bedeutender einheimischer, in Bayreuth gebürtiger Architekt, Hans C. Reissinger (Johannes Carl Ehrenfried Julius, 1890–1972),[38] wird erstmals mit kleineren Maßnahmen bei Kriegerehrenmalen für den aktuellen Zeitabschnitt bekannt, bald jedoch auch zu größeren Projekten, wie dem Anbau der Kirche von Glashütten (1922) herangezogen.

Abb. 1: Glashütten, Anbau an die ev. Kirche 1922

Abb. 2: Grund, Jubilatekirche von 1926

Zwischen 1926 und 1933 – jeweils auf das Einweihungsdatum und mit 1933 auf den Zeitpunkt der NS-Machtergreifung bezogen – wurden auf damaligem oberfränkischen Boden elf neue Kirchen bzw. Gebäude mit einem gottesdienstlichen Raum getätigt. Dabei liegen zwei in Diasporagebieten (Schwürbitz, Marktschorgast) und acht Vorhaben, bei denen die damals noch unmotorisierten Gottesdienstbesucher kürzere Kirchenwege anstrebten (in den Städten Hof – zwei Mal – und Kulmbach einmal sowie in den Dörfern Grund, Neuenmarkt, Erkersreuth, Alexandersbad, Ahornis sowie der Betsaal in Siegritz).

1.2.2. Kirche und Kirchenbau in der nationalsozialistischen Ära

Unter dem totalitären Staatssystem des nationalsozialistischen Regimes wurde die Selbstständigkeit der Kirche wieder in Frage gestellt. Bereits 1932

kam es zu erheblichen Beeinträchtigungen.[39] Es gab Bestrebungen, Parteimitglieder in die Kirchenvorstände zu schleusen.[40] Die Beeinflussung von Seiten des Staates löste einen regelrechten „Kirchenkampf" aus, der auch in Oberfranken in einer Reihe von Gemeinden aufflammte:[41] Es gab unter der Pfarrerschaft Anhänger der nationalsozialistisch beeinflussten Deutschen-Christen-Bewegung, während sich andererseits ebenso entschieden Geistliche der „Bekennenden Kirche" anschlossen.[42] Auch die Architekten unterlagen Einschränkungen: Der Bund Deutscher Architekten wurde als Untergruppe der Reichskulturkammer eingegliedert.[43]

Am 4. Mai 1933 wählte man bei der Synode in Bayreuth anstelle des zurückgetretenen Kirchenpräsidenten Veit als „Landesbischof" Hans Meiser. Die Rechte der Landessynode wurden begrenzt, die Zahl der Mitglieder auf 50 verringert. Das Gremium trat seit 1934 nicht mehr zusammen. Der Landessynodalausschuss galt als „Beirat des Landesbischofs".[44] Die bayerische Landeskirche lehnte 1934 eine Reichskirche ab.[45]

Obwohl es in jener Zeit zur „mächtigsten und umfassendsten Rezession" gekommen war, „welche das industrielle Zeitalter bislang erlebt hatte",[46] stagnierte der Kirchenbau nicht vollkommen. Wieweit der Verdacht berechtigt ist, dass regimeangepasste Ortsgeistliche, maßgebliche Gemeindeglieder oder Architekten und Baufirmen größere Chancen bei Bauvorhaben besaßen, müsste genauer untersucht werden. Von der Pfarrei Brand (Marktredwitz) erfahren wir jedenfalls, dass sowohl der nationalsozialistisch eingestellte Pfarrer als auch die einheimische Baufirma solche Verbindungen nutzte.[47] Von Mainleus wird berichtet, dass der „dieser Richtung [DC = Deutsche Christen] angehörende Pfarrer" den Mäzen (Horn-schuch), der bereits den Bau einer katholischen Kirche unterstützt hatte, „zu beeinflussen wußte, das Kirchenbauprojekt zurückzustellen, mit der Begründung, wenn die heranwachsende Jugend im nationalsozialistischen Sinn geprägt würde, könnte es sein, dass in Zukunft kein Bedürfnis mehr für eine evangelische Kirche in Mainleus be-stünde".[48]

Für die Bauten der dreißiger Jahre gilt, ähnlich wie für die Jahre davor, dass der „Anschluß an die Tradition" und eine „gewisse Bodenständigkeit der Architekturformen" erkennbar werden.[49] Ge-wisse Anzeichen der typischen „Monumentalarchi-tektur" jener Zeit lassen sich auch an den Kirchen ablesen. Prof. German Bestelmeyer, München (1874–1942), der als Präsident der Akademie der Bildenden Künste in München einigen Einfluss besaß[50] und der auch in Oberfranken Aufträge für eine neue Kirche in Bamberg/Erlöserkirche 1930 und für den Chorneubau in Oberkotzau 1935 er-hielt, entwickelte grundlegende Ideen in architek-tonischer Hinsicht. Für Bamberg wird festgestellt, dass die Einzelformen des Baus von diesem „nicht unbedeutendsten unter den Architekten des Drit-ten Reiches" in „ihrer ‚Trutzigkeit' zum Teil eine beängstigende Verwandtschaft mit dem Formen-gut des Dritten Reiches zeigten."[51] Der Architekt lehnte allerdings trotz der Zentralbaugestalt in Bamberg die Anordnung von „Altar, Kanzel und Orgel in einer Achse" ab, da dies der „kirchlichen Raumordnung" zuwiderlaufe, tolerierte aber den alten derartigen Aufbau in Oberkotzau. Er betonte den Stimmungsgehalt und hielt daher an der Chorraumidee fest (s. Abb. 10).[52] Der in Oberfran-ken beheimatete, aus Coburg stammende Archi-tekt Reinhard Claaßen (Claaszen; 1886–1960), der

in der Nachkriegszeit noch mit vielen Kirchenpla-nungen erscheint, tritt zum ersten Mal 1937 hervor mit einem Turmbau für das Hofer Johannesge-meindehaus, zwei Jahre später mit dem Bau der Christuskirche in Hof.

Abb. 3: Bamberg, Erlöserkirche von 1934

Prof. Hans Asmussen beschäftigte sich 1937 in seiner dreibändigen Lehre vom Gottesdienst mit der Frage nach dem liturgischen Raum und schloss sich dabei den Ansichten von Wilhelm Löhe an: „Das Kirchengebäude ist kein heiliges Gebäude in dem Sinne, als ob die Pläne, das Baumaterial und die Baugesetze andere wären als sonst. Und doch ist der häufig gehörte Satz, das Kirchengebäude sei ein Haus wie alle anderen Häuser, nicht richtig. Denn das Geschehen, das sich in diesem Hause abspielt, gestaltet das Haus. […] Es ist freilich richtig, daß christliche Gottesdienste in jedem nur denkbaren Raum möglich sind. […] Aber ebenso steht fest, daß jedweder Raum, der für gottesdienstliche Zwecke benutzt wird, sehr bald die Spuren dieser Benutzung an sich trägt. Er verändert sich und gewinnt eine Gestalt, die anzeigt, daß in ihm christliche Gottesdienste gehalten werden."[53]

Es gab Aufgaben für die Bildhauerei, z. B. die Gestaltung der Fassaden und Portale, die Beschaffung großer, raumbeherrschender Kruzifixe oder Kreuzigungsgruppen. Altäre erhielten Tischform mit „monumentalen Maßen".[54] Relativ häufig findet man aus jener Zeit Wandmalereien, vor allem an der Chorrückwand.[55] Rudolf Schäfer, Rotenburg a. d. W. (1878–1961), war damals ein vielbeschäftigter Maler, der auch in unserer Region auftritt (Steppach, Mühlhausen); es kommen gelegentlich neue Emporenmalereien vor.[56]

Mit Beginn des Zweiten Weltkriegs wurden die Einschränkungen durch den Staat forciert. 1941 erfolgte die „Stillegung der kirchlichen Presse"; kirchliche Feiertage waren auf Sonntage zu verlegen.[57] Wie schon im Ersten Weltkrieg mussten wiederum Glocken abgeliefert werden, schließlich wurde das Läuten vollständig untersagt. In Bay-

reuth z. B. kam es 1943 zur Abgabe von Leuchtern, Hostientellern, Abendmahlskannen, da man die Materialien Zinn, Nickel und Messing einforderte.[58] Bei der erst Anfang des Zweiten Weltkriegs eingeweihten Kirche zu Marxgrün befürchtete man, zusätzlich zu den beiden neuen Glocken

Abb. 4: Steppach, Freskenmalerei von 1942 (Aufnahme 1968)

auch das Kupferkreuz auf dem Turm abliefern zu müssen (s. Abb. 16). Man verpasste ihm daher eine „schwarze Tarnfarbe". Aus einem Schreiben der Geheimen Staatspolizei Nürnberg vom 8. Oktober 1941 ist zu ersehen, dass der Neubau von Kirchen in neuen Siedlungen „grundsätzlich unerwünscht" sei.[59] War zunächst der Gottesdienstbesuch allgemein zurück gegangen, so stieg er während des Krieges wieder an.[60]

In diesem Zeitabschnitt der NSDAP-Ära entstanden sieben neue Kirchenbauten, und zwar in der Stadt Hof und in den Diasporaorten Wannbach, Bamberg und Burgkunstadt, sowie zum Zwecke einer Kirchwegverkürzung in Seußen, Heinersreuth und Marxgrün. Wie diese letzte konnte die Christuskirche in Hof gerade noch in den ersten Kriegswochen, im Oktober bzw. November 1939, fertig gestellt werden.[61]

1.3. Die große Welle neuer Kirchenbauten in der Zeit von 1945 bis 1968

Der Neuanfang nach dem Zweiten Weltkrieg gestaltete sich mit ähnlichen Verzögerungen wie nach 1918, konnte jedoch unter ungleich günstigeren Bedingungen erfolgen. Die neuen politischen Grundlagen der wieder erlangten Demokratie, keine wesentlichen Veränderungen in der Organisation der Behörden, auch der kirchlichen, und – nach der Währungsreform 1948 – vor allem ein enormer wirtschaftlicher Aufschwung nach kurzer „Atempause": Solche Vorgaben schufen auch für die Bedingungen von Kirchenbauten beste Voraussetzungen. Man hatte zunächst selbstverständlich an vieles andere dringender als an

Neubauten zu denken; so mussten erst einmal die gröbsten Schäden von Kriegseinwirkungen an den historischen Kirchengebäuden ausgebessert werden. Das Kapitel 2.1. über die „Beeinträchtigungen" zeigt jedoch, dass in unserem Untersuchungsbereich keine Kirche so total zerstört war, dass sie nicht wieder hätte hergestellt werden können. Baldigst wollte man das Glockengeläute vervollständigen nach den Dezimierungen während der Kriegszeit. Frühe Initiativen der Kirchengemeinden galten der Erstellung von Kriegerdenkmälern.[62] Allenfalls wandte man das Augenmerk den Anschaffungen bescheidener Ausstattungsstücke zu, wie z. B. der einer Weihnachtskrippe im Jahre 1953 in Rehau.[63]

Das Anwachsen des evangelischen Bevölkerungsanteils durch Flüchtlinge und Vertriebene in rein katholischen Gegenden, aber auch in Städten und überwiegend evangelischen Dörfern zwang zu ungewöhnlichen Maßnahmen für die Beschaffung von gottesdienstlichen Stätten. Nachdem der bereits genannte Architekt Bartning 1948 zur Übernahme der Bauabteilung des Hilfswerkes der Evangelischen Kirche in Deutschland berufen worden war, entwickelte er sein Notkirchenprogramm, das vielen „Barackenkirchen" zu ihrer Existenz verhalf. In Oberfranken selbst ist keine der von ihm initiierten Projekte bekannt, aber nahe an der Grenze in der Oberpfalz, in Neusorg (mit zuständigem oberfränkischen Pfarramt Marktredwitz).[64] In Steinwiesen griff man auf die konstruktiven Vorgaben solcher Notbauten zurück. In Wildenheid wurde der Bau durch eine Lieferung aus Amerika in der Aktion „Wooden-Church-Crusade" möglich.[65]

Von Seiten der Architekturtheoretiker wird zwar festgestellt, dass die „Kirchen das Fiasko des Zusammenbruchs scheinbar untangiert überstanden (hatten)", dennoch wird jene Zeit umschrieben mit „verquere Situation". Bei der „Chance der ‚Stunde Null'" habe es heftige Auseinandersetzungen zwischen den „Anhängern des Traditionellen" und der „Gruppe der Modernen" gegeben, die um ihre Anerkennung „ringen" mussten, und dies habe zu einer „Gespaltenheit der deutschen Nachkriegsentwicklung in der Baukunst" geführt.[66] Eine „krasse Mittelmäßigkeit" und „kleinbürgerliche Sprachlosigkeit" seien vorherrschend gewesen, zumal der „Klerus" bei Bauten eine „Mitwirkung kaum (zuließ)".[67]

Von einer gewissen „Kontinuität" auf dem Gebiet der bayerischen Landeskirche wird im neuesten Handbuch zur bayerischen Kirchengeschichte gesprochen.[68] Die angewachsenen Pfarrgemeinden bedingten auch eine kirchliche Neuorganisation. Als weiterer Kirchenbezirk wurde Regensburg bestimmt; man schuf vier zusätzliche Dekanate, 232 neue Pfarrstellen und Vikariate in der bayerischen Landeskirche. Innerhalb der ersten zehn Jahre stieg die Zahl der Gemeinden um 113 an.[69] Die Kirchenverfassung musste bis zum Ende des Jahrhunderts viermal geändert werden, was aber für die Baubelange ohne Relevanz blieb.[70] Ein neues Gesangbuch wurde 1959 ediert[71] – mit noch „ausgesprochen restaurativen Zügen"[72]; eine neue Kirchengemeindeordnung erschien 1964 mit der Möglichkeit einer stärkeren Mitwirkung der Laien am Gemeindeleben.[73]

Es kam in der Nachkriegszeit zu einer „starken Zuwendung der Bevölkerung zur Kirche".[74] So „erlebte der bayerische Protestantismus in diesen zwanzig Jahren eine Kirchbauwelle von ungewohntem Ausmaß". Bayernweit sind mehr als 400 Kirchen und Kapellen in diesen zwei Jahrzehnten errichtet worden – die Gemeindezentren, Kindergärten und Pfarrhäuser nicht einmal mitgerechnet.[75] In Oberfranken dauerte es bis 1948, dass die Erstellung eines ersten neuen Kirchengebäudes registriert werden kann; es handelt sich dabei um eine von der evangelischen Gemeinde betriebene Friedhofskapelle in Schauenstein, die im Katalog nicht mit aufgenommen ist (s. Kap. 1.5.). 1950 wurde die 1946 durch Brand vernichtete Kirche von Ebersdorf b. Coburg neu aufgerichtet; 1951 kam es zum ersten Bau einer neuen Kirche in einem Ort, der vorher kein gottesdienstliches Gebäude besaß, nämlich in Kleintettau. Nunmehr folgten Jahr für Jahr neue Kirchengebäude: zwischen 1951 und 1959 insgesamt 29, zwischen 1960 und 1968 weitere 32 Neubauten und ein totaler Umbau (Hof/St. Johannes).

Auch bei der Ausstattung der bestehenden gottesdienstlichen Stätten wurde so manches abgewandelt. Dabei muss vermerkt werden, dass bloße „Schönheitsreparaturen", Erneuerungs- und Erhaltungsmaßnahmen in dieser Erfassung nicht beachtet werden. Wo aber eine Umgestaltung des Kircheninneren, bildnerische Neugestaltungen bzw. die Beschaffung vollständig neuer Prinzipalstücke vorgenommen wurden, soll dies – soweit es publik geworden ist – in die Erörterung (in Kap. 2) einbezogen werden. Die dazu jedem Kapitel vorgestellten allgemeinen Ausführungen berücksichtigen zusammenfassend auch Erscheinungen in neuen Kirchen, die dann erst im Katalogteil 3 detailliert aufgeführt werden. Wie bereits in der Zeit nach dem Ersten Weltkrieg galt nunmehr der Schwerpunkt der Bautätigkeit den Städten, deren Trabantenstadtteilen sowie den Diasporagebieten.[76]

Die Diskussionen zur Baugestalt und Ausstattung evangelischer Kirchen setzten in jener „Stunde Null" vehement ein. Prof. Oskar Söhngen bekräftigte auf dem evangelischen Kirchenbautag 1948 in Berlin, dass es „keinen ‚Kultraum' an sich" gebe, sondern „der Raum wird zum Kultrahmen, wenn in ihm Gottes Wort verkündigt wird", und grundsätzlich könne jeder Raum, „sogar der Saustall", zum Kultraum werden nach der Interpretation von Luthers Torgauer Predigt.[77]

Die ersten „Grundsätze für die Gestaltung des gottesdienstlichen Raumes der evangelischen Kirchen" wurden im Mai 1951 auf der 5. Tagung für evangelischen Kirchenbau in Rummelsberg erstellt. Danach soll sich „der gottesdienstliche Bau und Raum um seines Zweckes willen klar unterscheiden von Bauten und Räumen, die profanen Aufgaben dienen". Für den Altarbereich wird weiterhin eine Erhöhung um „zumindest zwei Stufen" gefordert. In einer Fußnote werden Kanzelaltäre als „liturgisch unbefriedigend" bezeichnet.[78] Bei der 12. Tagung für evangelischen Kirchenbau in Essen im Juni 1963 erschien eine Denkschrift, die – allen Kirchenleitungen zugestellt – in sieben Thesen Anleitungen für den Kirchenbau erteilte, die wohl unter dem Eindruck von hektisch geplanten, wenig vorbereiteten Baumaßnahmen für notwendig erachtet wurden: Kein Kirchenbau dürfe unter Zeitdruck durchgeführt werden, entscheidend wichtig sei die sorgfältige Vorbereitung eines Kirchenbaus in der bauenden Gemeinde. Es sei „unmöglich, die Kirche nicht von vornherein als eine Einheit von Innen und Außen zu planen". Man könne das Kircheninnere nicht erst nachträglich „wie eine Wohnstube ‚einrichten'"; es müssten frühzeitig profilierte Künstler herangezogen werden.[79]

Bei all diesen noch in alter Tradition verflochten wirkenden Erscheinungen traten auch bereits Architekten mit anderen und höheren Ansprüchen auf den Plan, die sich vor allem an Grundlinien des barocken Kirchenbaus orientierten. Erst jetzt werden Experimente deutscher Architekten der Zeit vor dem Krieg aufgegriffen „mit scharfen Winkeln, gefurchten Oberflächen, keilförmigen Öffnungen und kristallinen Formen".[80] Es wurden nicht mehr die zweigeteilten Bereiche eines Kirchenraums mit der „heiligen Zone" eines Altarchores propagiert, sondern der in der Barockzeit entwickelte Einheitsraum. Gerade die Liturgiereform der katholischen Kirche von 1962 wirkte sich allgemein für den Kirchenbau befruchtend und im Sinne dieser Richtung aus, bot somit Hilfestellung auch im evangelischen Bereich. Im katholischen Kirchenraum sollte der Altar herausgelöst werden aus einem eingeschnürten, abgelegenen Chor und vortreten mitten hinein in die Gemeinde.[81]

Die neue „Allgemeine Ordnung des Hauptgottesdienstes" der evangelischen Kirche von 1959 (Gesangbuch) bzw. 1964 übte insofern einen Einfluss auf die Baugestalt aus, als wegen der größeren Gemeindeaktivität im Liturgieablauf ein besserer Blickkontakt zwischen Geistlichem und Organisten als erforderlich erschien und man deshalb Orgel und Sängerchor näher in den Altarbereich zu rücken bemüht war (z. B. in Bayreuth/Auferstehungskirche).[82]

Bei einer evangelischen Kirche dürfte erstmals eine Umgestaltung mit dem Ziel der Schaffung eines Einheitsraums in der Hofer Johanneskirche 1964 vonstatten gegangen sein (Kat. 3.4 b). Eine wichtige Entscheidung der Liturgiereform wirkte sich im protestantischen Kirchenbau bald dort verstärkt aus, wo die Forderung schon in der vorausgegangen Ära angeklungen war, nämlich für den Predigerstandort nicht mehr die stark erhöhte

Abb. 5: Bayreuth, Auferstehungskirche von 1962 (Aufnahme 1969)

Kanzel im herkömmlichen Sinn zu akzeptieren, sondern dafür einen Ambo nahe der versammelten Gemeinde und auf gleicher Ebene mit ihr zu errichten.

Hermann Hampe äußerte sich 1949 so, dass der „Kirchenbau der Zukunft [...] gebaute Form ganz aus dem Leben der Gemeinden heraus gestalten (soll)" und in jedem einzelnen Falle habe der Architekt „auf das sorgsamste auf die Auffassungen zu hören, die sich hier als wahrhafte und in kirchlichem Sinne als lebendige Anliegen abzeichnen". Er müsse sie zu scheiden wissen von allen unechten Forderungen und „falschen Ansprüchen".[83]

Zur inneren Konzeption schrieb Bartning, von dem wir bereits aus der Zeit nach dem Ersten Weltkrieg modern klingende Äußerungen zitiert haben, im Jahre 1959: „Wenn sich liturgische und architektonische Spannung im Raum spalten, werden sowohl die Kraft des Raumes wie die Kraft der Liturgie geschwächt – oder sogar gestört".[84]

Auf einer 1960 in Arnoldshain den Fragen des Kirchenbaus gewidmeten Tagung zeigten sich kontroverse Meinungsäußerungen. Bartning sagte wörtlich: „Ich glaube doch, der ganze Kirchenbau sollte eine große Ruhe und dieses geschlossene Nach-Innen-Leben zeigen, und nicht das Hinausströmen, so wie wir es beim Wohnungsbau in den Garten hinein haben".[85] Der Pfarrer Dr. Reindell forderte, dass es in einem evangelischen Kirchenraum nicht um eine „weihrauchumwölkte Mysterienbühne im mystischen Halbdunkel" ginge; „evangelische Kommunion" vollziehe sich „auf erhöhten, das Geschehen sichtbar machenden Stufen der evangelisch verstandenen Confessio".[86] Prof. Dr. Berndt regte an, den Innenraum zu öffnen zur umgebenden Natur.[87] Der Altar müsse an die Gemeinde heranrücken, die Gemeinde zu ihm orientiert sein. Es gebe nicht mehr einen abgeteilten Chorraum in der Kirche der neuen Liturgie.[88] Der Münchner Architekt Olaf Andreas Gulbransson (1916–1961) entwickelte seine Raumideen auf jener Tagung und erklärte, wie man „durch neue Erkenntnisse zu neuer Schönheit" komme.[89]

Der bereits zitierte Architekturliterat Christoph Hackelsberger umschreibt die Resultate jener ersten Zeit nach dem Zweiten Weltkrieg mit Schlagworten wie „lapidarer Ernst, karge Reinheit, gewollt Archaisches, programmatisch Frühchristliches".[90] In der Nachfolge von Le Corbusiers Ronchamp-Kirche in Frankreich (1952–1955) hätten sich effektvolle, lichtmodellierte Raumplastiken in Deutschland eingebürgert.[91] Von den Vorstellungen des gerichteten Raums habe man sich weithin noch nicht trennen können.[92] Immerhin, so stellt Hackelsberger fest, seien zwischen 1948 und 1958 insgesamt mehr Kirchen neu gebaut, auf- oder umgebaut worden als jemals zuvor in einem Dezennium der Kirchengeschichte Deutschlands.[93] Nach Guth lag die „Blütezeit der Baukunst im Kirchenkreis" Bayreuth um 1955 bei ihrem „Höhepunkt".[94]

Aus distanzierter Sicht des Jahrhundertendes resümiert Peter Poscharsky, damals Professor für Christliche Archäologie und Kunstgeschichte an der Universität Erlangen-Nürnberg: Die architektonischen Möglichkeiten seien zu jener Zeit weitestgehend gereift gewesen und hätten in vielerlei Hinsicht neue Konzeptionen geboten. Große Volumen für Kirchen und Turm waren nunmehr möglich und wurden genutzt, das dazu besonders geeignete Betonmaterial in Sichtbetonweise verwendet. Mit der Zeit habe man die gottesdienstlichen Räume nicht mehr isoliert gesehen, sondern man erbaute sie gemeinsam mit den für die übrige Gemeindearbeit erforderlichen Räumen als Gemeindezentren.[95]

Der genannte Architekt Gulbransson wollte in der ersten Zeit nach dem Zweiten Weltkrieg beweisen, dass es nicht mehr darauf ankomme, „welche Kirchbauvorstellungen die Theologen hätten". Er habe selbst Wort und Sakrament erlebt, heißt es von ihm, die neue Anteilnahme an Verkündigung und Abendmahl in sich aufgenommen und an der komplexen adäquaten Raumlösung gearbeitet, „in der Architektur und Liturgie sich harmonisch deckten". Poscharsky beteuert, kein anderer habe wie Gulbransson mit seinen „exzentrischen Zentralräumen die lutherische Idee des Kirchenraumes verwirklicht".[96] Er sei den Kirchen, die da „landauf, landab wie Pilze aus dem Boden schossen", kritisch gegenüber gestanden und habe sie als „Ausdruck unserer hemmungslosen Selbstdarstellung" gesehen, als „ein Bild innerer Originalitätssucht, ein Zeugnis des aufstrebenden Reichtums unseres Wunderlandes, ein Noch-Besser, Noch-Mehr, Noch-Moderner".[97] Gulbransson wird für Oberfranken greifbar durch Verhandlungen in Rehau[98], Planungen für Coburg (Johannes, Kat. 3.69) und schließlich durch die Entwicklung eines Kirchenkonzepts für Kulmbach (Kreuzkirche, Kat. 3.62).

Ein weiterer wichtiger Architekt, der in unserem Untersuchungsbereich mit vier Kirchenbauten zu registrieren ist, war Theodor Henzler (München, Beratzhausen, geb. 1931). Er forderte das „menschliche Gotteshaus"[99] und erstrebte als wesentliches Ziel, von „falscher Sakralität wegzukommen".[100]

Man sah sich nicht mehr eingeengt durch historische Vorgaben mit der Bestimmung zu einem rechteckigen Grundriss, sondern operierte mit einem breiten Spektrum von unterschiedlichen Formen, ähnlich den Bauideen der Barockzeit. So wurden z. B. aufgegriffen: das Quadrat, Trapez, regelmäßiges oder auch ungleichmäßiges Sechseck, gleichmäßiges Oktogon, Dreieck, Fünfeck, Sechzehneck oder auch das Oval bzw. die Parabelform.[101]

Architekten aus der Region selbst sind der bereits genannte Claaßen zwischen 1937 und 1956 mit sieben Neubauprojekten vertreten, Karl Pfeiffer-Hardt, Bayreuth (1902–1957), bei sechs Kirchen zu registrieren[102], dann der von der ersten Periode her bekannte, bis 1962 zu registrierende Hans C. Reissinger, insgesamt bei zehn neuen Kirchenbauten beteiligt sowie bei Umbauprojekten beigezogen. Sein Neffe, Robert Reissinger (1906–1993), Dozent an der Akademie für Bautechnik, München, beheimatet in Tröstau, kommt zweimal mit neuen Kirchen in Oberfranken vor.[103] Mit seiner Rundkirche in Zedtwitz macht ein Baugestalter aus der Region auf sich aufmerksam: Horst Rudorf, Hof (geb. 1929), der zwischen 1957 und 1981 mit zehn neuen Kirchenbauten im oberfränkischen Bereich vertreten ist. Er hatte als Student aufmerksam die Lösungen seiner Lehrmeister Hans Döllgast (1891–1974), der selbst einmal in Oberfranken wirksam wurde (Kap. 2.2.3.), sowie die Architekturformen von Peter Vorhoelzer, beide München, verfolgt. Sein älterer Bruder Heinz Rudorf, Hof (geb. 1928), entwickelte zwei Kirchenräume.[104] Weitere oberfränkische Architekturfirmen, mit Kirchenbauten betraut, waren: Herbert Fischer, Schwürbitz (1919–1979, vier Kirchen), Hans-Friedrich Hacker, Thurnau (1919–1997, zwei Kirchen), Hanns Holl, Marktredwitz (1895–1987, zwei Kirchen) und sein Sohn Albrecht (1938–1997, eine Kirche), Clodt Dankward von Pezold, Niederfüllbach (geb. 1933, drei Kirchen), Hanns Pittroff, aus der Gegend von Stammbach stammend (1884–1964, zwei Kirchen), Emil Schomberg, Stadtsteinach (1907–1984, drei Kirchen), je einmal das Architektenehepaar Ilse (geb. 1933) und Gerhard Schulwitz, Cortendorf, und Architekt und Kunsthistoriker Dr. Richard Teufel, Coburg (1897–1958), ferner der Bauamtsdirektor des Landbauamtes Bayreuth, Oskar Windschiegl (1898–1985, zwei Kirchen). Unter den auswärtigen Kirchenplanern seien einige bedeutende Namen, die bei Kirchen in Oberfranken in Erscheinung treten, herausgegriffen mit Eberhard Braun, Neuendettelsau (1903–1976), Prof. Hans-Busso von Busse, München/Dortmund (geb. 1930), Wolfgang Gsaenger, Georgensgmünd (1923–1999), Franz Gürtner (geb. 1925), der bereits genannte Gulbransson, weiter Albert Köhler (geb. 1915), ferner Johannes Ludwig (1904–1996), Franz Lichtblau (geb. 1928), alle

München, Wilhelm Schlegtendal, Nürnberg (1911–1990). Weitere beigezogene Architekten werden im Katalog der einzelnen Kirchen genannt.

In dieser ersten Epoche nach dem Zweiten Weltkrieg, in der die allgemeine Motorisierung noch nicht weit fortgeschritten war, bestand immer noch bei vielen Gemeindegliedern das lebhafte und energisch vorgebrachte Begehren nach einer gottesdienstlichen Stätte in der Nähe, am eigenen Ort. Dies ist besonders zu beobachten in der an sich konfessionell einheitlich evangelischen Region des Frankenwalds (Dekanat Naila); nahezu in jedem etwas größeren Dorf entstanden seinerzeit neue Kirchengebäude. Aber auch in der Diaspora – hier fällt besonders der Raum des Landkreises Kronach auf – erhielten mehrere Dörfer ihre eigenen Kirchengebäude. Dieser Aufbruch kann ferner verfolgt werden in den Städten mit vorwiegend evangelischer Bevölkerung wie Bayreuth, Coburg und Hof; jeder neu entstandene Stadtteil wollte sein eigenes kirchliches Refugium besitzen.

Der Behördenweg für einen Bauvorgang ist – in geraffter Form – so zu sehen: Kirchengemeinde oder Kirchbauverein reichen das Baugesuch mit „Bauprogramm" und vorläufigem Finanzierungsplan beim Landeskirchenrat in München ein; bei Zustimmung erfolgt die Ausschreibung; die fertigen Pläne gehen wiederum an den Landeskirchenrat; nach dessen positiver Begutachtung beginnt die eigentliche Bauplanung samt offizieller Vergabe des Bauauftrags; danach kann der Instanzenweg zur Erwirkung der staatsaufsichtlichen Genehmigung anlaufen (Stadt- bzw. Landbauamt, Regierung, Landeskirchenrat, Bayerisches Kultusministerium, zurück über Regierung, Hochbauamt des Stadt- bzw. Kreisrats an das Pfarramt).[105]

1.4. Kirchenbau während und nach der Krise, ab 1969

Von Peter Poscharsky erschien 1969 das Buch „Ende des Kirchenbaues?" Die These des Titels ist mit einem Fragezeichen versehen, und in der Tat zeigt die weitere Entwicklung, dass der Kirchenbau nicht vollständig zum Erliegen kam. Auch in Oberfranken geht es bis hinein zum Ende des Untersuchungszeitraums im Jahr 2000 mit Neubauten weiter, deren Planung und Erstellung aber zumeist mit vielen Schwierigkeiten und Beschränkungen verbunden waren. Jene Veröffentlichung wies darauf hin, dass mit dem Abflauen des Baubooms der vorangegangenen beiden Jahrzehnte der Wirtschaftswunderzeit drängende Fragen auftraten im Hinblick auf die zukünftige Entwicklung.

Das Beispiel einer Kirchengemeinde, die etwas zu lange mit ihrem Bauprojekt gewartet hatte, sei mit ihren Problemen an den Anfang dieses Abschnitts gestellt. In Weidach, nahe der Stadt Coburg, hatten sich viele Neubürger niedergelassen. Von der zugehörigen Pfarrei Scheuerfeld aus wurde auf den Anstoß des Kreisdekans 1960 hin bereits zwei Jahre danach ein Grundstück erworben. Der „Schreck" des Baus einer katholischen Kirche „in einem einstmals rein evangelischen Dorf" beflügelte die Gemeinde nach einer Überlegungsphase zu weiteren Schritten, und man beauftragte 1967 Architekt von Pezold mit der Planung. Das vorgelegte Modell sah einen großen Kubusbau mit hohem Turm und mauerumgebenem Innenhof vor. Aber die Bauvoranfrage von 1968 an das Landeskirchenamt verlief negativ; nur die Unterstützung für ein „Gemeindehaus in Fertigteilen" wurde in Aussicht gestellt. Nach weiteren vergeblichen Bemühungen über einflussreiche Persönlichkeiten entschloss man sich 1970 zu dem „vorläufigen Provisorium eines Gemeindehauses", so sah man es in Weidach. Als dann die erste Konfirmation darin gefeiert werden sollte und kein Geläute vorhanden war – es gab nur die Alternative des Glockengeleits vom zwei Kilometer entfernten Scheuerfeld aus oder aufgrund des Angebots der katholischen Gemeinde am Ort –, drängte man auf einen Glockenturm. Man gab es schließlich auf, noch ein „richtiges Kirchengebäude" zu erhalten. Mit der Einweihung des Turms nannte man das Areal des kleinen Gemeindezentrums somit „Kirche".[106]

Die Krise schwelte bereits vor 1969. Eine Warnung von Bischof Hanns Lilje stammt von 1967: „Nicht mehr das, was im fahlen Zwielicht einer mächtigen und triumphierenden Kirche steht, ist heute sachgemäß, weil es diese Kirche nicht mehr gibt [...], sondern die Kirche der Diakonia, der Kirche, die sich dienend in die Welt von heute einfügt."[107] Oberkirchenrat Dr. Werner Hofmann, München, motivierte seine Bedenken gegen aufwändige Turmbauten 1968 mit dem Hinweis auf einen Ausspruch in einer Reisebeschreibung von Mark Twain zur Hamburger Nikolaikirche: „Was sie hier offensichtlich brauchen, ist mehr Gemeinde und nicht gar so viel Turm!"[108]

Die Zäsur für den letzten Abschnitt dieser Arbeit wurde zwischen 1968 und 1969 gesetzt. Sie basiert auf architektonischen Strukturen, die bei den neuen Kirchenbauten Oberfrankens erkennbar werden. Eigentlich bedeutete bereits die 1968 eingeweihte Kirche in Burghaig eine Wende; die weiteren Bauten jenes Jahres zeigen aber noch die Beschaffenheiten des mittleren Jahrhundertabschnitts.

Abb. 6: Weidach, Kirchengebäude von 1971 (Pfarrarchiv Scheuerfeld)

Im Jahre 1971 wurde die Leitung der Landeskirche selbst initiativ und wollte in einer allgemeinen Umfrage die Einstellung des Kirchenvolkes kennen lernen, vor allem im Hinblick auf das immer schwieriger gewordene Problem der Finanzierung so vieler und gewaltiger Kirchenbauprojekte. Die rückgesandten Antworten waren aufschlussreich. 43,3% davon lehnten den Kirchenbau grundsätzlich ab, 11,7% wandten sich gegen eine künstlerische Ausstattung, 28,3% forderten einen Mehrzweckraum anstelle eines ausschließlichen Kirchenraums, ja es gab sogar die Meinung (4,4%), gemeinsame Kirchen für evangelische und katholische Christen seien vorzusehen. Dazu wurde vermerkt: „Daß jede Konfession in jedem neuen Stadtteil eigene Kirchen errichtet, die ja nur wenige Stunden genutzt sind, muß als überholt gelten und wird schon in zehn Jahren nicht mehr verstanden.“[109]

Einige der Aussagen und Urteile klingen sehr drastisch, so z. B.: „Jeder Neubau von Kirchen [...] ist eine Todsünde!“ „Da die heutige Gesellschaft am Gottesdienst in der hergebrachten Form nicht mehr interessiert ist, scheint mir Kirchenbau sinnlos.“ Man sollte den Kirchenbau einstellen, „denn die Gottesdienstbesucher werden dadurch nicht mehr“. „Lassen Sie den Neubau von Kirchen! Nehmen Sie die vielen Milliarden und bauen Sie davon Kindergärten.“ Oder: „Teurer Kirchenbau ist ein Ärgernis.“[110]

Immer lauter wurde der Ruf nach Mehrzweckräumen für die Gemeinde. So heißt es wörtlich: „Der Bau von Gemeindehäusern, das heißt variablen Räumen, deren eigentliche Gestaltung erst die hier zusammengekommenen Menschen vornehmen, ist vordringlich. Die Zweckgebundenheit bestehender Kirchen mit fester Bestuhlung und die Unzulänglichkeit von bestehenden Gemeindesälen verhindern meiner Meinung nach das Leben in der Gemeinde.“[111] Ein weiterer Vorschlag propagierte die „Mittelpunktkirche mit Zubringerbus“: „Warum die Schulbusse sonntags nicht als ‚Kirchenbusse‘ eingesetzt werden? Man geht deswegen nicht öfter, weil sie nebenan liegt.“[112]

Der spätere Oberkirchenrat Klaus-Jürgen Roepke sprach in seiner bayerischen Kirchengeschichte von 1972 diese kritische Einstellung ebenfalls an und ging auf die zu jener Zeit gestellte „grundsätzliche Frage“ ein, „ob es notwendig und sinnvoll war, diese Gotteshäuser zu bauen“. Er meinte dazu: „Wer diese Frage heute verneint, muß sich an die Ausgangslage 1945 erinnern.“[113] Der Kirchturm sei ohnedies gegen Ende der 60er Jahre allmählich zu einem unscheinbaren Glockenträger zusammengeschrumpft „und wurde schließlich von einem bayerischen Oberkirchenrat offiziell für tot erklärt“.[114] Architekt von Busse beachtete dies bereits beim Bau der Lukaskirche in Coburg (Kat. 3.84.) 1965–1969, verzichtete auf einen Turm und revidierte das erste Vorhaben einer Orgelbeschaffung so, dass eine Kleinorgel mit nicht einmal der Hälfte der ursprünglichen Kosten bestellt wurde. Bei einem Spendenaufruf der Gemeinde kam die Kritik: „Baut ein Altenheim statt einer Kirche!“ Der Architekt zitierte bei der Einweihung die oben genannten Worte von Bischof Lilje.[115]

„Neue Tendenzen“ mit Skepsis zur „baulichen Dominanz des Sakralgebäudes innerhalb des Gebäudekomplexes“ wurden beim Evangelischen Kirchbautag in Hannover 1966[116], noch intensiver 1968 in Darmstadt erörtert. Dort geriet die von Lilje angesprochene Thematik zum eindringlichen Gesprächsthema. Der Arbeitsausschuss nahm Stellung zu einem generellen Kirchenbaustopp. Man

Abb. 7: Coburg, Lukaskirche von 1969,
Blick zur Glocke (Aufnahme 1975)

war der Ansicht, den Architekten nahe zu legen, Bauten ohne Glockenturm und mit Mehrzweckraum zu entwickeln und insgesamt weniger aufwandig zu bauen. „Weithin ist in Vergessenheit geraten, daß Schlichtheit und Bescheidenheit zum ‚Lebensstil‘ einer evangelischen Gemeinde gehören sollten", so heißt es.[117]

Von evangelischen und katholischen Bildungswerken gemeinsam veranstaltet wurde im Juli 1969 in Darmstadt die Tagung mit der vielsagenden Bezeichnung „umstrittener Kirchenbau". Auf der Einladung hieß es: „Für beide Kirchen ist der Kirchenbau ein Problem geworden. Der Gedanke, gemeinsam Gottesdienststätten einzurichten, wird diskutiert."[118] Der Journalist Eberhard Schulz stellte danach in der „Frankfurter Allgemeinen" fest, man sei nun „also endgültig bei der Kirche in der nachsakralen Zeit angelangt", in der es darum gehe, „die ‚Schwellenangst‘ zu überwinden", allenfalls noch einen so genannten „Raum der Stille nebenan" einzurichten. Dagegen habe aber der Hauptredner, Ulrich Conrads aus Berlin, provozierend postuliert, der Raum der Kirche „solle eine Gegenwelt sein, nicht die angepaßte Welt an unsere rationalen Strukturen", die Kirche „möge leere Räume bauen oder halten."[119]

Man muss an die Vorgänge allgemeiner kritischer Unruhe und jugendlichen Protestes ebenso denken wie an die Ölkrise (1973), wenn der Übergang vom 7. zum 8. Jahrzehnt im 20. Jahrhundert im historischen Geschehen und in der Architekturgeschichte im besonderen als eine Phase mit einschneidenden Veränderungen angesprochen wird, die „erst jetzt, mit gewissem Abstand, in ihrer Tragweite zu erkennen ist". Die moderne Architektur habe sich auf der ganzen Welt ausgebreitet und dabei die „verschiedenartigsten Ergebnisse hervorgebracht", so wird festgestellt. Man könne sie nicht mehr als „einheitliche Bewegung" betrachten wie in den fünfzig Jahren davor. Ein Umbruch in der Praxis habe stattgefunden, der später erst in theoretischen Auseinandersetzungen sich artikulierte.[120] Von der Menschheitsgeschichte her gesehen erfolgte um diese Zeit ein Wechsel der Generationen, ein Einschnitt nach der Ära von Zweitem Weltkrieg und Nachkriegszeit.

Bei dem enormen Aufbauwillen des voran ge-
gangenen Zeitabschnitts war man ziemlich rigoros
mit alten Gebäuden umgegangen. Ganze Ensem-
bles von Häusern hatte man skrupellos abgebrochen und auch einzelne Kirchengebäude mussten
Neubauten weichen. Im Inneren von Kirchen
brachten Neugestaltungen erhebliche „Störungen".

Dies rief gerade in jener Zeit der Krise immer
stärker die staatlichen Behörden auf den Plan mit
dem Bestreben, etwas zum Schutz erhaltenswerter
Gebäude und Objekte zu unternehmen. Seitens
der Bevölkerung bestand weithin Akzeptanz für
die Bestimmungen im Interesse des Denkmal-
schutzes. Für Betroffene bedeuteten diese zwar
bisweilen Behinderung und Beeinträchtigung frei-
en Umgangs mit dem Eigentum. Aber die Gesetze
zum Schutze der Denkmäler, die seinerzeit wirksam wurden, beinhalten auch die Möglichkeiten
zur Beratung und finanziellen Hilfe.

Gerade Kirchen, „Denkmale unserer Kulturgeschichte par excellence"[121], galt die Besorgnis der
Denkmalpfleger von Beginn unserer Untersu-
chungsperiode an – eigentlich bereits zum Jahr-
hundertbeginn –, wenn man an Georg Dehio,
Theodor Fischer, Cornelius Gurlitt denkt. Das
„neue Credo" lautete: „Bestehendes erhalten, nicht
jedoch Nichtbestehendes wiederherstellen."[122]

1925 wird in einem Beitrag von R. Schleußberger Adalbert Stifter zitiert, der prophetisch gesagt
hatte: „Es wird einmal eine Zeit kommen, in welcher vom Staate aus vollkommen sachverständige
Männer in ein Amt werden vereinigt werden, das
die Wiederherstellung alter Kunstwerke einleiten,
ihre Aufstellung in dem ursprünglichen Sinn be-
wirken und ihre Verunstaltung für kommende
Zeiten verhindern wird." Der Autor fügt hinzu:
„Diese Worte muten uns an wie eine kurze Dienst-

anweisung für ein neuzeitliches Landesamt für
Denkmalschutz."[123] Hier wird allerdings eine mittlerweile umstrittene Ansicht der Rekonstruktion
von Denkmälern mit eingeschlossen. Bald nach
dem Zweiten Weltkrieg wurden Stimmen laut,
die vor allem einen Schutz der Erhaltung fordern.
„[...] es wäre sehr zu wünschen, wenn das neue
Denkmalschutzgesetz bald unter Dach und Fach
käme. [...] Leider oft genug verfällt durch Eigen-
sucht oder Interesselosigkeit auf dem Lande wie
in Städten [...] manches der Spitzhacke, was,
wenn schon nicht dauernder Erhaltung, so doch
eingehender Untersuchung und wissenschaftlicher
Aufnahme wahrlich wert wäre."[124]

Besonders groß war – sogar noch in den 60er
Jahren – die Neigung, neugotische Kirchenbauten
niederzulegen. Sie wird auch erkenntlich in der
Ansicht z. B. des damaligen Pfarrers von Gefrees
zu seinem neugotischen Bau. Unter dem Schutz
der Denkmalpflege war ein Abbruch nicht mehr
möglich.[125] 1966 traf Thorsten Gebhardt zum Thema „Sorgenkind Denkmalpflege" die Feststellung:
„Wenn nicht das Ja zur Denkmalpflege von breitesten Kreisen der Bevölkerung aufgenommen und
gleichzeitig auch eine entsprechende finanzielle
Basis zur Lösung der Probleme geschaffen wird,
bleibt die Sorge um die Denkmalpflege."[126] Mit
Wirkung vom 25. Juni 1973 kam das Denkmalschutzgesetz zum Tragen, mit Vollzugsbestim-
mungen vom 26. November 1973.[127] Dieses „Bay.
DSG" war eines der ersten in der damaligen BRD;
es galt als Vorbild und wird immer noch als eines
der besten eingeschätzt. Es könne immer nur so
gut sein, wie es vollzogen wird, sagte dazu Kir-
chenverwaltungsdirektor Bernhard Bach.[128] „Un-
terstrichen" wurden diese Bemühungen durch die
Ausrufung eines „Europäischen Denkmalschutz-

jahres" 1975.[129] Dennoch wird „fundamentale Kritik" an der in Deutschland geübten Denkmalpflege laut. 1980 trat der Politiker von Bündnis 90/ Die Grünen, Dieter Hoffmann-Axthelms, mit einem „Plädoyer für die Abschaffung der Denkmalpflege" hervor, wobei er nicht gegen den Denkmalschutz an sich vorgeht, sondern „an den alltäglichen Kompromissen der Denkmalpflege verzweifelt" und Anstoß nimmt an der „Preisgabe wertvoller Bauten unter dem Druck potenter Investoren".[130]

Wir kommen noch einmal zurück zu der eingangs in diesem Kapitel erwähnten Schrift von Poscharsky „Ende des Kirchenbaues?" Er stellte darin die provozierende Frage: „Können es sich die Kirchen im Hinblick auf die Hungernden und Entrechteten und ihre Not (Vietnam, Biafra, Lateinamerika) noch leisten, für wenige Stunden in der Woche Gebäude zu errichten, die in der Regel mindestens eine Million kosten?" Er führt die einzelnen Phasen der Kirchenbaugeschichte auf wie „Wiesbadener Programm" bis 1919,[131] die zweite Phase nach dem Ersten Weltkrieg mit dem Bauhaus-Manifest und dem Architekten Bartning, der „führenden Persönlichkeit im evangelischen Kirchenbau", der Zeit der ersten in Beton erbauten Kirchen 1923[132] und sieht die dritte Phase bereits zwischen 1963 und 1964 zu Ende gehen mit der Ära eines freien, organischen Grundrisses und einer plastischen Gestaltung des Baukörpers sowie einer Vielfalt von verschiedenen, ja gegensätzlichen Möglichkeiten.[133]

Letztlich kommt er in seinen Ausführungen zu dem Resultat: „Die Einwände gegen übertriebenen Luxus und Aufwand sind zweifellos berechtigt. Aber ein prinzipieller Verzicht auf einen Raum überhaupt ist nicht möglich."[134] In dem Handbuch

der evangelischen Kirche Bayerns sieht Poscharsky das Ende der starken Bautätigkeit mit Beginn der 70er Jahre.[135] 1971 verfügte der Finanzausschuss der Landeskirche einen Baustop für Neubauten und größere Instandsetzungen.[136] Seiner Feststellung nach wurden ab Mitte der 80er Jahre noch kleinere Kirchen mit nur rund 100 Sitzplätzen gebaut, in der Regel zentral eingerichtet. Allgemein üblich sei ein Ort der Taufe mitten im Raum geworden, der Altar dahinter, und in der Achse die Kanzel.[137] Bei Renovierungen von Kirchen des 19. Jahrhunderts werde mit Vorliebe der Altar aus der Isolation im Chor gelöst.[138] Bei der Wahl der Künstler seien Konflikte unvermeidbar, da die Kirchenvorstände zu entscheiden hätten.[139] Als allgemein gültige Grundsätze sieht er das Verlangen der Parochien nach einem Taufgefäß aus Stein, der farbigen Gestaltung der Fenster, nach nur wenig Wandmalerei, noch seltener die Verwendung von Mosaiken. Die künstlerisch gestalteten Portale seien seltener geworden. Bei den Orgeln gebe es nach wie vor einen großen Drang nach neuen Werken.[140] Die Landeskirche unternehme starke Bemühungen um zeitgenössische Kunst; seit 1990 habe man einen Kunstbeauftragten in Bayern. – Den Gründen für den eben angesprochenen Wunsch nach neuen Orgeln, der auch für unseren Bereich zu erkennen ist, wird unter dem Kapitel „Orgeln" nachgespürt (s. Kap. 2.5.4.).

Was unseren Untersuchungsbereich betrifft, so konnte im Jahr 1968 in Hollfeld immerhin noch ein Kirchengebäude mit großzügig eingesäumtem Hof und relativ hohem Turm erstellt werden. Ab 1969 fallen die wesentlich bescheideneren Gebäude, vor allem bei der Turmgestaltung, auf. In den Jahren 1970/71 sind „nur noch" drei vollständig neue Kirchengebäude in Oberfranken zu registrie-

Abb. 8: Hollfeld, Friedenskirche von 1968 (Aufnahme 1969)

ren, deren Planungen und Baubeginn weiter zurückreichen. Zwischen 1967 und 1977 wurden drei Kirchen abgebrochen – zweimal das Langhaus ohne Turm, einmal der vollständige Bau –, alle im Coburger Bereich.

Für die letzte Ära (ab 1972) war im Landeskirchenrat bis 1996 als Chefjurist der Evangelisch-Lutherischen Kirche in Bayern der bereits erwähnte Oberkirchenrat Hofmann der für Kirchenbaufragen entscheidende Mann. Sein Prinzip sah er in der Maxime „Ein Kirchenbau muß dem Rechnung tragen, was darin geschehen soll." Er achtete darauf, dass eine liturgisch sinnvolle Raum-Gestaltung und Raum-Organisation vorlag. Sein Wunsch war,

„daß den Gottesdienstteilnehmern neben dem Hören auf das Wort auch das Schauen des Bildes, das Sich-Versenken, das kontemplative ‚Hineinsinken ins Evangelium' ermöglicht würde."[141]

Eine vorausschauende Finanzplanung und die Wünsche vieler Gemeinden standen im Widerspruch zueinander. Laut dem Kirchen-Amtsblatt vom 16. August 1977 sei das Sonderkontingent von 60 Millionen DM für Baumaßnahmen ausgeschöpft, eine weitergehende Verschuldung nicht zu verantworten. Aus dem regulären Etat könnten nur „unabwendbare Maßnahmen unter Anlegen strengster Maßstäbe" finanziert werden, so hieß es. Viele Gemeinden aber erwarteten weiterhin

Mittel.[142] Die finanzielle Situation verschärfte sich noch dramatischer durch die Wiedervereinigung. So mussten von der bayerischen Landeskirche für das Jahr 1993 68 Millionen Mark für Objekte im Osten eingesetzt werden.[143]

Auf dem 17. Evangelischen Kirchbautag in Lübeck im Jahre 1980 sagte Prof. Dr. Reinhard Gieselmann, Wien, in seinem Rückblick auf den Kirchenbau, dieser habe sich in der Nachkriegszeit während einer traditionellen Anlaufphase um „Demokratisierung und dann um Domestizierung der Sakralbauten" bemühen müssen. Die ideale Kirche könne nur gebaut werden, wenn die ästhetische und soziale Kategorie zur Deckung gebracht würden und damit das Gebäude zu einer „Einordnung in die lokale und humane Umwelt" komme. „Vielleicht müssen wir noch zu einem absoluten Nullpunkt vordringen, um diese Werte wenigstens als Reaktion erkennen zu können", meinte er provozierend. Einen Raum – nach Gieselmann – bewusst geplant als Sakralraum zu bauen, sei nur so lange möglich gewesen, wie die dabei verwendeten Symbole allen Menschen vertraut waren. Nachdem die Symbole über Bord geworfen wurden, habe sich die Frage gestellt, was heute an ihre Stelle treten könne, um als Anhaltspunkt zu dienen.[144]

Der bereits zitierte Architekt von Busse, der in Oberfranken u. a. mit der Lukaskirche in Coburg greifbar wird, äußerte des öfteren seine Meinung zu den Problemen des in die Krise gekommenen Kirchenbaus. Die Zukunft des Bauens, auch des Kirchenbauens, soweit es überhaupt noch möglich sei, liege in der „Bescheidung auf das technisch Machbare zugunsten des von Menschen zu Bewältigenden".[145] An anderer Stelle sagte er, die Vielzahl unterschiedlicher Gebäudetypen legten

Zeugnis ab von dem weitgesteckten Auftrag der Kirche in einer veränderten Welt.[146] Er zitierte Albert Baur, der gesagt hatte: „Das Ziel des kirchlichen Bauens ist nicht die äußere Erscheinung, sondern der Raum, der die Versammlung von Gläubigen von der wechselvollen Welt abschließt und einen jeden dazu führt, bei sich selber Einkehr zu halten." Er lobte die „schlichte weltabgeschlossene Ruhe alter evangelischer Predigträume".[147]

Prof. Horst Schwebel, Marburg, kompetent in Kirchenbaufragen, äußerte in einem Gespräch zu architektonischen Konzeptionen der jüngsten Ära: „Wir stehen in der Architektur in der Entwicklung, wo man sich löst von der Schuhkasten-Architektur der Kuben, dem sogenannten International Style, in Richtung auf eine neue Architekturform, die Architektur der Postmoderne. Man sucht eine humane Architektur, menschliches Maß, Kleinteiligkeit, mehr Phantasie, man entdeckt wieder die Fassade, arbeitet nicht nur funktional und ‚werkgerecht'."[148]

Theo Steinhauser, mit einer Kirche in Oberfranken vertreten, aber sicher von großem Einfluss auf andere Neubauten während seiner Zeit als Leiter des Technischen Referats im Landeskirchenamt zwischen 1979 und 1988, sagte 1995: „Die Arbeit im kirchlichen Bereich hat sich wesentlich geändert. War es früher der Gottesdienst allein, zu dem sich die Gemeinde in die Kirche versammelte, so hat sich inzwischen die Gruppenarbeit in vielfältigen Bereichen durchgesetzt und erfordert ein entsprechendes zusätzliches Raumangebot. Die dadurch entstehenden Baugruppen sind räumlich vielfältig und variieren von geometrischen oder freien Hofformen bis zu Gemeindezentren unter einem Dach. Die Kirche selbst ist in die Gruppe eingebunden und hat nicht mehr wie früher die dominierende Stellung als Einzelbauwerk."[149]

Die letzten, von Bauleuten und Theologen im allgemeinen sehr beachteten kirchlichen Baurichtlinien, bezeichnenderweise als „Empfehlungen an die Gemeinden" ausgesprochen, stammen von 1991 und wurden erarbeitet vom Arbeitsausschuss des Evangelischen Kirchbautages in Wolfenbüttel. Sie finden Beachtung bei der Behandlung der einzelnen Kapitel im Teil 2. Es heißt da zum evangelischen Kirchenraum: „Der Gottesdienst kann sich auch in freieren Formen vollziehen. Manche Räume lassen sich aus historischen, baulichen oder wirtschaftlichen Gründen nur wenig ändern." In solchen Fällen solle man raumgeeignete Nutzungen suchen, die im Respekt vor den überkommenen Zeugnissen die Zusammenhänge neu ordnen. Es sei ein ökonomischer Umgang mit den vorhandenen Bauten zu beachten. Der liturgische Bereich sowie der Raum für die Aufführung von Kirchenmusik solle ausreichend groß bemessen sein. Die Standorte von Altartisch, Kanzel (Ambo), Lesepult und Taufe hätten sich „an den liturgischen Anforderungen einer gottesdienstlichen Feier zu orientieren". Bei neuen Kirchen seien die räumliche Bestimmtheit und Variabilität für verschiedene Gottesdienstformen sorgfältig zu bedenken.[150]

Unter die Sparzwänge fiel oft auch die künstlerische Ausgestaltung von Kirchenräumen. So wird für jene Zeit zur Situation von Kunst und Kirche in unserer Gesellschaft festgestellt (1980, durch Prof. Track), diese beiden hätten es schwer: „Glaube in der Krise, Kirche in der Krise, Kunst in der Krise. Das pflegt miteinander einherzugehen. Kunst und Glaube finden sich in einer ambivalenten Situation vor."[151] Jedes Bild, jede Darstellung religiöser Gestalten oder religiösen Geschehens seien immer wieder in der Gefahr, sich am lebendigen Gott zu vergreifen, die neue Zeit und Wahrheit zu verfehlen. Gerade nach der Reformation gelte: „So ist das Wort, nicht das Bild, Indikator des neuen, des Geschehens zwischen Gott und Mensch."[152]

Der weitere Aspekt für die Berechtigung zu einem kapitelmäßigen Einschnitt um jene Zeit Ende der 60er, Anfang der 70er Jahre, die in Bayern durchgeführte Gebietsreform, wurde bereits in Kapitel 1.1. angeschnitten. Mehrere Orte wurden aus Oberfranken nach Mittelfranken ausgegliedert, z. B. das Gebiet um Höchstadt an der Aisch, oder im Pegnitzer Bereich etwa St. Helena, andere kamen dazu, so im Osten von der Oberpfalz Wirbenz und Speichersdorf. Es sind in dieser Arbeit sowohl die neuen Kirchenbauten für den Katalog aufgenommen, die noch erstellt wurden, ehe die Orte aus Oberfranken ausgegliedert wurden, nämlich Hemhofen und Höchstadt a. d. Aisch, als auch ein solcher, der durch die Reform zu unserer Region gelangte: Speichersdorf.

Als Fazit für die Belange des Kirchenbaus kann resümiert werden: Zwischen 1969 und 1979 entstanden noch 15, von 1980 bis 1989 fünf und zwischen 1990 und 2000 lediglich vier neue Bauten. Diese müssen allerdings differenziert betrachtet werden. Es handelt sich, präziser gesagt, um Maßnahmen zur Schaffung von gottesdienstlichen Räumen mit recht bescheidenen Mitteln (s. Kap. 2.2.3.). Die Bemühungen des Bauvereins der Kirche von Neunkirchen am Brand – fertig gestellt 2000 – lassen erkennen, dass man die allzu schlichten Formen der gottesdienstlichen Versammlungsräume in „Sparkirchen" „satt" hatte. Dabei waren große finanzielle Anstrengungen erforderlich, da die Zuschüsse der Landeskirche nur beschränkt zur Verfügung standen. Auf einiges musste man verzichten, z. B. eine gewünschte hydraulische Hebebühne unter der Altarfläche.[153]

Abb. 9: Neunkirchen am Brand, Christuskirche von 2000, im Bau

Auf eine schriftliche Umfrage innerhalb der Gemeinde hin wurden folgende „Wunschbild"-Vorstellungen von einem gottesdienstlichen Gebäude geäußert: Die Kirche soll „hell sein, sich von den Räumen des Alltags abheben, zugleich Geborgenheit, Gottesnähe und Ruhe vermitteln". Sie soll von außen „klar als Kirche erkennbar sein". Man präferierte z. B. wieder alte symbolträchtige Normen wie die Ostorientierung und das verbreitete Anbringen von Bibelworten.

Es wurde die Frage diskutiert, „was einen Raum ‚sakral' macht":[154] „Im Innenraum soll der Blick auf Kunstwerke oder auch auf die Natur geführt werden – nicht jedoch auf Orte des Alltags (wie beispielsweise die Straße). Der Kirchenraum möge sowohl Gleichbleibendes als auch Veränderliches enthalten. Er soll für andere Veranstaltungen neben dem Gottesdienst ebenfalls verwendet werden können (z. B. für Konzerte)". Nur wenige zeigten Interesse an einem Emporenplatz.[155] So entwickelte man innerhalb von Arbeitsausschüssen eine „maßgeschneiderte" Kirche mit viel symbolhaftem Hintergrund für die einzelnen Bauelemente.[156] Man achtete auf viele Rundungen: „Es kann nicht rund genug sein".[157] Das Bauwerk sollte „in seiner Gestalt verkündigen".[158] Wie weit es einen neuen Trend setzt oder singuläres Resultat des Ausdrucks einer weithin von Laien entwickelten kirchlichen Baugestalt ist, wird die Zukunft zeigen müssen. Jedenfalls geriet die Kirche zu einem „einmaligen Projekt" innerhalb der Landeskirche.[159]

Von theologischer Seite wurde in jüngster Zeit auf die „Spuren" christlicher Benutzung eines Raums verwiesen, wie sie z. B. Asmussen bereits 1937[160] postuliert hat, und der Begriff eines „heiligen Raumes" angewandt. Näheres dazu kann man bei Prof. Dr. Dr. Klaus Raschzok erläutert finden: Ein Kirchenraum sei nicht ein geheiligter, besonderer Raum an sich nach lutherischem Verständnis, sondern ein Raum, der Spuren trägt. „Es sind unaufdringliche Spuren […]. Das Besondere dieser Spuren besteht darin, daß im Kirchenraum nach lutherischem Verständnis […] Christus selbst außerhalb des Gottesdienstes nicht anwesend ist, doch seine Spuren vorhanden sind." Darum sei mit diesem Raum „ehrfürchtig umzugehen", „weil in ihm Christusspuren aufbewahrt sind, mit deren Hilfe er als der auferstandene Herr der Kirche gegenwärtig werden will".[161] Auch weltweit ist zu beobachten, wie am Ende des Jahrhunderts das „Bedürfnis nach einer Stätte" besteht, „wo die Transzendenz mit den Mitteln dieser Erde sichtbar gemacht, wo dem Glauben [...] ein Denkmal gesetzt werden kann."[162]

1.5. Allgemeine Bemerkungen

Unabhängig von dem Millenniumsstreit über das tatsächliche Jahrhundertende wird das Jahr 2000 schon wegen der Kirche von Neunkirchen am Brand mit berücksichtigt; damit allerdings wird abgebrochen, auch wenn z. B. bald darauf, im Juni 2001, in Rehau eine neue Kirche (Johanneskirche) eingeweiht wurde, die in dieser Arbeit keine weitere Berücksichtigung findet[163] oder in vielen bestehenden Kirchen weitere Neuerungen vorgenommen werden.

Die in zwei Teilen zu betrachtenden Kirchen beziehen sich im ersten Abschnitt (Kap. 2) vorrangig auf historische, vor 1918 erstellte Bauten. Dabei handelt es sich um bauliche Veränderungen bzw. Ergänzungen oder Beseitigungen, aber auch um Abänderungen in den Ausstattungen bzw. bildnerischen Gestaltungen, die bisweilen so gravierend sein können, dass der Charakter des Kirchenraums gegenüber dem von früher vollständig abweicht. Nicht eingegangen wird auf gotische oder barocke Wiederherstellungen bzw. die In-Funktion-Setzung einzelner alter noch vorhandener Ausstattungsstücke. Auch Ausbesserungen, farbliche Erneuerungen, Abänderungen durch neue Materialwahl, bes. Dachneudeckungen u. dgl. können keine Berücksichtigung finden.

Im zweiten Teil (Kap. 3/Katalog) erfolgt die Darstellung neuer Kirchenbauten, selbst wenn es

sich dabei lediglich um ein neues Langhaus oder zur Kirche erweitertes Montagegemeindehaus handelt, in dem regelmäßig Gottesdienste und Kasualien stattfinden. Während in Kapitel 2 jeweils im ersten Abschnitt weiterhin, wie bei den Ausführungen zu den Baugeschichten früherer Jahrhunderte, die Vorgänge nach den einzelnen Maßnahmen erfasst und beschrieben werden, erfolgt die Darstellung der neuen Kirchengebäude in kurzen monographischen Beschreibungen jedes einzelnen Projekts. Dabei werden alle wichtigen Ergänzungen und Veränderungen im weiteren Verlaufe des Jahrhunderts mit aufgenommen. Bei der chronologischen Reihung ist ausschlaggebend die Fertigstellung bzw. der Einweihungstermin, selbst wenn die Planung und konzeptionelle Festlegung bisweilen weiter zurückreichen. Prinzipiell erfasst ist der Bestand vom Jahr 2000; bei einigen Kirchen liegt der letzte Eindruck allerdings bereits einige Jahre zurück.

Für beide Teile der Kirchenbaugeschichten gilt, dass meditative Betrachtungen zu einzelnen Ausstattungsstücken oder die Erfassung der vorkommenden Bibelworte u. dgl. schon aus Gründen platzökonomischer Überlegungen nicht vorgesehen sind. Auch eine eigene kritische Stellungnahme ist nicht beabsichtigt. Im Sinne eines kunsthistorischen Nachschlagewerks, aber in durchformulierter Stilform, wird Wert darauf gelegt, neben der Baubeschreibung den Einsatz von Künstlern und Kunsthandwerkern festzuhalten.

Zu den Neubauten muss vermerkt werden, dass die zumeist simultan genutzten Friedhofs- und Krankenhauskapellen grundsätzlich nicht aufgenommen werden konnten, auch wenn eine evangelische Kirchengemeinde dafür zuständig ist. Zu solchen gehören die Kapelle in Schauenstein

(1948–1952, unter Architekt Martin Klostermayer, Naila[164]), die Friedhofskapelle in Erkersreuth 1956[165], die Aussegnungshalle in Bayreuth St. Georgen (1960, von Reissinger[166]) oder die 1985 errichtete kommunale Friedhofskapelle in Seybothenreuth, die durchaus für regelmäßige Gottesdienste projektiert war, aber nur gelegentlich verwendet wird.[167] Auch in Arzberg wurde die Friedhofskapelle von 1901 im Jahre 1989 zu einer Auferstehungskirche umgebaut (unter Manfred Daub, geb. 1933).[168] In Oberwohlsbach handelt es sich um die Einrichtung einer bereits 1898 errichteten Friedhofskapelle im Jahre 1992 als Kirchenraum; Beobachtungen dazu werden dem Kapitel 2 zugeordnet. In Gundelsdorf (KC, Pf. Burggrub), sowie in Tiefenlauter (Franziskuskapelle, Pf. Unterlauter) handelt es sich jeweils um kommunal betriebene und ökumenisch genutzte Räume, die gelegentlich zu evangelischen Gottesdiensten, in Tiefenlauter auch zu Taufen, verwendet werden.[169]

Nicht unter die Neubaumonographien gereiht wurden die vielen Kapellen in Kliniken, Jugend- oder Seniorenheimen – z. B. die Jugendtagungsstätten in Naila und Schwarzenbach a. Wald (mit einer Fresco-secco-Deckenmalerei von Hubert Distler, 1979).[170] Heim- und hausinterne kirchliche Räume gäbe es ferner z. B. in der Volkshochschule Bad Alexandersbad mit ihrem mittlerweile umgestalteten gottesdienstlichen Raum von 1958 (mit einem Wandteppich von Günther Danco),[171] die Mutterhauskapelle der Christusbruderschaft in Selbitz von 1962 mit einer Ausstattung künstlerisch qualitativer Werke der dort ansässigen Schwestern, oder die Kapelle des Behindertenheims „Schloss" Himmelkron, die Ritterkapelle, die zwar nicht neu ist, aber 1965/66 grundlegend umgestaltet wurde. Weitere Kapellen mit nur gele-

gentlichen Gottesdiensten sind die Friedenskirche bei Burggrub (1992)[172] oder die in der Sachsenmühle (bei Gößweinstein, Kapelle im Freizeitenheim[173]).

Auch Betsäle und gottesdienstlich genutzte Räume in Gemeindehäusern innerhalb von normalen, äußerlich nicht als Kirche ausgewiesenen Gebäuden, in denen keine oder kaum Kasualien stattfinden (z. B. das Gemeindehaus in Strullendorf oder das der Gemeinde Bayreuth/St. Georgen an der Albrecht-Dürer-Straße), können nicht mit aufgenommen werden (erfassungsmäßig problematisch, architektonisch und ausstattungsmäßig unbedeutend, gottesdienstlich beschränkt genutzt). So wurde in Röthenbach ein gottesdienstlicher Raum in der ehemaligen Schule eingeweiht (Architekt Siegfried G. Gläßel, Selb) mit Fenstergestaltungen von Siegfried Ehrenfeld, München (geb. 1941).[174]

Für alle Kirchenräume ist zu vermerken, dass grundsätzlich nicht mit registriert werden die Beschaffungen von Vasa sacra und Antependien, im einzelnen die Erwerbungen der Glocken sowie die Beschreibungen von Orgeldispositionen. Auch die in immer größerem Umfang beschafften und zeitweise aufgestellten Krippen können, wie schon bei der Behandlung der alten Kirchen, in den neuen nicht aufgeführt werden, wie eine von Holzschnitzer Hans-Joachim Seitfudern, Bad Kohlgrub, besorgte „Baumstammkrippe" für die Magdalenenkirche in Bayreuth[175] oder der originelle Nachbau eines vorgeschichtlichen Denkmals in der Krippe von Gehülz[176].

Zur Situation der jeweiligen Pfarrgemeinde (im Katalog) wird auf den Diasporastatus aufmerksam gemacht, der sich vor allem in der ersten Hälfte des Jahrhunderts in mancher Hinsicht auswirkte;

für unseren Bereich kommt besonders das frühere Hochstift Bamberg in Frage. Die evangelischen Stammgebiete des ehemaligen Markgraftums Kulmbach/Bayreuth und Herzogtums Coburg werden nicht besonders für einen Kirchenort angegeben.

Bei der Beschreibung des Kirchenraums gilt grundsätzlich für die Seitenbestimmung die Betrachtung vom Besucher aus, also der Blick auf die Stirnwand und Altarfront zu. Was die gelegentliche Angabe der Kosten von Kirchenbauten betrifft, so basieren sie auf Literaturmeldungen oder Auskünften der Pfarrämter. Meist liegen darüber keine detaillierten Aufschlüsselungen vor: Im Allgemeinen sind in der Gesamtsumme die Bau- und Erstausstattungskosten eingeschlossen.

Da weder die Zeit noch die Gelegenheit bestand, in allen einschlägigen Archiven die Unterlagen zu sichten, musste auf Festschriften, Dekanats- und Kirchenführer, aber auch auf Presseberichte zurückgegriffen werden. Die Genauigkeit der Angaben (über die neuen Kirchen) hängt wesentlich vom Engagement der jeweiligen Pfarrgemeinde ab, die die Texte zur Überprüfung und Ergänzung erhielt. Es sei an dieser Stelle dafür herzlich gedankt, auch für die Bereitschaft, den Zugang zur Kirche zu ermöglichen. Eine große Hilfe und viel Unterstützung kamen von: Baureferat der Evangelisch-Lutherischen Landeskirche, besonders Helmut Braun M. A., den Architekten Manfred Daub, München, und Thomas Peetz, Coburg, ferner Gertrud Voll, München/Neuendettelsau, dem früheren Land-, jetzigen Staatlichen Hochbauamt Bayreuth (Ltd. Baudirektor a. D. Franz Simon Meyer und Wolfgang Brandl), Orgelbaumeister Werner Baumgartner, Neuenreuth, Hermann Fischer, Aschaffenburg. Wertvoll waren

schließlich die persönlichen Angaben von Pfarrern/innen, Messnern/innen, Kirchenpfleger/innen, Mitgliedern von Kirchenvorständen und Kirchenbauvereinen oder auch Beteiligten an Bau und Ausstattung (zumeist 2001/2002). Mit der Nennung ihrer Mithilfe wird der besondere Dank mit ausgedrückt, ebenso Herrn Pfarrer Daniel Tenberg und den Mitarbeitern/innen vom Büro des Regionalbischofs Bayreuth. Dem Vorsitzenden des Colloquium Historicum Wirsbergense und Bezirksheimatpfleger Dr. Günter Dippold gilt großer Dank für umfassende Unterstützung, Regionalbischof Wilfried Beyhl für sein Vorwort.

2. Veränderungen bei bereits bestehenden Kirchen sowie Anmerkungen zu entsprechenden Maßnahmen bei neuen Kirchen

2.1. Beeinträchtigungen und Einbußen durch Zerstörungen, Beseitigungen, Entsorgungen

Das 20. Jahrhundert war nach dem Ersten Weltkrieg, der für diesen Untersuchungszeitraum nicht mehr relevant ist, durch ein weiteres herausragendes negatives Ereignis geprägt: den Zweiten Weltkrieg, der bis in alle unsere Städte und die letzten Dörfer hinein getragen wurde mit ungemein destruktivem Potenzial an Mitteln und Auswirkungen. Darum soll zuerst das Ausmaß der Schicksalsschläge jener Kriegszeit auf die Kirchen unseres Landes überblickt werden, soweit man davon weiß. Bilanzierend muss man angenehm überrascht feststellen, wie wenige totale Zerstörungen von Kirchen in unserem Bereich zu vermelden sind; dies lässt sich besonders im Vergleich zu anderen Landschaften Deutschlands mit Genugtuung erkennen. Zumeist waren Beschädigungen durch Einwirkungen aufgrund explosiver Sprengbombenfolgen entstanden, so bei Fensterscheiben und Dächern. Solche Nachrichten gibt es für *Bamberg* (St. Stephan), *Coburg* (Artilleriebeschuss auf die frisch ausgebesserte Westfassade von St. Moriz) und *Hof*/Hospitalkirche (hier wegen Brücken-sprengung) und St. Michael. Vom Übergang zwischen den beiden Türmen der Hofer Stadtkirche aus suchten deutsche Soldaten am 15. April 1945 ihre Kameraden beim Rückzug zu decken. Die Amerikaner traktierten daraufhin mit Panzergranaten und Maschinengewehrfeuer die Eingangsseite der Kirche und zerstörten das Portal. Ferner waren die wertvollen Buntglasfenster bei Fliegerangriffen betroffen.[177]

Die schweren Fliegerattacken noch im April 1945 (besonders am 11. April) auf *Bayreuth* richteten so erhebliche Schäden bei der Stadt- und der Gottesackerkirche an, dass diese längere Zeit nicht mehr benutzt werden konnten; man war aber froh, dass die beiden Kirchen „nicht zu einer Ruine" demoliert waren.[178] Besonders dort, wo sich Widerstand seitens des deutschen Militärs erhob, reagierten die Siegerstreitkräfte beim Vordringen heftig mit Kanonenbeschuss und verursachten manches Unheil. So sind es im Grenzbereich zur einstigen Tschechoslowakei und im Coburger Land Orte, deren Kirchen aufgrund einer „völlig sinnlosen Verteidigung"[179] durch Beschuss schlimme Schäden erlitten: *Hohenberg, Thierstein, Höchstädt* (Glasfenster z. T. zerstört), *Bad Rodach* – hier die Johannis-Pfarrkirche und besonders stark die frühere „Heiliggeistkapelle", heutige Salvatorkirche, ferner die Pfarrkirche von *Unterlauter*. In *Coburg*-Neuses litt die Kirche durch Artilleriebeschuss, „glücklicherweise geringfügiger, als es erst aussah". Bei allen genannten Orten herrschte barocke Ausstattung der Kirchengebäude vor. In *Neustadt* bei Coburg wurden 1945 Fenster des neugotischen Kirchengebäudes zerstört, so ein 1894 eingesetztes Buntglasfenster.[180]

Die Pfarrkirche von *Weißenstadt* verlor durch Beschuss ihre Buntfenster. In *Lanzendorf* erlitt die Stuckdecke der Pfarrkirche Risse, als 1945 die nahe gelegene Autobahnbrücke gesprengt wurde. In *Strössendorf* verursachte die Brückensprengung am Main ebenfalls „größere Schäden" an der Kirche, die 1954 zu Erneuerungsmaßnahmen zwangen. Von „Kriegseinwirkungen" wird bei der evangelischen Kirche in *Kronach* gesprochen, durch die das Dach beschädigt wurde; man hat es danach „gründlich und würdig renoviert". Die Plassenburg über *Kulmbach* musste am 12. April 1945 noch zwei feindliche Bombentreffer verkraften, die den Ostbau und damit die Schlosskirche beeinträchtigten, aber ebenfalls keinen folgenschweren Schaden anrichteten.[181] Beim Einmarsch der Amerikaner in *Lichtenfels* verursachte der Beschuss starke Schäden am Dach der evangelischen Kirche. Infolge Materialmangels wurde der Einschlag nur notdürftig mit Brettern geflickt. Die schlechte Isolierung führte zu Feuchtigkeit im Kirchenschiff und besonders an der Innenwand der Emporenseite und beschäftigte die Kirchengemeinde noch über Jahrzehnte hinaus. Die Kirche von *Rugendorf* bekam am 12. April 1945 rund 70 Schuss von der Bordmunition eines Tiefliegers ab, welche in die Mauern einschlugen. Die erst 1926 erstellte Kirche zu *Neuenmarkt* erhielt 1945

Treffer von Tiefliegern, wodurch alle Fensterscheiben zu Bruch gingen und das Dach fast völlig abgedeckt wurde.[182]

Abgesehen von den direkten zerstörerischen Einwirkungen in der Zeit des Zweiten Weltkriegs gab es auch wieder, wie im Ersten Weltkrieg, einschneidende Willkürmaßnahmen mit staatlichen Eingriffen in den Besitz der Kirchengemeinden. 1942 war das Jahr, in dem nahezu von allen Türmen in der Regel die Glocken bis auf eine einzige geholt wurden, wobei es keinen Pardon gab, ob es sich um bereits sehr alte oder besonders große oder erst relativ neu beschaffte handelte.[183] Nur in wenigen Fällen ist von Ausnahmen oder auch Protesten zu hören, und nur selten hatten diese Erfolg. Besondere Glücksfälle waren es, wenn abtransportierte Glocken nach dem Krieg wieder ausfindig gemacht und zurückgeholt werden konnten. Der Gemeinde *Gössersdorf* gelang dies sogar unmittelbar nach der Ablieferung. Dort „nahm sich" der erboste Kirchenpfleger, nachdem 1942 – offenbar alle – drei Glocken abgenommen und nach Kulmbach transportiert worden waren, „ein Herz und fuhr nach Kulmbach zur Parteileitung. Er erreichte es, dass eine Glocke zurückgegeben wurde. Sie lag schon auf dem Kulmbacher Bahnhof und wurde in der Osterwoche wieder nach Gössersdorf gebracht."[184] Da nahezu alle Gemeinden – vor allem bei den Glockenablieferungen – betroffen waren, wird dies nicht im einzelnen registriert. Dass Kirchengemeinden gezwungen waren, wertvolle Materialien wie Zinn, Nickel, Messing, Kupfer abzugeben, wurde bereits im Kapitel 1.2.2. aufgeführt. Auf die Orgelpfeifen griff man erst in der äußersten Not zurück. Im März 1944 erschien die „Anordnung M 66 über Beschlagnahme von Orgelpfeifen und Windleitungen".[185] Sie scheint aber nicht mehr viele Gemeinden betroffen zu haben.

Nunmehr geht es um destruktive Vorkommnisse außerhalb der Kriegszeit. In der Spanne zwischen den beiden Kriegen wurden in einigen Pfarrgemeinden eifrig Veränderungen an den Kirchengebäuden vorgenommen, vor allem noch aus den Nachwirkungen des 19. Jahrhunderts heraus, weil man die vor oder im Ersten Weltkrieg geplante „Renovierung" nicht mehr geschafft hatte. Dabei gab es so manche schädigenden Maßnahmen, von denen in diesem Kapitel nur solche genannt werden sollen, die drastisch ausfielen oder Abänderungen auf mehreren Bereichen verursachten. Detaillierte entsorgende Eingriffe werden später aufgegriffen.

In *Fischbach* beseitigte man „in den Jahren nach dem ersten Weltkrieg" den Stuck der Barockzeit „infolge mangels an Mitteln". Die in vielen Kirchen bis etwa zum Ende des 19. Jahrhunderts

vorhanden gewesenen Glaskästen mit Totenkränzen wurden in der *Selber* Gottesackerkirche erst 1924 entsorgt.[186] Vor allem in den 30er Jahren ging man – teilweise von Geistlichen eigenmächtig initiiert und, wie in *Brand*, ohne Beschluss des Kirchenvorstands – rigoros mit alten Beständen um. Den Dekor aus der Barock- und Rokokoära in dieser Kirche prangerte der Wunsiedler Dekan bei einer Besichtigung 1934 an, vor allem, „daß ein eigener Altarraum fehlt". So wurden 1935–1938 durch das Architekturbüro Hanns Holl, Emporen beseitigt, der Kanzelaltar entfernt – der aber doch immerhin in einem eigens angebauten Raum untergebracht wurde (bis 1996) –, und das Turmuntergeschoss frei gemacht. In *Marktleuthen* trug man 1935 den Chorbogen ab und verlegte den Orgelchor auf die Ostseite über dem Altar, entfernte ferner die Felderdecke (was später rückgängig gemacht werden konnte). In *Oberkotzau* wurde 1935/36 der alte Chor abgebrochen

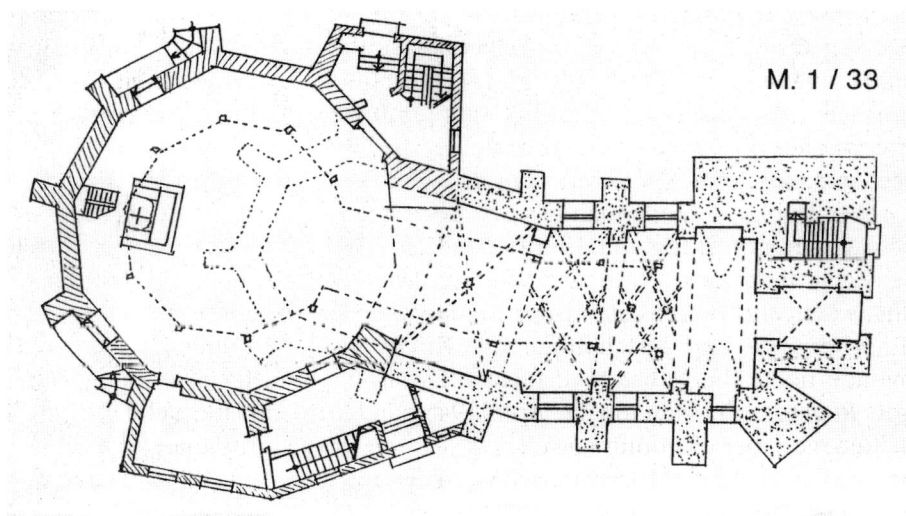

M. 1 / 33

Abb. 10: Oberkotzau, Chorneubau 1935/36, Grundriss (FS)

(s. Kap. 2.2.1.). Immerhin blieb der barocke Kanzelaltar, einer der frühesten in Franken, erhalten. Eine größere Umgestaltung des Kircheninneren erfolgte 1936 in *Affalterthal*; destruktiv wirkte sich diese insofern aus, als der neugotische Altar und die Stuckdecke entfernt wurden.[187]

Von kriegsunabhängigen folgenreichen Bränden, wie sie im 19. Jahrhundert so oft zu beklagen waren, können zwischen 1919 und 1945 nur wenige registriert werden, so etwa am 22. Juni 1939 in *Ahornberg*, als ein Turmbrand starke Schäden verursachte. Der Bau musste zu zwei Dritteln abgetragen werden, Glocken und Turmuhr waren vernichtet. Der Brand setzte sich über das Dach hinweg fort; durch das Löschwasser wurde das Kircheninnere, besonders die Orgel, stark in Mitleidenschaft gezogen. Wegen des Kriegs war dann ein rascher Wiederaufbau – abgesehen von Sicherungsmaßnahmen – nicht möglich (s. Kap. 2.2.1.).[188]

Von Bränden und sonstigen vernichtenden Einwirkungen, wie z. B. Stürmen, blieben auch nach dem Zweiten Weltkrieg manche Kirchen nicht verschont. So brannte 1946 die Kirche von *Ebersdorf* b. Coburg nahezu vollständig ab und wurde dann 1949/50 weitgehend in den alten Formen wieder errichtet, nur der Turm blieb vorerst unvollkommen. In der *Bayreuther* Stadtkirche war es bereits 1918 zu einem Orgelbrand gekommen. In der Kirche von *Lichtenfels* entstand 1960 Feuer in der Orgel. Hier konnte man noch vor Eintreffen der Wehr das Feuer im Spieltisch des Instruments unter Kontrolle bringen; der ganze Kirchenraum war „mit beißendem Rauch gefüllt".[189] Erheblichen Schaden richtete ein Sturm an der neuen Johanniskirche in *Coburg* 1977 an, bei dem das Dach abgerissen wurde und in den Tagen darauf hefti-

ge Regenfälle eine Überflutung des Gottesdienstraums verursachten.[190]

Die Gefahr eines Einsturzes und damit Schließung des Kirchenraums – ohne dauerhafte Schäden – gab es wiederholt in *Gesees*, wo die Kirche auf unstabilem Untergrund steht und daher zwischen 1949 und 1955, ferner 1963 und nochmals von 1973 bis 1979 Sperrungen nötig waren. 1987 bröckelte der Putz in der Kirche von *Arzberg* und bedingte eine Schließung bis 1992.[191] Die Beeinträchtigung durch umweltschädliches Material – wie bei vielen anderen Gebäuden, z. B. Pfarrhäusern – kann auch bei Kirchen vorkommen, so der Schlosskirche der Ehrenburg in *Coburg*. Wegen der deutlichen Überschreitung der Grenzschwellenbereiche von Lindan- und PCP-Werten musste der Raum 1996 für einige Zeit geschlossen werden.[192]

Auch für die letzte Dekade des Jahrhunderts sind einige Brandschäden anzufügen. Bei einer Feuersbrunst in der Salvatorkirche in *Coburg* 1994 gab es nur begrenzten Schaden und relativ geringe zerstörerische Auswirkungen, als der Brand das Treppenhaus der Kirche erfasste. Zu einem Dachbrand der *Hofer* Johanneskirche kam es 1994 durch eine defekte Stereoanlage; dabei wurde Löschwasserschaden im Kirchenraum verursacht. Die nicht unter der Obhut einer evangelisch-lutherischen Kirchengemeinde, sondern der Stadt stehende evangelische Heiligkreuzkirche in *Coburg* erlitt 1998 durch Brandstiftung Schäden in der Sakristei und an der Orgel. Im selben Jahr konnte auch ein durch Brandstiftung entstandenes Feuer in der Stiftskirche von *Himmelkron* – am Kanzelaltar – noch rechtzeitig gelöscht werden.[193] Am 15. August 2000 standen das Kirchengestühl und Teile der Ausstattungsgegenstände in der Kirche von *Eckersdorf* in Flammen, ausgelöst von einer weiterglimmenden Kerze. Es entstanden Beschädigungen und eine Verrußung, so dass eine „totale Reinigung und Neufassung der Raumschale mit Stuckdecke, der Bänke und teilweise der Emporenbrüstungen erforderlich" wurde. Die übrigen Ausstattungsgegenstände mussten „vorsichtig gereinigt, in der Substanz ergänzt, farblich retuschiert und überlasiert" werden. Die letzte Restaurierung davor war erst 1998 erfolgt.[194]

Nicht vollständig erfasst sind die Verluste durch Kirchenraub, die sich – vor allem an altem Kunstgut – immer drastischer auswirkten. Hier sei nur auf einige wenige Fälle hingewiesen, die publik geworden sind. Aus der kleinen Kirche von *Hain* wurden die beiden Assistenzfiguren Maria und Johannes einer gotischen Kreuzigungsgruppe um 1980 geraubt. Alle Nachforschungen, auch unter Einschaltung des Landeskriminalamtes München, schlugen fehl. Nach jahrelangen Bemühungen gelang es, im Kunsthandel Ersatzfiguren zu beschaffen.[195] In der Pfarrkirche von *Bayreuth*/St. Johannis entwendeten Diebe vom Deckel des Taufengels Puttenfiguren – eine konnte wieder gefunden werden – und eine geschnitzte Rosette. Ein missglückter Diebstahl in der *Coburger* St.-Moriz-Kirche 1983 verursachte eine mutwillige Zerstörung; man fand von dem großen Herzogsepitaph im Chorraum eine Statue aus einer Figurengruppe beschädigt auf dem Boden liegen. Aus der *Creußener* Kirche wurden 1989 zwei Engelfiguren mit Musikinstrumenten entwendet. Wieder aufgefunden werden konnte die Täufer-Johannis-Figur vom Taufstein der Ordenskirche in *Bayreuth* im Jahre 1990.[196]

Kehren wir zurück zu Eingriffen in den Bestand von Kirchenausstattung ohne Katastrophenfall.

Nach dem Zweiten Weltkrieg gab es in großem Umfang die Chance, Neugestaltungen in den Kirchenräumen vorzunehmen. Da noch kaum Denkmalschutzbestimmungen beachtet werden mussten, ging man dabei z. T., wie bereits in den Jahren zwischen den Kriegen, willkürlich vor und scheute nicht vor Zerstörungen und Totalentsorgungen wertvollen Kirchengutes zurück. Der umfangreiche Emporenbestand in der Kirche zu *Limmersdorf* wurde 1951/52 etwa um die Hälfte dezimiert auf nur noch je eine an der Nord- und Westseite; ferner zog man statt der vorherigen flachen Putzdecke ein Holztonnengewölbe mit Stichkappen im Schiff ein. Der damalige Pfarrer war stolz auf die Veränderungen und empfahl: „Eine eingehende Besichtigung lohnt sich auf jeden Fall." Später sah man dies offensichtlich anders, da 1988 vom „gravierendsten Eingriff" in den Kirchenraum gesprochen wird. 1954/55 entfernte man in *Ludwigsstadt* die dritte Empore sowie den Kronleuchter von 1876. In *Gössersdorf* wünschte man, wie andernorts, wieder den hinter dem Kanzelaltar versteckt gelegenen Chor freigestellt. Reissinger oblag die Planung. Die neugotische Kanzelwand von 1858 wurde 1955/56 abgebaut, der Chorbereich mit einem neuen Altar versehen, die Seitenempore beseitigt. Im Kunstdenkmälerinventar wird kritisch zu den neuen „Glasfensterkompositionen" bemerkt: „ungut, besonders in ihrer Spannungslosigkeit und im Zusammenhang mit dem benachbarten spätmittelalterlichen Maßwerkfenster!"[197]

In *Untersiemau* konnte noch 1967/68 der Abbruch des alten, teilweise in Fachwerk erstellten Langhauses der im Kern von ca. 1500 existierenden und 1653 umgestalteten, allerdings sehr kleinen Kirche erreicht werden. Ebenso verfuhr man in *Oettingshausen* zwischen 1966 und 1969, als die Kilianskirche (neuromanisch von 1852), ursprünglich Wehrkirche, samt dem Turm (von 1576) abgebrochen wurde, ehe man einen Neubau 1970 erstellte.[198]

Nach Einführung des Denkmalschutzgesetzes kamen solche Maßnahmen kaum noch vor. Auffallender Weise wiederum im Coburger Bereich geschah 1977/78 noch der Abbruch eines Kirchenschiffes, und zwar in *Weidhausen*, angeblich weil die Kirche „baufällig" war. Der denkmalgeschützte Turm mit dem Chor im Erdgeschoss stammt aus dem 15. Jahrhundert und blieb stehen, das Langhaus war ein Fachwerkbau des 18. Jahrhundert. 1948–1953 war der Bau erst instand gesetzt worden. Keine Bedenken seitens der Denkmalpflege gab es im Falle von *Seußen*, wo 1984 bereits wieder das „Pathos" der Ausstattung aus der Bauzeit von 1934 störte und entfernt wurde (s. Kat. 3.14.).[199]

2.2. Die Bausubstanz: Umgestaltungsmaßnahmen bei älteren, 1918 bereits bestehenden Kirchenbauten. – Bemerkungen zu den Neubauten

Das besondere Interesse bei Baumaßnahmen an Kirchengebäuden für das 20. Jahrhundert gilt fraglos den Neubauten, die im Katalog aufgeführt werden und zu denen in diesem Rahmen nur kurze Anmerkungen und zusammenfassende Erkenntnisse möglich sind. Dabei herrscht das Interesse vor, welche Baugestalt gewählt wurde und – für den theologischen und liturgischen Aspekt brisant – welche Einstellung zum Chorbereich jeweils bestand. Aufmerksamkeit finden weiter die

Abb. 11: Weidhausen, Kirchenneubau von 1978, Blick zum Chor

Umbauten, Neugestaltungen usw. bei den historischen Kirchenbauten. Nicht aufgegriffen werden Angaben lediglich über Erneuerungsmaßnahmen wie Tünchen, Ausbesserungen, rekonstruktive Wiederherstellungen, oftmals vorkommende Entfeuchtungsmaßnahmen. Beachtung finden solche Vorgänge, bei denen verändernde und den Eindruck des alten Kirchengebäudes beeinflussende Arbeiten an der Bausubstanz – einschließlich Anbauten –, aber besonders bei der Innenraumgestaltung oder im nächsten Umfeld vorgenommen wurden. Die Turmbauten folgen in Kapitel 2.3.

2.2.1. Die Zeit zwischen 1918 und 1945

Im ersten Abschnitt der Zeit zwischen den beiden Kriegen, besonders in den 30er Jahren, lässt sich ein großer Eifer zu Neugestaltungen von Kirchengebäuden erkennen. Dabei ging man zumeist in dem traditionellen Verlangen nach den Kriterien des 19. Jahrhunderts vor, besonders in dem liturgisch begründeten Bestreben, einen abgesonderten Chorraum in einem aus barocker Zeit stammenden Einheitsraum zu schaffen. Speziell dort, wo ein früher vorhandener Chorbereich zugesetzt worden war, wandte man alle Mittel auf, diesen frei zu machen. Man betonte den Wunsch nach einem „sakral wirkenden" Raum.

Das mögliche Engagement von Nahestehenden der NS-Partei zwischen 1933 und 1939 und deren Beeinflussung der Behörden zur Erlaubnis von Änderungsmaßnahmen oder auch zu Neubauten wurden bereits angesprochen. Nur nebenbei erwähnt seien Maßnahmen, die keine liturgische Relevanz besitzen, so die Neuanlage bzw. -gestaltung von Windfängen (z. B. in Bad Berneck und Goldkronach/Stadtpfarrkirche, beide 1989– 1991)[200] sowie technische Neuerungen, was die Heizung und Elektroinstallation betrifft, die vor und nach der Jahrhundertwende von 1900 noch größeren Informationswert besaßen. Der Fortschritt bei den Heizungen bewegt sich von der Kohleheizung zu Warmluftheizungen, schließlich zur Öl- bzw. Elektroheizung von Kirche zu Kirche.[201]

Es fällt auf, dass es in manchen Kirchenräumen gleich zweimal grundlegende Umgestaltungen während der Untersuchungszeit gab, so in Affal-terthal 1936 und 1966–1968, in Brand 1935–1938 und 1996, in Schirnding 1965/66 und 1999.

In der gerade im selben Jahr dem Land Bayern angegliederten Stadt *Coburg* wurden an einem kirchlichen Raum die Arbeiten abgeschlossen, die bereits vor dem Ersten Weltkrieg, 1912, begonnen hatten, dann aber, nach zwangsläufigen Pausen im Krieg, erst 1920 beendet werden konnten, nämlich die Neugestaltung der Lutherkapelle auf der Veste. Zwar gehört dieser Raum nicht in das Themenfeld der Untersuchung, soll aber Erwähnung finden, da hier nochmals unter der Ägide des Coburger Herzogshauses im Zuge der Regotisierung des Fürstenbaues der historisierende Stil der Neugotik, durch Architekt Bodo Ebhardt (1865–1945) geleitet, besonders augenfällig zu großer Blüte kam.[202]

Die nächste größere und das Aussehen der Kirche prägende Baumaßnahme – gerade noch vor der Inflation – gelang mit der Erweiterung der St. Bartholomäuskirche in *Glashütten*, am 19. Juli 1922 begonnen und am 3. Adventsonntag desselben Jahres eingeweiht. Die Pläne stammen von H. C. Reissinger. Die finanziellen Probleme sollen so schlimm gewesen sein, dass die Entlohnung des Architekten in einem halben Pfund Butter bestand. Der Anbau in Schiffsbreite der alten Kirche bestand im wesentlichen aus einem Turmaufbau über breit gelagertem Unterbau (s. Kap. 2.3., Abb. 1).[203]

Eine grundlegende Neugestaltung wurde 1925/26 in der Kirche von *Thiersheim* vorgenommen. Der früher gehegte Wunsch, die Kirche abzubrechen, war mittlerweile aufgegeben worden, auch der, einen neuen Anbau zu erstellen. Das Bodenniveau im Inneren wurde tiefer gelegt, der Fußboden aus Ziegelplatten neu gestaltet. Den hier vorhandenen älteren (romanischen) Chor, der zugunsten des später daneben errichteten gotischen zugemauert worden war, öffnete man wieder und richtete ihn als Taufkapelle ein. Ein neuer Emporenaufgang wurde in der Nordwestecke des Schiffes angelegt, ferner hob man Epitaphien und stellte sie an die Wand. In der *Rehauer* Pfarrkirche setzte man 1926 den Chorraum vom Schiff mit einem „falschen Gewölbe" aus Holz ab (s. Kap. 2.4.1.). Im südlichen Turm legte man eine Taufkapelle an.[204]

Im Jahre 1926 entstanden die beiden ersten vollständigen Neubauten von Kirchen, und zwar in *Grund*, Ortsteil von Nordhalben, und *Neuenmarkt* (Kat. 3.1., 3.2.). Im Jahr darauf folgte die Kirche in *Schwürbitz* (Kat. 3.3.). In den ersten beiden Kirchen legte man keinen Wert mehr auf Orientierung, die teilweise bereits im 19. Jahrhundert aufgegeben worden war.[205] Aber in all diesen Kirchen finden wir einen außen deutlich sichtbaren, innen eingezogenen und merklich erhöhten Chor vor. In der Grundform handelt es sich bei den Kirchen dieses Zeitabschnitts – soweit nicht anders erwähnt – um lange Rechtecke. Die drei genannten Projekte besitzen einen Vorbau an der Seite des Langhausteils, also nicht, wie im 19. Jahrhundert beliebt, gegenüber der Altarfront.

In *Burggrub* unternahm man 1927 eine Schifferweiterung, nach der neue Prinzipalstücke erforderlich wurden und das Gestühl neu anzulegen war.[206] Statt des geplanten Kirchenbaus entschloss man sich in *Hof*/Ost (St. Johannes) 1927 zu einem Gemeindehaus, in dessen Saal Gottesdienste gefeiert wurden und bei dem man auch später blieb, es durch Umgestaltungen veränderte (Kat. 3.4 a/b). Im *Kulmbacher* Ortsteil Ziegelhütten errichtete man 1928 einen Kindergarten (Kat. 3.5 a.), in dem sich die Gemeinde auch zu Gottesdiensten versammeln konnte. Später entstand dort mit Anbauten die Friedenskirche (Kat. 3.5 b.).

Als absolutes Novum für unseren Raum muss man die neue Kirche in *Erkersreuth* ansprechen. Der bereits genannte Architekt Rosenthal war offensichtlich von der 1926 von Theodor Fischer verantworteten Kirche zu Planegg angetan und schuf so ein Bauwerk, das zwar äußerlich die Bezeichnung „Zentralbau" durch das regelmäßige Oktogon verdiente, aber keinen Zentralraum beinhaltete. Dennoch handelt es sich um eine Grundform, die erstmals für einen Kirchenbau in Oberfranken gewählt wurde. Mit der zentralen Anordnung der Prinzipalstücke wie in Planegg konnte sich Rosenthal nicht anfreunden, wie er in einem Schreiben an den Selber Dekan bemerkte.[207] So ermangelte es im Inneren der letzten Konsequenz einer Zentralraumrealisation, da für den Chor samt dem Altarstandort nach wie vor eine der Eingangsfront gegenüber angelegte tiefe und hohe Nische mit großem Wandgemälde eingerichtet wurde, das Gestühl nach dorthin orientiert war. Mittlerweile (1967) setzte man diese Chornische zu, und mit dem Taufstein in der Mitte kann – eingeschränkt – von einem Zentralraum gesprochen werden (Kat. 3.6.).

Im Jahre 1929 entstanden neu zwei Kirchen, und zwar in *Marktschorgast* und *Hof*-Moschendorf (Auferstehungskirche). Beide Male lässt sich der Chorbereich durch die Eckabschrägungen äußerlich deutlich erkennen. Auch im Inneren hebt sich der eingezogene Chorraum markant ab, in Marktschorgast (Kat. 3.7.) durch zwei, in Hof sogar durch sechs Stufen. Trotz Umgestaltungen blieb in Hof der mit Triumphbogen geöffnete und erhöhte eingezogene Chorbereich erhalten (Kat. 3.8.). In beiden Mittelwänden des Chors finden sich den

Abb. 12: Neuenmarkt,
Christuskirche von 1926

Abb. 13:
Bad Alexandersbad,
Heilig-Geist-Kirche von
1930, Innenraum 2001

Raum beherrschende bemalte hohe Fenster mit Glasmalereien (Kat. 3.7. und 3.8.). Im heutigen Ortsteil von Heiligenstadt, *Siegritz*, wollte man den langen Kirchweg durch die Errichtung eines Betsaales 1929 abkürzen; der Raum ist inzwischen vollständig als Kirchengebäude erneuert (Kat. 3.9 a./9 b.). In dem ebenfalls 1929 erstellten Lutherhaus im Norden der Stadt *Hof* fanden auch Gottesdienste statt; ein eigener Kirchbau erfolgte knapp 30 Jahre später (Kat. 3.10 a., 3.10 b.).

Einen Windfang stellte man in *Lauenstein* 1929/30 vor den Eingang und nahm im Inneren Ausschmückungen vor, die jedoch später wieder beseitigt wurden.[208] 1930 entstand ein Neubau in *Bad Alexandersbad*, bei dem der Chor außen durch den – etwas niedrigeren Sakristeianbau – mit geradem Wandabschluss kaschiert wurde. Im Inneren öffnet sich ein enger apsisartiger Chorraum, in dem aber schrittweise nach Modernisierungen die übereinander angeordneten Prinzipalstücke Kanzel und Altar abgeändert, der Altartisch mittlerweile weit nach vorne gezogen wurde (Kat. 3.11.).

Unter der Leitung von Prof. Will gestaltete man das Innere der Kirche von *Michelau* 1931/32 dergestalt um, dass die Orientierung geändert, die Einrichtung „umgekehrt", d. h., die Altarfront nach Westen gelegt wurde. Den Saalraumcharakter behielt man bei, führte die Empore sogar um den Kanzelaltar herum. Es wurden nach Norden und Süden hin an das Schiff ausbuchtende Raumnischen angelegt, wobei an die Nordseite die Sakristei kam. Der Kirchenraum erhielt zahlreiche Ausschmückungen (s. Kap. 2.4.3.).[209]

Die Dorfbewohner von *Ahornis* erreichten es 1932, sich mit einem eigenen Bau von der weit entfernten Mutterkirche Münchberg abzusetzen.

Die Kirche liegt auf einer Anhöhe am Rande des Dorfes und erhielt von Anfang an die Bezeichnung „Gustav-Adolf-Kirche"; man huldigte diesem schwedischen König im Dreißigjährigen Krieg durch ein auffallendes Denkmal neben dem Eingang der Kirche. Der Chor ist architektonisch und gestalterisch deutlich geprägt; das Fresko an der Stirnwand – zwischenzeitlich verhängt – zeigt den auferstehenden, triumphierenden Christus (Kat. 3.12.).

In *Ludwigsstadt* verlegte man 1932/33 die Sakristei in das Turmuntergeschoss. Auch in der 1933 erstellten Kirche in *Wannbach* herrscht der eingezogene und erhöhte Chorraum vor, der aber äußerlich nicht sichtbar wird (Kat. 3.13.). In *Seidmannsdorf* wurden 1934 gründliche Umgestaltungen vorgenommen, durch den Architekten Max von Berg (1886–1970) „zahlreiche Einbauten des 18. Jahrhunderts beseitigt". Weitere Veränderungen samt der Neugestaltung des Chors erfolgten in den 60er Jahren.[210]

Ein aus dem Rahmen üblicher Baugestaltungen fallendes Kirchengebäude erhielt die Stadt *Bamberg* 1934 mit der Erlöserkirche am Kunigundendamm. Mit Bestelmeyer hatte man eine herausragende Architektenpersönlichkeit gewählt. Er schuf einen regelmäßigen Zehneckbau, also eine Form des Zentralbaus. Das niedere angesetzte Rund rings um den hohen Hauptbau – in ersten Entwürfen nicht vorgesehen[211] – erinnert von außen an das Kapellengefüge mittelalterlicher Kirchen. Im Inneren sieht man, dass darin Nischen untergebracht sind, die erhöhte Sitzplätze aufweisen; drei der Nischen – dem Eingang gegenüberliegend – dienen der Aufnahme bzw. Anlage der Prinzipalstücke. Diese sind also nicht zentral platziert. Erstmals wird hier für die Region so etwas

DIE LEHR UND EHR HERR
JESU CHRIST NICHT UN=
SER SONDERN DEIN JA
IST DARUM SO STEH
DU DENEN BEI DIE BEI
DEI'M WORT SICH FIN=
DEN FREI

wie ein „Gruppenbau" erkenntlich, da Kirche und Turm durch Bauannexe aneinander gefügt sind. Bartning hatte dies ebenfalls propagiert. In Österreich findet sich bereits 1875 ein Projekt (Mödling), bei dem „Kirche und Pfarrhaus hintereinandergelagert unter einem Dach" waren.[212] Rosenthal hatte bei seinen Entwürfen für die Kirche von Erkersreuth 1926/27 (undatiert, nicht ausgeführt) auch einen Plan mit Anbauten an die Kirche vorgelegt.[213] Die Lösungen solcher Baukombinationen nahmen dann erst nach dem Zweiten Weltkrieg und besonders nach 1969 größere Ausmaße an (s. Stockheim, Bayreuth/Christuskirche).

Ob die Beispiele von Erkersreuth und Bamberg Pate standen für die Planung der Oktogon-Kirche von *Seußen* durch eine Marktredwitzer Firma im Jahre 1934? Auch hier – wiederum eine Gustav-Adolf-Kirche – kam es trotz der Achteckgrundgestalt nicht zu einer echten Zentralraumkirche. In einen engen, zwischen Turm und Sakristei situierten Raumteil wurde der Chor gelegt; bei der gründlichen Umgestaltung 1984 zog man den Altar aus der Nische vor. Außer einer die Wand umrundenden Bankreihe stehen die beiden Gestühlsblöcke ganz auf die Altarfront ausgerichtet (Kat. 3.15.).

Im Jahre 1934 wurden im Inneren der Kirche von *Streitberg* entscheidende Veränderungen vorgenommen. Man wählte sogar wieder eine moderne Form des Kanzelaltars und rückte ihn von der Stirnwand ab nach vorne, gestaltete die Wand dahinter farblich in großer Dimension (s. Kap. 2.4.3.).[214] Mittlerweile stark im Inneren umgeän-

Abb. 14: Seußen, Fenster mit Darstellung von König Gustav Adolf, 1934

dert ist die 1935 errichtete neue Kirche zu *Burg-kunstadt* mit hohem Turm, alles ausgeführt – wie vielfach beliebt damals – in unverputztem Bruch-steinmauerwerk. Der früher in Langhausbreite an-gelegte, äußerlich sich nicht abzeichnende, innen jedoch deutlich erhöhte Chor wurde 1982 total verändert (Kat. 3.16., Abb. 79).

In *Marktleuthen* wandelte man 1935 den Ein-gangsbereich ab, entfernte eine Vorhalle (im Wes-ten), schuf dafür einen neuen und offenen Vor-raum, brach den Chorbogen ab und verlegte die Orgelempore hinter den Altar. Es wurde eine ganze Reihe von Änderungen bei den Prinzipal-stücken und der Ausschmückung vorgenommen, und man benötigte eine neue Bestuhlung.[215]

Bestelmeyer erhielt von der Pfarrgemeinde *Ober-kotzau* den Auftrag, den Kirchenraum durch den Anbau eines großen Chors zu erweitern, bedingt durch die wachsende Seelenzahl, wie es heißt. Der Architekt wählte ebenfalls eine zehneckige Rotunde mit Strebepfeilern und Haubendach, 1935/36 er-stellt (Abb. 10). Im Inneren erfolgte diese Tren-nung der beiden Bauteile durch den Spitz-Tri-umphbogen des alten Gebäudes und einen darü-ber hinweg reichenden runden Bogen zum Neu-bau hin. Im Chor wurde ein umrundendes Empo-rengefüge und ebenso ein radial angeordnetes Gestühl angelegt.[216]

Dass bei den Umgestaltungen bisweilen auch Verluste für den historischen Kirchenraum eintre-ten konnten, wurde bereits im Falle von *Brand* angesprochen. Unterschwellig sollen hier Ein-drücke von Demonstrationen eines Reichspartei-

Abb. 15: Streitberg, Chorraumumgestaltung von 1934 (Aufnahme 1969)

tags mitgespielt haben, den der Ortspfarrer in Nürnberg besucht hatte, so hieß es später. Im Anschluss daran seien plötzlich „neue Ideen für die Gestaltung der Kirche" von ihm ins Gespräch gebracht worden. Im Krieg änderte der zunächst als „Deutscher Christ" engagierte Geistliche seine Meinung und hatte dann mit der Gestapo große Probleme. Der Seniorchef der einheimischen Baufirma – beim Marsch zur Feldherrnhalle 1923 beteiligt – soll durch seine guten Beziehungen zur Partei die Kirchenrenovierung überhaupt ermöglicht haben. Unter der Initiative des Ortspfarrers und unter der Aufsicht des Architekturbüros Holl stellte man dort 1935–1938 in den engen hohen und wieder frei gemachten Bereich des Turmuntergeschosses einen neuen Altar mit zweifachen Podesten, reduzierte die einst doppelten Emporen, verbreiterte durch Wegnahme der Südwand das Kirchenschiff auf das Doppelte, legte eine einfache Empore in L-Form an, baute einen Sakristeiraum für den alten Kanzelaltar an und nahm viele ausschmückende Maßnahmen vor.[217]

Die Eingriffe in den früheren Bestand der Kirche von *Affalterthal* bei der grundlegenden Umgestaltung 1936 wurden bereits erwähnt (s. Kap. 2.1.). Der heute noch in dieser Form vorhandene Chorraum hebt sich nicht mehr so stark ab wie vorher, die Stufen zum Altar sind um eine gekürzt, aber die vier Stufen in den Chor selbst blieben bestehen. Immerhin setzt sich der gesamte Raum deutlich „von einer Vergeistigung und Erhöhung" ab, die ihn „im früheren Stadium bestimmt hatte. Dafür wird jetzt eine bestimmte Erdgebundenheit betont, die Kirche hat einen bäuerlich-naturhaften Charakter erhalten".[218] Die weitere Ausstattung betrafen die noch an anderer Stelle zu nennenden Prinzipalstücke und malerischen Ausgestaltungen.[219]

In *Grafengehaig* wurden 1936/37 umfangreiche „Renovierungen" durchgeführt, in deren Verlauf die Chorgewölbemalereien freigelegt, ein neues Gemeindegestühl angefertigt und Veränderungen an den Prinzipalstücken vorgenommen wurden.[220] Aufgrund der Beschädigungen durch den Brand 1939 in *Ahornberg* (s. Kap. 2.1.) nahm man zwei Jahre später, mitten im Krieg, Erneuerungsarbeiten vor, die durch schwierig zu beschaffende Baustoffe erschwert waren. Die Maßnahmen sollten „dem Aussehen förderlich sein"; dazu gehörten neue Prinzipalstücke und Veränderungen an den Emporen.[221]

Zusammenfassend seien die Neubauten der Jahre vor und kurz nach Kriegsbeginn 1939 genannt: 1937 in *Heinersreuth* (Kat. 3.17.), dann *Marxgrün* (Kat. 3.18.) und *Hof*/Christuskirche (Kat. 3.19.), eingeweiht im Oktober und November 1939. Diese drei Kirchen stehen noch weithin im ursprünglichen Bestand, mit markanten Türmen, engen und erhöhten Chorbereichen, in Marxgrün in Form einer außen sich abzeichnenden halbrunden Apsis.

Noch im Krieg, 1944, wollte man mit umfassenden Erneuerungsmaßnahmen in der kleinen Kirche von *Einberg* beginnen, musste aber die meisten Vorhaben verschieben, was sich letztlich bis 1955 hinzog. Der Raum erhielt eine neue Gestalt und zahlreiche beachtliche schmückende Ausgestaltungen, die an anderer Stelle Würdigung finden (s. Kap. 2.4.3.).[222]

2.2.2. Neubeginn mit dem Kirchenbau nach dem Zweiten Weltkrieg

Eine gewisse Unsicherheit scheint dort geherrscht zu haben, wo in einer Kirchengemeinde die Reno-

Abb. 16: Marxgrün, Christuskirche von 1939 (FS 22)

vierungsmaßnahmen nach dem Krieg über die Erfordernisse einer Ausbesserung bzw. Wiederherstellung hinaus gingen. Aktenkundig werden entsprechende Erwägungen für die Lorenzkirche in Hof, als man 1948 an eine Renovation des Kircheninneren ging. Es gab zwei Richtungen: Die eine zielte darauf ab, „die Kirche ganz ihres historischen Charakters zu entkleiden und ein völlig modernes Innere zu schaffen". „Demgegenüber vertrat die ‚historisierende' Richtung den Standpunkt, dass das klassizistische Gewand der Lorenzkirche wertvoll genug sei, um beibehalten zu bleiben." Es ging also – und so mag es bei manchen Projekten gewesen sein – um die Alternative „Neugestaltung" oder „Wiederherstellung". Obwohl der Einfluss der Denkmalpflege noch recht eingeschränkt war, griff im Falle von Hof das Amt in München ein, stellte die Kirche unter Denkmalschutz und „(entschied) den Streit der Meinungen zugunsten der historisierenden Richtung".[223]

Die erste Reihe neu errichteter Kirchen setzte 1950 ein, die an dieser Stelle nicht mehr im einzelnen besprochen werden können. Die wichtigsten Errungenschaften seien zusammenfassend skizziert. Auf die Beschreibungen im Katalogteil wird verwiesen. Wie bereits im ersten Abschnitt finden wir den heftigen Wunsch von Gemeinden mit einem langen Weg zur bestehenden Kirche nach einer Gottesdienststätte am eigenen Ort; durch den Zuzug von Gemeindegliedern, besonders in ursprünglich katholischen Gebieten, verstärkte er sich.

Diese ersten Neubauprojekte hielten sich noch eng an die architektonischen Vorbilder der Vorkriegszeit. Selbst ein Architekt wie Karl Pfeiffer-Hardt, der später (1956 und 1957) neue Möglich-

keiten mit der Dreiecksgrundgestalt erprobte, blieb bei den Kirchen in *Steinwiesen* und *Bieberbach* bei der traditionellen Bauform. Bei nahezu allen Bauten der Jahre 1951–1955 (Kat. Nr. 3.20.–35.) wird der Rechteckgrundriss beibehalten, der Chor deutlich abgesetzt, meist außen sichtbar gemacht. Diese rechteckige Grundform kann man ebenso für den anschließenden Zeitabschnitt bis 1968 für etwa ein Viertel der Kirchen verfolgen. Dabei können die Ecken der Stirnfront abgeschrägt sein oder auch, als unregelmäßiges Achteck, alle vier Ecken (z. B. *Langenbach, Creidlitz*). In einzelnen Fällen kaschierte man außen den innen noch vorhandenen abgesetzten Chorbereich. Dies ist der Fall in *Lippertsgrün* (1951) nach Abänderung des Plans und dann, ausgehend von *Steinbach* am Wald und *Martinlamitz* (beide 1953), immer häufiger. Auch der Turmchor wird noch favorisiert (z. B. *Kleintettau* 1951, *Hummendorf* 1954).

Die Kirche von H. C. Reissinger in *Pettendorf* (1954/55) ragt aus dieser Reihe durch eine gewisse Abwandlung von der Rechteckgrundform mit einem bugartigen Winkel auf der einen und einer Abrundung auf der anderen Schmalseite heraus. Auch was die Chorgestaltung betrifft, scheinen sich die Ansichten in der technisch-künstlerischen Leitung der Landeskirche geändert zu haben, da man von dort den Plan eines anderen Architekten „kritisierte" wegen der „Trennung von Altar und Gemeinde" (Kat. 3.34.). Vielleicht hatten die ersten Kirchenräume von Gulbransson (Schliersee 1954, Pläne von 1950) bereits ihre Wirkung gezeitigt.[224] Reissinger riskierte mit der nächsten Kirche in *Kulmbach* (Auferstehungskirche, Kat. 3.36.), wohl angeregt durch expressionistische Vorbilder wie Ronchamp, den ungewöhnlichen Grundriss, der einer Birne ähnelt, ohne Winkel und Ecken

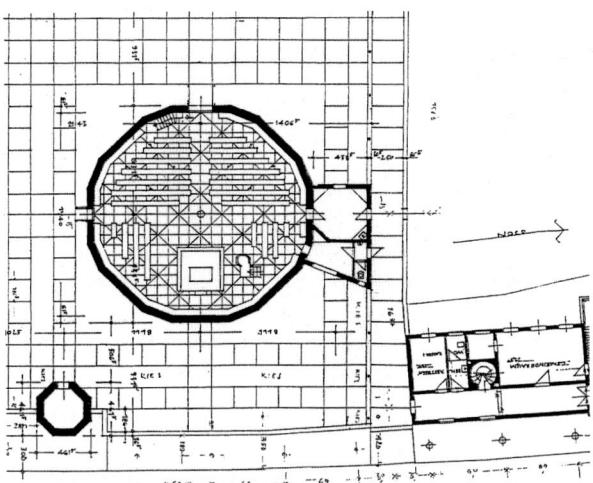

Abb. 17: Hallstadt, Grundriss der Johanneskirche
von 1964 (FS Köhler)

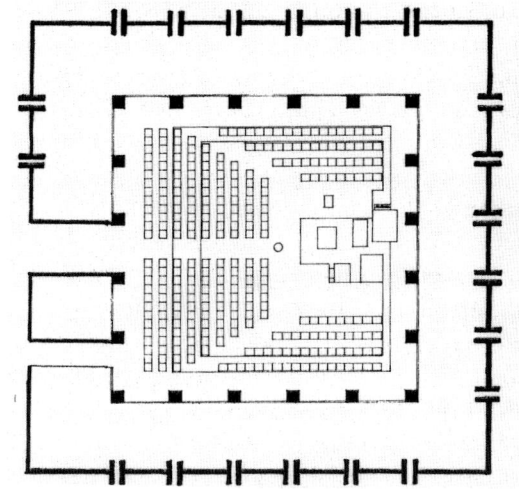

Abb. 18: Kulmbach-Burghaig, Grundriss der
Johanneskirche von 1968 (Meißner I 185)

(s. Abb. 97). Auch seine Trapezform für *Potten-stein* ist ungewöhnlich.

Das Dreieck in der Grundgestalt – durch Erweiterung der Ecken zu Nischen geometrisch genauer als Sechseck anzusprechen – verwandte Pfeiffer-Hardt bei zwei Kirchen dieser Periode (*Bayreuth/Christuskirche*, *Staffelstein*). Das Sechseck kommt in unregelmäßiger Form in *Ebermannstadt* vor, je einmal das gleichmäßige Oktogon in *Hof*/Luther-kirche 1956, 1964 die Zwölfeckform in *Eggolsheim* und die Sechzehneckform in *Hallstadt*. Beliebt ist der quadratische Grundriss, erstmals wohl – äußerlich erkennbar durch die regelmäßige Vier-eckpyramide des Daches – bei *Neuensorg* (1961), dann angewandt bei der Gulbranssonkirche in *Kulmbach*/Kreuzkirche, bei der Kreuzkirche in *Hof,* ferner in *Buchbach* sowie den letzten Kirchen dieses Zeitabschnitts, *Burghaig* (von Henzler),

Selb-Plößberg und *Dürrenwaid* (Horst Rudorf): In beiden letzten Fällen wurde eine Diagonalrichtung in der Dachform und der Innenorientierung über quadratischer Grundfläche vorgenommen.

Eine Variante dieser Art setzte Heinz Rudorf zu-erst wohl in *Tauperlitz* ein, nämlich eine Quer-kirche, bei der der innen einsehbare Dachfirst quer zur Raumorientierung verläuft. Bruder Horst Rudorf griff diese Version auf für *Johannisthal* (1960) und kurz danach (1961) bei der größeren *Hofer* Dreieinigkeitskirche. Für Horst Rudorf cha-rakteristisch gilt ferner – neu für oberfränkische Kirchen und erstmals in *Zedtwitz* realisiert – die bereits von Gulbransson angewandte runde Altar-insel, die als besonders geeignet für den Abend-mahlsempfang gewertet wurde.[225] Rudorf, der bei Vorreitern der Architektur wie Robert Vorhoelzer und Döllgast in München studiert hatte,[226] wagte bei dieser kleinen Filialkirche von Zedtwitz erst-mals auch als Grundfläche für den ganzen Bau ein kreisförmiges Rund (1958, Abb. 106), das dann ähnlich, ins Oval gezogen, in *Lichteneiche* von Schlegtendal 1960 wiederholt wurde. Trotz so mancher zentralraumverdächtiger Grundformen wurde der Schritt dazu bei der Ausstattung kaum riskiert, lediglich in *Hallstadt* (1964) sowie bei der *Eggolsheimer* Friedens- und der *Bayreuther* Erlöserkirche (1964 bzw. 1966) kann man für die-sen Zeitabschnitt bis 1968 von solcher Anordnung mit der Mittenstellung des Taufkörpers und den nahe heranreichenden Altar sprechen. Wenn das Aktionsfeld liturgischen Geschehens in der Mitte liegt, die Gestühlsblöcke darum geschart sind, kann von echtem Zentralraum die Rede sein. In ähnlicher Grundform mit Querhausgestalt wurde 1966 aus dem einstigen Gemeinde-Kirchenraum in *Hof*/St. Johannis (Kap. 3.4 b.) geschaffen.

Als Material hatte man im ersten Abschnitt am liebsten unverputztes Mauerwerk mit Granit-, Sand- oder auch Kalkstein in Quader- oder Bruch-steinausführung verwandt. Nunmehr setzte sich die Betonbauweise durch, roh belassen oder mit Verputz. Manche, wie Gulbransson, schätzten den Klinkerstein; allerdings gab es dabei oft schlimme Folgen, wie bei der *Kulmbacher* Kreuzkirche er-kenntlich. Dieser sowie auch so mancher andere Bau musste mit Kunststoffplatten gedichtet werden.

Die Dachformen fügen sich dem Langhaus an mit Sattel- bzw. Walmdach bei Rechteckbauten, gleich- oder ungleichmäßigem Pyramiden-Zeltdach bei Quadrat- bzw. polygonalen Grundrissformen. Gedeckt sind die Dächer mit Ziegeln, häufig auch mit Schiefer. Das Flachdach, seit den zwanziger Jahren öfter in Gebrauch,[227] wurde für Kirchenge-bäude nur selten gewählt; von beiden bekannten

Projekten, *Bayreuth*/Kreuzkirche und *Hof*/Kreuz-kirche, ist bekannt, dass massive Probleme durch das Eindringen von Wasser auftraten. In Bayreuth musste das Dach mit Folien gedichtet, in Hof nachträglich ein niedriges Pyramidendach aufge-setzt werden (Kat. 3.52. und 3.68.). Horst Rudorf wandte, wohl in Anlehnung an Gulbransson, Dachformen an, die in die Diagonale geführt wur-den, bei denen die seitlichen Flächen in Trapez-form nach unten „geklappt" sind (*Selb*-Plößberg, *Dürrenwaid*) oder die ein ungleichmäßiges Sattel-dach bilden (Faßmannsreuth).

Es lässt sich feststellen, dass fast bei all den Kir-chen dieses Zeitraums ein Wechsel für die Lage des Eingangs vorliegt, nämlich von der Seite zur Mitte der Schmalwand, die dem Chor gegenüber liegt, in der Regel mit einem Vorbau. Dieser kann in massiver Form und geschlossen, manchmal auch erst nachträglich realisiert worden sein (z. B. in *Lippertsgrün*). Vorbauten – in der ersten Peri-ode noch sehr massiv, zumeist offen, mit Eck-säulen, ausgeführt – wuchsen in den 50er und 60er Jahren bisweilen zu größeren Vorhallen an, schrumpften aber schließlich in der letzten Phase zu einem einfachen, mit Glasvordach versehenen Regen- und Windschutz in lockerer Form zu-sammen.

Bei den Fenstergestaltungen blieb man noch gerne beim Rund- oder Stichbogen, die man als sakral wirkend bevorzugte. Setzte man die Fenster in der ersten Zeit noch relativ hoch an, bisweilen sogar nur mit einem schmalen Fensterband, mit dem Ziel der Vermeidung einer Blendung bzw. einer Sicht nach außen, so beginnt vor allem Reissinger Anfang der 60er Jahre damit, große durchlaufende Fensterfronten einzuplanen, nahe-zu durchwegs in Bunt- oder Strukturglas (*Petten-*

Abb. 19: Memmelsdorf-
Lichteneiche, Himmel-
fahrtskirche von 1960
(Aufnahme 1970)

Abb. 20: Kulmbach-Burghaig, Johanneskirche von 1968 (Aufnahme 1970)

dorf, Bayreuth/Kreuz und Auferstehung). Windschiegl benützt für die kleine Kirche in *Buchbach* (1967) an manchen Seiten große, bis zum Fußbodenniveau herabgezogene Klarglasfenster; solche über den ganzen Wandbereich laufende kleinere Fensterteile finden wir auch bei Horst Rudorf in *Johannisthal* und *Hof*/Dreieinigkeitskirche. Henzler, dessen Mitwirkung bei vier neuen Kirchen zu registrieren ist, tut dann den Schritt zu ganzen Fensterfronten in Klarglas mit der Möglich-

keit des Blicks nach draußen (*Burghaig*). Wenige Geistliche begehrten für ihre Kirchenräume ausschließlich indirektes Licht und einen lichtgedämpften Raumcharakter. Besonders die *Coburger* St.-Markus-Kirche muss in diesem Zusammenhang genannt werden (Kat. 3.74.).

Erstmals taucht in diesem mittleren Zeitabschnitt die Suche nach Erweiterungsmöglichkeit des gottesdienstlichen Raums auf. Ende des 19. Jahrhunderts hatte der Verein für Christliche Kunst in der evangelischen Kirche Bayerns sein „Entsetzen" ausgesprochen „über eine solche Verquickung von Zwecken, die sich nicht vereinen lassen".[228] Nach einem vorsichtigen Versuch der Anbindung des Sakristeiraums im rechten Winkel zur Altarfront in *Martinlamitz* 1953 durch Reissinger, dürfte dies Claaßen ein Jahr später in *Stockheim* in bescheidenen Ausmaß und nur mit relativ knapper Öffnung zum gleichzeitig mit der Kirche erstellten Gemeinderaumanbau hin erstmals bewusst realisiert haben. Pfeiffer-Hardt setzte diese Option bei der *Bayreuther* Christuskirche 1956 in erweiterter Dimension ein. Später suchte man allgemein danach, die Raumkapazitäten variabel zu gestalten durch Anbindungen an Nebenräume mit Erweiterungs- bzw. Einschränkungsmöglichkeiten für den Kirchenraum. Die Schiebewände erweisen sich manchmal auch als problematisch; so machte man in *Holenbrunn* die große Wand zum Gemeindesaal nebenan wieder dicht wegen Heizungsproblemen (Kat. 3.71.).

Der Einfluss der zuschussgewährenden Landeskirche scheint zu dieser Zeit sehr bestimmend gewesen zu sein, nicht nur, was die Baugestalt, sondern auch die Ausstattung betraf, und dies bisweilen bis in kleinste Details hinein, jedenfalls in den geldknappen Anfangsjahren. So verlangte man von München für die Kirche in *Lippertsgrün* 1951 die letzte Ausnützung von Plätzen für Gestühl (etwa unter der Empore, wo man die Fläche eigentlich frei belassen wollte).[229] Ab den 60er Jahren war man großzügiger, gestattete repräsentative Bauten und zog dann in der Schlussphase dieses Zeitabschnitts, Ende der 60er Jahre, die „Sparschraube" – nunmehr ganz energisch – an.

Mit der Neugestaltung der Kirche von *Weitramsdorf* 1947 wenden wir wieder den Blick den größeren Umgestaltungen historischer Kirchengebäude nach dem Krieg zu, hier nach Plänen von Claaßen im Hinblick auf den Chor aufgegriffen. Dabei wurden die Fenster teilweise zugemauert, Prinzipalstücke neu beschafft. Trotz der Entscheidung zur Wiederherstellung der klassizistisch geprägten *Hofer* Kirche St. Lorenz blieben starke Veränderungen nicht aus. So wurde 1947/48 der breite Chorraum insofern abgewandelt, als man die beiden Fenster nach Osten zusetzte, nur eines nach Süden neu ausbrach, damit der in den Chor zurück geschobene Kanzelaltar seitliches Licht erhielt. Das mit einem Gitter versehene halbrund vorspringende hohe Chorraumpodest wurde auf nur noch zwei Stufen reduziert, begradigt, das Gitter beseitigt. An der Decke und den Emporen nahm man Veränderungen vor.[230]

Die durch Kriegseinwirkungen vollständig ausgebrannte Kirche von *Hohenberg* konnte zwischen 1947 und 1950 wieder hergestellt werden unter der Planung von Eberhard Braun. Sie erhielt dabei ein völlig neues „Gesicht" durch andere Prinzipalstücke. Allerdings wurde rund ein halbes Jahrhundert später wiederum manches umgestaltet. In *Weißdorf* nützte man die Gelegenheit einer Neugestaltung nach dem Zweiten Weltkrieg – insgesamt zwischen 1947 und 1959 –, das ursprünglich gotische Gepräge des Raums wieder herzustellen, die barocken Elemente weitgehend zu eliminieren. Die 1845 ausgebrannte Kirche von *Thierstein* erhielt ihren „Wiederaufbau" 1948/49 unter der Bauleitung von Architekt Hanns Holl. Auch hier konnte man nicht mehr auf die alte Ausstattung zurückgreifen und musste ein neues Raumkonzept akzeptieren. Die erst 1865 neu erstellte Kirche von *Schwarzenbach* a. Wald erfuhr 1949–1951 und in den folgenden Jahren eine Reihe von eingreifenden Abänderungen, so neben dem neuen Turm – s. Kap. 2.3. – einen Sakristei-anbau und neue Portale. Auch bei der Ausstattung des Kirchenraums schloss man sich dem barocken Äußeren an. Mittlerweile (2000) wird auch davon wieder viel abgewandelt.[231]

Den ersten Neubau nach dem Zweiten Welt-krieg zog man in *Ebersdorf* b. Coburg „in großer Eile" hoch. Hier war das Kirchengebäude 1946 samt dem Turm abgebrannt. Claaßen leitete den auf gleicher Grundfläche errichteten Aufbau, der wegen der totalen Neueinrichtung in die Reihe der neuen Kirchen eingeordnet ist. Die Kirche in *Oeslau*, die früher dem coburgischen Herzogs-haus, dann dem bayerischen Staat gehörte, wurde 1953 von der Kirchengemeinde erworben. Dabei waren Umbauten (Architekten Claaßen und Kurt Günther, Oeslau) erforderlich mit einer Erweite-rung des Kirchenschiffes nach Westen (Einwei-hung 1954). Ein neuer Turm wurde errichtet und damit „dem Chor sein spätgotisches Gepräge zurückgegeben". Einbauten aus früherer Zeit entfernte man, die Emporen – mit sensationellen Entdeckungen auf den Brüstungsflächen (s. Kap. 2.4.3.) – wurden auf eine einfache reduziert.[232]

Die von späteren Generationen als fragwürdig eingestufte Neugestaltung von 1951/52 in *Lim-mersdorf* wurde bereits erwähnt (Kap. 2.2.1.). Es entstand in jener Zeit ein Kirchenraum, der von früheren in der Zeit des 16. Jahrhunderts und in späterer barocker Zeit stark abwich. Die Kirche von *Unterlauter* wurde nach der schweren Kriegs-beschädigung 1953 als Rekonstruktion wieder-errichtet, wobei manche alten Teile verwendet werden konnten. Am alten Konzept eines chor-losen Saalraums mit einer Orgelempore über der axialen Refektoriumskanzel änderte man kaum

etwas, allerdings schuf man den Unterbau einer Betonplatte für den Altarstandort. Die Prinzipal-stücke mussten teilweise neu beschafft werden. Einen erheblichen Eingriff in das frühere Raum-konzept bedeuteten die Umgestaltungsmaßnah-men in der Kirche von *Oberröslau* 1953/54. Die schon von alter Tradition her im Chor stationierte Orgel verlegte man auf die andere, westliche Seite und schob den Kanzelaltar weiter in den Chor zurück. Dies wurde etwa 15 Jahre später rückgän-gig gemacht, das Instrument wieder in den Chor-bereich hinter dem Kanzelaltar verbracht, dieser vorgezogen.[233]

Alte Ausstattungsstücke opferte man, als der aus der Nähe (Weidnitz) stammende Maler-Archi-tekt Ludwig Maurer-Franken (Icking, 1907–1986) in der Kirche von *Strössendorf* 1954 den Kanzel-altar abbauen, neue Prinzipalstücke beschaffen und im Chor bunte Glasfenster anbringen ließ. Ei-nen entscheidenden Eingriff in den alten Bestand des Kirchenraums von *Ludwigsstadt* bedeuteten 1954/55 die Entfernung der dritten Empore, des Kronleuchters von 1876 sowie Veränderungen am Kanzelaltar. In *Gössersdorf* wurden 1955/56 unter Reissinger grundlegende Umgestaltungen vorge-nommen (s. Kap. 2.1.). Nachdem der Chorraum geöffnet war, mussten neue Prinzipalstücke be-schafft werden. Es erfolgte eine reiche bildneri-sche Ausgestaltung.[234]

Die erst 1900 erstellte Kirche in *Lehenthal* erfuhr 1958/59 gründliche Abänderungen: Es wurden vier der fünf nunmehr als „maßstäblich schlecht und farblich unpassend" beurteilte Chor-südfenster zugemauert, der als „störend" empfun-dene Lichteinfall dadurch abgestellt, Prinzipal-stücke abgewandelt, alte noch vorhandene barocke Ausstattungselemente vom Boden zurück geholt. Bereits zehn Jahre, nachdem in der Pfarrkirche von *Schwarzenbach* a. Wald bauliche und ausstattungsmäßige Neugestaltungen vorgenommen worden waren (s. o.), begann 1959 der teilweise Austausch bisheriger Teile, so auch des Gestühls und von Prinzipalstücken, die man nunmehr modern ersetzte (Entwürfe von Georg Berthold jun.). Der im reinen neugotischen Stil 1837 eingerichtete Kirchenraum in *Kirchenlamitz* erhielt bei der Neugestaltung 1959/60 unter der Leitung von Albert Köhler wieder barocke Akzente. Man holte alte Figuren vom Dachboden und kombinierte sie zu einem Kanzelaltar in modernen Formen. In der Kirche von *Schottenstein* dagegen wurde der Kanzelaltar 1962 aufgelöst. Dazu erhielt der Kirchenraum neue Ausstattungsstücke. In der erst 1901 erstellten Kirche von *Wüstenselbitz* begannen 1962 Neugestaltungsmaßnahmen, die den ganzen Chorbereich betrafen.[235]

Für die Salvatorkirche in *Coburg* mit der axialen Anordnung der Kanzel oberhalb des Altartisches, vielleicht schon von 1662 her – oder evtl. doch erst von der Umgestaltung von 1740? –, verzichtete man bei der „Generalsanierung“ des Raums 1962/63 auf diese Kanzelstellung und veränderte das Innere grundlegend, mit neuem Altar, neuem Pult neben dem Altar sowie herausgenommenen Emporen. Die Umbauten leitete Otto Behrens, Coburg (1918–1970). Mehr im barocken Sinne gestaltete man den Kirchenraum von *Kirchahorn* 1964/65, indem man neugotische Ausstattungsstücke gegen noch vorhandene barocke austauschte.[236]

In *Azendorf* wurden 1965 bei Renovierungsmaßnahmen die im 19. Jahrhundert getätigten neugotischen Abänderungen beseitigt. In *Schirding* war man mit der Gestaltung des Kirchenraums nach dem Wiederaufbau der Kirche 1879 rund hundert Jahre später nicht mehr zufrieden, modernisierte 1965/66 die gesamte Ausstattung mit Prinzipalstücken und änderte rund dreißig Jahre später diesen Zustand wiederum ab, kehrte z. T. zu den alten Stücken der Neugotik zurück. Die Pfarrkirche St. Laurentius in *Thurnau* erhielt bei den Renovierungen 1965/1966 neue Treppen im Inneren eingebaut, ebenso neue Glaswindfangtüren.[237]

Die Kirche von *Affalterthal*, erst dreißig Jahre zuvor neu gestaltet, erfuhr 1966–1968 unter dem Erlanger Architekten Helmuth Steuerlein (geb. 1925) erneut grundlegende Veränderungen. Der Chor wurde ganz aufgegeben für den Gemeindegottesdienst, der Altar oberhalb eines einstufigen Podestes ins Schiff vorgezogen. Den Chorraum richtete man als Taufkapelle ein mit neuem runden Tauftisch in Holz, die Bänke im Schiff vereinigte man zu einem Mittelblock. Das beherrschende Kruzifix blieb an der Chorwand, wurde aber aus der Achse gerückt. Der damalige Taufengel störte unter der Kanzel; er wurde in den Eingangsbereich gestellt, aber rund 15 Jahre später wieder als scheinbare Kanzelstütze an seinen bisherigen Platz zurückgeholt. Bei der Kirche von *Ebersdorf* b. Kronach erfuhr 1969 das Kirchenschiff eine Verlängerung um 5 m.[238]

2.2.3. Baumaßnahmen in der Zeit der Krise bis zum Jahrhundertende

Bei den 25 Kirchen, die im Zeitabschnitt ab 1969 bis zum Ende des Jahrhunderts (Kat. 3.81. bis 103.) entstanden, müssen Differenzierungen getroffen werden: *Hemhofen* gehörte damals noch zu Oberfranken, kam im Zuge der Gebietsreform

Abb. 21: Schirnding, Chorraumneugestaltung 1965/66 (Archiv Landeskirchenamt München)

nach Mittelfranken und zählt so nicht mehr mit für den gegenwärtigen Bestand oberfränkischer Kirchen. In drei Fällen wurden Neubauten aufgrund abgebrochener Gebäude oder Bauteile nötig: *Untersiemau, Oettingshausen, Weidhausen*. Bei drei Gebäuden handelt es sich um Montagehäu-

ser: *Culmitz, Weidach* und *Bayreuth*/Epiphanias. Als Anbauten gottesdienstlicher Räume an bestehende oder in der Nähe befindliche bereits vorhandene Bauteile zählen *Neuhaus, Münchberg/* Hl. Kreuz, *Haarbrücken, Wiesentfels*, ein relativ kleiner Raum im Gefüge eines Gemeindehauses in

Abb. 22: Schirnding,
Chorraum-
umgestaltung 1999
(Pfarrarchiv Schirnding)

Lorenzreuth oder innerhalb eines größeren Gemeindezentrums *Bamberg*/Philippuskirche. Einzuschieben wäre der Hinweis auf solche engen Verbindungen vom Kirchenraum mit anderen Räumen innerhalb eines umfassenderen Mauerkomplexes und unter einheitlichem Dach schon für Projekte in der Mitte der 50er Jahre: *Bamberg/ Auferstehungskirche*, *Rehau*, beide 1956, *Großwendern* 1957 – in den letzten beiden Gebäuden befindet sich der Kirchenraum im Obergeschoss. Um- bzw. neugestaltet wurden die Gemeindehausvorhaben aus der Anfangszeit des 20. Jahrhunderts: *Kulmbach*/Ziegelhütten, *Hof*/Lutherkirche, ebenso der Betsaal von *Siegritz*. So verbleiben letztlich nur elf Kirchen, die als selbstständige und aufwändiger gestaltete Bauwerke einzustufen sind. Auffallend ist bei den Sakralbauten des letzten Abschnitts, dass man – offenbar aus Sparsamkeitsgründen – auf eine Grundsteinlegung überhaupt oder auf eine größere, in der Presse festgehaltene Feier verzichtet hat.

Beim Bestand der historischen Sakralbauten spürt man deutlich die Auswirkung des Denkmalschutzgesetzes, so dass es zu besonders eingreifenden Maßnahmen nicht mehr kommt. Es fällt auf, dass man vom abgesetzten und abgehobenen Chorbereich abgeht, den einheitlichen Saalraum[239] präferiert, zumal nunmehr auch bei der katholischen Kirche nach der Liturgiereform ähnliche Bestrebungen eingesetzt hatten. Dieser Einfluss wird spürbar bei den Neubauten ebenso wie bei Umgestaltungen alter Kirchenräume. Man schätzte wieder historisches, ausgelagertes Ausstattungsmaterial und war bemüht, einiges davon restaurieren zu lassen und in den Kirchenraum zurückzuholen.

Bei den Neubauten gibt es in diesem Abschnitt z. T. einfache und finanziell nicht belastende her-

kömmliche Bauausführungen, aber auch besonders individuelle und originelle Lösungen. Die rechteckige Grundform herrscht bei den Montagekirchen vor. Beliebt ist weiter das Quadrat (*Bayreuth*/Friedenskirche, *Altenkunstadt*). Als einmalig ragt das regelmäßige Fünfeck im Grundriss heraus (*Ebrach*). Es kommen ferner vor: das regelmäßige Sechseck (*Bayreuth*/Magdalenenkirche), das Oktogon (*Hemhofen*), ein unregelmäßiges Polygon (*Bamberg*/Philippus), auch nochmals das Zwölfeck (*Forchheim*). Ausgefallen ist hier die Bedachung: Wolfgang Gsaenger stellte im Rund 24 Holzstützen schräg aneinander und ließ sie im oberen Teil wie einen großen Trichter hinausstehen (s. Abb. 144). Hier wie für Altenkunstadt kann wiederum von Zentralräumen gesprochen werden.

Bei den Dachformen fällt unter den üblichen, bereits im vorausgegangenen Kapitel genannten Möglichkeiten *Münchberg* mit einer schneisenartigen Einbuchtung des Satteldaches besonders auf. Auch *Bamberg*/Philippuskirche besitzt eine bewegte „Dachlandschaft". Helle, lichtdurchflutete Räume wurden geschätzt mit Fenstern, die bis zum Boden reichen, oft auch mit Klarsichtscheiben (*Bayreuth*/Friedenskirche, *Altenkunstadt, Münchberg*). In *Gößweinstein* handelt es sich um ein weithin aus Holz bestehendes Bauwerk.

Mit besonderer Aufmerksamkeit wurden schon früher Vorplätze gestaltet, die ein Sammeln und anschließendes Verweilen der Gottesdienstbesucher ermöglichen. Sie wurden geteert oder gepflastert, eingesäumt, mit Baumbestand ausgestattet, erhielten Bänke und Brunnen. Bei früheren Bauten herrschen noch hohe, feierliche Treppenaufgänge vor. Besonders in der jüngsten Zeit unternahm man große Anstrengungen, die Zugänge möglichst als schiefe Ebenen rollstuhlgerecht

Abb. 23: Bayreuth, Friedenskirche von 1969, im Bau (Aufnahme 1969)

anzulegen. 1991 taucht diese Maßnahme sogar in den „Wolfenbütteler Empfehlungen" auf: „Auf die Belange von Behinderten ist besonders Rücksicht zu nehmen." In diesem Zusammenhang sei die Kirche von *Pettendorf* erwähnt, die früher von Reissinger mit Treppenaufgängen versehen war, nachträglich vollständig neue Zugänge im eben beschriebenen Sinne erhielt.

Die Baukörper wurden in der Mehrheit in einfachen klaren Architekturformen konzipiert, ohne komplizierte An- und Aufbauten, auch zumeist ohne „Kunst am Bau". *Neunkirchen* am Brand, als besonderer Schlusspunkt im Kirchenbaugeschehen des gesamten 20. Jahrhunderts bereits einige Male genannt, weicht ab: Es mischen sich traditionelle, symbolreiche Kreationen mit solchen modernster Art. Der deutlich, apsisartig abgesetzte Chor wurde gewünscht, allerdings mit der Möglichkeit der Aufnahme des Sängerchors und der Orgel. Eine seitlich eingerichtete Taufkapelle, weitgehend indirekte Lichtzuführung, ein hoher

Turm, viel – allerdings dezent – angebrachtes Schrifttum sind Erscheinungen, die auch bei den frühen Kirchen dieser Zeitepoche gefunden werden können, hier allerdings in Verbindung mit vielen sehr plastischen Formen, ohne rechte Winkel.

Welche Veränderungen wurden zu jener Zeit in den historischen Kirchengebäuden vorgenommen? Einen erstklassigen Architekten wählte die Kirchengemeinde *Rehau* für die Neugestaltung 1970, die dem Raum ein völlig anderes Gesicht verlieh. Eigentlich hatte man mit Gulbransson Kontakte aufgenommen, musste sich nach dessen Tod neu umsehen und wählte Prof. Döllgast, der an die Tradition anknüpfte und als bedeutendstes Ausstattungsstück eine neue kanzelaltarartige Anordnung vorsah. Schiff und Chor, einstmals bewusst getrennt, „wuchsen wieder zu einer Einheit zusammen, nachdem auch der trennende sog. Triumphbogen entfiel"[240] und das „weitgehend trockenfaule falsche Gewölbe" (s. o.) beseitigt war. Für den Standort des Taufsteins wählte man eine Kapelle im Eingangsbereich.[241]

Auch der Verzicht auf ein neues Kirchengebäude und der Kauf der katholischen Kapelle in *Gundelsheim* 1969 samt deren Umbau bis 1971 gehören in diese Zeit der „Krise". Der Bestand der evangelischen Kirchen in Oberfranken erweiterte sich mit dem Erwerb dieses Gebäudes, aber es gehört nicht in den Katalog der Neubauten. Der Grundbau dürfte bereits 1900 erfolgt sein (Datum am Altar); die Sakristei trägt die Inschrift „1917"; der Turmanbau samt dem Eingang stammt von 1933. An diesem Baugefüge wurde nichts verändert, lediglich einiges der Inneneinrichtung angepasst.[242]

Welche Probleme es mit den Behörden von den 70er Jahren an bei Renovierungen gab, wurde für die Maßnahmen bei der Lorenzkirche in *Hof* publik. Dort wurden durch das Landeskirchenamt in München nur noch die Außenarbeiten bezuschusst. Landeskirchliche Mittel für die Innenrenovierung wurden verweigert. Erst nach dem Beschluss der Kirchengemeinde, erhebliche Eigenmittel aufzubringen, war man in München bereit, etwas beizusteuern. Mit der Verspätung etlicher Jahre konnten 1977 die Arbeiten beginnen, die vor allem die Heizung, Erneuerungen beim Gestühl sowie Farbauffrischungen betrafen.[243]

In (Bad) *Rodach* wollte man vom Provisorium nach der Schadensbeseitigung von 1945 an der Pfarrkirche (s. Kap. 2.1.) loskommen und etwas Neues für den Chorraum planen. 1973 wurde dieser mit modernen Prinzipalstücken ausgestattet.[244] In der erst 1907 errichteten Kirche von *Pressig* mussten 1974 grundlegende Stabilisierungsmaßnahmen getroffen werden; dabei gestaltete man auch den Kirchenraum um, beschaffte neue Prinzipalstücke von Reinhart Fuchs. In der nicht denkmalgeschützten Kirche forderten solche Veränderungen keine Bedenken heraus.[245]

In der Stephanskirche zu *Bamberg* war ungewöhnlich, was man 1975 und nochmals 1986/87 verändernd vornahm: die Wiederherstellung des Zentralraumcharakters und die Aufgabe des Chors. Alte Prinzipalstücke wurden beseitigt, vollständig neue und moderne beschafft. In der Kirche von *Köditz* schuf man 1977/78 eine neue Chorempore und zog den Altar nach vorne in das Schiff. Der „Markgrafenstil" wurde 1977/78 in der Kirche von *Weitramsdorf* bei der Neugestaltung des Chors wieder hergestellt mit dem „Aussehen, das sie damals (1803) erhalten hat".[246]

Bei weiteren zwei Maßnahmen werden Eingriffe des Bayerischen Landesamtes für Denkmalpflege bzw. des Landratsamtes als Unterer Denkmal-

schutzbehörde offenkundig. Die Pfarrgemeinde von *Kulmbach*-Mangersreuth konnte nicht, wie gewünscht, bei den Restaurierungsmaßnahmen 1978–1980 den Kanzelaltar in den geöffneten Chor zurück schieben; einen ähnlichen Vorgang finden wir für *Langenstadt*. Dagegen setzte man in *Tettau* bei der Neugestaltung der Kirche 1978–1980 ein völlig neues Raumkonzept durch mit Umkehrung des Inneren und der Erstellung eines früheren Kanzelaltars aus Strössendorf.[247]

Die Gründe, warum 1982 der Altar schließlich doch nicht, wie eigentlich erwogen, aus dem Chor der Kirche in *Leupoldsgrün* herausgenommen wurde, werden in der Literatur nicht vermerkt. Den Chor geschlossen und mit einem Kanzelaltar bestückt, wie früher, erhielt die Kirche von *Schney* 1986. Ebenso konnte, wie ehedem, in der Kirche von *Neunkirchen* am Main die frühere Kanzelaltarsituation wieder hergestellt werden bei der Neugestaltung 1989. Dabei wurde die Altarinsel vergrößert.[248]

In *Oberwohlsbach*, einem stark angewachsenen Dorf der Gemeinde Rödental, erreichte man 1992 (Einweihung am 8. Juni), die 1898 errichtete Kapelle auf dem Friedhof, nicht größer als ein einziges Zimmer, so umzugestalten, dass daraus ein gottesdienstlicher Raum für regelmäßige Sonntagsgottesdienste und alle anfallenden Feiern ermöglicht wurde. Vor die zweite Türe gegenüber dem Haupteingang auf der Giebelseite – früher für den Abtransport des Sarges benutzt – stellte man einen Altartisch (auf Rollen). Das Pult links dient für Abkündigungen, Lesungen und Predigten. Bei Taufen wird ein Becken aus Rödental mitgebracht und aufgestellt. Ein neuer Glockenständer (s. Kap. 2.3.) bedeutete den einzigen baulichen Aufwand für diese neue gottesdienstliche Stätte.[249]

Abb. 24: Tettau: Erstellung eines Kanzelaltars 1978–1980 (Aufnahme 1980)

In der Kirche von *Lichtenberg* wurde eine totale Neugestaltung 1993–1996 erzielt, die frühere kanzelaltarartige Situation mit neuen Mitteln geschaffen. Die Pfarrgemeinde *Brand* erreichte es 1996, den alten Kanzelaltar aus der Sakristei in den Kirchenraum zu verlegen gegen erheblichen Widerstand der Denkmalpfleger, die die 1936 geschaffene Raumsituation gewahrt wissen wollten.[250]

Den Treppenturm in *Emtmannsberg* beseitigte man 1973, ebenso Emporenaußenaufgänge in *Untersteinach* 1994 und *Lanzendorf* 1998. Angefügt seien noch die Teerung des Platzes in *Lichtenfels* 1972 und die Gestaltung des nördlichen Vorplatzes der *Selber* Kirche 1977. In diesem Zusammenhang sei nachgeholt eine bereits früher erfolgte Kirchenvorplatzgestaltung in *Rehau* kurz vor dem Krieg, 1938, nach Plänen des Architekten Will.[251]

Ein besonderer Raum erwies sich – zumal wenn der Friedhof mit bei der Kirche angelegt war – als dringend erforderlich: eine Leichenkammer. Bei den neuen Kirchen erfahren wir erstmals davon in *Kleintettau*; es folgten *Lippertsgrün, Schauberg, Bobengrün, Faßmannsreuth*. In *Neuhaus* bestand das kommunal geführte Leichenhaus beim Friedhof zuerst; daran baute man die kirchlichen Räume an und übernahm seitens der Kirchengemeinde das ganze Gebäude.[252]

2.3. Turmbaumaßnahmen

Das Erfordernis eines neuen Turmbaus bestand im allgemeinen für die historischen Kirchen nicht mehr. Reparaturen jedoch waren nach Beschädigungen aus alters- und witterungsbedingten Gründen oder wegen Kriegseinwirkungen da und dort nötig. Man änderte dabei die Form nicht ab, wie im Jahrhundert zuvor geschehen, sondern war bemüht, die altgewohnte Gestalt zu bewahren. Der früher immer wieder gehegte Wunsch nach einer Erhöhung des Kirchturms lässt sich allerdings weiterhin erkennen, selbst bei den wenigen Fällen von Turmbaumaßnahmen an den 1918 bereits existierenden Kirchen. Dabei hatte Bartning 1919 als eine Art Richtschnur postuliert, statt des Turms eher schlichte, den bescheidenen Mitteln angemessene Dachreiter zu wählen.[253]

Zunächst war man nach dem Desaster des Ersten Weltkriegs bei den Neubauten in der Tat zur Sparsamkeit bei der Turmgestaltung gezwungen. Man musste sich mit Glockenträgern auf dem Kirchendach zufrieden geben, so in *Neuenmarkt, Grund, Bad Alexandersbad*. Besonders begeistert scheint man nicht gewesen zu sein, nicht zuletzt aus Gründen der begrenzten Aufnahmemöglichkeit von Glocken. Auch von *Gösmes* und sogar von *Bayreuth* bei den relativ hohen Spitzen der Christuskirche erfährt man von einer Unzufriedenheit mit Dachreitern. In *Grund* und *Schwürbitz* nutzte man in altgewohnter Weise das Untergeschoss für den Chor. Die meisten übrigen Turmbauten, neben dem Kirchengebäude stehend, fielen gedrungen aus, überstiegen das Kirchendach kaum, so etwa in *Marxgrün*.[254]

Der vollständig neue Turmaufbau im Westen des Langhauses von *Glashütten* 1922 erfolgte im Zusammenhang mit einer Bauverlängerung. Er besteht aus einem „weiß geputzten, relativ wuchtig wirkenden, querrechteckigen Schaft mit unregelmäßig eingefügten Sandsteinquadern und einem hohen Sandsteinsockel, dem kurzen Kirchenraum vorgelagert" (Seggel I). In Firsthöhe des Kirchenschiffs endet der Turm „rundherum mit einem von

vier Sandsteinpfosten begrenzten Eisengeländer". Axial aus dem Turmschaft ragt ein schmalerer Rechteckkörper mit abgeschrägten Ecken empor. Durch eine Mitteltür im Westen gelangt man auf den umlaufenden Aussichtsbalkon. Den Turmabschluss bilden drei polygone, schieferverkleidete Turmspitzen mit je einem vergoldeten Turmknauf; im unteren Dachbereich auf der Westseite befindet sich ein Uhrzifferblatt (s. Abb. 1).[255]

Eine der frühesten Maßnahmen im Coburger Bereich betrifft im Jahre 1923 in *Rottenbach* eine „gründliche Überholung" des Kirchturms. Damals „ließ man es sich nicht nehmen, die neuen Landesfarben weiß und blau auch am Kirchturm anzubringen", so heißt es. Dies sollte „jedem Fremden zum Zeichen (dienen), daß hier der nördlichste Eckpfeiler der bayerischen Kirche steht". Der „Ausleger" des Kirchengebäudes musste also auch im 20. Jahrhundert immer noch zur Bekundung von lokalem Selbstbewusstsein und gewisser Machtpräsentation dienen. Dies geschah in der Form, dass man die Wetterfahne, „die sich bedenklich zur Seite geneigt hatte", wieder fest fundierte „und zum erstenmal mit den bayerischen Farben (anstrich)".[256]

Von einer Turmerhöhung erfahren wir aus *Michelau* 1931/32. Das Dach war schadhaft und bedurfte der Erneuerung. Schließlich hatte man bereits beim Bau der Kirche 1818 einen höheren Turm gewünscht, aber aus verschiedenen Gründen nicht erreicht. „Da wollte man die Gelegenheit nutzen und gleich den Turm erhöhen, ,weil das Geläute bisher kaum in den nächsten Gassen, geschweige in dem weit gebauten Dorfe gehört wurde'." Um wie viel höher der Turm gebaut und mit welchem Material das Dach eingedeckt werden sollte, darüber entstand zwischen den Vertre-

*Abb. 25: Brand, Kirchturm
nach der Erhöhung 1938
(Aufnahme 1961)*

Abb. 26: Neuensorg, Auferstehungskirche von 1961 (Aufnahme 1970)

tern der Denkmalpflege und der Kirchenverwaltung ein Streit. Die denkmalpflegerische Seite wollte eine Aufstockung des Turms höchstens um 3 bis 3,5 m und ein Schieferdach. Die Kirchenverwaltung ließ den Turm jedoch um 4 m erhöhen und mit Kupfer abdecken.“[257]

Der Pfarrer von *Brand* wollte bei der Neugestaltung der alten Kirche 1935–1938 auch eine Erhöhung des Turmes erreichen, wovon behördlicherseits dringend abgeraten wurde. Mit der Unterschrift von Hans Meinzolt (Vizepräsident des E.-L. Landeskirchenrats und späterer Staatssekretär

im Kultusministerium[258]) wurde dem Pfarrer am 25. November 1935 geantwortet: „Das beigefügte Schaubild überzeugt nicht davon, dass die beabsichtigte Erhöhung schönheitlich befriedigen wird. Man kann eben nicht einfach in einen Kirchturm ein Stück von 6,30 m Höhe, d. i. die Hälfte seiner bisherigen Mauerhöhe, einfügen, ohne Gefahr zu laufen, eine schlechtere Wirkung als die bisherige zu erzielen. Ob die Reichweite des Geläutes dadurch nennenswert vergrößert würde, erscheint fraglich.“[259] Unbeeindruckt von dieser Stellungnahme erfolgte unter Architekt Holl eine Erhöhung um ein (drittes) Stockwerk, wobei an der Ost- und Südseite je ein Balkon angebracht wurde, erreichbar durch kleine rechteckige Türen.[260] Im Jahre 1961 bedeutete die nachträgliche Erhöhung des Turms in *Neuensorg* kein Problem, zumal der Bau noch nicht abgeschlossen war. Man hatte beim Richtfest den 13,5 m hohen Aufbau bespöttelt mit „Transformatorenhaus" oder „Stall von Bethlehem". Daraufhin entschloss man sich zum Weiterbau und einer Erhöhung um drei Meter.[261]

Der vom Kirchengebäude abgesetzte Turm in der Form des Campanile wurde erstmals 1930–1934 auf oberfränkischem Territorium durch Bestelmeyer in *Bamberg*/Erlöserkirche realisiert. Die frühchristlichen Vorbilder klingen aber mehr an, als dass sie zitiert würden, wird richtig festgestellt (Suckale; siehe dazu Kap. 2.2.1. und Kat. 3.14.).[262] In *Hof* wiederholte man dies konsequenter bei der Johannesgemeinde 1937 und setzte den Turmbau vollständig getrennt vom Hauptgebäude. In den meisten Fällen kam der Turm über quadratischem Grundriss zu stehen; *Marktschorgast* bildet mit seiner Rundform eine Ausnahme (s. Abb. 73). In *Erkersreuth* dient der Turm als Eingangsportal – hier als erhöhter Vorbau – (s. Abb. 37), ebenso bei der Christuskirche in *Hof*, hier mit zweiseitigen Zugängen. Bei der Bedachung halten sich die Pyramide sowie barocke Formen die Waage. Die im 19. Jahrhundert vielfach geschätzten Giebelchen am Turmansatz ringsum wurden mittlerweile nicht mehr verwandt. Eine besondere Form von dreieckigen Öffnungen am Ansatz der Turmpyramide wählte Architekt Luther im letzten Zeitabschnitt in *Hemhofen* (Abb. 141).

Von dem Turmbrand in *Ahornberg* 1939 wurde bereits berichtet; erst 1952/53 konnte man an einen Neubau denken. Bei dieser Gelegenheit strebte man eine Erhöhung um zwei Meter gegenüber dem vorherigen an und bezeichnete nunmehr den Turm stolz als das „Wahrzeichen Nordostoberfrankens". Dass auch eine neue Turmuhr mit elektrischem Antrieb installiert wurde, war für diese Zeit naheliegend.[263]

Nicht lange dauerte es mit der Bescheidenheit bei der Turmgestaltung nach dem Zweiten Weltkrieg. Bald schnellten diese Nebenbauten zu imposanten Höhen empor. Der in Oberfranken bereits eingeführte abseits stehende Turm erwies sich als sehr beliebt. Bisweilen kam er ganz selbstständig zu stehen (z. B. *Bamberg*/Auferstehungskirche, 1956), zumeist jedoch verband man ihn durch niedrigere Zwischenbauten mit dem Kirchengebäude; manchmal wurde er einbezogen in die Umfriedung und dann als Tor gestaltet (*Hallstadt, Hollfeld*) oder auch direkt in den Weg gestellt mit Durchführung des öffentlichen Bürgersteigs (*Mannsflur*, Abb. 111). So trifft auch für Oberfranken zu, was Hackelsberger für die Ära nach 1945 allgemein feststellte: der Campanile sei ein wichtiges Merkmal jener Zeitarchitektur.[264]

Häufig ist der Turmbau seitlich angefügt, teilweise in das Langhaus integriert, oder auch als Eingangsvorbau eng mit dem Kirchengebäude verbunden (16 mal). Die Grundform des Quadrats wurde weiterhin bevorzugt; in *Gaustadt* wählte man ein Sechseck, in *Gehülz* ein Rechteck mit Satteldach, in *Kulmbach*/Auferstehungskirche ein Trapez. Der Dachreiter besitzt in dieser konjunkturell günstigen Zeit dennoch seine Berechtigung und wurde 19 mal gewählt. Auf die beiden noch eingerichteten Turmchöre der 50er Jahre wurde bereits hingewiesen (s. Kap. 2.2.2.). Die Form der Pyramidenbekrönung gewinnt nunmehr an Übergewicht gegenüber barocken Rundformen, am beliebtesten war die vierseitige, bisweilen die oktogonale Pyramide, von ganz flach bis zu hoch aufragend, manchmal auch eingezogen. Nur selten wurde das Flachdach gewählt, wobei es später damit Probleme wegen mangelnder Dichte gab (s. *Hof*/Kreuzkirche Kat. 3.68.).

Hatte in der ersten Zeit des 20. Jahrhunderts der Kreuzabschluss vorgeherrscht – nur dreimal bekrönt eine Wetterfahne das Turmgebäude –, halten sich bei den Bauten der mittleren Ära beide Bekrönungsmöglichkeiten in etwa die Waage (30 Kreuze gegenüber 22 Wetterfahnen – soweit registriert). Im letzten Zeitabschnitt erhielt an höchster Stelle wiederum das Kreuz Priorität. Zuletzt, in *Neunkirchen* am Brand, „siegte" nochmals der „Gockel". Saß ein Hahn ganz oben, versäumte man in der Regel nicht, ein Kreuz an andere Stelle, etwa auf das Kirchendach, zu setzen. Bisweilen kombinierte man beides zusammen (z. B. in *Bamberg*/Auferstehungskirche, mit einem Engel als Windzeichen auf der Turmspitze).

Im Laufe der Entwicklung erhielt nur noch das Glockengeschoss größere Mauerausbrüche; die Fenster in den unteren Geschossen wurden lediglich in dem Umfang angesetzt, als sie für die Ausleuchtung des Treppenaufgangs erforderlich waren. Schmuck am Turm kommt selten vor. Allenfalls gestaltete man die einzelnen Geschosse in farblichen oder bei Betonbauten durch strukturelle Verzierungen. In *Neuensorg* brachte man plastische symbolhafte Elemente neben den Schallöffnungen an, so die Kupferfiguren von Jona und dem Fisch (Kat. 3.58.). In *Haarbrücken* sind symbolhafte Elemente in das Zifferblatt eingearbeitet (Kat. 3.99.). In der Anfangszeit, vereinzelt auch nach dem Zweiten Weltkrieg, wünschte man am Turm noch Austrittsplattformen, so in *Glashütten,*

Brand und *Bamberg*/Erlöser- und Auferstehungskirche, B*ayreuth*/Auferstehungskirche.

Schätzte man im ersten Zeitabschnitt das unverputzte Gebäude aus Natursteinquadern bzw. Bruchsteinen der eigenen Landschaft, so besaß man mit der beliebig formbaren und gut zu armierenden Betonmasse ein ideales Mittel, weit hinaus zu bauen und trotz schlanker Basis befriedigende Stabilität für den Läutvorgang zu erzielen. Manche Architekten bevorzugten den Klinker, aber oft erwies sich dieser als zu wetterdurchlässig. Daher finden wir an manchen Türmen Verkleidungen mit Kunststoffplatten.

Zwischen 1949 und 1951 erstellte man in *Schwarzenbach* a. Wald von Grund auf einen neuen Turm über quadratischem Grundriss, aber im weiteren Verlauf unregelmäßig achteckig, an der Nordseite des Kirchengebäudes, nachdem man den alten – gegenüber dem neuen – „wegen Mauerschäden" abgebrochen hatte. Der Neubau erstand in Granit, unverputzt, mit seiner Form dem Neubarock des Kirchengebäudes angepasst, mit zwiebelartiger hochgezogener Haube, Laterne und kleiner Zwiebel als Abschluss, samt Knauf und Kreuz. Im Untergeschoss richtete man einen Turmchor ein.[265]

Beim Wiederaufbau der abgebrannten Kirche in *Ebersdorf* b. Coburg 1950 musste man sich – zunächst! – mit einem kleinen Turmstutzen zufrieden geben. Die Bauherren der ersten neuen Kirchenbauprojekte waren angehalten, sparsam mit den finanziellen Ressourcen umzugehen und besonders mit Turmbauten nicht zu übertreiben. Als in *Lippertsgrün* 1951 die Kirche geplant wurde, verlangten die kirchlichen Behörden, dass „der Turm bescheidener gestaltet" werden sollte als auf dem Plan vorgesehen. Der gemauerte Teil des

Turms endete „etwas über der Firsthöhe" (Abb. 85). Erst in den 60er Jahren gestaltete man das Pyramidendach steiler.[266]

Die im Krieg beschädigte Kirche in *Lichtenfels* konnte 1952 wieder hergestellt werden. Die Ecktürmchen des Fachwerkaufbaus wurden dabei „gekappt", d. h. die mit eigenen kleinen Spitzdächlein und kleinem Knauf versehenen Eckgauben schloss man baulich flach, ohne Bekrönung, nur noch mit einem kleinen Schlitzfenster bestückt, an die Schräge des Spitzdaches an. Glocken konnten danach neu beschafft (1952 und 1961) – elektrisches Läutwerk bestand bereits seit 1933 –, die Turmuhr (1953) und die Zifferblätter überholt (1969) werden.[267]

Beim Neubau der Kirche in *Mainleus* 1952/53 wehrte sich die Gemeinde standhaft gegen die kirchliche Baubehörde, die den Turm nicht über das Kirchendach gestreckt wissen wollte. Man argumentierte erfolgreich mit dem Wunsch nach „Heraushebung des kirchlichen Gebäudes in der Gesamtschau des Ortsbildes", was durch die Nähe hoher Wohngebäude gefordert sei.[268]

Der alte Turm der 1953 vom bayerischen Staat erworbenen Kirche von *Oeslau* musste wegen eines Anbaus an die Kirche im Westen abgebrochen, ein neuer „an der Nahtstelle zwischen den beiden Bauabschnitten in alter Form, aber massiv und etwas höher, wieder errichtet und mit der Vorhalle des neuen Hauptportals verbunden" werden.[269]

Die 1945 zerstörte Kirche von *Hohenberg* erhielt 1959/60 ihre alte Form wieder einschließlich Turm mit alter Bekrönung durch Haube, Laterne und kleiner Haube. Bei der Lorenzkirche in *Hof* musste der einsturzgefährdete Kirchturm (Dachreiter) 1967 abgetragen und in unveränderter

Gestalt neu aufgesetzt werden. Das 1969 von den Protestanten übernommene katholische Kirchengebäude in *Gundelsheim* fällt mit der Turmbekrönung eines Strahlenkranzes um das Kreuz auf, wie dies bei den evangelischen Kirchen so nicht vorkommt. Über den nicht sehr stabilen Dachreiter der Kirche von *Pressig* wurde bereits beim Bericht zum Bau 1907 Stellung genommen. 1974 erstellte man vor dem Eingang zum Kirchengebäude einen Glockenträger, ebenso wie bei der *Forchheimer* Christuskirche schon ganz nach den Bestimmungen der Sparbeschlüsse konstruiert.[270] Bereits zehn Jahre davor hatte man bei dem zur Kirchengemeinde gehörenden Bau in *Eggolsheim* auf jede turmartige Herausbebung verzichtet, fügte die Glocken in das Giebelfeld des Anbaus ein (s. Abb. 128).

In diesem letzten Untersuchungsabschnitt kommt der massive, an die Seite des Kirchengebäudes angefügte Turm selten vor (3 mal), viel häufiger greift man wieder zum sparsameren Dachreiter bei den Planungen und Ausführungen. So wurde ein Dachreiter mit einem Pultdach in *Bamberg*/Philippus und *Gößweinstein* über den Eingang gesetzt, in *Coburg*/St. Lukas über das Fenster zum Kirchenraum (Abb. 7).

Da das Geläute seitens der Kirchengemeinde als eminent wichtig eingeschätzt, ein Turmbau in dieser Periode aber von der Landeskirche nicht mehr bezuschusst wurde, musste man sich in einigen Gemeinden mit dem einfachen Glockenträger aus Holz, ohne hoheren Unterbau, abfinden (s. Kap. 1.4. zu Weidach); dies ist bei Neubauten siebenmal der Fall. Das bereits beschriebene Gebäude der Friedhofskapelle in *Oberwohlsbach* enthält keinerlei Hinweis auf einen gottesdienstlichen Zweck; daher errichtete man seitlich von

Abb. 27: Bamberg, Philippuskirche von 1999

ihm über einer rechteckigen Fundamentplatte den Glockenträger mit vier Stützbalken, einem Satteldach, einem verbretterten oberen Teil mit der Glocke – ehemalige Schulglocke des Ortes – sowie einem Holzkreuz am Giebel. Wie in Weidach galt mit dieser Läuteeinrichtung der Bau als Kirche. In *Ebersdorf* b. Coburg erhöhte man 1984

gegen den Willen der Landeskirche den Turm, wenn auch weitgehend in Holzbauweise, samt den von früher her gewohnten Scharwacht-türmchen.[271] Eine absolute Ausnahme bildet in dieser letzten Periode des Jahrhunderts wiederum der Bau von *Neunkirchen* mit einem hoch aufragenden Glockenträger in offener Form.

Abb. 28: Neunkirchen am Brand, Christuskirche von 2000, im Bau

Dass nach den beiden Kriegen zu den bevorzugtesten Maßnahmen der Kirchengemeinden die Neubeschaffung des Geläuts gehörte, ist verständlich. Schließlich bestehe eine „geheimnisvolle Sympathie zwischen Glocken und Herzen", stellte der Michelauer Dekan Christian Diegritz bei der Einweihung der neuen Glocken in *Lichtenfels* fest.[272] Mit solchen Erwerbungen begann man 1921[273]; sie lassen sich über die 20er Jahre hindurch weiterverfolgen. Ebenso finden wir erste neue Glockenbeschaffungen nach dem Zweiten Weltkrieg bereits von 1948 an.[274] Dies ging, besonders ausgiebig in den 50er Jahren der Wirtschaftswunderzeit, aber sogar bis in die jüngste Zeit so fort. In *Oberröslau* drängte man 1998/1999 wegen des minderwertigen Materials auf eine Erneuerung des Geläutes von 1949 mit dem Ersatz der Stahl- durch Bronzeglocken.[275] Auch auf die Gestaltung der Glocken mit Bilder- und Inschriftenreliefs legte man großen Wert.

Obwohl die Glocken und ihre Geschichte in Festschriften der Gemeinden eine große Rolle spielen, bekommt man sie in ihrem Glockenstuhl selten zu sehen. Auch aus Gründen der Probleme wegen der Unzugänglichkeit, der Inschriftenidentifizierung usw. wird auf die Erfassung des Geläutes verzichtet, ebenso auf Angaben zu den Turmuhren sowie zur Elektrifizierung. Allenfalls wird vermerkt, wie viele Glocken vorhanden sind.

Einige Nachrichten über Maßnahmen im Zusammenhang mit dem Turm mögen für historische Bauten nachgeholt werden: Von einer Auswechslung der Turmuhr erfährt man von *Rehau* 1920.[276] Auch Zifferblätter brachte man bei dieser Gelegenheit bisweilen neu an, was im einzelnen nicht aufgeführt wird.

Das Untergeschoss des Turmes wurde noch als Sakristei eingerichtet bei der Kirche zu *Ludwigsstadt* 1932/33, wie es früher, vor 1791, bereits der Fall war.[277] Im allgemeinen verlegte man den Raum des Pfarrers lieber in einen neuen Anbau. So geschah es in *Seidwitz*, nachdem das abschirmende Altarbild 1973 von der Mensa genommen war (s. Kap. 2.5.1.) und ein eigener Sakristeibau nötig wurde, nördlich an den Turm angefügt.[278] Bei Kirchenneubauten wählte man manchmal das Turmuntergeschoss, angebunden an den gottesdienstlichen Raum, zur Unterbringung der Sakristei oder auch für eine Taufkapelle (*Martinlamitz, Hof*/Lutherkirche).

Eine in der Presse aufmerksam verfolgte „Operation" bedeutete die Korrektur des drei Meter hohen Turmkreuzes der Kirche von *Wirbenz* im Jahre 1980 – seit 1972 zu Oberfranken gehörend –, das sich stark geneigt hatte. Mithilfe eines Hubschraubers aus München konnte es abgenommen, mit einem Spezialkran aus Nürnberg fünf Monate später nach der Ausbesserung wieder an seinen Platz gebracht und korrekt installiert werden.[279]

2.4. Gestaltungen im Inneren der Kirchengebäude

2.4.1. Veränderungen bzw. Neuerungen bei der Deckengestaltung

Die Maßnahmen, die nahezu bei jeder Kirchenrestaurierung die Decken, das Gestühl oder die Emporen betreffen und im Zuge von Erneuerungsarbeiten aufgegriffen werden, spielen für die Erfassung in diesem Abschnitt keine so große Rolle. Neuerstellungen bzw. Beseitigungen in den historischen Kirchen besitzen ebenso wenig mehr die Relevanz früherer Jahrhunderte, als noch ein Trendvorgang bzw. ein Entwicklungsschritt konstatiert werden konnte. Bei der Deckengestaltung lässt sich beobachten, dass im Zuge der Nachwirkung des 19. Jahrhunderts zunächst noch Gewölbeteile, vorrangig in Scheinform, also aus Holz, angelegt, in späterer Zeit wieder Flachdecken bevorzugt werden. Der armierte Beton machte es bald möglich, weite Deckenflächen ohne störende Säulen oder Pfeiler über den Kirchenraum spannen zu können.

In der Pfarrkirche von *Rehau* sollte 1926 im neu geschaffenen Chorraum mit der Deckengestaltung der herausgehobene sakrale Charakter dieses Bereichs betont werden durch die Akzentuierung eines Gewölbes, und zwar in Holzausführung. Im Langhaus dagegen bevorzugte man die dem klassizistischen Raumbild angepasste Kassettendecke. Zur Markierung des Übergangs zum Chor wurde ein Triumphbogen neu geschaffen. Dies änderte sich dann bei der Neugestaltung 1966, als der besondere Chorbereich wieder aufgegeben wurde (s. Kap. 2.2.3.): Die Decke des Chores passte man durch Kassettierung der des Schiffes an und „beseitigte bei letzterer das sternförmige Feld in der Mitte und hatte so ein durch die ganze Kirche ziehendes, geschlossenes Raumelement geschaffen, das der klassizistischen Empore, die in stilistischer Reinheit wieder hergestellt wurde, entsprach".[280]

In der ersten Zeit nach dem II. Krieg hieß es noch, sparsam mit Raumhöhen umzugehen. Die *Lippertsgrüner* Gemeinde erhielt die behördliche Anweisung: „der Gesamtraum […] soll niedriger gestaltet werden".[281] Bald empfand man die flachen Decken als bedrückend, einengend, akustikstörend. Bestelmeyer dürfte der erste gewesen

sein, der mit seinen fast ins Rund gespannten Kuppeln den freien Blick in das Dach gewährte (*Bamberg*/Erlöserkirche, *Oberkotzau*); ähnlich wurde dies in *Erkersreuth* und *Seußen*, in flacher Form in *Bayreuth*/Christuskirche gehandhabt. In *Tröstau* zog man beim Bau 1954 die flache Decke ein, änderte dies aber 1963 ab mit Öffnung des Dachstuhls; dies sei vor allem aus akustischen Gründen geschehen, heißt es (Kat. 3.30.). An die sichtbaren Konstruktionen und Binder gewöhnte sich das Auge offensichtlich rasch, und der offene Dachstuhl im Kirchenraum kam gerne zur Anwendung. Bei frühen Bauten vor und nach dem Zweiten Weltkrieg finden wir noch die Tonnenform (*Schwürbitz, Mainleus* u. a.). In einigen neuen Kirchenräumen kann das Dachgebälk trapezförmig hochgezogen sein (z. B. *Schauberg, Wildenheid*). Gelegentlich gibt es das nach oben offene Pult-, mehr aber das Sattel- oder das Pyramidendach. Der indirekte Lichteinfall aus dem Dachbereich fand Anklang.

In manchen Altbauten empfand man barocken Stuck als unmodern. Es sind Fälle bekannt, dass man ihn entfernte, soweit dies möglich und gestattet war, z. B. in *Fischbach*, etwa 1919 (s. Kap. 2.1.), und *Affalterthal*, 1936. Genau im Gegensatz dazu zog man in der *Hofer* Lorenzkirche 1947/48 eine dem klassizistischen Ambiente des Raums entsprechende Stuckkassettendecke an der Stelle der bisherigen Leerfläche ein. In *Schwarzenbach* a. Wald holte man 1930 an der Deckengestaltung barocke Dekorelemente in Form von Stuckrahmungen an der Flachdecke nach (Entwurf von Heinrich Thiersch, Hof) und beseitigte sie bei der jüngsten Renovierung wieder (1998–2000).[282]

Die neugotische Kirche in *Naila* erfuhr 1935 eine Umgestaltung in der Art, dass man die alte

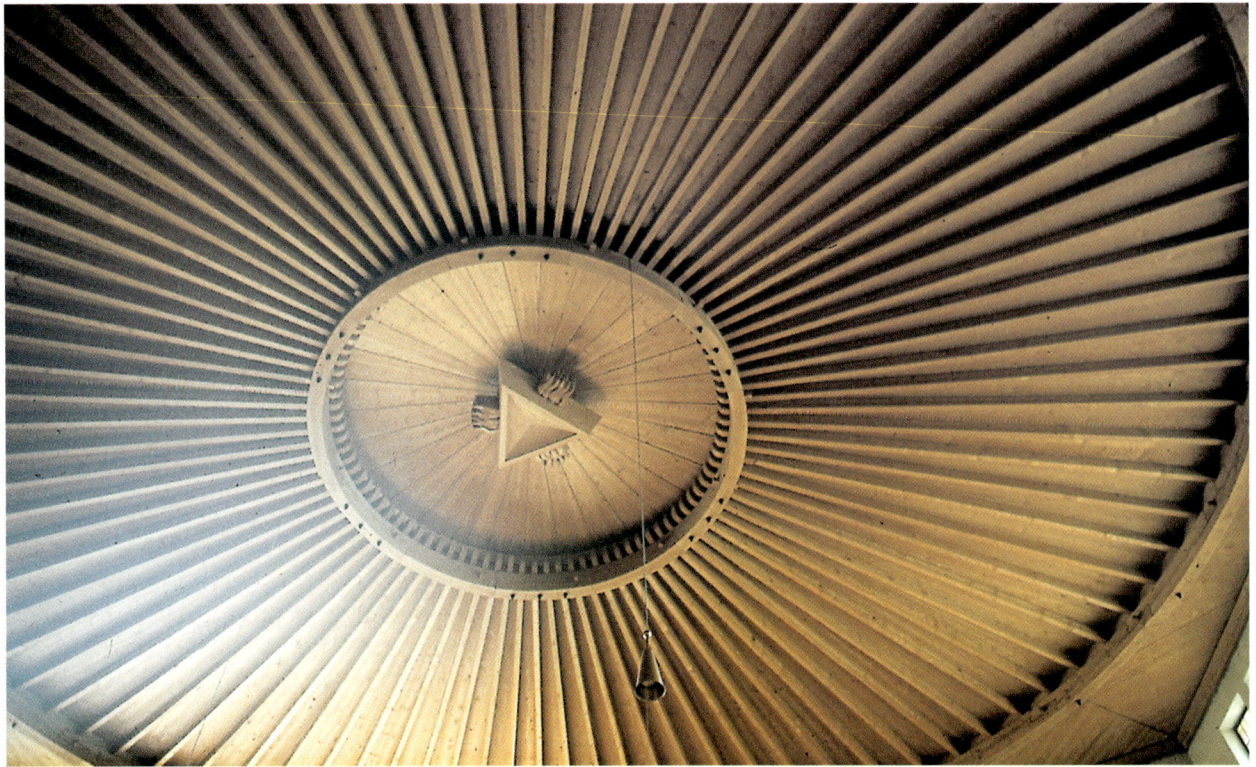

Abb. 29: Bayreuth, Christuskirche von 1956, Blick zur Decke (Aufnahme 1969)

„Pseudodecke", ein Tonnengewölbe, abbaute und eine Kassettendecke auf den ursprünglichen Balken anbrachte, die Kapitelle auf den Pfeilern entfernte. Die damals geäußerte Meinung dazu, dass die „Geschmacklosigkeit eines verwässerten Baustils nahezu beseitigt" worden sei, das Schiff einen „stilechten Charakter durch die ruhige, himmelstrebende Wucht der Neuerung" erhalten habe, wird heutzutage eher skeptisch eingeschätzt. Eine Holztonne mit Stichkappen erhielt 1951/52 neu die Kirche von *Limmersdorf* an Stelle der vorherigen

flachen Putzdecke. Freigelegt wurde die alte flache bemalte, aus dem 17. Jahrhundert stammende Holzdecke mit Unterzug und Fischgrätenmuster in der Nikolaikirche zu *Kulmbach* im Jahre 1953.[283]

2.4.2. Neue Einstellung zu Gestühl und Emporen

Als Eingriff in den Raumcharakter beklagen Denkmalpfleger Änderungen bei der Gestühlsanordnung, wie sie von Seiten der Kirchengemeinden immer wieder bei Renovierungen gefordert werden. Routinemäßig gehört es bei historischen Räumen ohnedies zu den üblichen Maßnahmen, die Bankreihen auseinander zu ziehen und auf größere Abstände hin zu bearbeiten, die meist „verbrauchten" Unterkonstruktionen der Gestühlsblöcke zu erneuern oder zu beseitigen und Bankheizungen zu installieren. Dabei wird ab und zu das Verlangen nach einem geschlossenen Mittelblock laut, was Denkmalschutzverpflichtete allerdings nur ungern unterstützen. Die fränkischen Barockkirchen „kannten niemals einen Mittelblock im Sinne der heute angestrebten Ausbildung. Sie kannten vor allem auch nicht den breiten Umgang unter den Emporen", so argumentiert August Gebeßler.[284] Der geschlossene Gestühlsblock in der Mitte des Schiffes sei eine „völlig singuläre Erscheinung", von der Gebeßler drei aufzählt. Ferner werde ein größerer Abstand zwischen Außenmauer und Gestühl gefordert und dadurch angestrebt, die Säulen freizustellen. Solche Maßnahmen beruhen auf einem „Mißverständnis", beteuert er. Für die Gesamtheit der protestantischen Kirchen des 17. und 18. Jahrhunderts sei „weder die Freistellung der Emporensäulen noch (von der Raumgestaltung her) der funktionale Zusammenhang zwischen Gestühlsgrenze und Emporensäulen ein erkennbares Anliegen".[285] Die Denkmalpfleger, so fordert er, sollten „jede Veränderung in diesen (historischen protestantischen) Kirchen mit noch größerer Sorgfalt und Rücksicht auf die Gegebenheiten (bedenken)". Inzwischen bereits erfolgte „Eingriffe im Gestühls- und Emporenbereich" müßten als nachteilig für das „Gesamtgefüge unserer Kirchenräume erkannt werden".[286] Der Wunsch nach einem Mittelblock könnte auf die Gedanken von Bartning bald nach 1918 zurück gehen, der den Mittelgang im Hinblick auf

eine etwaige, von ihm befürwortete axiale Mittelstellung der Kanzel, für „unpraktisch" hielt.[287]

Wo Friedhofskirchen für regelmäßige Gottesdienste – z. B. als „Winterkirchen" – umgestaltet wurden, wie z. B. in Gefrees, konnte man von dem dort üblichen breiten Mittelgang und dem freien Platz für die Aufbahrung des Sarges, abgehen und gewann so mehr Fläche für ein „raumsparendes und gemeindegemäßes" Gestühl.[288]

Die bereits angesprochene Bankheizung wurde bald obligatorisch, ferner die Installation von Induktionsschleifen für Schwerhörige in bestimmten Bankreihen. Dies zeitigte aber Folgen: Die bereits im letzten Abschnitt des 19. Jahrhunderts erkennbaren Bestrebungen, im vorderen Teil einander gegenüber stehende Gestühlsblöcke um 90 Grad in Richtung Altarfront zu drehen – „dass man sich nicht ins Gesicht sieht" –, werden nun wegen elektrotechnischer Rücksichten noch konsequenter durchgeführt.[289] Wie wichtig diese waren, erfahren wir im Falle der späteren Renovierungsarbeiten (1977–1979) in der Lorenzkirche zu *Hof;* es wird dort vermerkt, dass „die Neuordnung des Gestühls in erster Linie aus heizungstechnischen Gründen" erfolgt sei.[290]

Ungewöhnlich für unseren Bereich ist das bereits bei der Kirche von *Erkersreuth* 1928 und für die *Bamberger* Erlöserkirche (1934) sowie den Choranbau 1935/36 in *Oberkotzau* gewählte umscharende Gestühl, jeweils in einem einheitlichen Block oder einigen abgewinkelten Bankreihen. So oder ähnlich wird dies in den neueren Kirchen ab etwa 1956 häufig praktiziert (z. B. *Hof*/Lutherkirche).[291] Der geschlossene Mittelblock ist außer in Erkersreuth und später *Hirschaid* (gegen den Willen des Pfarrers) in weiteren 13 neuen Kirchenräumen anzutreffen.

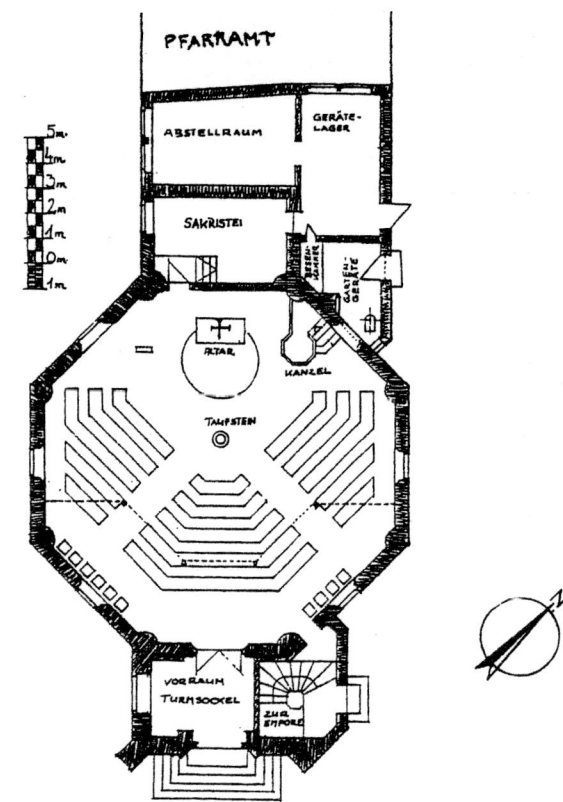

Abb. 30: Erkersreuth, Grundriss der Kirche von 1928 (M. Daub)

Im allgemeinen herrschen die obligatorischen zwei auf den Chorbereich ausgerichteten Bankblöcke vor mit Mittelgang; bei den Neubauten bis weit in die 60er Jahre hinein erfolgt der Verlauf dieser Bankreihen bis jeweils an die Wand auf beiden Seiten oder wenigstens auf einer. Wie für *Lippertsgrün* gefordert (s. Kap. 2.2.2.), finden wir in den 50er Jahren den Raum unter der Empore genutzt mit Gestühlsreihen, die, bisweilen beider-

seits der Eingangsvorhalle, bis an die Rückwand geradezu „hineingepfercht" sind. Als der Bedarf an Plätzen zurück ging, verzichtete man auf diese übermäßige Ausnützung der Flächen mit Sitzplätzen, rückte dabei von der Wand ab. Es gab und gibt immer wieder Ärger, wenn durch die begehrten Plätze am Mittelgang die weiteren Bankflächen unbesetzt bleiben. Heutzutage freut man sich über einen gewissen Freiraum im hinteren Kirchenteil, schafft ihn in älteren Gebäuden neu und richtet ihn da und dort mit mobilem Gestühl für Gesprächsrunden ein (Beispiel *Steinwiesen*).

Auch begann man Mitte der 50er Jahre (Reissinger in *Pettendorf*, 1955), die beiden Bankblöcke wenigstens ein wenig im Winkel zueinander zu stellen, was im weiteren Verlauf der Entwicklung bis zur oben bereits beschriebenen umrundenden Anordnung der Gestühlsblöcke fortschritt. Die Stellung von zwei Gestühlsblöcken im 90-Grad-Winkel zueinander findet ab und zu Anwendung (z. B. in *Faßmannsreuth* und *Hembofen*). Auf diese Weise wollte man das starre Gegenüber von Gemeinde und Geistlichem, die Ausgerichtetheit nur auf ihn, auflockern, so etwas wie ein Gemeinschaftsgefühl, ein Miteinander der Gemeinde untereinander und zwischen Gemeinde und Agierendem herstellen.

Die markanten, breit wie die Sitzfläche angelegten Wangen zur Begrenzung und Stütze der Bänke sowie die ausgefüllte Rückenlehne finden in der ersten Zeit bis nach dem Zweiten Weltkrieg noch ihre Anwendung; bald werden die Bankstrukturen mit weniger Holzaufwand immer lockerer und durchsichtiger. Herbert Fischer entwarf für *Zapfendorf* 1963 noch relativ breite Wangenbretter. Es scheint nach dem Bestreben im 19. Jahrhundert, das Gestühl möglichst dunkel zu

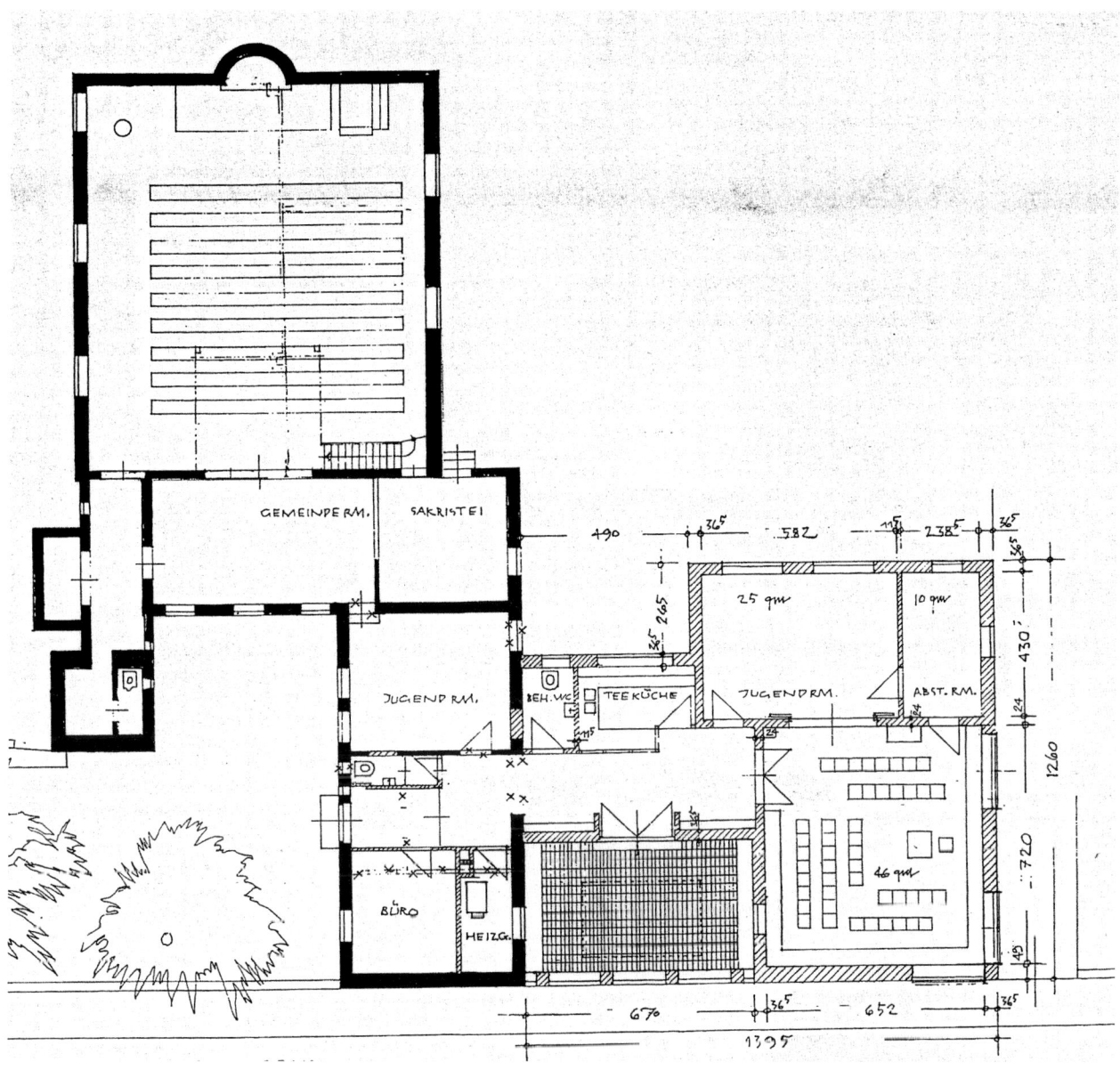

Abb. 31: Hirschaid, St.-Johannis-Kirche von 1956, Grundriss (FS Köhler)

streichen, zu einer Gegenbewegung gekommen zu sein; man beizt die Farben ab und liebt das „rohe Holz", wie z. B. für *Affalterthal* 1936 vermeldet wird.[292]

Mit der Einführung einer mobilen Einzelbestuhlung, speziell in den neuen Kirchen, ergaben sich viele Varianten der Anordnung und der Beschaffung eines freien Bodenareals; in den alten Kirchen wurde im allgemeinen darauf verzichtet. Immerhin errechnete man, dass bei Einzelgestühl ein Viertel der möglichen Plätze verloren geht.[293] Als Vorläufer gilt das Johanneshaus in Hof: Dort dienten von 1927 bis 1964 Einzelpolsterstühle als Sitzgelegenheiten. Erst damals mussten wegen baupolizeilicher Vorschriften feste Bänke eingerichtet werden.[294] Ab *Burghaig* (1968) lässt sich dann in unserem Bereich doch wieder das Bestreben nach Einzelstühlen erkennen, das sich immer mehr durchsetzt. Henzler, der Architekt der Kirche dort, bezeichnete die „bisher übliche Holzbank" als eine „,Büßerbank‘ vor dem Klerus, der ja nach wie vor in Samt gekleidet auf Teppichen zelebriert". Die Bankreihen entsprächen „symbolisch den Pferchen einer Herde, getreu der Hirtenideologie". Die gepolsterten Stühle sagten dagegen etwas aus „von der Achtung, die der Hausherr für seine Gäste empfindet". In der Beweglichkeit der Stühle stecke der „Geist der Mobilität", und mit der hufeisenförmigen Aufstellung der Stühle werde gesagt, „dass die Gemeindeglieder einen stärkeren Kontakt als bisher zueinander wünschen".[295] Die Einzelbestuhlung warf neue Probleme für die Beheizung auf, die man in Burghaig durch die Fußbodenheizung unter den ESTO-Klinkern löste.[296]

Vollständig neues Gestühl mit der Möglichkeit besserer Beheizbarkeit und eines größeren Abstands hielt auch in mehreren historischen Kir-

chen Einzug, so z. B. in *Burggrub* 1927, in der *Oberredwitzer* Filialkirche 1930, in *Marktleuthen* 1935, in *Grafengehaig* 1936/37 – in „schlichtem Nadelholz" –, in *Schwarzenbach* a. Wald 1959, in der *Gefreeser* (1966/67) und *Wunsiedler* Gottesackerkirche 1969/70, mit Anpassung an die alten Bankwangen; in *Kulmbach*-Mangersreuth machte man den Versuch, die alten Bänke von etwa 1780 umzugestalten, was wegen der großen Schadhaftigkeit aufgegeben werden musste und eine Neubeschaffung zur Folge hatte.[297]

Der Mittelblock fand Eingang in *Gesees* 1964, in *Affalterthal* 1968 sowie in der *Münchberger* Friedhofskirche. In der *Thurnauer* Pfarrkirche war man bei der großen Renovierung 1965/66 bemüht, das alte Gestühl mit den beiden gegenüber stehenden Blöcken im vorderen Teil wegen der schönen Schnitzereien – „wertvoller künstlerischer Schmuck" – zu erhalten. Aber es zeigte sich bei näherer Untersuchung, dass es nicht mehr brauchbar war und neue Bänke beschafft werden mussten.[298]

Den ursprünglich katholischen Kirchenraum von *Gundelsheim* übernahm man 1969 nahezu vollständig unverändert, aber ein neues Gestühl, zwei jeweils bis an die Wand reichende Bankreihen, hielt man für erforderlich (s. Kap. 2.2.3.). Der geschlossene Gestühlsblock in *Seidwitz* wurde bei der großen Renovierung 1974 ersetzt und geteilt. Vollständig neue Bänke wurden ferner eingerichtet in *Bernstein* a. W. und *Coburg*/St. Moriz.[299]

Bei der Neugestaltung des neugotischen Kirchenraums von *Gefrees* 1981 änderte man einige der ausgerichteten Bänke so ab, dass zwei Bankblöcke vor dem Triumphbogen im 90-Grad-Winkel zu den weiteren Bankreihen umgestellt wurden, wie dies einmal in den früheren Barockkirchen üblich war.[300] Immer wieder kommt von

Seiten der Kirchengemeinden respektive der Ortspfarrer der Wunsch auf die Baufachleute zu, die früher so beliebten Gitter am Gestühl zu entfernen, wie dies in *Lanzendorf* geschah.[301]

Bereits im 19. Jahrhundert war der behördlicherseits forcierte Trend festzustellen, die Emporen zu reduzieren, besonders in Neubauten keine derartigen Einbauten an den Langseiten mehr zuzulassen. Nachdem in der Zeit des Zweiten Weltkriegs die Platzvermietung endgültig abgestellt war und man nicht mehr auf möglichst viele finanzierte, wenn auch nicht unbedingt besetzte Plätze, bestehen musste, lag es nahe, die Platzflächen in erster Linie bei den Emporen zu reduzieren, auf diese Weise viele störende Beeinträchtigungen, die von den versteckten Emporenplätzen her kamen, abzustellen.

Diese Entwicklung lässt sich verstärkt für die Neubauten beobachten. Der Schlusspunkt für die klassische sog. Hufeisenempore wurde 1939 mit der *Hofer* Christuskirche gesetzt, hier bereits in einfacher Ausführung. Weitere Ausnahmen sind die schlicht gestaltete in *Lorenzreuth* (1981, Kat. 3.98.) sowie die in *Ahornis* (1932), wo man die ungewöhnliche Form einer (einfachen) Hufeisenempore über die beiden Schmal- und eine Langseite wählte. Auffallend ist wiederum die Kirche von *Oberkotzau*, wo in das Chorrund Bestelmeyers ringsum, auch hinter dem Kanzelaltar, Doppelemporen eingezogen wurden.[302] Sonst tolerierte man nur noch eine möglichst klein gehaltene Empore an der Eingangsfront, manchmal auch an der Seite, die gerade so groß angelegt wurde, als für die Kapazität der Orgel und des Chores erforderlich war; in der ersten Zeit findet man auch öfter die L-Form mit Emporenteilen auf zwei Seiten. Mithilfe des Betons war es nunmehr möglich,

völlig stützenfrei Emporen zu installieren. Dennoch blieb es im allgemeinen bei den Pfeilern für den an die Eingangsseite gestellten Aufbau. Bisweilen wurde die für die Orgel nötige erhöhte Fläche nicht in voller Breite des Kirchenschiffes angelegt, sondern – wie ein nachträglicher Einbau wirkend – in das Gestühl hineinplatziert (erstmals wohl in *Hirschaid*, dort von Anfang an so projektiert).

Der Abbau von Emporen kann verstärkt in den herkömmlichen Gebäuden beobachtet werden. In anderen Kapiteln (z. B. 2.1.) wurden einige solcher Maßnahmen bereits angeschnitten (Brand, Coburg/Salvatorkirche, Gössersdorf, Limmersdorf, Ludwigsstadt, Oeslau). Es gäbe Verständnis dafür, etwa die obere Empore zu beseitigen, stellte Gebeßler fest, da die Sicht zur Kanzel dort ohnedies nicht bestehe und die heute so geschätzte Helligkeit im Kirchenraum beeinträchtigt sei. Dennoch laufe man Gefahr, so war seine Meinung, „typische Elemente des jeweiligen Kirchenraumes zu eliminieren und damit die für das Raumerlebnis charakteristischen Qualitäten [...] zu nehmen."[303] Auf die L-Form in einfacher Ausführung, also nur noch an zwei Seiten der Kirchenwände und ohne Doppelaufbau, reduzierte man zuerst in *Brand*. Dort ging der Eingriff 1935–1938 so vor sich, dass die früheren ringsum laufenden Emporen ganz beseitigt, die einfachen an der West- und Südseite neu angelegt wurden. Thiel beurteilt dieses „besonders prägnante Beispiel", bei dem man „den Kirchenraum [...] seines wesentlichen Charakters, des Charakters der lutherischen Gemeindekirche beraubt" habe, für die „Kennzeichnung einer Wandlung im Bewußtsein des Luthertums, des Erlahmens des lutherischen Gemeindebewußtseins".[304]

Abb. 32: Einberg,
Neugestaltung der Emporen 1955

In *Ahornberg* kam es zur Absenkung der nur noch einfach belassenen Empore, 1941, wie bereits erwähnt; in *Weißdorf* nahm man die Empore ab 1947 aus dem Chor; in *Thierstein* beließ man Emporen nur noch an zwei Seiten nach der Wiederaufrichtung 1948/49, desgleichen in der neu hergestellten Kirche von *Hohenberg* ab 1947 und in *Einberg* bei der Neugestaltung 1955; in *Oberröslau* war 1953/54 die Chorempore betroffen. In der großen Stadtpfarrkirche von *Bayreuth* eliminierte man 1975–1978 die Seiteneinbauten – eine besonders in das vorher gewohnte Raumbild eingreifende Maßnahme –, schließlich in *Niederfüllbach* 1978/79 die zweite Empore von 1841.[305]

Wo auf Emporen keine bequemeren Bänke vorhanden waren – es existierten bisweilen noch sogenannte „Reitersitze" oder die alten Vierkantholzblöcke[306] –, wurde dies korrigiert (besonders vermerkt z. B. in *Kulmbach*-Mangersreuth, 1978–1980).[307]

Von einer Emporenerweiterung wird meist nur im Zusammenhang mit der Orgelstätte gesprochen, wohl im Hinblick auf größeren Raumbedarf bei reicheren musikalischen Veranstaltungen, so z. B. in *Michelau* 1962, wo der gesamte Emporenumfang erweitert wurde, und der *Gefreeser* Stadtkirche 1981. Eine Chorempore schuf man in *Köditz*, da man den Altar vorrücken, den Platz dahinter nutzen wollte.[308]

Von Abänderungen der Emporenaufgänge ist einige Male die Rede, wobei, wie bereits an anderer Stelle (Kap. 2.1.) ausgeführt, Außenaufgänge beseitigt, z. T. nach innen verlegt wurden. Bei einigen der frühen neuen Kirchen baute man noch den Außenaufstieg, der dann bisweilen Probleme bereitete, z. B. in *Pettendorf*; dort schuf man für die ganze Seite mit der offenen Treppe nachträglich einen geschlossenen Glasanbau. In früher

Zeit lagen die Aufgänge in einem inneren gesonderten Vorraum. Später wurde es dann allgemein zur Regel, die Treppen im Kirchenraum anzulegen, was für den Abendmahlsgang von Vorteil war. Eine Verlegung des Aufgangs in der Nordwestecke wird für den Altbau von *Thiersheim* 1925 vermeldet, nachdem die Orgelempore im (gotischen) Chor beseitigt war. In *Schwarzenbach* a. Wald wurden in den 50er Jahren zwei Schneckentreppen für den Ab- und Aufgang – wohl zum Abendmahl – im vorderen Bereich installiert, zusätzlich zu dem am Eingang befindlichen Treppenhaus. In *Rugendorf* entfernte man den hühnerleiterartigen Aufstieg zur Empore vom Chor aus 1973/74.[309]

Eine Besonderheit muss für die Stadtpfarrkirche von *Pegnitz* genannt werden. Dort breiten sich große Emporenplätze aus, die bei weitem nicht immer besetzt sind. So konnte man 1994 auf der ersten Empore unter der Orgel einen mit Holz-Glaskonstruktion abgeschlossenen Raum einrichten, der eine eigene Bezeichnung, die „Jakobskapelle", erhielt. In diesem „multifunktionellen" Raum sei, so heißt es, „bis zu Wickel- und Spielangeboten für kleine Gottesdienstbesucher alles möglich". Visuell und akustisch über Lautsprecher kann das gottesdienstliche Geschehen verfolgt werden, ohne dass Geräusche nach außen dringen. Über die bildliche Ausgestaltung dieses Raums wie über die Bemalung von Gestühls- und Emporenbrüstungen sowie der Decke in dieser Kirche soll im nächsten Kapitel berichtet werden.[310]

2.4.3. Neue Tendenzen bei der bildnerischen Ausgestaltung

Was die Bemalung von Wänden und Ausstattungsstücken in bestehenden Kirchen betrifft, so gab es keine willkürlich eingeleiteten Maßnahmen mehr. Stattdessen suchte man – vermehrt mit dem Umsichgreifen denkmalschützerischer Belange – nach einer historischen oder sogar der ursprünglichen Farbgebung. Zu diesem Zweck wurden und werden Befunduntersuchungen durchgeführt, Forschungen auch in Archiven vorgenommen. Bei neuen Kirchen kann man erkennen, dass es zeitbedingt eine Vorliebe für gewisse Farben gab und gibt und dass die Farbpsychologie auch in Kirchenräumen Anwendung findet.

Noch bei der Restaurierung der Pegnitzer Pfarrkirche 1967 heißt es, der „gesamte Innenraum" sei „in die triste Einheitsfarbe Grau getunkt worden", was als „Verschandelung" erachtet wurde.[311] Aber ab den 80er Jahren setzte man an manchen kahlen, in Weiß oder Grau gehaltenen Wänden deutliche Farbakzente mit bunter Bemalung der Chor- und Langhausbretterdecken, Rahmengebungen für die Fenster, Farbleisten an den Wänden, den Wandflächen selbst u. a.

Selten, wie etwa für Mistelgau in den 20er Jahren, werden neue Gestühlsmalereien vermeldet, dort in Form von „Blumenstücken an den Frauenstühlen" von Kunstmaler Dreher, Würzburg.[312] Für die Kirche von Trebgast können bereits im Jahre 1921 Freilegungen der übermalten dekorativen Blumenmalereien an den Brüstungen der Emporen und des Gestühls registriert werden. In Kirchgattendorf wurde bei der Restaurierung 1938 festgestellt, dass das „historisch Gewachsene möglichst geschont oder erneuert" werde, die „Farben der Gestühle [...] nach erhaltenen Spuren erneuert" werden sollen.[313]

Die Einstellung zur künstlerischen Ausstattung änderte sich von Generation zu Generation, und sie wechselte des öfteren konträr innerhalb eines relativ kurzen Zeitraums bei den Verantwortlichen für den Bau und die Ausstattung einerseits und den Geistlichen vor Ort andererseits. Somit herrschte eine gewisse Unsicherheit in Bezug auf die Einschätzung der Kunstdarstellungen der jüngeren Zeit und die Auswahl der Künstler. Man wählte lieber einen einheimischen Kunstschaffenden, als dass man einen von der Landeskirche empfohlenen renommierten Künstler außerhalb der Region akzeptiert hätte. Da auch keine denkmalpflegerischen Zwänge gegenüber neueren Werken bestanden, war man schnell bereit zu Beseitigungen bzw. einen Austausch, bisweilen auf Wunsch der Gemeindeglieder, manchmal zu deren Ärger. Bei den Kirchen in Kirchgattendorf, Lauenstein, Michelau, Wunsiedel oder anderswo lässt sich dies gut verfolgen innerhalb der Untersuchungsära. In neuen Kirchen gab es bei beweglichen Kunstwerken immer wieder Auswechslungen, so z. B. in Burgkunstadt zwischen 1935 und 1982 dreimal: Erst hing an der Stirnwand ein Gemälde von Maurer-Franken mit einer Kreuzigungsdarstellung. 1960 hängte man es auf die Seite, an seine Stelle kam ein Kruzifix. 1982 schuf Reinhart Fuchs für die Stirnwand ein bunt gestaltetes Relief. In Ahornis verhängte man 1952 zwischenzeitlich das Himmelfahrtsfresko an der Stirnwand von 1932 durch ein gerahmtes Gemälde mit der Kreuzigungsgruppe. Von Martinlamitz wird bekannt, dass ein Teppich mit der störenden Gestalt von Christus am Kreuz zeitweise durch einen Vorhang versteckt und ein Kruzifix davor gestellt wurde.

In Altbaukirchen wurden vor allem ältere, wenig geschätzte Werke, z. B. des 19. Jahrhunderts, endgültig beseitigt. In der Zeit vor und kurz nach dem Zweiten Weltkrieg, als die Belange des Denk-

Abb. 33: Martinlamitz, Kruzifixdarstellung von 1953

sonders zum Künstler, erneut in ein gespanntes Verhältnis. „Weil die lutherische Theologie und ihr Verbündeter, die Aufklärung, aber nicht mehr an diese Qualität des Bildes glauben, deshalb liegen die Erwartungen derer, die die Bilder anschauen, auf einer anderen Ebene als die Anliegen jener, die die Bilder schaffen. Nach allen Beobachtungen scheint es so zu sein, dass die Evangelischen andere Bilder wollen als sie die Künstler ihnen geben können.“[314]

Die Thematik des Dargestellten ist vielseitig und wird in diesem einleitenden Überblick nur angerissen: Man findet den segnenden Christus, auch majestätisch dargestellt, den Salvatorheiland mit der Weltkugel, den Auferstandenen häufig in den neuen Kirchen. Die Darstellung von Szenen aus dem Leben Jesu, meist mehr in symbolhaften Andeutungen, wurde in unterschiedlichen Materialien gestaltet, eingeschlossen Ikonendarstellungen. In frühen Kirchen der Zeitepoche wählte man die vom 19. Jahrhundert her beliebten Motive des Guten Hirten (Schwürbitz) oder des Kinderfreundes (Erkersreuth, Ebrach). Die Passion und der am Kreuz leidende Christus kommen mit sechs Beispielen vor. Ebenso oft wurde das Auferstehungsthema gewählt, vor allem in Kirchen mit diesem Namen. Abendmahl, Himmelfahrt, Erscheinungen Jesu nach der Auferstehung, besonders beliebt das Emmausereignis (von Hof/Auferstehungskirche, 1929, angefangen) sowie die Ausgießung des heiligen Geistes spielen eine Rolle bei den bildlichen Darstellungen unterschiedlichen Metiers. Auch das Jüngste Gericht wurde thematisiert (Faßmannsreuth) sowie Szenen aus der Apokalypse. Dann gibt es alttestamentliche Themen (Noah, Jesaja), die Darstellung der Apostel und Evangelisten, der Trinität, Symbole des

malschutzes noch nicht energisch genug vertreten werden konnten, kam es zu Übermalungen von ungeliebten Bildern.

In der Spätphase der letzten dreißig Jahre des Jahrhunderts gerät die Einstellung zur Kunst, be-

Abb. 34: Ebrach, St.-Lukas-Kirche von 1969, Lesepult

Friedens sowie einmal das Thema „Mission" (Oettingshausen). Relativ selten sind rein abstrakte Formen, erstmals (1960) in Lichteneiche zum The-

ma „Himmelfahrt", dann (1962) in den Fenstern von Bayreuth/Auferstehungskirche und Kulmbach/Kreuzkirche.

Die seit den 60er Jahren des 19. Jahrhunderts erkennbaren Bemühungen, Wände, vor allem Decken, wieder bildlich zu gestalten, werden nach dem Ersten Weltkrieg weitergeführt, teilweise offenbar mit wenig Geschick, wie das Beispiel Wunsiedel/Friedhofskirche zeigt.[315] Das Hauptinteresse für eine bildliche Gestaltung galt jedoch der Stirnwand. In den Neubauten erkennt man folgende Alternativen: Die Darstellung des Kreuzes in unterschiedlichen Formen und Variationen war in den drei ausgewiesenen Zeitabschnitten häufig zu beobachten, zu rund 35 Prozent; markante, großflächige Fresken oder Mosaiken kommen mit rund 20 Prozent vor; die Wahl eines oder einiger bunter Fenster im Chormittelteil kann ebenfalls über den ganzen Untersuchungszeitraum hinweg beobachtet werden mit insgesamt rund 16 Prozent; gerahmte Gemälde oder Reliefs finden sich zu etwa zehn Prozent; großflächiger Textilbehang zeigt sich in sechs Kirchen. Hinzu kommen Exemplare von auswechselbaren Bildern oder Plakaten an Seiten-, Rückwänden oder Emporenbrüstungen, vor allem auch kreativen Schaffens der eigenen Gemeinde, die im Katalog nicht im einzelnen erfasst sind. Ein die Stirnwand beherrschendes Retabel auf dem Altar wählte man nur in der Anfangszeit (Neuenmarkt, Schwürbitz, Marxgrün), ausschließlich strukturelle Gestaltung der Stirnwandfläche (Höchstadt) oder das Anbringen von Inschriften (Hof/Kreuzkirche) sind selten. In der Kirche von Bieberbach entschloss man sich noch 1983/84 zu einer „Bilderwand" in Form eines modernen Retabelaufbaus (Abb. 86); früher stand da nur ein hohes Kreuz.

Die Emporenmalereien, zum Anfang des 20. Jahrhunderts, noch vor dem Ersten Weltkrieg, wieder aufgegriffen, wurden danach sogleich fortgesetzt, flauten nach dem II. Krieg ab. Es zeigte sich darin eine erhebliche Unsicherheit. Die biblischen Bilder der Barockzeit waren suspekt geworden. So wählte man lieber symbolhafte Darstellungen, auch schriftlich gestaltete verbale „Ansprachen" an die Kirchenbesucher, Bibelworte, z. B. nach einem Programm über alle Emporenbrüstungsflächen verbreitet in der Kirche von Krögelstein oder auf der Orgelempore der neuen Kirche in Grund, das Vaterunser in Schwarzenbach a. Wald.

In den neuen Kirchen verwandte man Bemalungen an den Brüstungen nur selten. In fünf Fällen wurden sie in traditioneller Weise fortgesetzt, besonders ausführlich mit 40 biblischen Szenen „in Renaissancemanier" an der letzten großen Hufeisenempore in Hof/Christuskirche. In sechs Kirchen des zweiten Zeitabschnitts lassen sich Bemalungen der Emporenfelder registrieren (z. B. Zapfendorf), wobei zwei davon (Bayreuth/Kreuz, Großwendern) erst im Zeitraum des letzten Jahrzehnts nachträglich gestaltet wurden. Schließlich erfuhren noch die Emporen zweier Kirchen nach 1969 besondere Gestaltungen (Bamberg/Philippus, Siegritz). Nicht mit eingerechnet sind dabei auswechselbare Bildgestaltungen, wie z. B. ein Teppich in Bad Alexandersbad (von 1987), Drucke in Dörfles (von 1995) oder kreative Bilder aus der eigenen Gemeinde. Wir finden insgesamt 13 Fälle, in denen Bemalungen der Brüstungsfelder vorgenommen wurden. Moderne Formen von Emporengestaltungen riskierte man z. B. in Hohenberg 1992 mit abstrakten Strukturen und in Schwarzenbach a. Wald 2000 mit computerberech-

neten geometrischen Mustern. Vielfach lernte man in historischen Räumen die von der Barockzeit her bekannten Darstellungen mit Szenen aus dem Alten und Neuen Testament an den Emporenbrüstungen, teilweise im 19. Jahrhundert abgedeckt, wieder schätzen, und so wurden solche nach dem II. Krieg von Übermalungen befreit, sorgten für eine freundliche Atmosphäre, die man dadurch herzustellen bemüht war (s. unten).

Die Tradition, Einzelbilder anzubringen, speziell mit der Darstellung des Reformators, wurde in der ersten Zeit des Untersuchungsabschnitts fortgeführt. In den 60er Jahren war man sehr zurückhaltend, was die künstlerische Gestaltung betraf. Als Unwahrhaftigkeit wurde empfunden, wenn mit „frömmelnden Effekten [...] sakrale Wirkung"[316] erzeugt werden sollte, und man verhielt sich ablehnend, wenn außer dem Pfarrer „auch die Wände predigen".[317] In den 80er Jahren begann eine Welle, leer belassene Wandflächen – im übrigen auch Fenster – mit Bildern zu illustrieren. Dazu eigneten sich bewegliche Bilder mit oder ohne Rahmen, aber auch textile Bildgestaltungen am besten. Sogar Pfarrerbilder wurden in einzelnen Gemeinden neu erstellt. Durch die Beratung des Kunstbeauftragten in der bayerischen Landeskirche (1990, Kirchenrat Andreas Hildmann) oder des Vereins für Christliche Kunst in der E.-L. Kirche Bayerns (Prof. Dr. Poscharsky), ferner durch den Einfluss kirchlicher Zeitschriften, wie „Kirche und Kunst" und „Annäherung" oder aufgrund der Beispiele in neuen Kirchen, riskierten einzelne Pfarrer, moderne Einzelgemälde auch in Kirchenaltbauten aufzuhängen. Freilich fehlte der Mut zu ungewöhnlicheren Werken. So gibt es die Klage von dem Künstler Werner Knaupp, der äußerte: „Ich bin nicht ohne Hoffnung, dass endlich einmal

ein Kompetenter den vielen visuellen Analphabe-
ten in der Kirche die Augen öffnet, [...] den Mut
aufbringt, das gewaltige Potential an künstlerischer Aussagekraft in die Kirchen hereinzuholen
(und man) die Kunst nicht wie totes Kapital auf
der Straße liegen lässt."[318] Vermutlich geht diese
ärgerliche Äußerung auf einen Vorfall in Steppach
zurück. Dort sollten Bilder von ihm 1978 im Kirchenraum nach der Restaurierung aufgehängt
werden. Knaupp beklagt sich über Spannungen
mit dem Architekten: Dieser „war nicht bereit, die
im Wege hängenden Lämpchen zu verlegen. Also
sind meine Bilder jetzt im Gemeindehaus."

Als in den letzten drei Jahrzehnten die Bemühungen einsetzten, auch herkömmliche Kirchen
ohne Bezeichnung mit Namen zu belegen, wurde
auf alte Patrozinienangaben zurückgegriffen; dabei
gab es keine Skrupel mit solchen von Heiligen.
Man war dann bemüht, dem Patron durch ein Bild
oder eine Skulptur zu huldigen, griff auf vorhandene alte Darstellungen zurück (Beispiel Limmersdorf: Elisabeth) oder bestellte moderne Arbeiten,
wie wir es etwa im Falle von Pegnitz/Friedhofs-
kirche (St. Ägidius) erkennen können.

Unvermindert hielt die Beliebtheit von Glasmalereien durch das ganze Jahrhundert an, seit der
Trend in der zweiten Hälfte des 19. Jahrhunderts
eingesetzt hatte. Dies lässt sich für die neuen Kirchen ebenso feststellen wie für die alten. Allerdings nahm nach dem II. Krieg die Abneigung gegenüber solchen des 19. Jahrhunderts zu und man
war bemüht, sie zu beseitigen. Wie sehr blanke
Fenster „störten", wird aus einem Bericht zur
Kirche von Untersiemau deutlich, in dem es heißt:
„Nur die weißen Kirchenfenster sind hin und wieder Anlaß zu Diskussionen in der Gemeinde".[319]
Es konnten zwischen 1924 und 1998 Einrichtun-

gen von Fenstern mit Glasgemälden in 37 Fällen
konstatiert werden, wobei nicht behauptet sein
soll, dass damit alle erfasst wären: 10-mal im ersten
Zeitabschnitt, davon 4-mal im Chormittelfenster,
22-mal im zweiten (Chor 8-mal), 5-mal im dritten,
im Chor nur noch in Siegritz, wo man die Tradition des Vorgängerraums fortsetzen wollte.

Unter den Künstlern für die Bildergestaltung
finden wir solche aus der eigenen Gemeinde oder
der Umgebung, wobei das Herausgreifen einzelner
in dieser Übersicht recht willkürlich erscheinen
mag: z. B. Hans Ernst, der aus Lippertsgrün stammende, in Bindlach lebende Maler (geb. 1918),
der in Obernsees bei Bayreuth wirkende Fritz
Föttinger (geb. 1939, zweimal), der Künstler-Pfar-
rer Günter Heydemann, Forchheim (1910–1997),
der Grafiker Herbert Ott, Rödental (1915–1987),
die Maler Erwin Pitroff, Nürnberg (1911–1990),
Max Wild, Kulmbach (1911–2000), und besonders
oft vertreten mit abstrakten Bildern und Paramen-
ten Christamaria Schröter vom Selbitzer Mutter-
haus (geb. 1934). Von den renommierten und
häufiger in neuen Kirchen engagierten Malern von
auswärts, die vom Architekten oder der Landeskirche empfohlen wurden, seien genannt: Herbert
Bessel, Altdorf (geb. 1921, zweimal vertreten),
Rudolf Büder, München (1920–2002, drei Kirchen),
Günther Danco, München (1912–2000, sieben
Kirchen), Hubert Distler, Grafrath-Wildenroth bei
München (geb. 1919, sieben Kirchen), Walter
Habdank, Berg (1930–2001, aus Schweinfurt stammend, in Bayreuth/Friedenskirche), Anne Hitzker-
Lubin, Augsburg (geb. 1958, vier Kirchen), Prof.
Richard Holst, Berlin (1881–1955, in Hof/Christus-
kirche), Prof. Hermann Kaspar, München (1904–
1986, drei Kirchen), Oskar Koller, Nürnberg – als
„renommiertester Vertreter der nordbayerischen

Abb. 35. Mannsflur, Kirche von 1960, Portalrelief

Kunstszene" apostrophiert[320] – (geb. Erlangen 1925, in Neunkirchen), Helmuth Münch, Ebrantshausen bei Mainburg (geb. 1926, vier Kirchen), der Knaupp-Schüler Gerhard Rießbeck, Bad Windsheim (geb. 1964), Rudolf Schäfer aus dem norddeutschen Rotenburg a. d. Wümme (1878–1961), Walther Senf, München (1909–1985).

Unter den Bildhauern sei der aus der Region selbst (Marktleugast, geb. 1931) stammende, in München wirkende Hans Rucker genannt, der die Portalreliefs in Mannsflur fertigte. Ansonsten sind zu erwähnen: der Bildhauer und Maler Helmut Ammann, München (1907–2001, in fünf Kirchen vertreten), der in Zürich beheimatete Goldschmied Meinrad Burch-Korrodi (geb. 1897), der besonders häufig beigezogene Reinhart Fuchs, Untersteinbach bei Georgensgmünd (geb. 1933, elf Kirchen), Heinz Heiber, Nürnberg (1928–2003, in zwei Kirchen), Karlheinz Hoffmann, Wieling am Starnberger See (geb. 1925, in zwölf Kirchen registriert), Prof. Hermann Jünger, Pöring (geb. 1928), Prof. Alf Lechner, München-Geretsried (geb. 1925, Holenbrunn); häufiger mit Aufträgen bedacht wurde ab 1939 der Coburger Edmund Meusel (1876–1960), ferner finden wir Arbeiten des Bildhauer-Pfarrers Martin Zorn, Neunkirchen bei Ansbach (1930–1995). Bei den Glasmalereien sind besonders häufig die in Coburg beheimatete Firma Adalbert Bringmann (1911 1972)[321] – in Verbindung mit anderen Firmen –, einige Male fanden Christian Abel, Nürnberg und Prof. Hans Gottfried von Stockhausen, Stuttgart (geb. 1920), Aufträge, für Textilarbeiten die in Marktredwitz beheimatete Ursula Benker-Schirmer (geb. 1927).

Stieß man auf Reste gotischer oder sonstiger alter Malereien, war man bemüht, sie nach Möglichkeit freizulegen; in der ersten Zeit bestand die große fatale Neigung, sie zu ergänzen. In der Ära der Sparbestimmungen tauchten Probleme der Finanzierung bei Funden auf (Schönbrunn).[322]

Die Beseitigung von Bildern

Während in der Kirche von *Grafengehaig* 1936/37 die Deckenfresken freigelegt wurden, „beseitigte" man im selben Raum die barocken Emporenbemalungen. In *Kirchgattendorf* störten 1938 schon wieder die erst 1914 eingesetzten Kirchenfenster mit einer „bunten, stilistisch jedoch anfechtbaren gotisierenden Verglasung", dichtete daher die Fenster ab und forderte ihren Ersatz durch einfaches Glas; endgültig geschah dies 1975. Als man 1947/48 in *Hof*/St. Lorenz die Chorfenster zusetzte, wurden damit die Glasmalereien des 19. Jahrhunderts entfernt. Bei dem Um- und Anbau der Kirche zu *Oeslau* 1954 musste ein Glasfenster vom Jahre 1910 aufgegeben werden. Auch die früher umfangreicheren Emporenbilder hatten keinen Platz mehr an den reduzierten Emporenflächen. In *Weißenbrunn* b. Kronach bestehen die „mit Blumen und Blüten farbig bemalten" Emporenbrüstungsflächen der Kirche seit 1957 nicht mehr. Bei Umgestaltungen in der *Lehenthaler* Kirche 1958 nahm man die „farblich unpassenden" Chorfenster heraus und ersetzte sie durch Mauernischen.[323]

„Zum Bedauern vieler" hat man in der Kirche von *Michelau* 1962 „die Sprüche und Bilder an den Emporenfeldern übermalt", welche vermutlich erst rund 30 Jahre vorher angebracht worden waren. „Diese Bemalung ‚entspricht weder im Stil noch in der Ausführung den Anforderungen, welche an einen Kirchenraum gestellt werden müssen'", so lautete ein Gutachten. Die Deckenmalerei, die ebenfalls wegen ihrer „süßlichen und

verschwommenen Art" künstlerischen Anforderungen nicht mehr entspräche, tolerierte man „gerade noch".[324]

Die Dekorationsmalerfirma Edwart Holzey, Saalfeld, schmückte 1929/30 die Decke der Kirche von *Lauenstein* mit Bildern aus, die dann aber 1962/63 übertüncht wurden. „Sehr zum Mißfallen der Bevölkerung" entfernte man 1964 in *Ludwigsstadt* zwei bunte Kirchenfenster im Altarraum, die erst 1906 eingesetzt worden waren; sie „landeten auf dem Schuttplatz". Eine Beschreibung der Fenster liegt aus dem Jahre 1915 vom damaligen Dekan Hans Großmann vor, eine Abbildung befindet sich in der Festschrift von 1992. Vermutlich bei der Renovierung 1965/66 wurden in der *Thurnauer* Pfarrkirche die Glasfenster von 1911 beseitigt.[325]

Rund 40 Jahre nur hatte die aufwändige Dekoration an der Chordecke der Gottesackerkirche in *Wunsiedel* Bestand. 1920/21 versah man sie mit den „für die Gotik typischen Blumenranken" (Abbildung bei Jäger). Da man „das Rankenwerk zu kompakt schuf und die Farben zu kräftig nahm", die „Hoffung auf eine allmähliche Verblassung der Ausmalung" sich nicht erfüllte, entfernte man die Bemalung 1968 wieder.[326]

Bei der Umgestaltung der erst knapp 70 Jahre alten Kirche in *Pressig* 1974 wollte man die bemalten Scheiben nicht mehr im Chor belassen; eine davon ist erhalten und wurde im Fenster der seitlichen Stirnwand des Schiffes angebracht. In *Seidwitz* dürften Beseitigungen bzw. Auswechslungen von Bildern bereits 1936, dann nochmals 1974 erfolgt sein. So hingen zuletzt noch an den beiden seitlichen Stirnwänden Gemälde mit Johannes dem Täufer sowie der Szene „Jesus trägt das Kreuz". Auf dem Kirchenboden existieren die Gemälde noch. Dort befindet sich auch ein Lutherbild, ein

Abb. 36: Seidwitz, Gemälde „Jesus trägt das Kreuz", beseitigt 1974

aber eine Vernichtung und verwandte sie für die Kapelle von Stein.[328]

Außen-, Deckenbilder und Wandmalereien

Bevor im einzelnen auf gestalterische Maßnahmen im Inneren eingegangen wird, soll ein Blick dem Außenbereich gewidmet werden. Es finden sich im Umfeld der Vorplätze Denkmäler für die Kriegsgefallenen, die bisweilen künstlerische Qualität erreichen (s. Kap. 2.6.2.). Besonders interessiert aber unmittelbar an der Kirchenwand angebrachte skulpturale Gestaltung, so der von Scheitelsteinen und Reliefs in den Tympana der Portale. Die Kirche von *Erkersreuth* erhielt 1928 eine monumentale Eingangsfront, bei der Skulpturenschmuck (Evangelisten) nicht fehlt. Weiter sind zu nennen das Standbild des Namensgebers der Gustav-Adolf-Kirche direkt neben dem Eingang in *Ahornis*, verbunden mit einer Kriegergedächtnisstätte, sowie ein Relief des Jüngsten Gerichts in *Hummendorf*, dann die Giebelgestaltung der *Bamberger* Auferstehungskirche mit einer Lammfigur. Das neue Rundbogenportal mit gesprengtem Giebel in *Schwarzenbach* a. Wald (1951/52) versah man mit einer Pelikanfigur und seitlichen Engelreliefs (Entwurf: Georg Berthold sen., Hof).[329]

Bei der neuen Kirche in *Hof*/Lutherkirche erweckt ein großes Mosaik über dem Haupteingang die Aufmerksamkeit mit einer Darstellung von „Christus als Weltenrichter". Für *Rehau* entwarf Max Wild ein Mosaik an der zur Straße hin gelegenen Langwand der Martin-Luther-Kirche, das den Reformator mit der Bibel zeigt. Plastischen Außenschmuck findet man ferner bei der *Kulmbacher* Auferstehungs- und der *Bayreuther* Kreuzkirche sowie in *Bad Staffelstein, Großwendern,*

anderes in der Sakristei, beide unsigniert und zeitlich nicht einzuordnen.[327] 1949 übertünchte man in *Leupoldsgrün* die Ornamentmalereien an der Decke des Kirchenschiffes und an den Emporen, versah die Brüstungen mit biblischen Symbolen, die dann wiederum 1982 nicht mehr gefielen und abgelöst wurden. Bei den Restaurierungsmaßnahmen an der Kirche von *Bad Berneck* 1989–1991 störten die bunten neugotischen Kirchenfenster in Höhe des Kanzelaltars; man vermied

Abb. 37: Erkersreuth, Portalgestaltung von 1928

Abb. 38: Schwarzenbach am Wald, Portalgestaltung von 1951/52

Neuensorg, Hemhofen. Schließlich wäre hinzuweisen auf Türflügel mit Kupferreliefs (u. a. in *Neuensorg, Mannsflur, Ebrach*).

An manchen neuen Kirchengebäuden ziert den Giebel des Daches oder eine Wand ein deutlich sichtbares Kreuz (z. B. in *Schwürbitz, Mainleus, Gehülz* oder *Bayreuth*/Nikodemuskirche). Wie sich aber für die Anfangszeit nach 1945 zeigt, befürwortete die Landeskirche dies nicht. So wird die Gemeinde Lippertsgrün in dem bereits mehr-

Abb. 39: Hof, Lutherkirche, Mosaik über dem Portal von 1959

fach zitierten Schreiben gemahnt: „Von der dekorativen Verwendung des Kreuzes an der Außenseite wird abgeraten. Der Giebel allein wirkt überzeugend genug".[330]

Eine Gestaltung der Kirchendecke mit Bildern gibt es kaum noch in den neuen Kirchen des 20. Jahrhunderts. Lediglich in *Schwürbitz* (1927) wurde die Holztonne mit einer Auferstehungsszene bemalt. In *Zedtwitz* zog der Künstler ein Mosaik, von der Stirnwand ausgehend, bis in die Decke hinauf.

An den Säulen der Kirche zu *Thiersheim* deckte man 1924 („vorübergehend") die Malereien mit den Evangelisten und ihren Symbolen und den Namen der Stifter auf. 1925, einige Jahre nach den Verlängerungsmaßnahmen des Kirchengebäudes in *Glashütten*, konnten Deckengemälde im Schiff

und „Bilder in der Vorhalle", wohl auch durch den Maler der Emporenbilder, Dreher, angebracht werden.[331]

Die 1931/32 umgestaltete Kirche zu *Michelau* erhielt Deckenmalereien von Eugen Lingenfelder, München: der Auferstandene im Hauptfeld, die vier Evangelisten und seitlich das Jesuskind – ohne Maria, Josef, Ochs und Esel – sowie das apokalyptische Lamm und die sieben Siegel. „So ist in den drei Deckenbildern unserer Kirche Jesus Christus jeweils unter einer anderen Betrachtungsweise dargestellt: als der Menschgewordene, als der Auferstandene und als der Wiederkommende", stellte der Gemeindepfarrer fest.[332]

In der Kirche von *Streitberg* beherrscht die schmale und hohe Stirnwand des eingezogenen Chors ein Gemälde von 1934 mit dem von der Erde sich erhebenden und gen Himmel fahrenden Christus, mit ausgebreiteten segnenden Armen, gestaltet von Karl Hemmeter, München (1904–1986, Abb. 15). Die Themen „Jüngling zu Nain" und „Auferstehung" bilden den Inhalt der Fresken eines unbekannten Malers in der *Pegnitzer* Friedhofskirche 1935. Im Zuge der Neugestaltungen zwischen 1935 und 1938 in der Kirche zu *Brand* entschied man sich für eine großflächige Malerei an der Nordwand, von der die Empore weggenommen worden war, und zwar zum Thema „Das große Weltgericht", gestaltet 1942 von Prof. Alois Miller, München. In der Kirche von *Betzenstein* war 1914 die Deckenbemalung von 1735/36 weiß übertüncht worden; 1939 brachte man sie wieder zum Vorschein, allerdings mit Ergänzungen.[333]

Noch während des Kriegs, 1944, begann man in der kleinen Kirche zu *Einberg* mit „Veränderungen"; abgeschlossen konnten sie erst rund zehn Jahre später werden. Im Zuge dieser Gesamtreno-

Abb. 40: Pegnitz, Friedhofskirche, Auferstehung, Fresko von 1935

vierung legte man Wand- und Deckenmalereien frei und konservierte sie. Eine „sehr moderne künstlerische Ausgestaltung" nahm man mit dem Kirchenschiff vor, so dass es das Prädikat „eines der Hauptwerke süddeutscher Kirchenausmalung neuerer Zeit" erhielt. Rudolf Büder – 1995 mit dem Kunstpreis der E.-L. Kirche in Bayern ausgezeichnet – war der Künstler. An der Decke finden sich die Darstellungen der Apokalypse (1952). Bei den Umgestaltungsmaßnahmen in *Gössersdorf* 1955/56 ließ man an der Chordecke Bemalungen der Evangelistensymbole nach Entwürfen von Archi-

Abb. 41:
Einberg,
Deckengestal-
tung von 1955

tekt Reissinger anbringen. Auf die südliche Außenwand malte man einen waagrechten Engel mit Schriftband auf mit dem Wort: „Fürchtet euch nicht".[334]

Als zu teuer empfand die Kirchengemeinde *Trumsdorf* die Freilegung des übermalten Deckengemäldes anlässlich der Restaurierungen 1992/93, da sie für die 350 000 DM Kosten hätte aufkommen müssen. Mit dem Vorschlag zu modernen Bildern konnte man sich ebenso wenig befreunden wie mit dem zu einer modernen Malerei in Barockmanier. Man einigte sich darauf, die Holztonne in Blaugrautönen zu gestalten (Ausführung Anne Hitzker-Lubin) unter Verzicht auf einen „Akzent". Von einem übermalten Lutherfresko an der Chorwand wurde nur die Hand in Form eines „Fensters" sichtbar gemacht. Ornamentmalereien an den Füllungen der Bänke legte man frei und bemalte weitere Wangen der Gestühlsblöcke analog neu.[335]

Der Ortsgeistliche lieferte die „Grundidee" für die malerische Gestaltung der Chorwand in der Kirche von *Schirnding*, Kunstmaler W. Senf führte sie 1965/66 aus. Unter dem Thema „Wolke der Zeugen" (Hebräerbrief) wurden Darstellungen verschiedener Christuszeugen in einzelnen Bildern angebracht beiderseits des Christusbildes in der Mitte, der in der Art mittelalterlicher Vorbilder mit dem von seinem Munde ausgehenden Schwert zentral gesetzt wurde (s. Abb. 21). Die Holzkassettendecke des Kirchenschiffes von *Leupoldsgrün* versah man bei der Umgestaltung 1980–1982 „wieder mit Schablonenmalerei", wahrscheinlich in der Art, wie man sie erst 1949 beseitigt hatte.[336]

Das Technische Referat der E.-L. Landeskirche München, der Bildhauer Werner Mally, München (geb. 1955 in Karlsbad), und die Malerin Hitzker-

Lubin schufen bei der Neugestaltung der Kirche von *Lichtenberg* 1993–1996 ein Stirnwandkonzept, nach welchem mit der strukturell etwas hervortretenden großen T-artigen („Tau")-Fläche in Weiß auf Beige eine schlichte, helle Gestaltung geschaffen wurde. Für dieses „Tau" [griechischer Buchstabe] gibt der Künstler verschiedene Möglichkeiten der Deutung an: „Hemd", „Schutzmantel" oder offene Geste ausgebreiteter Arme.[337]

Emporenmalereien

Bei der Verlängerung des Kirchenschiffs 1922 in *Glashütten* wählte Kunstmaler Dreher für die Bemalung der Emporen Bibelsprüche und biblische Szenen. In *Selb* wurde 1924 die Gottesackerkirche zu einer „Kriegergedächtnisstätte" ausgestaltet, wobei die planerischen Vorlagen Architekt Rosenthal lieferte. Dabei erhielt die Selber Dekorationsmalereifirma Max Illing den Auftrag, die Felder der Emporenbrüstungen mit den Namen der 1914–1918 Gefallenen zu beschriften, insgesamt 367 aus Selb und Umgebung. Bei der Renovierung 1963/64 wurde dies annulliert.[338]

Die Kirche von *Thiersheim* erhielt 1925 eine „ornamentale Bemalung der Brüstungsfelder" mit den „Wappen" von „evangelischen Glaubenshelden" in Erinnerung an den Lutherischen Weltkongress in Oslo 1925: die Rose mit Herz und Kreuz (für Luther), die am Kreuz erhöhte Schlange als Sinnbild Christi (für Melanchthon), die Errettung des Propheten Jona (für Justus Jonas), ferner Wappenzeichen für Ulrich Zwingli, Johannes Calvin, Markgraf Georg den Frommen, König Gustav Adolf, die Theologen Wilhelm Löhe und Hermann Bezzel.[339]

Bei der Innenrenovierung der Kirche von *Döbra* 1931 wurden die Emporenfelder neu

Abb. 42: Lichtenberg, Neugestaltung des Chorbereichs von 1996 (Aufnahme 1997)

gestaltet, der „braungelbe Anstrich durch lichtere Farben ersetzt", ausgeführt von Kunstmaler Georg K. Kraemer, Nürnberg, aber offenbar ohne bildhafte Darstellungen. Bei den Renovierungsmaßnahmen in *Marlesreuth* 1931/32 fertigte die Malerfirma Hermann Wiedl, Nürnberg, Malereien an den Emporenbrüstungen an mit der Darstellung christlicher Embleme. Von den Emporenbildern in *Michelau* von 1931/32 und ihrer negativen Bewertung sowie ihrer Beseitigung rund 30 Jahre später wurde bereits oben in der Einleitung berichtet. In der *Pegnitzer* Friedhofskirche versah man die Emporenbrüstungen 1935 mit Bildern eines unbekannten Malers (vier Evangelisten). Als in *Oberkotzau* 1935/36 der Chor mit seinen Doppelemporen angebaut wurde, schmückte man die Brüstungsfelder mit Bildern (Inschriften, Symbole und Embleme, großflächige Dekor- und Rankenelemente). Nur für eine kurze Dauer bestanden die Emporenbilder von 1936 in der Kirche zu *Affalterthal* von Prof. Fritz Griebel, Heroldsberg/ Nürnberg (1899–1976), mit Sprüchen und Symbolbildern; rund 30 Jahre später wurden sie übermalt. Die Bilder auf den Emporenflächen der Kirche von *Ahornberg* lieferte der oben genannte Kraemer 1941.[340]

Von den neuen Kirchen der ersten Periode, zwischen 1918 und 1945, die mit Emporenmalereien versehen wurden, seien summarisch genannt die bereits angesprochene Christuskirche (1939) in *Hof*, dann nur noch an der Brüstung der einfachen Orgelempore in den Kirchen von *Grund* (1926), *Marktschorgast* (unbekannter Maler) und der *Hofer* Auferstehungskirche (beide 1929).

Kurz nach dem Krieg, 1947, ließ der Ortspfarrer von *Krögelstein*, Theodor Vetter, nach eigenen Ideen die Brüstungen des engen Emporengefüges der Kirche von der Firma Derra, Bamberg, mit Sprüchen und Emblemen bemalen, die er den Visionen der Apokalypse entnahm. Als Symbole findet man Weintrauben, Gebotstafeln, eine Harfe, die Krippe Jesu, das AΩ-Zeichen, Wanderutensilien, die Lutherrose. Von den Sprüchen liest man z. B. „Der Herr ist nahe" bis hin zu: „Amen, Lob und Ehre und Weisheit und Dank und Preis und Stärke sei unserem Gott von Ewigkeit zu Ewigkeit. Amen." Als bei späteren Restaurierungen Überlegungen zur Übermalung angestellt wurden, respektierte man die Leistung der Kirchengemeinde

Abb. 43: Marktschorgast, Emporenmalerei von 1929

in der schwerer Zeit nach dem Krieg und sah aus Pietät von einer Beseitigung ab. In der *Hofer* St.-Lorenz-Kirche versah man 1947/48 die Brüstung der Orgelempore mit Reliefarbeiten. In *Leupoldsgrün* wurden die Emporenbrüstungen 1949 mit biblischen Sprüchen verziert, die nicht mehr zu sehen sind. In *Oberröslau* brachte man 1953/54 neun (nach Kunstdenkmälerinventar acht) Ölgemälde von früheren Brüstungsflächen, die „mehrfach überstrichen" aufgefunden worden waren, an der Orgelempore an.[341]

Abb. 44: Zapfendorf, Auferstehungskirche von 1963, Emporenmalerei (Aufnahme 1970)

Im Zuge der Neuausstattung der wiederholt ge-nannten Kirche von *Einberg* gestaltete man 1955 auch die Emporenbrüstungen mit „heilsgeschicht-lichen Szenen", ebenfalls durch Maler Büder in Zusammenarbeit mit Alfred Lorbeer. Diese Bilder reihen sich nicht mehr, wie gewohnt, an den Feldern auf, sondern sind gleichsam willkürlich, ohne auf symmetrische Ausrichtung achtend, bis-weilen nur Teile der Fläche einnehmend, über die Brüstungen ausgebreitet, oben mit Themen des Alten, unten des Neuen Testaments sowie einem Wort Jesu (Abb. 32). In neuen Kirchen der 50er Jahre finden wir in der von *Tröstau* (1954) eine Inschrift über die Felder der Orgelempore gebrei-tet. Eine große Ausnahme bildet die Kirche von *Zapfendorf,* in der die Orgelempore zum Thema

„Schöpfung" mit farbenfrohen Symbolen 1963 bemalt wurde. Die Emporen in *Affalterthal* erhiel-ten 1966–1968 ihre ursprüngliche farbige Fassung aus dem Jahr 1710 zurück. Die Gestaltung durch Griebel von 1936 wurde damit getilgt.[342]

Es gibt für einen langen Zeitraum nichts mehr über die Gestaltung einer Emporenbrüstung zu vermelden, bis 1977/78 in *Köditz* durch das be-sondere Engagement des damaligen Pfarrers die neu eingebaute Chororgelempore mit drei alten Gemälden vom Altar versehen und 1984–1988 mit neuen Bildern – aufgrund von Stiftungen ermög-licht – ergänzt wurde durch den Maler Prof. Hans Wiedemann, Nürnberg (geb. 1924). Die Themen beziehen sich auf heilsgeschichtliche Ereignisse: Geburt, Taufe Jesu, Pfingsten und Jüngstes Gericht.

Die neuen Bildtafeln werden in der Größe, aber auch thematisch und stilistisch als gut passend zu den drei alten beiderseits gewertet. 1982 wurden in *Leupoldsgrün* bereits zum dritten Mal innerhalb von rund 90 Jahren die Emporenbrüstungen gestaltet. Man griff wieder auf ähnlichen Dekor („alte Verzierungen") wie zwischen 1898 und 1949 zurück. Die Brüstungsfelder in der Kirche von *Ahornberg* wurden bei der Restaurierung 1986 „nach Befund gestrichen". Es wird in dem Bericht festgestellt, dass es „naheliegend" gewesen wäre, „auf die Kassettenfelder der Emporen wieder die stilisierten christlichen Symbole aus dem 19. Jahrhundert, die in Fotos dokumentiert sind, aufzutragen."[343]

Zeigte sich für die neuen Kirchen der 50er und 60er Jahre eine große Abstinenz an Emporenbildern, so setzte später ein gewisser Nachholbedarf zu bildnerischer Ausgestaltung für einige Kirchenbauten jener Zeit ein. Die Räume von *Großwendern, Bayreuth*/Kreuz erhielten 1984 bzw. 1990 neue Malereien, *Dörfles* 1995 bewegliche Bilder mit Holzschnittdrucken von Kreuzwegstationen. Die Emporenbrüstung der Kirche von *Bad Alexandersbad* wurde 1987 mit einem Wandteppich versehen. Von den Neubauten nach 1969 finden wir bildnerische Gestaltungen an den Emporen in *Untersiemau* (1969), *Weidhausen* (1978) – hier mit frei hängenden Einzelbildern –, *Bamberg*/Philippuskirche (1989). In *Siegritz*, dem vorletzten Bau, hat man die Orgelempore mit altgewohnten Szenen zur Christusgeschichte in Reliefschnitzerei verzieren lassen: Geburt, Taufe, Kreuzigung, Auferstehung Jesu und das Pfingstereignis.[344]

Die von Rießbeck in den 90er Jahren gestalteten Emporenfelder in *Hohenberg* wurden bereits angesprochen; der Zyklus läuft unter dem Thema „Das Reich Gottes mitten unter Euch" als Versuch zeitgenössischer künstlerischer Ausdrucksweise: In einer „seismisch bewegten" Linienführung vom südlichen Emporenfeld der Westempore zum letzten der Nordempore „zieht sich Gottes Wirken mit den Menschen" vom Alten zum Neuen Testament, „mit dem Ziel der von Christen geglaubten Auferstehung zum ewigen Leben". Bei den Restaurierungsarbeiten in *Wonsees* 1998 kam unter „Überzügen" alte Dekormalerei mit „schönen klaren Farben" zum Vorschein. Die Emporen erhielten die floralen Muster zurück, „(nahezu) in ihrer ursprüngliche Brillanz".[345] Die Brüstungen der Doppelemporen in *Schwarzenbach* a. Wald wurden in den 50er Jahren mit Worten des Vaterunsers versehen, später dann übermalt und 1998/2000 neu gestaltet mit abstrakten würfelförmigen, bunt gestalteten Mustern (s. o.).

Einzelbilder

Das für *Lonnerstadt* – damals noch zu Oberfranken gehörend – undatierte und vor dem I. Krieg eingeordnete Lutherbild passt korrekter wohl in die Zeit kurz danach; es soll daher hier nochmals darauf hingewiesen sein. In den 20er Jahren lieferte der Maler-Pfarrer Georg Friedrich Richard (gen. Fritz) Thiermann (1862–1943, zuletzt in Obernsees) für die *Mistelgauer* Kirche Gemälde mit den Darstellungen von Luther und Markgraf Georg; von Thiermann stammen ferner ein Lutherbild nach Cranach vom Jahre 1919 in *Ludwigsstadt* und von 1929 Malereien am Kanzelschalldeckel in der Kapelle St. Ruperti in *Obernsees* (u. a. Lutherrose). Ein Bild von seinem Vater fertigte Adolf Thiermann 1938 für die Kirche St. Jakob in *Obernsees*. 1929/30 war man bemüht, den Kanzelaltar der Kirche von *Lauenstein* mit hochrechteckigen Gemälden der Dürerapostel beiderseits des Altartisches zu dekorieren – eine Maßnahme, die bei der „großangelegten Renovierung" 1962/63 wieder zurückgenommen wurde.[346]

1935 schuf man für den Kirchenraum von *Marktleuthen* neue „Gedenktafeln" für die in der Gemeinde tätig gewesenen Pfarrer und Kantoren an. In *Grafengehaig* wurde bei der Neugestaltung der Kirche 1936/37 das Bild mit der Abendmahlsdarstellung aus dem Altar entfernt, seitlich über den Taufstein an die Wand gehängt und mit barocken Putten drapiert. Das 1958 abgenommene Glasfenster mit der Darstellung Luthers in der Kirche von *Lehenthal* zerstörte man nicht, sondern hängte es an der Kirchenwand auf. Bei der Sanierung der Salvatorkirche in *Coburg* 1961–1963 erhielt der Altarraum ein Mosaik von Bildhauer Hans Kohler, Coburg. Nach der Beschaffung eines neuen Altars für den Raum in *Kirchahorn* 1965 hängte man das Bild des alten Altars, eine Darstellung des Auferstandenen, an die Seitenwand.[347]

Dem Faible eines Geistlichen für moderne Kunst ist es zu verdanken, dass in *Pegnitz* einige moderne Einzelbilder ihren Platz in Kirchenräumen fanden. So hängt seit 1992 in der Friedhofskirche das Gemälde „Egidius" von Karl Ross. Auch der Schmuck eines Gemäldes in der Filialkirche von *Buchau* von Iris Band, „Die Wahl des Apostels Matthias", geht wohl auf die gleiche Initiative zurück. In der bereits (Kap. 2.4.2.) genannten Jakobskapelle der Pfarrkirche *Pegnitz* versah man die Wände 1994 mit Bildern von Michael Graßl, Ingolstadt (geb. 1956), zum Thema „Jakob", so den „Kampf Jakobs mit dem Fremden" und die „Jakobsleiter".[348]

Erst 1993 konnte das Gemälde „Heilung des Gelähmten", das nach Beschädigungen beim Orgelbrand 1918 aus dem Kirchenraum der Stadtkirche *Bayreuth* genommen werden musste, nach der Restaurierung wieder aufgehängt werden. An der südlichen Chorwand der Kirche von *Alladorf* wurde 1994 ein Gemälde angebracht, das man von einem Maler aus Tannfeld erworben hatte und auf dem der Heilige Michael nach Giordano dargestellt ist. Das auf Abbildungen der Kirche von *Schirnding* vor 1965 an der Stirnwand vorhandene, dann beseitigte Lutherbild, befindet sich seit der Renovierung von 1999 wieder an alter Stelle.[349]

Die zahlreichen Einzelbilder in den neuen Kirchen (z. B. in Pettendorf) über den gesamten Untersuchungszeitraum hinweg können hier nicht detailliert angesprochen werden, sind aber, soweit die Maler bekannt sind, in den Beschreibungen des Katalogs erfasst. Es handelt sich dabei um jeweils zeittypisch moderne Bilder, aber auch um alte Drucke und Stiche, ferner Flachreliefs sowie Textilbehänge.

Mit Lutherbildern wurden die neuen Kirchen ebenso wie frühere ausgestattet, so die von *Grund, Marktschorgast, Bad Alexandersbad, Erkersreuth* (das Bild ist heute in Selb-Plößberg), *Hummendorf, Lippertsgrün,* in *Holenbrunn* mit einer Darstellung der Lutherrose, in Holz geschnitzt. Auch so manche Sakristeien erhielten Lutherdarstellungen, so in *Schwürbitz, Neuenmarkt, Seidwitz.*

Skulpturen

Den Gestaltungen plastischer Art im Außenbereich bei neuen Kirchen galt bereits unsere Aufmerksamkeit. In den neuen Bauten nach 1918

Abb. 45: Pettendorf, Friedenskirche, Gemälde von 2001

Abb. 46: Eggolsheim, Friedenskirche von 1964, Christusskulptur

wollte man im Kirchenraum noch biblische Figuren als große Gestalten präsentieren. So finden wir die Evangelistenskulpturen im Chor der *Neuenmarkter* Kirche an den Ecken des Polygons oder – heute jedenfalls – an einer Seitenwand in *Marxgrün*. In späterer Zeit bestand das Bedürfnis, Christus oder in Altbauten dem Patronsheiligen – auch in evangelischen Kirchen – ein besonderes Bildnis zu widmen. Christusfiguren finden wir in den Kirchen von *Eggolsheim* und *Gaustadt*

(hier der an die Martersäule gefesselte Schmerzensmann, von 1988). Im letzten Zeitabschnitt beschaffte man auch für frühere Kirchenräume skulpturale Bildnisse, so für die *Neuenmarkter* Kirche 1987 eines mit dem Gute-Hirten-Christus sowie an den Wänden Holzreliefs zum Leben und Leiden Jesu, für die Auferstehungskirche in *Bayreuth* den Auferstandenen, für *Pottenstein* eine Zweiergruppe mit Christus und dem Täufer Johannes.

Die Skulptur der Hl. Elisabeth, ursprünglich wohl aus einem Altarschrein stammend (ca. 1500), dann als Bekrönung eines Schalldeckels dienend, wurde 1952 restauriert (von Wiedl) und an der südlichen Langhauswand der Kirche von *Limmersdorf* angebracht. Für die Kirche von *Berndorf* erwarb man 1959/60 eine Skulptur mit der Darstellung des Auferstandenen, die von dem Künstler Robert Bauer-Haderlein (Stegaurach, 1914–1996), stammt. Die Figur eines David mit der Harfe erhielt die Kirche von *Michelau* im Jahre 1975 auf Grund einer Stiftung. Der Stifter ist namentlich bekannt, nicht jedoch der Bildhauer. Für St. Ruperti in *Obernsees* fertigte Bildhauer/Maler Föttinger eine Statue des Heiligen Rupertus 1979. 1983 wurde für die Kirche von *Gössersdorf* eine Skulptur des Patronatsheiligen Ägidius besorgt. Für die St.-Michaels-Kirche in *Trumsdorf* ließ ein Pfarrer 1987 die Michaelsfigur mit Schwert und Waage beschaffen, die Erich Weiser, Thurnau, schnitzte.[350]

Glasmalereien

Die in *Selb* eingerichtete „Kriegergedächtnisstätte" 1924 wurde bereits genannt. Dabei erhielt der Raum der Gottesackerkirche auch ein Glasgemälde von der Hofglasmalerei Johann Peter Bockhorni, München (1832–1905), nach einem Entwurf des Münchener Kunstmalers Peter Gitzinger (inzwischen entfernt). Aufgrund einer Stiftung (4 000 Mark) schuf die Glasbildproduktion Bringmann und Schmidt 1926 für die Kulmbacher Petrikirche in der Südostecke ein dreiteiliges 8 m hohes Petrusfenster (Berufung, Verleugnung, Wiedereinsetzung). Vom selben Jahr soll ein Glasgemälde in der Kirche von *Thiersheim* stammen. Die Firma Bingmann produzierte 1928 für die Kirche von *Grafengehaig* Fenstermalereien zum Thema „Das Leben des Menschen im Christenglauben" mit Darstellungen der Sakramente, etlicher Berufe, von Paulus und ferner der Evangelistensymbole. Die Bilder geben etwas „von der kantigen Auffassung" jener Zeit wieder, so wird später (1991) festgestellt.[351]

Der Patronatsherr der Kirche zu *Trogen*, v. Feilitzsch, stiftete 1930 ein neues Fenster mit Darstellung des Verkündigungsengels. Handwerker des Ortes, Korbhändler und Bäcker, waren die Sponsoren für zwei Glasfenster der Kirche von *Michelau*, gestaltet 1932 von Christian Abel mit jeweils einer alt- und einer neutestamentlichen Szene: „Gesetz und Evangelium" und „Jesus bei der Bergpredigt". Die 1935–1938 umgestaltete Kirche von *Brand* erhielt Farbfenster von Helmut Ammann, und zwar im „Chor" mit der Darstellung der Auferstehung sowie in den Fenstern der Südwand und im Eingangsbereich bei einem Kriegerehrenmal (Hofglasmalerei Georg Schneider, Regensburg). Die in den 30er Jahren in ein Fenster der Kirche zu *Weidhausen* eingesetzte Lutherdarstellung ist im Neubau noch vorhanden.[352]

Prof. Georg Vogt, Nürnberg, schuf 1936 für die Kirche von *Marktleuthen* Glasgemälde mit den Themen Taufe Jesu, Kreuzigung und Beweinung, Auferstehung und ungläubiger Thomas. Für die *Hofer* Hospitalkirche gestaltete Ammann 1938 an der Ostseite des Raums zwei Fenstermalereien mit Darstellung der Wunder und der Gleichnisse Jesu. Prof. Vogt schuf 1938 für die Pfarrkirche von *Pegnitz* Glasfenster mit Bildern von sechs Gleichnissen Jesu. 1941 erhielt die Kirche von *Ahornberg* „wertvolle farbige Altarfenster" mit „biblischen Darstellungen".[353]

*Abb. 47: Strössendorf,
Fensterneugestaltung von 1954
(Aufnahme 1971)*

Nach der Kriegszerstörung der Fenster an der Kirche zu *Weißenstadt* erneuerte man 1947 das Buntglasfenster mit der Darstellung von Petrus. Etwa 1950 ließ man in der Kirche von *Rugendorf* zur Zierde der Gefallenengedenktafel zwei Glasfenster einsetzen, eines von Glasmaler Weitzel, das andere, neben der Kanzel, von der Firma Bringmann. Bei der Neugestaltung der Kirche von *Gemünda*, zwischen 1952 und 1954, setzte man im Chor vier Glasgemälde ein, die von Maler und Grafiker Josef Reissl, München, stammen und von dem bereits genannten Bockhorni ausgeführt wurden. Es handelt sich um Szenen aus dem Alten und dem Neuen Testament: im ersten Fenster der erste Sündenfall, Noahs Opfer, die Gesetzgebung Gottes, im Mittelfenster neutestamentliche Darstellungen von der Verheißung der Geburt Jesu bis zum 12jährigen Jesus im Tempel, im dritten die Passion Jesu bis zur Auferstehung und schließlich „Christus in göttlicher Erhabenheit thronend inmitten seiner Gemeinde".[354]

Bei der Umgestaltung der Kirche zu *Strössendorf* 1954 unter Maurer-Franken erhielt die Kirche ein großes Chorfenster – einem „Wandteppich" ähnlich – mit Darstellung von 18 Szenen zum Leben und Wirken Jesu, vom Architekten selbst entworfen. Bei den Umgestaltungsmaßnahmen von 1955/56 unter dem Architekten Reissinger in *Gössersdorf* setzte man drei unterschiedlich große hochrechteckige, bleiverglaste Fenster in Blau-, Grün- und Rottönen ein, und zwar mit der Darstellung der Dreieinigkeit und dem Auge Gottes, dem Heiligen Geist in Form der Taube und dem die Kreuzfahne tragenden Lamm. Eine Schlangenfigur wird über die unteren Fensterpartien der drei westlichen Glasscheiben bis zu ihrem Schwanzende fortgeführt. Für die neu geschaffenen ornamentalen Chorfenster in der Kirche von *Kirchenlamitz* (1959) zeichnet Walther Senf verantwortlich. Glasmaler Werner Salomon, Coburg, fertigte für die Fensterrosette oberhalb der Orgel in der Salvatorkirche zu *Coburg* anlässlich der Generalsanierung 1961–1963 eine Buntglasgestaltung.[355]

Die wohl aus der Jugendstilphase stammenden Fensterbemalungen in der 1969–1971 von der evangelischen Gemeinde übernommenen Kapelle zu *Gundelsheim* blieben erhalten, obwohl darauf auch Symbole und Wappen des Karmeliterordens vorhanden sind, dessen Patres Betreuer der katholischen Vorgängergemeinde waren. Von Rudolf Büder kamen Fensterbilder an die Altarfront anlässlich der Restaurierung 1977/78 in der Kirche von *Thierstein*. Die *Bayreuther* Stadtkirche erhielt ein modernes Fenster im Chorbereich im Jahre 1978 von Ingrid Vetter-Spilker, Eckersdorf/Schloss Ringenberg (Nordrhein-Westfalen, 1940–1999), „ein moderner Tupfer für die altehrwürdige Kirche".[356]

Für eines der 1945 zerstörten qualitätvollen Glasfenster der Kirche St. Michael in *Hof* des 19. Jahrhunderts schuf Stockhausen als Ersatz im Jahr 1964 das sog. „Tauffenster". In den Jahren 1982, 1984 und 1993 war die Initiative einzelner Bürger erfolgreich, für die alten Fenster aus den Resten Rekonstruktionen zu erstellen. Etwa 40 Jahre nachdem die Kirche von *Gössersdorf* bereits Glasfenster erhalten hatte, ließ man ein weiteres „herrlich buntes Glasfenster mit Motiven aus dem Leben Jesu" im Jahr 1994 einsetzen von der aus Schwürbitz stammenden Künstlerin Erika Fischer-Schmidt. Ein neues „Luther-Fenster" von der Glasmalerin Hitzker-Lubin beschaffte man 1998 in *Neustadt* bei Coburg für die dortige St.-Georgs-Kirche.[357]

Die Beliebtheit von bemalten Buntfenstern lässt sich an der anhaltenden Akzeptanz über alle Zeit-

Abb. 48: Mainleus, Christuskirche von 1953, Fensterneugestaltung von 1993

abschnitte des 20. Jahrhunderts hinweg beobachten. Gerade die Darstellung Luthers kommt hin und wieder vor, so in *Seußen* (zusammen mit Gustav Adolf als Pendant), *Creidlitz, Siegritz* (hier mit Melanchthon); die Lutherrose im Fenster ist im Chorbereich der Kirche von *Lippertsgrün* sowie in *Rehau* (hier im Vorraum). Einige der neuen Kirchen mit großen Chormittelfenstern wurden bereits erwähnt. Zusammenfassend seien genannt die Kirchen der Zeit zwischen 1918 und 1945 mit Bemalungen, die teilweise monumental angelegt, manchmal nur an kleineren Fenstern, etwa im rückwärtigen Bereich, anzutreffen sind: *Ahornis, Bad Alexandersbad, Bayreuth*/Erlöserkirche, *Heinersreuth, Hof*/Auferstehungskirche und Christuskirche, *Marktschorgast, Schwürbitz* und *Wannbach*. Für den Abschnitt der 50er und 60er Jahre sind zu nennen: *Bamberg*/Auferstehungskirche, *Bayreuth*/Auferstehungs- und Kreuzkirche, *Bobengrün, Buchbach, Creidlitz, Ebersdorf, Fichtelberg, Gehülz, Höchstadt, Holenbrunn, Hummendorf, Kleintettau, Kulmbach*/Friedens- und Kreuzkirche, *Langenbach, Lippertsgrün, Mainleus, Martinlamitz, Neuensorg, Pottenstein, Wildenheid*. Für den letzten Zeitabschnitt müssen aufgeführt werden die Kirchen von *Bayreuth*/Magdalenen- und Friedenskirche, *Haarbrücken, Untersiemau, Weidhausen*.

Freilegungen von Malereien

Mit der Wiederaufdeckung gotischer Wandbilder fuhr man während des gesamten Zeitraums im 20. Jahrhundert fort. Bei diesen Malereien handelt es sich zumeist um solche, die „al secco", also nicht auf frischen, feuchten Mörtel aufgetragen und damit wesentlich empfindlicher sind und leichter abblättern.[358] Im Gegensatz zu den Bestrebungen im 19. Jahrhundert, solche Bilder wieder zu ergänzen, ist man nunmehr, abgesehen von wenigen Ausnahmen, bemüht, nur die freigelegten Fragmente zu konservieren, nicht zu vervollständigen. Zu solch freigelegten Malereien gehören die von 1925 in *Thiersheim*, 1927 in *Burggrub*, in den 20er Jahren im Südturm der Morizkirche zu *Coburg*, 1928–1930 in der Rupertikapelle von *Obernsees*, 1935–1937 das Untergeschoss des Turmes zu *Emtmannsberg*, „wahrscheinlich teilweise freigelegt und restauriert" durch Prof. Damberger, Pasing, 1936/37 in *Grafengehaig* im Chor, 1937–1939, dann 1938 in den drei Kirchen *Neunkirchen* am Main, *Kirchgattendorf* („eindrückliche Fragmente von Wandfresken"), sowie in besonders umfangreicher Weise in *Pilgramsreuth* (Chorwand).[359]

Im Kirchenraum von *Einberg* legte der Kunstmaler und Restaurator Hugo Müller-Berton 1946 spätgotische Wand- und Deckenmalereien frei. Derselbe Restaurator fand „Wandmalereien unterschiedlicher Epochen" in der Pfarrkirche von *Fechheim* und holte sie Anfang der 50er Jahre wieder hervor. In *Nemmersdorf* entdeckte man in den Untergeschossen beider mittelalterlicher Türme 1946/47 Bilder und machte sie frei. Nach dem II. Krieg fand man Gefallen an den alten Emporenmalereien, so dass auch auf diesem Gebiet ein großes Potenzial an Freilegungen bewältigt wurde. 1947/48 konnten in der Kirche von *Hain* die Plafondbilder der Dreifaltigkeit, von 1734 stammend und im 19. Jahrhundert übermalt, sowie Emporenmalereien mit Szenen der Leidensgeschichte Jesu vom Jahre 1668 freigelegt werden. Von weiteren Freilegungen erfährt man zu den Kirchen von *Köditz* 1950, *Trogen* 1952 (die wohl 1888 blau und grau übermalten barocken Emporenbilder), *Kasendorf* 1953 (barocke Deckengemälde), *Unter-*

steinach (im 19. Jahrhundert übermalte Emporenbilder aus der Zeit von 1733–1735, freigelegt 1955 durch Wiedl), an Wänden in *Marktredwitz*/Stadtpfarrkirche (durch Wiedl, mit Festigung 1980/81), *Lindenhardt* 1955 (im Gewölbe des Chorjoches), *Mistelbach* 1959 (laut Inschrift in der Kirche durch Wiedl).[360]

Der Bilderreichtum der Kirche von *Untersteinach*, der im 19. Jahrhundert mit viel Farbe unterdrückt worden war, erfuhr 1955 seine Wiederbelebung, dazu gehörten die Malereien der Decke. „1956 wurden" – durch Wiedl in der Kirche zu *Schönbrunn* – „Fresken bei einer tiefgreifenden Restaurierung unter der Putzschicht entdeckt, freigelegt und konserviert." Die Deutsche Stiftung Denkmalschutz war in jüngster Zeit auf der Suche nach einem Stiftungskapital von 150 000 bis 200 000 DM für die Erhaltung und Restaurierung von Kirche und Fresken.[361]

1958/59 konnten die Emporenmalereien mit biblischen Darstellungen in *Trumsdorf* durch Wiedl freigelegt werden mit 26 Bildern aus dem Alten und 23 aus dem Neuen Testament. Er holte auch die „wertvollen gotischen Malereien" im Turmchor der Kirche von *Watzendorf* 1956–1958 hervor sowie 1959 die bereits 1939 und 1947 entdeckten Malereien an den Säulen der Kirche zu *Weißdorf*. Müller-Berton und Wiedl nahmen die Freilegung von Wandbildern in der Pfarrkirche von *Steinbach* an der Haide 1964 vor. Als man im 19. Jahrhundert in *Buch* am Forst Barockbilder an den Emporen entdeckte, bezeichnete man sie als „unschön". Bei der Restaurierung 1960/61 aber erkannte man den Wert der „alten Barockbildnisse" und stellte sie wieder her. 1964/65 wurden an den unteren Emporenflächen zu *Alladorf* die Malereien auf 32 Bildtafeln „von stumpfer brauner

Bemalung" durch die Firma Konrad Ehmann, Nürnberg, sowie die Bamberger Maler Fritz Grünert und Anton Greiner befreit. Die in *Trebgast* im 19. Jahrhundert überstrichenen Emporenbrüstungen stellte man zunächst 1921, dann 1966 befundgetreuer wieder her. In der Kirche von *Muggendorf* erfuhren 1969–1971 die früheren Malereien mit Darstellungen zum Neuen Testament an den Emporen ihre Wiederbelebung. Als ein „besonderes Prunkstück" entpuppte sich die Empore der Kirche von *Oeslau*, als man die Brüstungen 1974/75 freilegte und dabei 18 Tafeln mit Stuckreliefs aus der Zeit von 1600 vorfand mit einem „christologischen Programm". Da die einstige Doppelempore in eine einfache umgewandelt ist, mussten etliche der Tafeln in den Kunstsammlungen der Veste Coburg verwahrt werden.[362]

Zu Wiederaufdeckungen von alten Wandmalereien kam es 1971/72 in *Kunreuth* aus Anlass der Gesamtrestaurierung unter Architekt Steuerlein, von barocken Deckenbildern nach Übermalungen von 1900 in *Issigau* 1971–1973. In *Eckersdorf* wurden 1983–1986 in umfangreicher Weise in der Kilianskapelle, dem einstigen Chor der Kirche, die Fresken an den Wänden durch den Bamberger Restaurator Eberhard Reichelt ans Tageslicht zurückgefördert.[363]

2.5. Das Verhältnis zu den Prinzipalstücken im 20. Jahrhundert

2.5.1. Altäre

Die Bedeutung des Altars und seiner Position wurde schon bei den Beschreibungen der vorangehenden Jahrhunderte hervorgehoben. In den Neubau-

ten des 20. Jahrhunderts erkennt man besonders deutlich, wie sich am Altar und seiner Gestaltung die Geister scheiden. Zwar wird in der neuen Ära demokratischer Entscheidungsformen immer wieder betont, dass der Kirchenvorstand, dazu der Architekt und der oder die Künstler mitgewirkt hätten. In letzter Konsequenz entsprechen Grundidee und finaler Entscheid den genuin kreativen Vorstellungen des amtierenden Geistlichen, sonst würden nicht in so kurzen Abständen so einschneidende Auswechslungen vorgenommen werden. Dabei wirkt sich gerade dieser Teil des Raums entscheidend auf die gesamte liturgische und architektonische Gestalt eines Kirchengebäudes aus. Es kommt darauf an, ob man den Altar in einer Chor-, Saal- oder Zentralraumkirche platziert, ob er besonders herausgehoben sein soll mit Konzentrierung der Aufmerksamkeit der Besucher als eine Art heiliger Bezirk, dessen Hochschätzung zurückreicht auf die Wurzeln der ursprünglichen Opferstätte[364], oder ob man in ihm schlicht den einfachen Tisch, die Unterlage zum Abstellen benötigter Geräte und Schriften bzw. das Zentrum der zum Abendmahl versammelten Gemeinde sieht. Entsprechend wird der Standort gestaltet, wählt man das Material und sucht nach der Form dieses Prinzipalstücks, lässt die darauf oder darum angeordneten Utensilien, wie Kerzen, Vasa sacra, Kreuze, Paramente, gestalten.

Eine der Folgen dieses Entscheidungsspielraums betrifft den Umgang mit früheren Altären. Noch im 20. Jahrhundert kamen Beseitigungen vor, in einem Fall (Kirchgattendorf) sogar eines wertvollen gotischen Exemplars; ansonsten handelte es sich um wenig geschätzte Aufbauten aus dem 19. Jahrhundert. Die lange, jahrhundertealte Tradition des Retabelaltars war endgültig im Auslaufen begriffen, was sich bereits im 19. Jahrhundert anbahnte. Dennoch legte man Wert auf einen bildnerischen Hintergrund, den man nicht mehr mit dem Altartisch verband, sondern mit Vorliebe an der Stirnwand dahinter anbrachte. Dies konnte ein großes Bildfenster sein, eine bildnerisch gestaltete Wand, einfach nur ein Kruzifix oder, selten, ein freistehender retabelartiger Aufbau, jedoch mit Abstand vom Tisch. In manchen Fällen der Altbauten rückte man die Mensa vom Retabelaufbau ab; dies geschah zunächst nicht so sehr wegen des Wunsches nach beidseitiger Verwendung der Mensa, als vielmehr aus Angst vor Schäden der Rückwand durch die Kerzen auf dem Altartisch. Einige Male, bei abgesetztem Chorbereich, stellte man ein bewegbares Möbel näher an die Gemeinde heran, schuf also einen liturgischen Altar, ähnlich den neuen Prinzipien in den katholischen Kirchen nach der Liturgiereform des II. Vatikanischen Konzils. Solche Vorgänge in evangelischen Kirchen wurden nicht überall publik. Drei Fälle werden unten aufgegriffen. Dabei zeigt es sich, dass nachfolgende Ortsgeistliche die neu geschaffene Situation wieder verwarfen. Unterschiedliche theologisch-liturgische Vorstellungen, aber auch eine gewisse Unsicherheit werden dabei offenkundig, sowohl was die prinzipielle Einstellung, aber besonders die Beurteilung der Formgebung betrifft. Eine Verlautbarung in den Wolfenbütteler Empfehlungen vom Jahr 1991 besagt dazu, dass beim Vorhandensein eines Retabelaltars evtl. ein zweiter Altar empfehlenswert sei (siehe Kap. 1.4.). So etwas wie der in München (Lukaskirche) praktizierte Versuch des Austausches eines Ölgemäldes von 1896 durch sechs zeitgenössische Gemälde im Verlaufe eines Jahres kann in Oberfranken bisher nicht festgestellt werden.[365]

Aus den oben genannten Gründen kommt es kaum noch zur Erstellung eines Retabels auf dem Altar, allenfalls eines sehr niedrigen, predellenartigen Schreins, zumeist bekrönt mit einem hohen Kruzifix, evtl. auch mit Kerzen. Diese Form lässt sich bereits im Untersuchungsabschnitt vorher, ab etwa 1900, erkennen.[366] In drei neuen Kirchen der ersten Periode nach 1918 legte man noch Retabel an: in Neuenmarkt, Schwürbitz und Marxgrün, ferner noch in der nach dem II. Krieg wieder ausgebesserten Kirche von Hohenberg. Einige wenige Fälle gibt es dann in späterer Zeit, bei denen der Geistliche einen speziellen bildlichen Fixpunkt wünscht und als Alternative zum Standkreuz ein gerahmtes Gemälde auf den Tisch stellt (z. B. in Johannisthal, Kat. 3.53.).

Was den Standort des Altars betrifft, so muss noch einmal auf das Abgehen von einem besonders herausgehobenen Chorbereich bei den Bauten der neuen Kirchen im Verlaufe der 60er Jahre verwiesen werden, was schon bei den allgemeinen Baumaßnahmen vermerkt wurde (Kap. 2.2.). Dies zeigt sich selbst in historischen Kirchen mit einem vorhandenen Turm- oder sonstigen Chor. Bei Neubauten kommt der Turmchor, wie bereits ausgeführt, nur noch als Kuriosum vor. Häufiger ist zu beobachten, dass ein vorhandenes Turmuntergeschoss als Chor aufgelöst und der Bereich in den Kirchenraum einbezogen wurde durch die Einrichtung einer Taufkapelle oder durch anderweitige Nutzung; den Altartisch holte man dabei nach vorne, vor den Triumphbogen in den Gemeindebereich (z. B. in Untersiemau und Weidhausen). Wir können wieder auf Bartning verweisen, der sich 1919 für den „Altar nicht in einer Chornische, sondern nahe an der Gemeinde" aussprach und selbst die Orgel dahinter befürwortete.[367] Diese Anregung fand kaum Anklang (z. B. in Ebersdorf b. Coburg). Die hohe, abgesetzte Nische für eine chorartige Absonderung war zunächst noch beliebt, wie bereits oben ausgeführt (s. Kap. 1.2. und 2.2.).

Es gab aber auch Fälle, in denen eine Kirchengemeinde – resp. der Geistliche – den (Kanzel-) Altar vom 18. Jahrhundert gerne wieder in den Chor gerückt hätte (1972 in Kulmbach-Mangersreuth und Langenstadt, 1982 in Leupoldsgrün) –,[368] was jedoch zu diesem Zeitpunkt von Seiten der Denkmalpflege nicht mehr gestattet wurde, wie schon ausgeführt (s. Kap. 2.1.).

In den ersten beiden Perioden des Untersuchungszeitraums bevorzugte man massive Altartische. Später wurde wiederum die Mobilität der Ausstattungsstücke im Kirchenraum geschätzt. In den Wolfenbütteler Empfehlungen wird der mobile Altarisch angesprochen, der dann aus leichterem Material konstruiert sein musste. Es heißt: „Der Altar sollte möglichst inmitten der Versammlung der Gemeinde stehen und kann transportabel sein. Die Feier des Abendmahls im Kreis um den Tisch soll möglich sein."[369]

Im Abschnitt über Kanzelaltäre zeigt sich im chronologischen Verlauf durch das Jahrhundert das ständige Hin und Her von Abbau und Einrichtung bzw. Wiederherstellung dieser Prinzipalstückanordnung. Gegenüber 17 Beseitigungen kommt es immerhin zu 23 positiven Resultaten. Kanzelaltäre mit Retabelkanzeln wurden jedoch allenfalls noch aus alten vorhandenen Teilen gestaltet, wie bereits einige Male erwähnt. Dabei spielte eine Art Wiedergutmachung von Abbaumaßnahmen im 19. Jahrhundert eine Rolle. Ausgelöst wurde ein solcher Schritt nicht zuletzt durch Veröffentlichungen zu jener Zeit (nachweislich für

zwei Fälle zutreffend: Schney und Brand).[370] Man lernte den Wert der in Nebenräumen oder auf dem Kirchenboden lagernden Teile wieder zu schätzen. In den neuen Kirchen unseres Gebiets kann für diese Epoche ein vollständig neuer Retabelkanzelaltar nicht mehr registriert werden. Ausbauten von Kanzeln aus dem Retabel enden mit 1972/73. Die Kirchengemeinde Busbach hatte 1995/96 keinen Erfolg mehr, den originellen Kanzelaltar – ein „Pasticcio" aus dem 15. Jahrhundert, von 1562 und 1791 – zu zerlegen. Eine Ausnahme bildet die Kirche von Eggolsheim, wo man 1999 die axiale Kanzel an die Seite stellte; aber in diesem Fall war das Denkmalamt wohl kaum involviert und auch nicht interessiert.[371]

In den Leitsätzen des dritten Kirchbautages 1928 wird eine „Überordnung der Kanzel, wie sie im Kanzelaltar geschieht, als ‚für jene nicht angemessen' erachtet".[372] Auch drei Jahre später, in den Dresdener „Richtlinien für evangelische Gestaltung", wurde geraten, dass auf die „wenig glückliche Form des Schmalkaldischen Kanzelaltars, d. h. auf die Anordnung der Kanzel über dem Altar, von vornherein verzichtet werden" sollte.[373] Aus den „Rummelsberger Grundsätzen" von 1951 kann man eine ähnlich kritische Einstellung zum Kanzelaltar herauslesen, wenn es heißt: „Kanzel und Altar sind im lutherischen Gottesdienst einander gleichwertig zugeordnet. Dabei muß sowohl dem Altar als auch der Kanzel durch angemessene Gestaltung ein solches Gewicht gegeben werden, dass sie als die eigentlichen Brennpunkte des Raumes in Erscheinung treten." Die ablehnende Einstellung dieser Grundsätze zum Kanzelaltar wurde bereits vermerkt, da „die Polarität von Wortverkündigung und Sakramentsfeier zu stark" zurücktrete.[374] In den Wolfenbütteler Empfehlungen von 1991 lässt man die Entscheidung offen. Es heißt: „Die Standorte von Altartisch, Kanzel (Ambo), Lesepult und Taufe haben sich an den liturgischen Anforderungen einer gottesdienstlichen Feier mit allen im Gottesdienst Beteiligten zu orientieren." Die axiale Anordnung der Kanzel hinter bzw. über dem Altar hat letztlich nichts an Beliebtheit verloren, lässt sich gerade in den Kirchen der letzten beiden Jahrzehnte auch in unserem Bereich konstatieren.

Der bereits zitierte Architekt Steinhauser äußerte 1995 seine Meinung dahingehend, den Altar als Tisch in der Mitte, ohne Stufen, den Ort der Wortverkündigung nur noch wenig erhöht, den Ort der Taufe vor oder neben dem Altar zu platzieren. Bänke oder Stühle stellt er sich radial oder hufeisenförmig der Mitte zugewandt vor, Orgel und Chor nicht mehr auf einer rückwärtigen Empore, sondern hinter dem Altar oder seitlich davon.[375] Realisiert wurde die zentrale Mittenstellung des Altars und damit die Schaffung eines Zentralraums nur selten in unserem Bereich (z. B. Bayreuth/ Erlöserkirche). Auf eine wenigstens um eine Stufe herausgehobene Insel verzichtete man nur ungern, erst in kleineren Kirchenräumen der jüngsten Zeit (z. B. Bayreuth/Lutherkirche).

Beseitigungen von Altären

Auf einige der Altarbeseitigungen wurde bereits einleitend zu diesem Abschnitt sowie in Kapitel 2.1. hingewiesen. Hier seien nochmals zusammenfassend aufgezählt: die Abgabe des Altars von 1510 aus *Kirchgattendorf* im Jahre 1919 nach Bamberg (Dom), die Beseitigung des Altars in *Affalterthal* 1936 im Zuge der Neugestaltung der Kirche, die Wegnahme des Retabels in *Bischofsgrün* 1954, des Altars von 1855 in *Kirchahorn* (1965), die Entfernung der erst 1929/30 aufgestellten Dürer-Kopie-Bilder in *Lauenstein* bei der Renovierung des Altars 1962/63, die Abschiebung des neugotischen Altars von *Schwarzach* bei der Renovierung 1972–1975 in die Pfarrscheune, die schon erwähnte Wegnahme des Altarbildes in *Seidwitz* 1973.[376]

Schicksale der Kanzelaltäre

Was die Kanzelaltäre betrifft, so gab es Veränderungen, die einmal zu weiteren Trennungen der Kanzel aus dem Retabel führten, aber andererseits auch die Zusammensetzung bzw. Konstellation neuer Aufbauten mit sich brachten. Einzelheiten dazu sind in der Literatur bereits ausgeführt.[377] Ein chronologischer Durchlauf stellt die gegenwärtige Forschungslage fest: 1926/27 setzte man die früher herausgenommene Kanzel der Kirche zu *Rehau* wieder in das Retabel ein. *(Bad) Alexandersbad* erhielt 1930 für die neue Kirche einen Kanzelaltar (mit Refektoriumskanzel); 1973 wurde dies allerdings abgeändert mit der Seitenstellung der Kanzel. Die Tradition des früheren, bis 1874 bestandenen Kanzelaltars in der Kirche zu *Streitberg* führte man 1934 mit einem modernen Exemplar fort, ohne Retabel. In *Brand* wurde der barocke Aufbau bei der Neugestaltung 1935–1938 aus dem Kirchenraum geschafft und separat stationiert in der dazu neu errichteten Sakristei (bis 1996 – s. u.). Endgültig abgebaut wurden der von *Ahornberg* nach dem Brand von 1939, nach Kriegseinwirkungen 1943 die von *Hohenberg* und *Thierstein*, in *Weißdorf* bei den Renovierungen zwischen 1947–1959, in *Presseck* 1948, in *Neunkirchen* am Main 1949.[378] Nach Zerstörungen an der Kirche von *Unterlauter* erhielt die kanzelaltarartige Anordnung ihre

Abb. 49: Holenbrunn, Martin-Luther-Gedächtniskirche von 1964, Blick auf die Stirnwand (Aufnahme 1969)

Neuanfertigung 1953, der Altartisch nunmehr auf einer Betonplatte postiert. Der Abbau wurde fortgesetzt mit *Strössendorf* 1954 und *Gössersdorf*, hier im Zuge der Neugestaltung 1955/56. Die Tradition eines Kanzelaltars griff man in neuer Form wieder auf in der Kirche von *Kirchenlamitz* bei der Renovierung 1959/60. Beseitigungen gab es in *Schottenstein* und der St.-Stephan-Friedhofskirche zu *Weidenberg* 1961; in der Salvatorkirche von *Coburg* wurde die axiale Einrichtung im Zuge der „Generalsanierung" 1963 abgeändert, in der Schlosskirche von *Tambach* 1964 nach dem Konfessionswechsel. Eine axiale Kanzelstellung erhielten 1963 die neuen Kirchen von *Dörfles* sowie die

Hofer Kreuzkirche. 1963/64 richtete man in der Kirche von *Eggolsheim* eine axial hinter dem Altartisch platzierte Kanzel ein, stellte diese dann 1999 auf die Seite. In *Holenbrunn* fand 1964 eine hängende Kanzel an der Wand oberhalb des Altartisches ihre Position.[379]

Die neugotischen Teile von Altar und Kanzel wurden in *Döbra* 1965 zusammengebaut; die Maßnahme geht auf Albert Köhler zurück. In *Coburg*-Neuses schuf Architekt von Pezold 1965 eine Refektoriumskanzel axial über dem Altartisch aus Anlass der Wiederherstellung der Kirche. Eine moderne Form des Kanzelaltars mit axial formierten, getrennten und völlig neu hergestellten Teilen wurde unter der Planung von Prof. Döllgast in *Rehau* 1966 kreiert. Im selben Jahr traf man wiederum in einer neuen Kirche eine kanzelaltarartige Anordnung, in *Bayreuth*/Erlöserkirche. Ähnlich wie in Döbra benutzte man die neugotischen Teile zur Zusammensetzung eines Retabelkanzelaltars in der Kirche von *Guttenberg* 1967.[380]

Eine frühere Kanzelaltarsituation stellte man in neuer Form in der Hospitalkirche zu *Kulmbach* 1970/71 her. Abbauten sind nochmals für 1972 und 1973 zu verzeichnen: *Goldkronach*/Friedhofskirche und *Bad Alexandersbad*. In der Kirche von *Weitramsdorf* war die axiale Anordnung zwar bereits vorhanden, aber 1977/78 erhielt sie ihren „Markgrafenstil" mit neu angefertigten Teilen zurück, so heißt es. Lange blieb das Schicksal der im Krieg stark beeinträchtigten Friedhofskirche, heute Salvatorkirche, in *(Bad) Rodach* „ungewiß", bis man sich 1978–1980 zur Restaurierung „mit erheblichem Kostenaufwand" entschloss und die alte kanzelaltarartige Einrichtung rekonstruierte. Der erwähnte alte, abgeschobene Kanzelaltar von Strössendorf fand eine Neuverwendung in der Kir-

che von *Tettau* bei der Raumumgestaltung dort 1978–1980 durch v. Pezold. In der Kirche von *Schney* wollte man die frühere Kanzelaltartradition wieder aufleben lassen anlässlich der Renovierung 1986. Den erst oben als abgebrochen aufgeführten Kanzelaltar in der Kirche von *Neunkirchen* am Main rekonstruierte man 1989 in der ehemaligen Form. Eine völlige Neugestaltung mit axialer Anordnung der Prinzipalstücke schuf man im Kirchenraum von *Hof*/St. Johannes 1989. Über die Kanzelwand in *Lichtenberg* wurde bereits an anderer Stelle berichtet; der Predigerstandort erhielt 1993–1996 seine Position in der Achse über dem Altartisch in Form einer Refektoriumskanzel. Die Kirchengemeinde von *Brand* holte ihren alten Kanzelaltar, oben erst mit der Beseitigung genannt, 1996 zurück an seine angestammte Stelle im Kirchenraum.[381]

Lediglich über Veränderungen bzw. „Erneuerungen" von Kanzelaltären in historischen Kirchen für die Zeit des 20. Jahrhunderts ist zu berichten von *Obristfeld* (1934), St. Lorenz in *Hof* (Vorrücken des Kanzelaltars und Ergänzungen durch Säulen und der Kanzel in Stuckmarmor, 1948). Statt eines Bildes wünschte die Pfarrgemeinde von *Weingartsgreuth* 1948 eine Reliefgruppe aus Terrakotta (von Maria Lerch, Bamberg, 1884–1962) mit Darstellung der Kreuzigung (bis 1984). In *Oberröslau* rückte man 1953/54 den Kanzelaltar zurück in den Chor und beseitigte die Empore dahinter; 1967–1969 erfolgte erneut eine Revision: Vorrücken des Altars und Einrichtung der Orgelempore dahinter. 1972–1974 wurde in *Regnitzlosau* der Altartisch nach vorne gezogen. Für den Kanzelaltar in der Kirche von *Nemmersdorf* bestellte der Ortsgeistliche 1954 einen Tisch in Sandstein.[382]

Altäre – Um- und Neugestaltungen

Das bereits angesprochene Bemühen von 1929/ 30, Gemäldekopien (der Dürerapostel) eines berühmten Künstlers auf dem Altartisch von *Lauenstein* anzubringen und deren baldige Abänderung 1962 sollen hier nochmals in den chronologischen Zusammenhang gereiht werden. In *Hiltpoltstein* befreite man 1931 die Altarbilder von späteren Übermalungen. Die Pfarrkirche von *Marktredwitz* bekam 1934 einen neuen Altarstipes mit einer Predella und einem Kruzifix von Hugo Ziegler (Nürnberg, 1877–1940) „eine ansprechende gotisierende Holzschnitzerei"; auf dieser Predella war beidseitig je eine adorierende Engelsfigur angeordnet. Bei der Neugestaltung in der *Affalterthaler* Kirche entfernte man 1936 den Retabelaltar von 1856; neue Elemente des Altars wurden: ein Tisch aus Felsgestein, auf der Mensa Leuchter und Lamm aus Holz, an der Wand dahinter ein hohes Kruzifix; die Stufenreduzierung wurde bereits angesprochen. Nachdem der Kanzelaltar in der Kirche zu *Brand* aus dem Raum genommen war, benötigte man einen neuen Altartisch, der im geöffneten Rundbogen zum Turmuntergeschoss seine Aufstellung fand, zusammengesetzt aus Marmor- und geschliffenen Steinplatten (1,80 m Breite). Für *Grafengehaig* ist 1936/37 die Wiederherstellung einer älteren Farbfassung (durch die Firma Wiedl) überliefert. Das Altarbild (s. Kap. 2.4.3.4.) wurde ausgetauscht gegen ein von Wiedl gestaltetes mit der Darstellung „einer in Grau gehaltenen Kreuzigungsszene mit leichter Wegwendung von Kreuz und Korpus", dem Rokokorahmen angepasst. Für die Kirche in *Mühlhausen* bestellte der Ortspfarrer 1938 einen Wandaltar mit neun Flügeln samt einer Predella, der innerhalb

der nächsten zehn Jahre von Rudolf Schäfer ausgeführt wurde. Als Themen darauf sind zu nennen: Adventszeit, Passionszeit, festlose Zeit nach Trinitatis – Abendmahl, Adam, Eva, Kain und Abel, Johannes der Täufer und Maria von Bethanien; auf den Flügeln der Predella erscheinen Gestalten aus dem Alten Testament, auf das Opfer Christi hinweisend. In *Ahornberg* ließ man nach dem Brand bei der Neugestaltung des Raums im Jahre 1941 nur einen Altartisch aus Sandstein anfertigen, auf dem ein Kruzifix angebracht wurde. In *Steppach* gestaltete Rudolf Schäfer 1942 die Wand rund um die Kanzel mit Fresken (Abb. 4).[383]

In *Hohenberg* öffnete man bei der Wiederherstellung nach dem Zweiten Weltkrieg den eingezogenen Turmchor für die Aufnahme des neuen Altars – der frühere Kanzelaltar hatte vor einer Empore im Langhaus gestanden. Bei der Vorliebe für ein Retabel bestellte man einen Aufbau in Form eines früheren Flügelretabels mit Flachreliefs, gefertigt von der Bildhauerin Marianne Wendt, Schwandorf, mit der dreifigurigen Kreuzigungsgruppe in der Mitte sowie vier Jesusbildern auf den beiden Flügeln. In *Köditz* änderte man 1950 den Altar in der Form um, dass die „Rahmung neu gefertigt", der „Altaraufbau höher gesetzt" wurde, „so dass die freigelegte Predella mit Abendmahlsbild zu sehen war". Bereits 1953 wandelte man in der Pfarrkirche zu *Marktredwitz* die Situation des Altars von 1934 wieder ab: die Predella kam auf die Empore, es blieb lediglich das Kruzifix zurück. In der Stephanskirche von *Bamberg* wurde 1953– 1955 der frühere Hochaltar erneuert, von „seiner entstellenden Übermalung des vorigen Jahrhunderts befreit und in neugestalteter Schönheit dem barocken Chore (angepaßt)". Den von Architekt Hans Kieser entworfenen Altartisch mit vier Bei-

Abb. 50: Hohenberg, Altar von 1950

nen und neugotischen Dekorelementen in *Lehenthal* (1900) setzte man 1958 ringsum durch Wandstücke zu und schuf so einen geschlossenen Blockstipes (2001 auf drei Seiten rückgängig gemacht), setzte das Kruzifix an die Wand dahinter, assistiert von barocken Evangelistenfiguren. Einen neuen Altar in Stein mit zwei Wangen und breiter Mensa erstellte man in der Kirche von *Schwarzenbach* a. Wald im Zuge der Neugestaltung 1959. Eine Figurengruppe der Kreuzigung (von Karl

Hemmeter) baut sich oberhalb einer Konsole an der Wand über dem Altar in dem engen, stark erhöhten Turmchor auf.[384]

Der Anstrich des Altars in *Höchstädt* wurde 1961 erneuert und in früherem Bestand wieder hergestellt. Nach der Zerlegung des Kanzelaltars brauchte man für die Kirche von *Schottenstein* 1962 einen neuen Tisch, der aus älteren Sandsteinquadern zusammengebaut wurde; als Aufsatz kam eine dreifigurige Kreuzigungsgruppe von Georg Wißmeyer, Ottobrunn, auf die Mensa. In den Kirchenraum von *Kirchahorn* wurden 1964/ 65 alte frühere Ausstattungsstücke zurück geholt, einen Altar erwarb man von der Pfarrgemeinde Heiligenstadt und ergänzte ihn durch zwei vergoldete Holzfiguren; bekrönt wird er durch das Auge Gottes, umrahmt von einem vergoldeten Strahlenkranz und zwei sich verbeugenden Engelfiguren. Der Pfarrer von *Schirnding* ließ 1965/66 die neugotischen Ausstattungsstücke beseitigen und neue beschaffen, auch einen Altar, der in Tischform aus dem tiefen Chor nach vorne gerückt und durch ein Bild an der Chorwand retabelartig ergänzt wurde. 1999 holte ein Nachfolger den neugotischen Retabelaltar mit modernem Steintisch wieder zurück, tief hinein in den Chor gestellt, das Wandbild ist beseitigt; ein mit Goldsternchen belegtes Gewölbe schließt den Chor nach oben ab (s. Abb. 21 und 22). 1966 wurden für den Altar der Kirche zu *Bernstein* eine Granitverkleidung für den Sockel sowie eine Platte aus Naturstein neu besorgt. In der Gottesackerkirche zu *Gefrees* akzeptierte man 1966/67 das alte Retabel; aber Reinhart Fuchs schuf dazu eine neue Mensa aus Treuchtlinger Jura. Bei der weiteren Umgestaltung der Kirche von *Affalterthal* 1968 wurde der Altar neu erstellt und in das Schiff vorgezogen; das Kruzifix blieb, an der Chorwand zur Seite gerückt, erhalten. In der *Pegnitzer* Pfarrkirche vergrößerte Reinhart Fuchs während der Renovierungsmaßnahmen 1967 den Altarstipes mit kräftigen Wulstungen.[385]

Ohne Änderungen übernommen wurde (1969) der Vorgängeraltar trotz vorhandenem Tabernakel und einer eingesetzten Pieta in der ehemals katholischen Kapelle von *Gundelsheim*. Vermutlich spielten dabei der Respekt vor dem Kaiserpaar Heinrich II. und Kunigunde, die als Figuren darauf stehen, wie auch denkmalpflegerische Rücksichten eine Rolle. Ein völlig neues Altarbild fertigte der Kunstmaler Senf für die Kirche von *Wüstenstein* 1971 innerhalb des alten Rahmens – ein „Wagnis" nach Poscharsky: Der auferstandene Christus steht im Mittelpunkt; die Flügel zeigen Adam und Eva beim Sündenfall sowie die Arche Noahs links, Jesu Geburt und Taufe rechts. Bei Teilen der Bevölkerung fand es wenig Akzeptanz. Aus Anlass der Neugestaltung der Kirche von *Kunreuth* unter Steuerlein 1971/72 wurde lediglich der Altar abgerückt. Einen liturgischen Altartisch in Holz, vom Nachfolger im Pfarramt als unpassend wieder beseitigt, besorgte man 1972/73, dem barocken Kanzelaltar vorgestellt, in der Kirche St. Johannis zu *Bayreuth*, später dann nahe an das Retabel zurück geschoben. Ein neuer Tisch, „stilistisch angepasst" in Barockform, wurde im Jahr 2000 beschafft.[386]

Nach den Kriegsschädigungen und einer provisorischen Überbrückung gestaltete man in der *Rodacher* Pfarrkirche 1973 den Altarraum neu mit Ausstattungsstücken von Karlheinz Hoffmann. Es wurde in den tiefen alten, um eine Stufe erhöhten Chorraum der Kirche ein so genannter „Abendmahlsaltar", eine rechteckige Mensa auf einem runden Untersatz, oberhalb einer weiteren Podest-

stufe gestellt, Sitzplätze sind ringsum gruppiert. An der Stelle eines älteren rundbogigen Altarbildes (wahrscheinlich zum Thema „Auferstehung") hatte man (1936) für die Kirche von *Seidwitz* ein neues rechteckiges Gemälde („Abendmahl") besorgt, das 1974 wieder beseitigt wurde; nun besteht nur noch ein unter den Triumphbogen vorgezogener aufgemauerter Altartisch mit einem modernen Standkruzifix (geschnitzt etwa 1982 von Peter Keller, Birk). Lediglich das Altarbild ausgewechselt erhielt die Kirche von *Birk* 1974/75; statt des Bildes von 1900 beschaffte man eines mit dem Auferstandenen. Einfacher gestaltet wurde der „neue würdige" Altar in der Friedhofskirche von *Pegnitz* 1975 von Reinhart Fuchs. Für die ehemalige Klosterkirche in *Sonnefeld* wünschte sich der Ortsgeistliche zwei neue Altartische von Karlheinz Hoffmann, die zwischen 1975 und 1978 an unterschiedlichen Stellen platziert wurden, jeweils frei stehend, einer im tiefen Chor, der andere unterhalb der Stufen im Schiff.[387]

Der ursprüngliche Altarraum in der *Bamberger* Stephanskirche wurde in der Phase der Neugestaltungen zwischen 1975–1987 aufgegeben; neue Prinzipalstücke erhielten ihren Platz auf der Ebene vor den Chorstufen, im Zentrum unter der Vierungskuppel auf einer so genannten „Altarinsel" postiert, zentral zwischen altem offenen Chor und dem Schiff gelegen. Sie muten sehr modern an, „befremden" den Betrachter zuerst, „ja erschrecken". Schließlich, so heißt es in einem Kirchenführer, erzählten diese Bilder doch „wirklich eine unfassbare Geschichte". „Zerrissen" wirkt der runde Altartisch von 1986 aus Marmor, auf einen Holzblock aufgesetzt, mit Auswüchsen und Inkrustrationen, die auf das Abendmahlsgeschehen sowie eine offene Bibel mit den Zeichen „A+Ω" hinweisen (von Bildhauer: Jürgen Goertz, Angel-bachtal-Eichtersheim/Kraichgau, geb. 1939).[388]

Der oben genannte Altartisch der Kirche von *Köditz* wurde 1977/78 weiter nach vorne gerückt, eine Chorempore dahinter eingerichtet. Der alte Chor in der Kirche von *Mangersreuth* in Kulm-bach wurde geöffnet durch Beseitigung der Bret-ter, jedoch, wie eigentlich erstrebt, der Kanzelaltar nicht mehr in den Chor zurück geschoben. Einen neuen Altartisch in Holz erstellte man in der Kir-che von *Gefrees*; bei dem „Baudenkmal des Histo-rismus", das „heute bei den Kunsthistorikern hoch im Kurs (steht)" (PB), durfte am Bestand nicht viel verändert werden. So wurde 1981 vor dem Triumphbogen ein zerlegbares zweistufiges Podest mit quadratischer Grundform aufgestellt, auf dem der Tisch und ein Pult (beides von Karlheinz Hoff-mann) Platz fanden. In der Kirche von *Bieberbach* wählte man 1983/84 einen Retabelaufbau, der „in seiner Form an einen geöffneten Flügelaltar (erin-nert)". Aus einer Filialkirche von Willmars/Ufr. holte sich die Pfarrgemeinde von *Burkersdorf* 1988 einen älteren, überflüssigen, nunmehr erneu-erten Altaraufsatz.[389]

Die Stadtkirche von *Bayreuth* lag nach 1945 etwa zwei Jahre lang „brach". Damals wurden Bildteile aus dem Altar geschnitten, die später wieder auftauchten und 1989 eingesetzt werden konnten. Für die Kirche von *Bischofsgrün*, seit 1954 ohne Retabel (s. o.), besorgte man 1989 von einer anderen Kirche (Abtswind) neugotische Gehäuseteile, setzte diese zusammen und ließ sie durch Mally 1992 modern gestalten. Das Werk wird als „kunsthistorische Sehenswürdigkeit" ge-priesen. In Lindenholz geschnitzt, sieht man in der Mitte den Auferstandenen, links die gestürzte Figur eines Dämons, rechts ein Kind mit einer Pflanze

Abb. 51: Bischofsgrün, Neugestaltung des Altars 1992

als Symbolelement für „neues Leben". Geometri-sche Figuren stehen zeichenhaft im unteren Teil: Quadrate für Entmachtung des Bösen, das Dreieck als Übergang vom Heute zum Morgen, das Oval als Ursymbol und Frucht des Lebens. Andreas Hildmann stellt dazu fest: „Ein interessantes Bei-

Abb. 52: Neunkirchen a. Brand, Altarwand von 2000

spiel moderner Kunst, das ein mutiger Kirchenvorstand in Auftrag gab und an zentralem Ort im Gotteshaus aufstellen ließ".[390]

In den neuen Kirchen kann man die Tendenz verfolgen, wie der Altar aus einem „abgehobenen" Standort im wörtlichen Sinn herausgelöst und freier gestellt wird mit der Möglichkeit, ihn von beiden Seiten benützen, ihn umgehen zu können. Diese Entwicklung verläuft von dem mehrstufigen Podest eines – durch Einziehung, Triumphbogen usw. – abgesonderten Chores hin zur möglichst kleinen, nur noch den Altartisch und den dort Agierenden aufnehmenden Insel, die nicht mehr an eine der Wände angelehnt, sondern frei vor die Stirnwand gelegt ist. In kleineren neuen Kirchenräumen, wo gute Sichtmöglichkeiten gegeben sind, wird auch ganz auf ein Podest verzichtet, allenfalls durch Muster in der Bodengestaltung ein ideeller Altarbezirk markiert. An der Stelle des nicht mehr angewandten Retabels tritt bis in die jüngste Zeit (s. *Bamberg*/Philippuskirche und *Neunkirchen* am Brand) ein Gemälde, das die Rückwand schmückt. Die Form des Altars kann unterschiedlich sein, vom massiven Steinblock über den steinernen zum hölzernen Tischaltar oder auch bisweilen dem einer Holztruhe genäherten Stipes.

Fast immer steht ein Kreuz auf dem Tisch, das in den Beschreibungen nicht in jedem Fall erwähnt wird. In den Kirchen der frühen Zeit dieser mittleren Periode präferierte man ein besonders großes, auffallendes Kreuz, das dann den einzigen Blickpunkt der Chorfront bedeutet (s. Kap. 2.6.1.). Nicht erfasst sind die Kerzenständer, die entweder auf den Tisch gestellt sind oder, besonders hoch und dekorativ, seitlich bzw. hinter dem Altar einen rahmenden Akzent herstellen. Wie bereits angekündigt werden Vasa sacra sowie die Paramente hier nicht genannt; erwähnt sein sollen beispielhaft die in der Literatur besonders hervorgehobenen von Ursula Junghans, München (für *Mönchröden* – heute Christuskirche) oder bei der Beschreibung der neuen Kirchen solche, auf welche seitens der Kirchengemeinde besonderer Wert gelegt wurde.[391]

2.5.2. Kanzeln und Ambonen

Der Predigerstandort im klassischen Sinne, hoch und abgehoben, wurde im letzten Jahrhundert kaum noch realisiert. Man blieb gleichsam mit dem Fundament der Kanzel auf dem Boden der Gemeinde. Sie hing nicht mehr in einiger Höhe, wie es früher wegen der Emporen nötig war, und man wählte möglichst nicht mehr den direkten Zugang von der Sakristei aus. Die Theologen hatten das Bedürfnis, der Gemeinde näher zu stehen, also das Predigerpult möglichst am vorderen Rand an einer Seite der Altarinsel anbringen zu lassen. Über einen langen Zeitraum hinweg legte man aber Wert darauf, dass sich dieses Prinzipalstück deutlich unterscheide vom Pult für Lesungen und Abkündigungen. Daher sollte es massiv – häufig mit Steinwangen – gestaltet und unverrückbar, möglichst mit dem Untergrund verbunden sein. Später bevorzugte man das transportable Pult und beließ es bei dem einzigen, auch für Predigten.

Befindet sich der Predigerplatz relativ erhöht vor einer Rückwand und ist er mit einer breiten Brüstung versehen, so trifft die herkömmliche Bezeichnung „Kanzel" zu. Beim Begriff „Ambo" wird bei vielen Geistlichen von der Meinung ausgegangen, es handle sich um eine Einrichtung, wie sie in frühchristlicher Zeit üblich war, zuerst im 4. Jahrhundert vorkommt und für die Karolingerzeit und dann bis zum Ausgang des Mittelalters

gang und gäbe war und allenfalls in der katholischen Kirche so genannt würde.[392] Das griechische Wort bedeutet „hinaufsteigen" und resultiert aus dem Standort auf einem „erhöhten Unterbau".[393] Aber man spricht in der kirchlichen Gegenwartskunst von einer „Neuentdeckung des alten Ambo"[394], wie sie nicht nur im katholischen Bereich, sondern auch für die evangelische Kirche gelte. Der Ambo von heute, dessen Frontseite oft dekorativ gestaltet wird, besitzt den Effekt, dass der Redner nicht so hoch oben platziert ist wie bei den gewohnten Kanzeln. Bei einigen Predigern besteht allerdings eine Aversion gegen den mit allzu viel Stein oder Beton aufgerichteten Standort; es wird sogar von „Beton-Bütt" gesprochen.[395] Der ursprünglich mindestens auf drei Seiten geschlossene Amboplatz, der nicht schwebt, sondern auf einem Sockel steht, darum auch frei gestellt werden kann und nicht mehr an die Wand gefügt sein muss, wurde mit der Zeit immer unauffälliger gestaltet, oftmals nur mit einer einfachen Wange versehen und oberhalb einer einzigen Podeststufe platziert. Bisweilen akzeptiert man den Ausdruck „Kanzelambo"; dies bedeutet die Form eines Ambo in kanzelartiger Anordnung.

Bei der Tagung in Rummelsberg wünschte man 1951, dass eine „Kanzel erforderlich (sei), die sich klar aus dem Raum herausheben muß, in Gestalt und Material mit der gesamten Inneneinrichtung der Kirche in Einklang steht". Die Kanzel sei im lutherischen Gottesdienst dem Altar „gleichwertig" zuzuordnen.[396] Zur negativen Einstellung dieser Grundsätze zum Kanzelaltar sowie der neutralen Einschätzung der Wolfenbütteler Empfehlungen in dieser Hinsicht – hier erstmals mit dem Begriff „Ambo" verbunden – wurde bereits das Wesentliche gesagt (Kapitel 2.5.1.[2].).

Abb. 53: Ebersdorf b. Coburg, Neugestaltung der Kanzel 1981/82

Nur noch selten bemühte man sich um eine künstlerische Gestaltung der Brüstungsflächen. Allenfalls finden sich darauf Symbolelemente, vor allem in der frühen Zeit, so in der Bamberger Erlöserkirche, der Hofer Auferstehungs- und Christuskirche, in Marktschorgast, Schwürbitz. Dann folgen unter den Kirchenneubauten noch verzierte Kanzeln in Bayreuth/Christus- und Kreuzkirche, Gehülz, Kleintettau, Kulmbach/Auferstehungskirche, Lippertsgrün, also bis spätestens 1960. Im letzten Abschnitt bilden Ausnahmen Ebrach mit bunten Keramikbildern an Ambo und Lesepult und der Kirchenraum von Siegritz, zwar mit einem Ambo, aber mit Schnitzereien auf der Brüstungsfläche.

Der Schalldeckel hatte in der Zeit elektroakustischer Anlagen seine Relevanz verloren und würde zu den modernen, von der Wand entfernten „Ambokanzeln" – wie manche dieser Predigerstandorte auch genannt werden – technisch und künstlerisch nicht mehr passen. Dennoch betraf gerade eine der frühest bekannten Ergänzungen an einer Kanzel nach dem I. Krieg die Anschaffung eines Schalldeckels kurz nach Kriegsende 1918, und zwar für die Kirche in Forchheim/St. Johannis.[397] Bei Kanzeln von Kirchen der ersten Generation blieb der Schallreflektor beibehalten in Bamberg/Erlöserkirche, Burgkunstadt, Grund, Schwürbitz. Danach ist er nur noch selten zu finden (z. B. Bamberg/Auferstehungskirche, Martinlamitz, Ebersdorf – hier in Anlehnung an die Vorgängerkanzel).

Wenden wir uns zunächst den abändernden Maßnahmen in Altbauten zu. Nachdem der Kanzelaltar 1935 aus dem Kirchenraum in *Brand* geräumt war, benötigte man einen neuen Predigerstandort. Die Entwürfe fertigte der bereits genannte Hanns

Holl. Die Kanzel sollte „in der Nordostecke des Kirchenschiffes so aufgestellt werden, dass es in der ganzen Kirche keinen Sitzplatz gibt, von dem aus der auf der Kanzel stehende Prediger nicht gesehen werden kann", so heißt es in einem Schreiben der Regierung von Oberfranken/Mittelfranken. Nach Rechnungsunterlagen (von 1938) dürfte sie von der Firma Grasyma, Wunsiedel, angefertigt worden sein und als Kosten schlugen 350 Mark zu Buche.[398]

In *Marktleuthen* stellte man 1935 die alte wertvolle Kanzel von 1617 wieder her, errichtete einen neuen Aufgang und einen neuen Schalldeckel. Den Abbau einer Refektoriumskanzel kann man für die Zeit von 1936/37 anlässlich der großen Renovierungsmaßnahmen in der Kirche von *Grafengehaig* registrieren. Die alte Steinkanzel von 1520, am nördlichen Triumphbogen an der Wand befestigt und durch einen direkten Zugang von der Sakristei aus betretbar, wurde nunmehr auf ein Podest gestellt, und dies gegenüber dem früheren Standort, also an der Südseite des Triumphbogens, so dass der Prediger von der Sakristei aus den Chor überqueren musste.[399]

Der vielseitige Künstler Ammann, der für die Hospitalkirche in *Hof* bereits Glasfenster geschaffen hatte, gestaltete 1938 dort auch den neuen Kanzelaufgang des Kirchenraums, „an dessen Fuß zwei Engelsgestalten" postiert wurden. Bei den Wiederherstellungsmaßnahmen in der Kirche von *Ahornberg* 1941 platzierte man eine neue Kanzel im herkömmlichen Sinne seitlich an den Triumphbogenpfeiler; die Brüstungsfelder sind mit den Bildern der Evangelisten geschmückt; ein Schalldeckel mit einem kronenförmigen Aufsatz thront darüber. In *Weitramsdorf* wurde 1947 die über dem Altartisch angebrachte Kanzel aus Holz neu gestaltet mit einem Flachrelief von Christus, zu dem vier Figuren aufblicken, ausgeführt nach dem Entwurf Meusels von Holzbildhauer Karl Groß bei der Firma W. Albrecht.[400]

Zwischen 1947 und 1950 wurde in der *Hohenberger* Kirche die Kanzel neu gestaltet in breiter, ganz traditioneller Form, mit reliefierten Schmuckelementen an der Brüstung und mit Schalldeckel, an der südlichen Seite angeordnet mit Direktzugang von der Sakristei. Die Kirche von *Thierstein* erhielt nach dem „Wiederaufbau" 1948/49, nach Plänen von Architekt Holl, eine neue Kanzel an der nördlichen Triumphbogenseite, die mit polygonalem, schmucklosem Korb, ohne Schalldeckel, auf einem Podest steht. In der Kirche von *Schwarzenbach* a. Wald wurde 1954 eine neue Kanzel oberhalb eines hohen Podestes an der rechten Triumphbogenseite „mit Plastiken und Symbolen der vier Evangelisten" eingerichtet. Prof. Maurer-Franken, maßgebend bei der Umgestaltung der Kirche von *Strössendorf* 1954 beteiligt und verantwortlich, plante auch die neue Kanzel, die an die Wand zwischen den großen Chorfenstern gestellt wurde mit einfacher, schmuckloser Brüstung, ohne Schalldeckel, einem seitlichen Aufgang und einem Kruzifix an der Wand dahinter (Abb. 47).[401]

Für die Kirche in *Gössersdorf* initiierte Reissinger 1955/56 eine Kanzel, die in einigen Schwüngen um den südlichen Triumphbogenpfeiler herum mit Aufgang vom Kirchenschiff aus und ohne Schalldeckel angelegt ist. In *Weißenbrunn* entfernte man 1957 die Ölleinwandgemälde am Kanzelkorb von 1906 und ersetzte sie durch Darlegungen Luthers zur Dreieinigkeit mit goldener Schrift auf schwarzem Grund; dieser Schritt wurde 1997 rückgängig gemacht, die noch vorhandenen Bilder kamen wieder zurück. Der Architekt für

*Abb. 54; Schwarzenbach
a. Wald, Neugestaltung des
Chorbereichs 1949–1951*

die Renovierung der Kirche in *Presseck*, Eberhard Braun, entwarf einen neuen achtseitigen Kanzelkorb, den der Bildhauer Josef Traxler, Kapsdorf, 1958 samt dem Schalldeckel aus Holz fertigte. Wir finden auf den Brüstungsflächen die Evangelisten mit ihren Attributen in Flachreliefs dargestellt. In *Lebenthal* wünschte man bei der Neugestaltung des Kirchenraums 1958 in Amboart eine „gemauerte Kanzel statt der monströsen neugotischen".[402]

Für die Kanzel in *Höchstädt* wird aktenkundig, dass sie 1961 statt ihres dunklen einen hellen Anstrich erhielt. Die 1961 in der St.-Stephan-Friedhofskirche in *Weidenberg* ausgebaute alte Kanzel stellte man seitlich auf ein Podest in der Form eines Ambo. Der in *Schottenstein* 1962 aus dem Altarretabel genommene Korb wurde „vereinfachend überarbeitet" seitlich platziert, der Schalldeckel dazu neu gefertigt. Die Refektoriumskanzel in der *Coburger* Salvatorkirche nahm man anlässlich der „Generalsanierung" 1963 aus der Achse und wählte einen Platz an der Seite. Bei der Neugestaltung der Raums zu *Kirchahorn* 1964/65 fand die alte Kanzel wieder Gefallen.[403]

Bei den Umbaumaßnahmen von 1965/66 in *Schirnding* wurde die am Triumphbogenpfeiler stehende Kanzel mit direktem Aufgang von der Sakristei her beseitigt, dafür eine Ambokanzel an die gleiche Stelle gesetzt, aus einer steinernen Wange und seitlichem Geländer samt Aufgangsstufen bestehend, ohne Schalldeckel, mit einem Kruzifix an der Wand dahinter. 1906 hatte man die alte gotische Kanzel in den Barockraum der Kirche von *Trebgast* geholt; 1966 entfernte man sie und brachte sie zunächst in die Friedhofs-, nunmehr in den Museumsraum der Rochuskapelle. Für die *Gefreeser* Gottesackerkirche schuf Reinhart Fuchs 1966/67 einen Ambo aus Treuchtlinger Jura mit einer Wange und einem einstufigen Podest. Während der Renovierungsarbeiten 1967 in der *Pegnitzer* Pfarr- und 1975 in der Friedhofskirche wurde jeweils ein neuer Ambo vom selben Bildhauer Fuchs beschafft.[404]

Keine Probleme hatte man in der evangelischen Gemeinde *Gundelsheim* 1969 mit dem alten hängenden Kanzelkörper der katholischen Vorgängerzeit, der direkt von der Sakristei aus zugänglich ist, aus Stein besteht und vollplastische Evangelistenfiguren an der polygonalen Brüstung aufweist. Bei der Neugestaltung der *Rodacher* Pfarrkirche 1973 blieb die alte Barockkanzel am nördlichen Triumphbogenpfeiler samt Schalldeckel hängen. Ein in der Dekoration ähnlich gestalteter Ambo steht vor der Altarinsel. In *Seidwitz* verzichtete man ab 1974 auf den polygonalen Schalldeckel; er ist noch auf dem Dachboden vorhanden. Der zu einer Kanzelstütze umfunktionierte ehemalige Taufengel in der Kirche zu *Affalterthal* musste einige Male seinen Standort wechseln. Zwischen 1968 und 1983 wurde die Skulptur in den Eingangsbereich gestellt. Dann wollte man sie wieder dorthin haben, wo sie bereits vor 1936 platziert war, unter die Kanzel. In der *Bamberger* Stephanskirche gestaltete Jürgen Goertz 1986 den Ambo neu „wie eine Bugwelle", ganz aus Holz, aber mit skurrilen eingelassenen Reliefbildern aus Aluminium wie Vogel (Marabu), Hahn und Taube. Die traditionelle und ältere „Refektoriums"-Kanzel behielt an der rechten Stirnwand ihren Hängeplatz. Mit der Neuaufstellung des alten Kanzelaltars im Kirchenraum von *Brand* im Jahre 1996 funktionierte man die Kanzel von 1936 zum Ambo um. Zusätzlich zur vorhandenen Kanzel der Nachkriegszeit bestellte man bei Bildhauer Fuchs in den 90er Jahren für die Kirche von *Hohenberg* einen neuen Ambo.[405]

Abb. 55: Bad Staffelstein, Dreieinigkeitskirche von 1957, Altarfront (Aufnahme 1970)

Sehen wir uns in den neuen Kirchen des Jahrhunderts um, so erkennen wir, dass der Predigerplatz so lange, als noch Chöre ausgewiesen waren, an den Triumphbogenpfeiler gelehnt oder in die Ecke zwischen Chorseiten- und Langwand platziert wurde. Von Ambonen kann man in solchem Fall nicht sprechen, sondern erst dann, wenn das Predigtpult an den seitlichen oder vorderen Rand der Altarinsel geschoben ist, also unabhängig von

einer Rückwand steht. Dies begann erst mit der Kirche von *Steinbach* am Wald (1953).

Der moderne Ambo besteht oft nur noch aus einer Vorderbrüstung, bisweilen mit zwei seitlichen einfachen Wangen. Nahezu über die ganze mittlere Epoche hinweg bevorzugte man als Material Stein; in der jüngeren Zeit bildet dieses Material dagegen die Ausnahme. Eine besondere Vorliebe für den Standort an der Evangelien- oder Epistel-

Abb. 56: Kulmbach, Friedenskirche, Taufecke von 1964 (Aufnahme 1969)

seite scheint es nicht zu geben. Bei den in der zweiten Jahrhunderthälfte eingerichteten Ambonen sind die Zahlen ausgeglichen (etwa 45 : 43); die Mittenstellung kommt nur selten vor (in *Staffelstein* vor dem Altar, axial hinter dem Altar in *Bayreuth*/Erlöserkirche, Dörfles, früher *Eggolsheim*). In *Hof*/Kreuzkiche erhebt sich ein hoher, fast wie ein Retabel wirkender, beidseitig begehbarer Kanzelaufbau hinter dem Altartisch.

2.5.3. Taufbehälter

Für die Besorgung eines Taufgefäßes, dessen Standort sowie für die Materialwahl wurde in der Regel große Sorgfalt und viel Kreativität aufgewandt. Falls auf altkirchlich-vorreformatorischen Usus zurück gegriffen werden sollte und ein eigener, als Taufkapelle ausgewiesener Platz abseits des Altarraums gewählt wurde, musste die gesamte Architektur einer Kirche daraufhin bedacht werden. Dies geschah durch Architekt Reissinger in *Martinlamitz*, wo die Taufkapelle im Untergeschoss des Turmes, im Vorraum des Kirchenschiffes, etabliert ist sowie in der *Kulmbacher* Friedenskirche, wo derselbe Planer ebenfalls die Taufecke im Foyer vorsah. In der *Kulmbacher* Auferstehungskirche konnte er sich mit diesem Vorhaben nicht durchsetzen (s. Kat. 3.36.). Die *Coburger* Markuskirchengemeinde wählte den Eingangsteil im Westen für die Taufecke. In *Höchstadt* a. d. Aisch und *Ebrach* war jeweils vom Architekten ein Zentralplatz für den Taufstein geplant; man entschied sich aber für das Areal nahe dem Zugang. In zwei Kirchen wurde das Turmuntergeschoss für die separate, von der Gemeinde abgekoppelte Taufkapelle eingeplant, nämlich in *Hof*/Lutherkirche und *Gaustadt*. Beide Male findet sich zusätzlich ein Taufbehälter im Kirchenraum selbst für den Wunsch einer Tauffeier im Angesicht der Gemeinde, wie sie ja Luther propagiert hatte. Als frei gewordene Räume boten sich die Turmuntergeschosse in den Kirchen von *Untersiemau* und *Weidhausen* für Taufkapellen an. Zwar keinen separaten Raum, aber eine markante Taufnische an der Seite wählte man in *Neunkirchen*.

Ob in eigener Taufkapelle oder in einer Nische des Kirchenraums nahe der Stirnwand bzw. im Altarinselbereich: Es wurde in der Regel großer Wert darauf gelegt, das Umfeld der Bedeutung des Sakraments gemäß auszustatten mit Bildschmuck oder einem Kreuz an der Wand, einem Buntfenster, in der letzten Zeit durch eine Taufkerze, besondere blickheischende Abdeckungen mit bildlichen oder inschriftlichen Darstellungen, ferner entsprechend angeordnetem Gestühl um den Behälter für die Taufgesellschaft.

In der *Coburger* Lukaskirche erhielt das Taufgefäß den einzigen Schmuck des Kirchenraums, nämlich ein hohes Kreuz aus Gussaluminium und Plexiglas mit rot leuchtendem Farbteil. In wenigen Kirchen steht der Taufkörper in Mittenstellung vor oder hinter dem Altartisch. In sieben Kirchen wählte man das geometrische Zentrum des Kirchenraums, um die Taufe in die Mitte des gottesdienstlichen und geistigen Geschehens der Gemeinde zu rücken. Was die Seitenwahl bei der Pendantstellung zum Ambo betrifft, so schneidet für den Taufbehälter die linke (36) besser gegenüber der rechten (25) ab. Im allgemeinen stehen die Taufbecken frei, in der Regel unterhalb der Altarinsel; nur ausnahmsweise findet man sie an die Wand gerückt. In der *Hofer* Auferstehungskirche (1929) wurde ein besonderer Platz (links) gewählt: Auf den bis an die Seite gezogenen Chorstufen steht ein Tauftischchen; an der Stirnwand dahinter in einer Wandnische, einem Sakramentshäuschen ähnlich, haben die Taufgeräte ihren Platz; das Feld darüber gestaltete man mit einem akzentuierenden Relief der Taufe Jesu.

In der ersten Zeit war noch bisweilen, wie eben beschrieben, ein Tauftisch beliebt. Die Richtlinien des Dresdener Kunst-Dienstes von 1931 betonen den Unterschied zum Taufstein. „Der Taufstein steht unverrückbar im Raum und bildet so einen wichtigen religiösen und baulichen Teil des Ganzen. Form und Material müssen diesem Umstand Rechnung tragen. Hingegen erfordert die Beweglichkeit des Tauftisches keinen festbezeichneten Standort." Nach Bedarf könne er an die erforderliche Stelle gebracht werden.[406] Als Regel für die Maße galt eine Höhe bis zu 90 cm, in der Breite bis zu 50 cm.[407]

Abb. 58: Bamberg, Erlöserkirche, Taufbehälter von 1934

In den Rummelsberger „Grundsätzen" (1951) heißt es: „Um der Entwertung der Taufe entgegenzuwirken, die sich noch vielfach in der Taufpraxis und in der lieblosen Gestaltung des Geräts zeigt, soll das Taufbecken, auch in Notkirchen, einen festen Standort haben. Wichtig ist die sachgemäße und würdige Gestaltung des Taufgeräts. Die Nachahmung alter Steine ist abzulehnen." Dazu steht in der Anmerkung: „Die alten großen Taufsteine entsprechen nicht mehr dem heutigen Taufvollzug. Keinesfalls aber sollten sie beseitigt werden, wo sie noch vorhanden sind." Eine „zwingende Regel" für die Zuordnung zum Altar gebe es nicht.[408]

Abb. 57: Coburg, Lukaskirche, Taufbehälter von 1969 (Aufnahme 1970)

In den „Wolfenbütteler Empfehlungen" (1991) gibt es nur einen kurzen Passus: „Der Standort für die Taufe hängt von der Taufgottesdienstpraxis in der Gemeinde ab. In der Regel soll die Taufe vor der Gemeinde ihren Platz haben." Wegen der Formgebung solle der Architekt mit einbezogen und – was für alle Prinzipalstücke gelte – ein Künstler zum frühest möglichen Zeitpunkt eingeschaltet werden.[409]

Als weitere außer den bereits genannten Materialien für Taufbehälter finden wir Holz und Metall. Von der Form her können sie unterschiedlich konstruiert sein: am häufigsten rund, zylindrisch oder tonnenförmig, nicht zu weit ausgreifend, aber auch eine quadratische oder oktogonale Grundform trifft man an. Taufdeckel, Taufgeschirr, Taufkerzen werden im Katalogteil nicht im einzelnen beschrieben.

In den ersten beiden Kirchengenerationen des Jahrhunderts findet man Taufsteine noch mit Bildern und Inschriften versehen, insgesamt sechsmal in neuen Kirchen. Eine sonst nirgends angewandte Betonung des Taufplatzes erzielte man in Neunkirchen mit dem akustisch den Kirchenraum erfüllenden „Taufsteinbrunnen". In der Festschrift wird diese Einrichtung beschrieben: „Die Seitenkapelle des Kirchenraumes dient der Meditation und der Taufe. Hier sprudelt lebendiges Wasser aus einem [...] Taufbrunnen. Die Taufkapelle reicht bis unter das Kirchendach. Eine über beide Geschosse reichende Säule verdeutlicht die unmittelbare Verbundenheit von Himmel und Erde, Anfang und Ende in Christus." (Bruno Rehm). „Die Taufe findet über dem Wasser statt auf einer Insel mit dem Grundriß in Form einer Taube mit ausgebreiteten Flügeln – Symbol des Heiligen Geistes" (Axel Bertholdt).[410]

Die Beliebtheit kleiner Taufkapellen im Anschluss an den Kirchenraum oder in einem Seitenschiff innerhalb des Raums oder auch in einem frei gewordenen Chor zeigt sich auch bei Umgestaltungsmaßnahmen von Altbauten. So öffnete man in *Thiersheim* 1925 den früheren Chor und richtete dort einen Taufraum ein, in *Rehau* folgte man 1926 mit einer Taufkapelle im Turmuntergeschoss an der südlichen Langwand. 1933 wollte der damalige Dekan von *Münchberg* im Eingangsbereich der Stadtkirche „in altkirchlicher Sitte", wie es heißt, eine Taufkapelle mit einem Steinbehälter haben. Bei der zweiten Neugestaltung der Kirche zu *Affalterthal*, 1966–1968, bezog man den Chorraum als Taufkapelle mit einem neuen runden Tauftisch in Holz. In der *Bayreuther* Stadtkirche wählte man das südliche Seitenschiff 1978 für eine Taufecke. In *Gesees*, wo die Taufe am Taufengel zuletzt an die Seite versetzt war, wurde nach Restaurierung der Figur 1995 der Taufplatz in der Mitte wieder hergestellt, unterhalb der Chorstufen statt oberhalb, wie früher.[411]

Bei den Ausstattungen von Altbauten lässt sich gut verfolgen, welche Trends zu bestimmten Zeiten führend waren. Anfangs wurde bei der Beschaffung eines Taufgefäßes darauf geachtet, einen massiven und unverrückbaren Stein zu setzen. In den meisten Fällen wählte man einen seitlichen, nicht den axialen Standort. Neue derartige Exemplare wurden besorgt für die Kirchen in *Brand* 1936 mit Aufstellung an der Südseite, also seitlich rechts des „Altarvorplatzes", in *Weitramsdorf* 1947 (ein massiver Stein aus Dolomit) links seitlich, in *Hohenberg* 1947–1950 aus Terrakotta (Wendt), der zunächst seitlich platziert war, ab der Neugestaltung des Raumes in den 90er Jahren axial vor den Chorraum gestellt wurde, in *Thier-*

stein 1948/49, in *Unterlauter* 1953 aus Marmor, in *Gössersdorf* 1955/56 aus Sandstein, rund, mit flachem Messingdeckel. In *Lehenthal* empfand man den neugotischen Taufstein von 1900 bei der Neugestaltung des Raumes 1958 als „viel zu hoch und wertlos" und holte dafür den alten von 1631 herbei; der neugotische blieb im Vorraum der Kirche erhalten. Weitere Neuanschaffungen erfolgten in *Schwarzenbach* a. Wald 1959 (in Tonnenform, mit der Inschrift des Taufauftrags, links vor dem Chorraum), in *Kirchenlamitz* 1959/60 – hier ausnahmsweise in der Achse –, in *Schottenstein* 1962, in Schwarzenbach a. d. Saale 1964 ein sechseckigzylindrischer Stein – der Taufengel war zerbrochen und wurde entsorgt –, in *Schirnding* 1965/66; seit der letzten Umgestaltung 1999 stehen dort zwei Steingefäße, das vom 19. Jahrhundert mit ausgreifendem Becken und der neue trommelförmige Körper (rechts, Abb. 22). Weitere Taufgefäße erhielten die Kirchen von *Bernstein* 1966, die Gottesackerkirche zu *Gefrees* 1966/67 von Reinhart Fuchs (aus Treuchtlinger Jura mit der Darstellung eines Fisches im quadratischen Becken), dann die von *Oberredwitz* 1973, *(Bad) Rodach*/Pfarrkirche 1973 – hier in der Achse hinter dem Altar, in dem als Taufkapelle dienenden Chorteil –, *Berg* 1976, *Bamberg*/St. Stephan 1986 eine besonders moderne Taufe aus Alumnium mit einer an eine Kugel gebundenen Kindsgestalt (Goertz).[412]

In manchen Gemeinden wurden im Verlaufe des Jahrhunderts die abgestellten Taufengel wieder in den Kirchenraum geholt, in Funktion gesetzt oder zur Dekoration des Taufplatzes angebracht. Soweit es aktenkundig geworden ist, geschah dies in *Geroldsgrün* in den 20er Jahren – mit einer zusätzlichen Kartusche –, in *Sparneck* 1932, in *Marktleuthen* 1935, in *Selbitz* 1936 – ab 1966 wie-

Abb. 59: Hohenberg, neuer Taufstein von 1950

der in Funktion gesetzt, aber zunächst hinter dem Kanzelaltar in einer eigenen „Taufecke", seit den 90er Jahren wieder seitlich vor dem Kanzelaltar –, in *Kirchgattendorf* 1938, in *Presseck* 1949, in *Köditz* 1950 bzw. in Funktion als Schwebeengel 1978, in *Trogen* 1954, in *Issigau* 1960, in der Stadtkirche zu *Münchberg* 1960/61 – unter Aufgabe der Taufkapelle im Eingang, aber im Seitenschiff postiert –, in *Alladorf* ein aus Mittelfranken 1965/66 erworbener, in *Trebgast* 1966, in *Regnitzlosau* 1972–1974, in *Bayreuth*/St. Johannis 1973, in *Marlesreuth* 1976/77, in *Schirnding* 1978/79, in den 70er Jahren in *Kautendorf*, in *Herreth* 1986, in *Kirchgattendorf* (ein zweiter, schwebender Taufengel) 1994. Als der Engel in der Kirche von *Berg* 1976 seine Funktion verloren hatte, behielt man ihn dennoch im Kirchenraum.[413]

Während einerseits die Anpassung an Formen angestrebt wurde, wie sie in den neuen Kirchen zu finden sind, griff man andererseits, wo dies möglich war, auf barocke Exemplare zurück. Dabei störte auch nicht während der allgemeinen „Steinphase" das Holzmaterial. Auch andere frühere Barockgefäße, ebenfalls aus Holz, holte man bisweilen zurück, die im einzelnen nicht vermerkt werden, z. B. in *Kirchahorn*, wo man 1964/65 zu der alten klassizistischen Holztaufe von etwa 1820 einen Deckel aus dem 18. Jahrhundert mit der Schnitzgruppe der Taufe Jesu besorgte. Nachzutragen wäre der Erwerb eines neuen Deckels für den Taufstein des 16. Jahrhunderts in *Weißenbrunn* 1928.[414]

In der von der evangelisch-lutherischen Gemeinde 1969 übernommenen Kapelle zu *Gundelsheim* tolerierte man zwar Altar und Kanzel; aber als Taufgefäß wünschte man sich etwas Neues. Der oktogonale Taufkörper besteht aus Holz mit vier einfachen Beinen und vier bunt geschnitzten Zwischenstreben und einer stützenden Messingschale als Auflage.

2.5.4. Orgeln

Hohe Ansprüche an ein optimales Klangvolumen, immer wieder neue Möglichkeiten und Erfindungen technischer Vervollkommnung, bisweilen auch nur vermeintlich neue Errungenschaften, ferner die Freiheit von stilistischen Zwängen im Hinblick auf die Prospektgestaltung förderten während der gesamten Untersuchungszeit das Bestreben nach Neuanschaffungen oder wenigstens Erneuerung von Orgelwerken. Allenfalls gab es Einschränkungen durch die Denkmalpflege, die sich nicht bereit zeigte, große Orgelkörper auf Kosten von altem Emporenbestand zu akzeptieren (z. B. Kulmbach/St. Petri). Besonderen Eifer legte man an den Tag, Instrumente des 19. Jahrhunderts auszuwechseln oder umzubauen. Hatte man zunächst noch angenommen, mit elektromagnetisch arbeitenden Anlagen das Nonplusultra spielerischen Raffinements erreichen zu können, so wurde bald wieder der Ruf nach dem altbewährten mechanischen Prinzip laut. Ebenso glaubte man noch bis nach 1945, das Pfeifenwerk von dem womöglich schallschluckenden und gestalterisch einengenden Rahmen befreien zu müssen. In der späteren Zeit des Jahrhunderts griff man reumütig auf ein Holzgehäuse, das „Kleid" des Instruments, zurück, da man erkannte, dass es neben Schutz und Stabilitätsfunktion auch wichtige Klang- und Resonanzaufgaben besitze.[415] Selbst barocke Formen für den Prospekt lernte man schätzen und passte deren „Türme" den Strukturen des Kirchenraums an.

Obwohl solche Einsichten schon bald nach dem Ersten Weltkrieg erkennbar wurden, dauerte es noch einige Zeit, bis sie in den Kirchen unserer Region zur Umsetzung kamen. Ausgelöst durch den Orgelvirtuosen Albert Schweitzer machte damals eine so genannte „Orgelbewegung" von sich reden, die wieder auf die Vorbilder der Instrumente vor Mitte des 18. Jahrhunderts zurück griff und die „Allgemeingültigkeit des spätromantischen Orgelideals in Zweifel" zog. Diese Bewegung gab

Abb. 60: Kulmbach, Kreuzkirche, Orgel von 1968 (Aufnahme 1968)

den Anstoß zu einer Revision der Vorstellungen von Orgelbau und Orgelspiel der Spätromantik und einer „orchestral geprägten deutschen ‚Fabrik-orgel‘ mit dumpfem Klang und exzessiver Dynamik". Bei Orgelbautagungen während der 20er Jahre propagierte diese Bewegung die Rückkehr zur „Tonkanzellen-Windlade", gute Gliederung der Teilwerke der Orgel und ihre Einfassung in ein Gehäuse und vor allem eine erneute Wertschätzung der mechanischen Spieltraktur.[416] Bei uns

kam dieser Trend erst in den 60er Jahren zur Auswirkung.

Man hatte herausgefunden, dass das nach dem „Klingelknopfprinzip" arbeitende elektropneumatische Werk eine Verzögerung zwischen dem Tastendruck und dem Erklingen des Tones verursacht.[417] Auch bei der Materialwahl für die Pfeifen gab es neue Einsichten. Es wurde erkannt, dass ein hoher Bleianteil, wie früher eingesetzt, den Klang „dumpf und schwer" mache. Bei neueren Pfeifen verwendet man mehr Zinn; dies bringe einen „obertonreinen, brillanten Klang", ist man überzeugt.[418]

Produkte aus den 30er und 40er Jahren litten unter zeitbedingten Mangelerscheinungen. In *Brand* ging es zu jener Zeit nur um „Reparatur- und Instandsetzungsarbeiten" an der Orgel, aber das bei der damals noch als vorteilhaft angestrebten elektropneumatischen Anlage verwandte Material war alles andere als „hochwertig". So wie man in Kulmbach (St. Petri) mit dem Kriegsinstrument von 1941 nicht zufrieden war, so wird allgemein über die neuen Werke noch nach dem II. Krieg geklagt. Die damals beliebten Neubauten im Neubarockstil fielen in den seltensten Fällen befriedigend aus. „Es mangelte an Geld, Material und insbesondere an Sachkenntnis", stellt Hans Schmidt-Mannheim fest. Die damals gebauten Orgeln seien zu störanfällig und zu „scharf" im Klang.[419]

Bei der berühmten historischen Orgel in *Lahm*, die später aus guten Gründen nicht ausgewechselt, aber laufend weiter korrigiert wurde, entfernte man 1982/83 alle elektrischen Installationen innerhalb und außerhalb des Gehäuses, ebenso alle Teile aus Viledon u. ä. nicht in eine historische Orgelanlage passenden Materialien sowie Metallplatten an den Holzpfeifen.[420] Selbst Gemeinden, die nach dem II. Krieg Orgeln erhalten hatten, waren – und sind es bis heute – bestrebt, sich die neuen Errungenschaften anzueignen. Z. B. wurde in der Kreuzkirche zu Bayreuth 1965 die Orgel mit offen stehenden Pfeifen gebaut – 1998 beschaffte man ein Gehäuse.

Die Bereitschaft zu unermüdlichem Engagement und überraschend großzügiger Spendenfreudigkeit blieb in den meisten Gemeinden unseres Bereichs während des gesamten Zeitraums ungebrochen. Die kritischen Töne wegen der „unverantwortlich" hohen Ausgaben, wie sie einleitend für die „Zeit der Krise" Ende der 60er Jahre zitiert und offenbar vor allem in Stadtgemeinden laut wurden (vgl. Kap. 1.3.2.), fallen bei uns kaum ins Gewicht. Die Ortsgeistlichen, aber auch die Organisten bekräftigten die Ansicht, dass „Singen und Loben […] keine Stimmungsangelegenheit [sei], sondern Glaubenssache".[421]

Landesbischof Johannes Friedrich wurde bei der Einweihung der Kulmbacher Orgel 2000 in der Presse zitiert, dass „gute Nerven" brauche, wer den Neubau einer großen Orgel betreibe, „denn nichts ist umstrittener in der Kirche als der Bau von Orgeln und von Kirchtürmen". Irgendeine Opposition weise „beredt" darauf hin, dass man mit dem vielen Geld etwas Sinnvolleres machen könnte, z. B. im diakonisch-sozialen Bereich. Er sehe dies anders: „Ich bin überzeugt, dass Menschen in Not und die Kirchenmusik keine Gegensätze sind, sondern dass die Musik die Not von Menschen auf ihre Weise genau so wenden kann wie Geld." Musik baue auf bei Traurigkeit und sei eine Predigt des Evangeliums mit anderen Mitteln.[422]

In Kulmbach und anderswo wurde in der letzten Phase die Aufteilung der Pfeifen auf ein Hauptwerk und ein Rückpositiv besonders beliebt, einem eigenen kleineren Gehäuse „im Rücken des Organisten", also in der Regel an der Emporenbrüstung. Wir finden solche geteilten Werke in 13 Kirchen Oberfrankens während der Untersuchungszeit eingerichtet, in einem Fall (Bad Alexandersbad) wieder abgeändert.

In der frühen Zeit dieser Epoche werden noch Orgelbaufirmen genannt, die bereits im vorhergehenden Untersuchungsabschnitt eine Rolle für die

Abb. 61: Kulmbach, St.-Petri-Kirche, neue Orgel von 2000

oberfränkische Orgellandschaft spielten. So steht quantitativ an der Spitze die Firma Steinmeyer, Oettingen, bei der elf Angehörige an Orgelbauern nachgewiesen werden können, zuletzt Fritz II (verantwortlicher Leiter ab 1967). Die Firma ist in oberfränkischen evangelischen Kirchen mit neuen Werken vertreten zwischen 1920 und 1939 und dann wieder von 1958 bis 1975 mit insgesamt 22 Einrichtungen, wobei es vorkommt, dass zweimal für dieselbe Kirche geliefert wird (Bayreuth/Stadtkirche).[423] Es können, wie in Darstellungen früherer Zeitepochen, wiederum nur die Installationen neuer Werke berücksichtigt, ferner keine näheren Angaben zum Werk gemacht werden.

Von den in Oberfranken beheimateten Orgelbauern werden genannt: der in Neuenreuth arbeitende Werner Baumgartner, der 1961 den Bundessieg im Orgelbauhandwerk erzielte und der in dieser Arbeit mit neun Werken vertreten ist; Eusebius Dietmann, Lichtenfels, der zwischen 1899 und 1942 insgesamt rund 80 neue Orgeln produzierte und in dessen Nachfolge die Firma (Stiefsohn) Max Thierauf (bis 1964), für vier evangelische oberfränkische Kirchen Werke schuf; die Firma Thomas Eichfelder, Bamberg (seit 1988), zweimal vertreten in Stadtsteinach und Untersteinach (1998, 1999); in Coburg der Orgelbauer-Autodidakt Karl Graßmuck, Nachfolger der Firma Anton Hasselbarth; in Selb zwischen 1932 und 1939 die Werkstatt von Heinrich Keller, der – ein ausgebildeter Orgelbauer – außer für Oberfranken (z. B. Naila 1935, Grafengehaig 1936) für die Oberpfalz lieferte; Robert Neumann, Bayreuth, für Alladorf und Trumsdorf 1925, Cottenau 1929, jeweils mit Korrekturen nachgewiesen.[424]

Unter den auswärtigen häufiger auftretenden Firmen lieferten für die Kirchen unseres Bereichs:

Erich Bauer – ab 1987 Benedikt Friedrich –, Unterasbach bei Nürnberg (7), Werner Bosch, Sandershausen/Niestetal bei Kassel (3), die Steinmeyer-Schüler Deininger (Albrecht) & Renner (Manfred), Holzkirchen und Oettingen (9), Hermann Eule, Bautzen (urspr. VEB Orgelbau – 3), Familie Hey mit insgesamt sechs Fachleuten der Familie, Urspringen, zwischen 1981 und 1999 (17), die familiär zusammen gehörenden Otto Hoffmann, Ostheim, und Otto Markert mit mehreren Angehörigen, in Oberfranken mit (7) Werken zwischen 1974 und 1977, der bei Steinmeyer ausgebildete Paul Ott und Sohn Dieter, Göttingen, mit (9) Orgeln um 1968/69; Willi Peter in Köln-Mülheim (3), Gerhard Schmid in Kaufbeuren (8), Ekkehard Simon, Landshut, zwischen 1972 und 1977 (7), Walcker, Ludwigsburg, mit elf Namen der Familie (u. a. Oskar und Werner Walcker-Meyer) bekannt (19).[425]

Zu den weiteren auswärtigen Firmen, die aber nur mit ein bis zwei Aufträgen für unseren Bereich registriert sind, gehören: die oben genannte Firma Friedrich, Unterasbach (1), die ehemalige von Franz Heinze, Nürnberg (1), Eduard Hirnschrodt, Regensburg (1), Georg Holländer, Feuchtwangen (1), die ehemalige Firma Günter Ismayr, Bernrieth/Weiden (1), Georg Jann, Laberweinting-Allthofen (1) – Nachfolger der Hirnschrodt –, Imanuel Kemper, Lübeck – nicht mehr bestehend (1) –, Klais, Johannes sen. und jun. und Hans Gerd, Bonn – nicht mehr bestehend – (1), Konrad Koch – ab etwa 1970 Nachfolger der Holländer – in Feuchtwangen (2), Peter Paul Köberle, Schwäbisch-Gmünd (2), Jörg Maderer in Nürnberg (1), Hubert Sandtner, Dillingen (1), Karl Schuke, Berlin (1), Günter Schwan in Feucht (2), Philipp Sieber in Holzkirchen bei Nördlingen (1), Hartwig Späth, Hugstetten („Freiburger Orgelbau" – 2), Manfred

Abb. 62: Coburg, Lukaskirche von 1969, Altar und Orgel (Aufnahme 1970)

Thonius in Nachfolge der Firma Heinze, seit 1981 in Roßtal (1), Peter Vier, Friesenheim-Oberweiler im Schwarzwald (1), Karl und Fritz Weigle in Stuttgart und Echterdingen (2). – Aus dem Ausland kamen Orgeln nach Oberfranken von Collins, England (Bayreuth/Magdalenenkirche), Fa. Johannus, Ede, Niederlande (Buchbach) und Rieger, Schwarzach, Vorarlberg/Österreich (Untersiemau und Kulmbach/St. Petri). Noch aus der katholischen Zeit vor 1969 stammt die Orgel in der Kirche von Gundelsheim, die von der Firma Ignaz Weise aus Plattling geliefert wurde.[426] Insgesamt sind dies 41 Herstellungsfirmen, die mit Orgellieferungen im Untersuchungszeitraum für evangelische Kirchen in Oberfranken bekannt werden. Einschränkend ist zu bemerken, dass zur Beschaffung von Orgelwerken nicht für sämtliche neuen sowie alle älteren Kirchen Informationen vorliegen.

Bei der großen Auswahl fiel es den Kirchengemeinden nicht leicht, das für sie richtige und ihren Vorstellungen entsprechende Instrument und damit die passende Firma zu eruieren. Wir hören davon, dass man weite Reisen und breit angelegte Besichtigungen bzw. akustische Prüfungen veranstaltete, bis man sich für eine Firma entschied.[427] Schon bald nach dem I. Krieg leistete man sich – neben Glocken – in den damals bereits bestehenden Kirchengebäuden wieder neue Orgeln, in einigen Fällen wegen der kriegsbedingten Ablieferung von Pfeifen bedingt. Die Kirche von *Marlesreuth* erhielt 1920 eine von der Firma Steinmeyer; in *Döbra* war (1920–1926) ein neuer Prospekt erforderlich geworden; ebenso wollte man in *Selb* ein neues neugotisches Gehäuse 1921; in *Glashütten* war 1922 durch den Erweiterungsbau mehr Platz für den Prospekt der Strebel-Orgel von 1913 geschaffen worden nach einem Reissinger-Entwurf mit ahornblattartiger Rückwand, nunmehr auf der oberen Empore statt auf der ersten untergebracht – der elektrische Motor kam 1935 dazu; Neugestaltungen nahm 1994 die Firma Hey vor. In *Thiersheim* ersetzte man 1922 lediglich die Zinnpfeifen; an Stelle der abgelieferten Pfeifen hatte man Papierstreifen angebracht, die wie solche aus Zinn bemalt waren. Ebenso schuf man 1922 in *Emtmannsberg* und 1925 in den beiden Kirchen *Trumsdorf* und *Alladorf* Ersatz für die „Prospektpfeifen, die im Kriege weggekommen waren". Auch bei der Orgel von *Einberg* mussten 1925 ihre im Krieg entfernten Zinnpfeifen ergänzt werden (durch Graßmuck); bei dieser Gelegenheit baute man ein Schwellwerk ein, das „die Stimmen wie aus der Ferne erklingen lässt". Die Stadtkirche in *Bayreuth* erhielt 1923 eine neue Orgel („Übergangsinstrument", von Steinmeyer) – nach der

Brandzerstörung von 1918 –, die Kirche von *Köditz* 1928 – ein pneumatisches Werk von Dietmann –, die Friedhofskirche zu *Bayreuth* 1929 von Steinmeyer – das damals „modernste in Oberfranken".[428]

In den 30er Jahren setzte sich die Bestückung alter Kirchen mit neuen Orgeln fort; die „Orgelbewegung" machte sich um diese Zeit „auch in Franken deutlich bemerkbar".[429] Die Ordenskirche in *Bayreuth* dürfte am Anfang gestanden haben mit einem Orgelneubau 1934 durch Steinmeyer. Ein später als „schlecht gebaut" abqualifiziertes Werk bekam die erst 1903 errichtete Kirche von *Stadtsteinach* 1935. Die Kirche von *Grafengehaig* wurde 1936/37 mit einem Werk ausgestattet, zu dem man ein „Schwalbennest"-Ableger im Chor baute; später (1997 s. u.) wurde über dieses Werk von einem „auf den Orgelbau umgestiegenen Schulmeister" geschimpft, das zuletzt „aus dem letzten Loch pfiff". Wegen des damals zu platzierenden Spieltisches musste die Kanzel weichen (s. Kap. 2.5.2.). Zwischen 1939 und 1941 erhielt die Petrikirche in *Kulmbach* von Steinmeyer ein Werk, das man elektrifizierte, ferner von derselben Firma die Kirche von *Oberredwitz* 1939 (Gehäuse nach Entwurf von Bildhauer Hans Miller, München), die von *Krögelstein* noch im Krieg 1943 von Sieber nach langwierigen Vorverhandlungen, da man die Orgel wegen des „Tonlochs" am bisherigen Standort seitwärts setzen wollte und damit angestammte Plätze von Gottesdienstbesuchern wegnehmen musste; Pfarrer Vetter erhielt zur Einweihung extra Sonderheimaturlaub von zwei Tagen. Verlegungen von Orgeln werden bekannt für jene Zeit in *Marlesreuth* 1931/32 von der Ost- auf die Westseite und *Marktleuthen* – dort schuf man 1935 einen Ausbau über dem westlichen Eingang für eine „kleine Gegenorgel" von Steinmeyer, verlegte aber das alte Instrument auf die vergrößerte Empore im Osten und überholte sie (neun zusätzliche Register, Elektrifizierung und beweglicher Spieltisch). In *Brand* installierte man 1939 eine Schwalbennestorgel über dem Chorbogen.[430]

In der Zeit nach 1945 wurden zunächst nur vereinzelte Maßnahmen an den Orgeln vermeldet, so ein elektrisches Gebläse 1948 in der Pfarrkirche von *Goldkronach*, eine Veränderung des Gehäuses mit Beseitigung der Formen des 19. Jahrhunderts in der Pfarrkirche von *Marktredwitz* 1953.[431] Von ersten Orgelinstallationen nach dem Krieg erfahren wir für die Kirche von *Oeslau* 1953/54 mit einem Werk von Steinmeyer und die Friedhofskirche zu *Pegnitz* 1957. In *Kirchenlamitz* wurde 1959/60 die Orgel nach Entwürfen von Albert Köhler neu gestaltet. Die Stadtkirche von *Bayreuth* erhielt 1961, nach knapp 40 Jahren, ein neues Instrument, das bisherige wird als „Interimsorgel" bezeichnet. Auf dieses Werk – wie das vorherige von Steinmeyer – wurde am Ort einer Kirchenmusikschule (ab 1953) und wegen der Internationalen Orgelwoche besonderer Wert gelegt. Es kam auf einer statisch befestigten Empore zur Aufstellung, erhielt ein Schleifladenwerk mit mechanischer Spiel- und elektrischer Registertraktur und besaß vier Manuale, ein Pedal und 60 klingende Stimmen, ein Rückpositiv in der Emporenbrüstung. Es wurde darauf geachtet, dass sich die einzelnen Werke im Klang deutlich unterscheiden, „so dass sich frühklassische, barocke, romantische und zeitgenössische Werke spielen lassen". Zur mechanisch gespielten Schleiflade stellt Viktor Lukas fest: Sie ermögliche dem Organisten „ein differenziertes Spiel wie sonst keine Verbindung von Traktur und Lade".[432]

Für die Kirche von *Höchstädt* wird für 1961 nur vermeldet, dass der dunkle Anstrich durch einen hellen ersetzt wurde, ähnlich, wie wir dies für andere Prinzipalstücke dort erfuhren. In *Michelau* erweiterte man 1962 die Orgelempore; ein Orgelneubau folgte erst später. Einen neuen Pfeifenprospekt mit dem alten Werk richtete man 1962 in *Schottenstein* ein. In die Kirche von *Presseck* kam eine neue Orgel von Schmid 1962/63. Die Salvatorkirche in *Coburg* erhielt anlässlich der Generalsanierung 1963 ein Instrument von Walcker. In *Heldritt* verlegte man 1963 die Orgel zurück in den Altarraum wie vor 1901. Die Kirche von *Thiersheim* wurde – nach hundert Jahren – 1966 mit einer neuen Orgel versorgt. Im selben Jahr erhielt die Gottesackerkirche zu *Gefrees* ihren hoch aufragenden, über kleiner Grundfläche stehenden Orgelkörper von der Firma Schmid. Die alte „kammermusikalische" Schrankorgel von *Cottenau*, 1929 „prächtig renoviert" durch Neumann – 1999 wiederum –, verlegte man im Zuge der Umbaumaßnahmen 1966–1968 von dem Platz hinter dem Kanzelaltar auf die Empore gegenüber. In *Oberröslau* dagegen brachte man 1967–1969 die Orgel wieder zurück über den Kanzelaltar.[433]

Auch im letzten Abschnitt des 20. Jahrhunderts lässt sich keine Beschränkung bei den Orgelbeschaffungen erkennen. Orgeln erhielten neu die Kirchen von *Ludwigsstadt* 1969 durch Ott, die Kirche von *Creußen* 1970 von Kemper – einschließlich Gehäuse –, *Emtmannsberg* 1970 durch Walcker – der Prospekt wurde als „Küchenkastl" abqualifiziert –, von *Gössersdorf* 1970 – durch Schwan auf die Seitenempore –, von *Buchau* (BT) 1971 durch Walcker, von *Kulmbach*/St. Nikolai 1971, ferner 1971 die von *Lindenhardt* (Deininger und Renner, ohne Gehäuse), dann die Pfarrkirche von *Pegnitz* 1971/72 mit einem Werk von Walcker innerhalb des Prospekts von Strebel von 1900 sowie einem vollständigen Rückpositiv.[434]

1973/74 bekam die Kirche von *Bayreuth*/St. Johannis eine weitgehend erneuerte Orgel (Registererweiterung und Prospekt) von Deininger & Renner, 1974 die Kirche von *Eckersdorf* (von Hoffmann), 1975 die Kirchen von *Hüll* (von Simon) und *Plech*, 1975/76 die von *Betzenstein* (Simon, ohne Gehäuse), 1975–1977 die Kirche von *Birk*, 1977 (Baumgartner, vollständig neu), weiter – wie bereits erwähnt – die Kirche von *Michelau* (von Hoffmann), 1977 *Oberkotzau* (mit mechanischen Schleifladen, von Simon) und *Seidwitz* (unter Verwendung von Teilen der alten Orgel durch Deininger & Renner), 1978 die Friedhofskirche zu *Bayreuth*, ferner die Stadtkirche (bereits 1971) eine Chor-, die sog. Magdalenenorgel, von Johannes Klais (vollendet von der Fa. Hey) mit fünfgliedrigem Prospekt. Aus den 70er Jahren stammt die Orgel in *Lichtenberg* (Simon).[435]

Für *Fechheim* wird in der Zeit der Sanierung 1977–1979 die erneuerte bunte Bemalung der Orgel vermerkt. 1978 erhielten die Kirchen von *Thurnau*/St. Laurentius (Baumgartner), *Zell* (Hey) und *Lehenthal* (Deininger und Renner) neue Werke, 1979 die von *Neustädtlein* (Fa. Weigle), 1980 die von *Bronn* (Baumgartner, vollständig neu), 1981 die von *Geroldsgrün* (Hey), 1984 die Friedhofskirche zu *(Bad) Rodach*, 1986 die Kirche von *Issigau* (Baumgartner), 1987 die von *Peesten* (Baumgartner); ein Neu- und Umbau des Instruments erfolgte 1984 in *Veitlahm*, 1986 in *Krögelstein* (durch Hey), 1988 in *Azendorf* (Baumgartner) und in *Ebersdorf* b. Kronach unter Beibehaltung des historischen Prospekts über dem Kanzelaltar.[436]

In *Lichtenfels* hatte man sich 1958/59 nach einer Verbesserung der Orgel umgesehen, da schlugen 1960 plötzlich die Stichflammen aus dem Werk. Man kann aus Verlautbarungen erkennen, dass ein Meinungsstreit um die Wiederherstellung entstand; es dauerte bis 1987, bis endlich von Hey ein neues Instrument bestellt wurde. Die Registertraktur sollte zwar elektrisch zu betätigen sein, aber die Spieltraktur wurde auf mechanische Verbindung hin angelegt. Das Gehäuse des Hauptwerkes besitzt wiederum eine geschlossene Rahmung in fünf Hauptteilen, insgesamt gegliedert in elf Felder und Türme, aber so angeordnet, dass das Kirchenfenster dahinter weitgehend frei liegt. An der Empore hängt ein fünfteiliges „Rückpositiv", dazwischen befindet sich der Spieltisch. Beide Gehäuse tragen Schleierbretterschmuck im Schachbrettmuster.[437]

Auch in den 90er Jahren hielt der Trend mit Neubeschaffungen von Orgeln in Kirchen aus früherer Zeit an: 1991 gab es für *Schwarzach* ein Werk mit einem Prospekt (von Eule), der sogar zwei Bilderflügel aufweist, auf denen David mit Harfe und ein musizierender Engel mit Horn dargestellt sind, 1992 für *Bad Berneck* (Hey; die frühere von 1970 von Deininger & Renner kam nach Lanzendorf), 1997 für *Grafengehaig* (Eule) – unter Beibehaltung der Chororgel –, 1997 für *Naila* (s. u.), 1998 für *Stadtsteinach* und 1999 für *Untersteinach* (beide von Eichfelder). In *Buchau* (KU) wurden durch Benedikt Friedrich 1991 wieder die ursprünglichen Metallpfeifen eingesetzt. In der Kirche von *Brand* nahm Erhard Hey 1999 eine gründliche Überarbeitung der Orgel vor.[438]

Das neue Orgelwerk von Schuke in *Naila* hat „Maßstäbe gesetzt". 1935 legte man bei der „Kellerorgel" die Pfeifen ohne jedes Gehäuse an, die

Abb. 63: Naila, Orgel von 1935 (FS Orgel)

Abb. 64: Naila, Orgel von 1997 (FS Orgel)

Emporenbrüstung wurde gestreckt, nicht mehr trapezartig vorgezogen. 1997 beließ man diese Emporenanordnung. Die neue Orgel erhielt eine mechanische Tontraktur mit zweiarmigem Tastenhebel sowie eine mechanische Registeranlage. Sie verfügt über 36 Register auf zwei Manualen und einem Pedal. Von den insgesamt 2460 Pfeifen sind 194 in Holz gebaut. Das Gehäuse umschließt

wieder, wie im 19. Jahrhundert, in Eiche natur sämtliche Pfeifen; die Schleierbretter bestehen aus feinem Rautengitterwerk.[439]

Zu einem fulminanten Schlusspunkt kam es dann Ende 2000 mit der neuen Orgel für die Petrikirche in *Kulmbach* Zwar war der Wunsch der Betreiber nach einer vertikalen Vergrößerung nicht in Erfüllung gegangen (s. o.). Aber mit seinen 50 Registern, drei Manualen und 3536 Pfeifen wird das Instrument als „klangschönste Orgel der evangelischen Landeskirche in Bayern" gepriesen.[440] Zur Traktur wurde bereits im Einleitungsteil zu diesem Kapitel einiges vermerkt. Der Organist der Orgel, Ingo Hahn, sagte dazu: „Das zuverlässigste System ist das mechanische. Es hat sich über Jahrhunderte bewährt."[441] Der Orgelbaumeister der österreichischen Firma Rieger, Christoph Glatter-Götz, äußerte sich dahingehend, dass man einen eigenen Stil des frühen 21. Jahrhunderts finden wollte, „vergleichbar einem modernen Klavier, auf dem neben Mozart auch Bartok oder Schönberg gespielt werden kann".[442] Die Bereitschaft seitens der Sponsoren für eine solche Investition ist enorm: Der 1992 gegründete Orgelbauverein konnte in wenigen Jahren die stolze Summe von 1,3 Millionen DM sammeln.[443] Die Formen mit sehr plastisch hervortretenden und sich auch in der Höhe profilierenden Türmen wirken zwar traditionell, weisen aber, durch die farbige Gestaltung, zeitgemäße Akzente auf. Platz geschaffen werden konnte für die Unterbringung der Pfeifen durch ein Rückpositiv an der in der Mitte nach vorne gezogenen Emporenbrüstung (s. Abb. 61).[444]

Bei dieser Übersicht zu Orgelbeschaffungen standen die historischen Kirchen im Vordergrund. Dass zu jeder neuen Kirche ein Instrument gehörte, versteht sich. Dies wird jeweils im Katalog vermerkt. Nach dem II. Krieg gab es noch Bestrebungen, bei der Planung die Instrumente im Angesicht der Gemeinde unterzubringen (s. Kap. 1.3.). Man kam wieder davon ab, stellte das Instrument an der Rückwand auf – in Martinlamitz sogar trotz vorhandener Empore – bzw. bevorzugte die rückwärtige oder seitliche Empore.

2.6. Weitere Inhalte der Kirchen-ausstattung

2.6.1. Vortragekreuze und Kruzifixe

Unverändert blieb im Verlauf des 20. Jahrhunderts der Bedarf an Kreuzen bzw. Kruzifixen für die Ausstattung neuer Kirchen. Die Formen und Materialien dafür waren sehr vielfältig, wie aus den Beschreibungen im Katalogteil erkennbar wird, obwohl nicht in jedem Fall die vorhandenen Exemplare aufgenommen sind. Ebenso wollte man die Gemeindeglieder in Kirchen von früher mit der Auffassung zeitgenössischer Künstler für den am Kreuz dargestellten Christus konfrontieren. Dass manche moderne Gestaltung von Gemeindegliedern als Provokation empfunden wurde, Kreuze verhängt oder ausgewechselt werden mussten, wird für *Martinlamitz* und *Pottenstein* bekannt (s. Kap. 2.4.3.).

Während manche dieser Werke klein, unscheinbar und nur für den Blickkontakt des am Altar Agierenden gefertigt waren, finden wir auch hinter der Mensa befestigte, freistehende oder an die Wand fixierte bzw. von oben herab hängende Darstellungen eines schlichten Kreuzes oder mit dem Korpus Christi (begonnen mit *Grund* und *Neuenmarkt*). Später kam es zu Ausführungen, welche die Dimension eines Retabels einnehmen, angereichert und künstlerisch qualitativ aufgewertet durch zeichen- und symbolhafte Darstellungen in unterschiedlichen Materialien (z. B. in *Burgkunstadt, Seußen, Steinbach* am Wald oder *Tröstau*). Dabei kann es bisweilen aus Pietät vor einem älteren Exemplar zu einer Ansammlung von Kreuzdarstellungen im selben Raum kommen.

Abb. 65: Buchbach, Kirche von 1967, Vortragekreuz

Selbstverständlich benötigten Pfarrgemeinden mit neuen Kirchen Vortragekreuze; solche konnten im Kunsthandel erworben, aber auch nach Entwurf des Kirchenarchitekten von einheimischen Handwerkern gefertigt sein. Dies wird nicht immer aufgeführt bei der Beschreibung. Zahlreiche Gemeinden mit historischen Kirchen waren bestrebt, zusätzlich zum Fundus bereits vorhande-

ner Vortragekreuze ein zeitgerechtes Exemplar zu erwerben. Als Beispiel sei das von 1985 für die Kirche von *Trumsdorf* aufgeführt.[445]

Der 1936 im neu geschaffenen Chorbereich der Kirche zu *Affalterthal* errichtete hohe Kruzifixus hinter dem Altar wurde bereits angesprochen (Kap. 2.2.2. und 2.5.1.3.). Die Pfarrgemeinde von *Pegnitz* ließ sich 1955 ein Kruzifix von Traxler im Zusammenhang mit der Kriegergedächtnistafel anfertigen. Im letzten Kirchenbau des Herzogtums Coburg von 1910 zu *Höhn* bei Mönchröden, mittlerweile Eigentum der Stadt Neustadt bei Coburg, wurde anlässlich der Renovierung 1959/60 ein großes Holzkruzifix von Traxler als „Blickfang für die Besucher" angebracht. Mitten im Chor, oberhalb des Altars, ließ man 1973 in der *Rodacher* Pfarrkirche ein so genanntes „ökumenisches Kreuz" aufhängen, gestaltet von Hoffmann; vor dem Hintergrund einer großen runden Scheibe besitzen die Enden des griechischen Kreuzes weitere reliefartig bearbeitete kleine Rundflächen. In *Schirnding* tauschte man 1999 ein früheres Wandkruzifix gegen ein modernes aus. In *Schwarzenbach* a. Wald wurde das bereits früher vom Altar beseitigte Kruzifix im Zuge der Renovierung 1998–2002 von der Eingangshalle in die Friedhofskirche verlegt.[446]

Neue, zumeist gestiftete Altarkruzifixe werden vermeldet für die Altbau-Kirchenräume von *Münchberg*/Pfarrkirche 1932 (von Hugo Ziegler), für *Weitramsdorf* 1947, samt einem neuen Bibelpult (von den Bildhauern Heinz Neupert und Willi Pfeifer, Coburg), *Berndorf* 1959/60 (ein Altarkruzifix von Ina Bauer-Haderlein, geb. 1922), *Weißenstadt* ein Altarkreuz mit gefassten Bergkristallen (von Jünger, 1960), *Wüstenselbitz* 1962 (von Adolf Kleemann, Gauting), 1959/60 ein

Abb. 66: Einberg, Neubeschaffungen: Leuchter (1986) und Kruzifix (1996)

mit Blattsilberauflage, Tombak und Schmiedebronze – von Hoffmann. Für die Kirche von *Gössersdorf* wurde 1983 ein Zinnkreuz für den Altar besorgt. Als künstlerisch herausragend werden die Kreuze der Erlöserkirche in *Bayreuth* (1963/64) von Fuchs sowie der Kirche von *Heilgersdorf* 1966/67, hier von Jünger, angesehen.[447]

2.6.2. Grab- und Denkmäler

Immer noch kann beobachtet werden, dass alte und wertvolle Epitaphien aus dem Kirchenraum geräumt – z. B. 1921 aus der Stadtkirche *Bayreuth* – und an ein Museum gegeben wurden. Auswirkungen denkmalpflegerischen Engagements erkennt man bei den Maßnahmen späterer Jahre, als alte Grabtafeln wieder aufgerichtet bzw. von außen in den schützenden Kirchenraum geholt wurden. So wird für *Ahorn* gemeldet, man habe bei Renovierungsarbeiten 1934/35 Epitaphien dem Bodenbereich entnommen und in die Wand eingelassen, für *Kirchgattendorf*, es seien 1975–1977 Pfarrergrabmäler in der Kirche aufgerichtet worden.[448]

In *Trumsdorf* beschaffte man 1920 ein Denkmal für die 1914–1918 Gefallenen, entworfen von H. C. Reissinger, obeliskartig zusammengesetzt aus Sandsteinquadern und aufgelegten Platten aus Fichtelgebirgsgranit (5 000 Mark Kosten). Nach einigen Erwägungen, ob das Denkmal in die Kirche oder außerhalb kommen solle, entschied sich die Gemeinde dafür, es auf dem früheren Friedhofsgelände am Westzugang der Kirche aufzustellen. Der Stein selbst steht dort noch, nur die Platten mit den Namen sind mittlerweile ausgetauscht und ergänzt durch die im II. Krieg Gefallenen. Das Denkmal wäre im Rahmen dieser Arbeit nicht

neues für *Kirchenlamitz*, ferner für *Münchenreuth* 1977 – „von einem Oberammergauer Künstler" –, *Isaar* 1978 – aus Eichenholz, „von dem Marktleuthener Künstler Ott" –, weiter für die Kirche von *Einberg* 1996 – der Stamm des Standkreuzes aus Eichenholz, die Figur aus Lindenholz

relevant, soll aber als eine der ersten Aufgaben des später durch Staatsaufträge recht bedeutsamen, damals gerade (1919) aus dem Krieg zurückgekehrten und frisch diplomierten Architekten erwähnt werden, zumal diese Maßnahme in der Literatur nicht zu finden ist. Während von weiteren ähnlichen Aufträgen für den Architekten das Exemplar für den Kirchenraum in *Nemmersdorf* 1923 nicht mehr erhalten ist, existiert das „Kriegergedächtnismal" für die Kirche in *Benk* von 1922 noch, zwar nicht mehr im Kirchenraum an der Wand unter der Orgelempore wie ehedem, aber am ehemaligen Kantorat in einer Außenanlage.[449]

Es dürfte kaum eine Kirchengemeinde gegeben haben, die kein Ehrenmal zum Gedenken an die Gefallenen in oder außerhalb der Kirche angebracht hätte. Beispielhaft genannt seien die Kirchen von *Marlesreuth*, wo 1923 eine Gedenktafel für Gefallene von Leo Götz, Hof, gefertigt wurde, dann die Friedhofskirche von *Selb*, die man 1924 ganz als Kriegergedächtnisstätte anlegte mit bereits genannter Ausstattung (Kap. 2.4.3.6.). 1928 erhielt die Kirche von *Lonnerstadt* eine Kruzifixdarstellung, gepriesen als „wundervolle Schnitzarbeit des Würzburger Künstlers R[udolf] Schiestl (1878–1931), die den Gekreuzigten über zwei knieenden Soldaten darstellt, als Ehrenmal", und dies gehöre „zu den besonderen Schätzen des Gotteshauses", so heißt es. Während des II. Kriegs (1944) kam es, wie in der Barockzeit, zur Aufhängung eines Totenschildes, und zwar für den Freiherrn von Colberg in der Kirche von *Schottenstein*.[450]

Nach 1945 setzte sich diese Welle der Beschaffung von neuen und ergänzten Ehrenmälern fort, z. B. für *Rugendorf* 1949 zusammen mit einem Kruzifix von Maria Lerch und Felix Müller, Neunkirchen a. B., für die Eingangshalle der Kirche zu

Abb. 67: Trumsdorf, Kriegerdenkmal von 1920

Lichtenfels 1953 unter Beseitigung des alten vom I. Krieg, für *Krögelstein* 1962 – hier eine Krieger-gedächtniskapelle in einer Seitennische des Kirchenraums –, nach dem Entwurf von Regierungs-baurat Geßner, Bamberg (1912–1983).[451]

Ohne dass dies besonders erwähnt würde in Niederschriften oder Presseberichten, empfand man solche Gedenktafeln im Kirchenraum später als störend, und so kam es bald wieder zu ihrer Entfernung; aus Pietätgründen stellte man sie dann oft in einer Vorhalle oder außerhalb der Kirche auf. So finden wir für 1962/63 die Beseitigung der Krieger-Gedächtnistafel in *Lauenstein*, die von den Kriegen 1866 und 1870/71 stammte.[452]

2.6.3. Leuchter

Über den ganzen Zeitraum des 20. Jahrhunderts hinweg beobachten wir die Neubeschaffung von Leuchtern, für die nach wie vor große Vorliebe bestand sowohl bei der Ausstattung historischer wie neuer Kirchen. Wir finden unterschiedliche Formen und Materialien, sowohl von der Decke hängend als auch auf dem Boden stehend. So beschaffte man für *Birk* 1926 einen aus Messing-bronze mit elektrischen Lampen (1977 wurde er wieder auf Wachskerzen umgearbeitet), für *Obristfeld* 1934 ebenfalls einen Hängeleuchter. In *Grafengehaig* wurde 1936 der Kronleuchter ausgewechselt; der Chronist des Ortes, Werner Czernotzki, sieht dies 1990 kritisch: „Mit großer Wahrscheinlichkeit war es unklug, [...] den alten Kronleuchter im Schiff auszuwechseln. Das spin-delförmig glasgefensterte Sechseck wäre heute sicher einmalig." Auch in *Lehenthal* konnte man 1958 den großen Kronleuchter nicht mehr sehen und räumte ihn beiseite, holte ihn aber mittler-

weile (2001) wieder zurück. Als Neuanschaffung wäre zu nennen für *Krögelstein* 1962 ein sechs-armiger vergoldeter Lüster nach einem Entwurf von Reissinger. In *Seibelsdorf* entfernte man 1963 einen Leuchter, beschaffte dann aber 1995 einen neuen, gefertigt von dem Hobbyschnitzer Karl Bär, Unterrodach. Weitere Neuausstattungen seien genannt für *Alladorf* 1965/66 mit einem flämi-schen Lüster aus Erlangen, der als Kronleuchter eingerichtet wurde, für *Ludwigsstadt* 1978 mit einem Exemplar aus der Werkstätte Zahn in Wien (Kosten: 18 000 DM). Ebenso wie in manchen anderen Kirchen wurde in *Goldkronach* der Kron-leuchter 1989–1991 zurückgeführt von Elektro-auf Wachskerzen, in *Plech* zur gleichen Zeit; Leuchter erhielten schließlich die Kirche von *Bayreuth*/St. Johannis im Jahre 2000 (mit Wachs-kerzen, Tausch gegen den von etwa 1970 be-schafften) und im selben Jahr die Friedhofskirche von *Neustadt* b. Coburg einen „Maranate-Kronen-leuchter".[453]

In den neuen Kirchen finden wir die Ausstat-tung mit herkömmlichen Kronleuchtern in *Grund* (1926), *Schwürbitz* (1927), *Bad Alexandersbad* (wohl 1930, heute hängt er in der Taufnische), in sechsfacher Ausfertigung in der Christuskirche von *Hof* (1939), je einmal in *Bieberbach* (1952) und in *Gösmes* (1980 erworben). Große Messing-radleuchter erhielten *Neuenmarkt* (1926), die Erlö-serkirche in *Bayreuth* (1966), *Buchbach* (1967), *Hembofen* (1969). Kronleuchtern ähnlich sind die mit filigranen Armen nach abwärts geführten Lam-pen in vierfacher Ausfertigung in *Burghaig* (1968) sowie bei dem Leuchter in *Forchheim*/Christus-kirche (1970). Auffallende dekorative Standleuch-ter mit Kerzen beschafften für ihren Kirchenraum die Gemeinden von *Marktschorgast* (1929), *Burg-*

Abb. 68: Neuensorg, Auferstehungskirche von 1961, Leuchter (Aufnahme 1970)

kunstadt (1935), *Stockheim* (1954), *Ebermann-stadt* und *Neuensorg* (beide 1961), *Dörfles* und *Faßmannsreuth* (beide 1963), *Höchstadt* a. d. Aisch (1963), der Kreuzkirche von *Hof* (1963), der Kirche von *Holenbrunn* (1964), *Bayreuth*/Erlöser- (1966) und Friedenskirche und nochmals von *Hembofen* (1969), der Kirche von *Untersiemau* (1969 – hier gibt es auch einen bunten Hänge-leuchter), ferner die von *Altenkunstadt* (1971) und *Weidach* (1980). Manche der Einzelleuchter stehen in der Nähe des Altars oder in mehrfacher Ausführung links und rechts davon aufgereiht

oder auch, besonders hoch emporragend und dekorativ wirkend, hinter dem Altar.

2.6.4. Pulte

Teilweise sehr einfache, aber andererseits auch künstlerisch anspruchsvolle Lesepulte, lediglich für Schriftlesungen und Abkündigungen gedacht, finden wir für die meisten neuen Kirchen, unab-hängig von Kanzel oder Ambo, ebenso für die alten Kirchen beschafft; sie wurden nicht in jedem Falle vermerkt. Erwähnt seien solche Erwerbe für

Abb. 69: Hemhofen, Heilandskirche von 1969, Hängeleuchter

Krögelstein 1962, für die Friedhofskirche von *Pegnitz* 1975. Für die Kirche von *Mönchröden* wurden 1975/76 ein Pult sowie dazu angemessene Antependien von Ursula Junghans, München gekauft; in *Kirchleus* holte man 1985 den alten Epistelstuhl in den Kirchenraum zurück.[454]

2.6.5. Sonstiges

Die Beschaffung neuer Liedertafeln wird für 1928 in der Kirche von *Eckersdorf* vermeldet. Einen Schrank für die Sakristei besorgte die Kirchengemeinde von *Marktleuthen* 1935 neu. Ein Hinweis auf die Taufkerzen, die hier einzureihen wären, aber nicht mit erfasst werden können, erfolgte bereits (Kap. 2.5.3.). Zu den sog. Osterleuchtern, die in den Kirchengemeinden vor allem aus Anlass der Einführung der Osternachtfeier besorgt wurden, gibt es einen literarischen Hinweis für *Weißenbrunn*, wo 1986 damit ein Zeichen gesetzt werden sollte zur „Freude am Sieg des Auferstandenen über die Mächte des Todes".[455]

Neue Kirchen in Oberfranken im 20. Jahrhundert

Stadt Hof:
St. Johanneskirche 1927/1966
Auferstehungskirche 1929
Christuskirche 1939
Lutherkirche 1956
Dreieinigkeitskirche 1961
Kreuzkirche 1963

Stadt Coburg:
Johanneskirche 1964
St. Markus 1966
St. Lukas 1969

Stadt Bamberg:
Erlöserkirche 1934
Auferstehungskirche 1956
Philippuskirche 1989

Stadt Kulmbach:
Friedenskirche 1928/1964
Auferstehungskirche 1955
Kreuzkirche 1962

Stadt Bayreuth:
Christuskirche 1956
Kreuzkirche 1960
Auferstehungskirche 1962
Erlöserkirche 1966
Friedenskirche 1969
Nikodemuskirche 1973
Epiphaniaskirche 1979
Lutherkirche 1981
Magdalenenkirche 1990

Klein-tettau 1951
Buchbach 1967
Steinbach a.W. 1953
Schauberg 1956
Grund 1926
Langenbach 1956
Zedtwitz 1958
Dürrenwaid 1968
Marxgrün 1939
Oettings-hausen 1970
Wildenheid 1955
Stockheim
Steinbach 1956
Bobengrün 1962
HOF
Haarbrücken 1982
Weidach 1980
Dörfles 1963
Stockheim 1954
Steinwiesen 1951
Lippertsgrün 1951
Culmitz 1975
Tauperlitz 1959
COBURG
Creidlitz 1956
Gehülz 1961
Gösmes 1955
Faßmannsreuth 1963
Ebersdorf 1950
Rehau M.-Luther-Kirche 1956
Tambach 1963
Neuensorg 1961
Johannisthal 1960
Ahornis 1932
Martinlamitz 1953
Erkersreuth 1928
Unter-siemau 1969
Weidhausen 1978
Hummendorf 1954
Mannsflur 1960
Münchberg Hl. Kreuz-Kirche 1975
S.-Plößberg 1967
Selb Christus-kirche 1962
Schwürbitz 1927
Burgkunstadt 1935
Groß-wendern 1957
Bad Staffelstein 1957
Altenkunstadt 1971
Burghaig 1968
KULMBACH
Marktschorgast 1929
Neuhaus 1970
Weismain 1960
Mainleus 1953
Neuenmarkt 1926
Holenbrunn 1964
Zapfendorf 1963
Fichtelberg 1953
Tröstau 1954
Lorenzreuth 1981
Seußen 1934
Bad Alexandersbad 1930
Hallstadt 1964
Wiesentfels 1991
Heinersreuth 1937
BAYREUTH
Lichteneiche 1960
Hollfeld 1968
Gaustadt 1964
BAMBERG
Pettendorf 1955
Speichersdorf 1954
Ebrach 1969
Siegritz 1929/1998
Hirschaid 1956
Eggolsheim 1964
Ebermannstadt 1961
Pottenstein 1959
Gößweinstein 1979
Wannbach 1933
Bieberbach 1952
Höchstadt a.d.A. 1983
Forchheim Christuskirche 1970
Hemhofen 1060
Neunkirchen a. Brand 2000

Kirchenneubauten 1926 - 1939
Kirchenneubauten 1950 - 1968
Kirchenneubauten 1969 - 2000

Kartografie
GRAFIKART

3. Neue Kirchen zwischen 1918 und 2000

Katalog in chronologischer Reihe nach dem Einweihungsdatum

3.1. Grund, Jubilatekirche

Pf. Heinersberg-Nordhalben, Gmd. Nordhalben,
Lkr. und Dek. Kronach
Baubeginn 1925, Grundsteinlegung: unbekannt,
Einweihung 6. Mai 1926, Abb. 2

Der kleine Ort – heute zum Markt Nordhalben gehörend – liegt östlich der Rodach und damit auf ehemals markgräflichem Grund, während sich das westliche Nordhalben auf einstmals bambergischem Territorium befindet. Bereits 1908 wurde ein „Betsaalverein" gegründet. Ab 1920 konnte der Speisesaal der nahe gelegenen Stuhlfabrik zu Gottesdiensten genutzt werden. Mithilfe der gestifteten versandten Bleistifte aus der Stoffelsmühlenfabrik sammelte man das Geld für den Kirchenbau zusammen, daher bezeichnete man ihn als „Bleistiftkirche". Zuständig war zunächst die Pfarrei Geroldsgrün mit einem eigenen Vikar am Ort. 1929 wurde das Grundstück für den Friedhof daneben gestiftet. 1939 kam die Gemeinde zum Dekanat Kronach. Der Bau liegt sehr markant – heute in rotem Verputz noch auffälliger – in den Hang hinein gesetzt mit geosteter Orientierung. Architekt war Regierungsbaumeister Köppel. Der Rechteckbau trägt ein eingezogenes schiefergedecktes Walmdach mit Dachgauben. Ein Eingangsvorbau für das Portal mit Dreiecktympanon wurde an die Nordseite gesetzt mit gewalmtem Vordach, das von gemauerten Pfeilern getragen wird und die Seiten offen belässt. Über Pflasterwege und einen Vorplatz gelangt man dorthin. Der eingezogene Turm im Osten wirkt gedrungen und wuchtig, ist durch Gesimse und rundbogige Fenster gegliedert und besitzt ein Obergeschoss, das verschiefert ist. Als Bekrönung wurden barocke Formen gewählt: eine große Zwiebel, ein geschlossener Zwischenteil an der üblichen Laternenstelle und eine erneute kleine zwiebelförmige Haube, alles mit Schiefer versehen, und der Abschluss mit Knauf und Kreuz. Das Geläute besteht aus drei Glocken. An den beiden Langseiten des Schiffs sind jeweils zwei größere Rundbogenfenster vorhanden sowie je ein hochgestelltes Ovalfenster im Eingangsbereich und eines im nördlichen Turmuntergeschoss. Die Westgiebelwand besitzt nur zwei kleine Rundbogenfenster. Nach Süden hin verläuft ein Anbau mit der Sakristei, durch ein Walmdach bedeckt und mit Rundbogenfenstern ausgestattet.

Der Langhausraum ist mit einer („imitierten") flachen diagonal verlaufenden Kassettendecke abgeschlossen. Im Chorbereich – Untergeschoss des

Turms – findet sich ein Kreuzgratgewölbe. Zwei Bankblöcke mit Wangen sind nach vorne ausgerichtet und verlaufen jeweils bis zur Wand. Ein Fenster führt von dem um drei Stufen erhöhten Chor aus nach Norden. Über dem Triumphbogen steht das Wort „Eine feste Burg ist unser Gott". Der frei stehende truhenartige Altartisch im Chorraum ist nochmals um eine nach vorne gezogene Stufe erhöht. Über dem Altar erhebt sich ein fast lebensgroßes Kruzifix, das „sofort beim Eintritt Blicke und Gedanken auf sich lenkt" (DF 29). Rechts führt eine Türe zur Sakristei bzw. einem Besprechungsraum. Am Triumphbogen rechts ist die Kanzel angebracht, die direkt von der Sakristei her betreten werden kann; der Zugang wird durch einen Vorhang abgeschirmt, der von der Rückseite des flachen Schalldeckels aus herabhängt. Die Kanzelbrüstung erhebt sich über polygonaler Grundfläche. Auf den gerahmten Rechteckfeldern finden sich vier Bibelworte. Ein modernes filigranes Lesepult aus Metall mit eingesetztem Kreuz und den Buchstaben „AΩ" steht links im Chorbereich. Unterhalb der Chorstufen, neben der linken Seitenwand, hat der Taufstein seinen Platz mit durchwegs oktogonalen Formen vom Fuß über den Schaft zum ausgeweiteten Becken. An der Wand daneben hängt ein kleines Lutherbild. Zusätzlich zu anderen Leuchten findet sich in der Mitte ein Kronleuchter mit ausgreifenden Armen. Eine Empore samt Treppenaufgang wird im Eingangsbereich von zwei Rundsäulen getragen. Die Brüstungsfelder darauf weisen weitere acht Bibelinschriften auf sowie in der Mitte ein Feld mit den Symbolen XP und AΩ. Das Orgelpositiv darauf stammt von der Firma Walcker und ist eingeordnet in ein einfaches rechteckiges Gehäuse.

Lit.: KDM KC 54; DF KC 28ff. mit Abb. – PB SoBl 25/1982: Alte Konfessionsgrenze. – PB FP 1./2.9.2001: Die evangelische Jubilatekirche in Grund wurde vor 75 Jahren eingeweiht, mit 3 Abb.

3.2. Neuenmarkt, Christuskirche

Lkr. und Dek. Kulmbach
Baubeginn 15. April 1925, Grundsteinlegung 1. Juni 1925, Einweihung 6. Juni 1926, Abb. 12

1898 etablierte sich ein Kirchenbauverein. Bis 1914 hatte man 100 000 Goldmark gespart. Das gesamte Kapital, das man schließlich bei Baubeginn 1925 zur Verfügung hatte, bestand aus dem Grundstück und in bar ganzen 70 Pfennigen, so heißt es (DF 103). Die beiden Kirchen in Grund und Neuenmarkt, entstanden fast zur gleichen Zeit, beide innerhalb eines Jahres, als früheste evangelische Kirchengebäude nach dem I. WK, in finanziell äußerst schwieriger Zeit. Zur Baufinanzierung trug ein Aufruf des zuständigen Pfarrers zum Erwerb von „Backsteinen" zu je 4 Pfennigen bei. Die Pläne lieferte die Reichsbahndirektion Nürnberg, daher wird von der Kirche gesagt, sie zeige eine „vom Bahnhofsbau geprägte Architektur" (DF 103) und sei die „einzige Eisenbahnerkirche Deutschlands" (PB 2000). Unterschrieben sind die Pläne von Oberbaurat Weiß, die Bauleitung führte Bauinspektor Weinmann. An zentraler Stelle, mitten im Ort, liegt der geostete Rechteckbau mit steilem Satteldach. Der Dachreiter (drei Glocken) auf dem Langhaus in Höhe des Eingangs besteht aus einem oktogonalen Aufsatz mit schlanker Spitze und einer Kreuzbekrönung. Über einen Vorplatz mit niedriger Mauereinfassung gelangt man zum Eingang, der mit einem Vorbau seitlich an das Langhaus angesetzt ist und einen spitzen Giebel sowie ein Sternfenster aufweist. Das Ziegeldach zieht sich einheitlich über das Langhaus und den angesetzten Chor, der im 5/8-Schluss endet. Südlich an den Chor ist die Sakristei angebaut, an die das heutige Pfarrhaus unmittelbar anschließt. Ein Sockel mit Rustikasteinen umzieht den Kirchenbau, und am Westende stützen ihn zwei Strebepfeiler; auch die rechteckigen Fenster sind mit breiten Sandsteinen eingefasst. Der Chor erhält Licht von Norden her durch zwei Fenster mit Rundbogen. Ursprünglich besaß der Bau roten Anstrich, den er auch jetzt wieder aufweist, zwischendurch, ab 1955, einen gelben.

Das Gestühl ist in zwei Sitzblöcken, jeweils bis an die Seitenwand reichend, angeordnet. Die Decken in Chor und Schiff sind flach, im Chor gemauert, im Schiff in Holz mit Balkenunterzügen und aufgemalten Zick-Zack-Bändern. Der enge und eingezogene, durch einen Rundbogen markierte Chorbereich erhebt sich über zwei Stufen, zum Altar führt eine weitere Stufe. Der massive Blockstipes – von der Wand etwas abgerückt, gestiftet und gefertigt von der einheimischen Firma Pezold – ist mit geschliffenem Granit verkleidet, die hohe Mensaplatte nach unten abgeschrägt. In einem niedrigen Retabel befindet sich ein Flachrelief mit der Darstellung des Abendmahls, darauf erhebt sich ein hohes Kruzifix. Die Winkel des Chors werden durch vier ungefasste Skulpturen der Evangelisten aus Lindenholz markiert. Die Kanzel mit Sandsteinsockel kann unmittelbar von der Sakristei her betreten werden; sie besitzt eine über die ganze rechte Stirnwand verlaufende Holzbrüstung und einen flachen Schalldeckel mit der Heilig-Geist-Taube an der Untersicht. Der massive Taufstein steht links vom Altar im Chor-

Abb. 70: Neuenmarkt, Weihnachtsrelief von 1991

bereich; das nach oben ausgreifende tonnenartige Sandsteingefäß mit erhaben herausgearbeiteten Streben und Ringen trägt eine breite, in das Beckenrund eingelegte Metallschale. Sechs Reliefschnitzereien (von Max Scherer) in Art der Kreuzwegstationen hängen zwischen den Fenstern an den beiden Längswänden und an der Rückwand mit Szenen zum Leben Jesu, von der Geburt bis zum Pfingstgeschehen. Ein großer zwölfeckiger Radleuchter aus Messing, eine Stiftung, hängt im Schiff. Über der Eingangsseite dehnt sich eine Orgelempore auf zwei Holzsäulen quer über den Raum. Der Aufgang erfolgt vom Vorraum aus; die Brüstung besteht aus gerahmten Holzfeldern. 1928 erhielt die Kirche ihre Orgel von der Firma Steinmeyer. Ein neues Instrument erwarb die Gemeinde 1989 von der Firma Hey mit rechteckigem Gehäuse, einer Pfeifenanordnung im Zick-Zack-Verband und dazwischen Gitterwerk sowie einem Rückpositiv in der Emporenbrüstung. 1948 konnten die zerstörten Fenster (im

Chor mit leicht getönten Scheiben), 1951 die zwei im Krieg abgelieferten Glocken durch neue ersetzt werden. 1982 kam ein Lutherbild in die Sakristei. Eine weitere Holzfigur hängt seit 1987 an der linken Stirnwand – Christus als „guter Hirte" –, erworben von der Holzbildhauerwerkstatt Zanner-Scherm, Kupferberg, geschnitzt von M. Scherer.

Qu.: PfA Neuenmarkt (Pläne); Auskünfte von Pfarrer Friedrich Schuster, 2001.
Lit.: DF KU I 34 f. – DF KU II 102–105, mit 2 Abb. – FS zum Festgottesdienst anlässlich des 50jährigen Jubiläums der Kircheneinweihung am 7. Juni 1976. O. O. 1976. – Herrmann Sp. 462. – PB BR 23./24. 5.1987: Aus Lindenholzklotz wird Meisterwerk – Kupferberger Holzbildhauerei fertigt Christusstatue für Neuenmarkter Kirche, mit Abb. – PB BR 3./4.6.1989: Neue Orgel wird eingeweiht, mit 1 Abb. – PB SoBl 5/2000: Unikum in Deutschland: „Bahnhofshalle mit Chorraum", mit 1 Abb.

3.3. Schwürbitz

Gmd. Michelau, Lkr. Lichtenfels, Dek. Michelau
Grundsteinlegung 19. Juli 1925, Einweihung
8. Mai 1927 (Sonntag Jubilate)

Von Pfarrer Heinrich Bock erfährt man von dem großen Ausmaß an Problemen bis zum endgültigen Bau. Bereits 1898 wurde ein protestantischer Kirchenbauverein gegründet (S. 7). Ende 1921 betrug das Vermögen ca. 43 000, 1922 dann 1 130 000 Mark (12). Vieles davon scheint man noch vor der Inflation durch die Besorgung von Materialien verwertet zu haben. Auch mit den Architekten hatte man Probleme. Erste Verhandlungen wurden mit A. Bischoff, Erlangen, geführt. Der „Baukunstausschuß" jedoch genehmigte die Pläne nicht, da das Gebäude „zu wenig sakralen Charakter" trage (14). Eine neue, 1923 konstituier-

Abb. 71: Schwürbitz, Kirche von 1927

te Vorstandschaft äußerte den Wunsch nach Architekt Will, doch auch dies fand keinen Gefallen des Ausschusses. Man einigte sich schließlich auf Pläne vom Hochbaureferenten der Regierung, Oberregierungsrat Rhien, aber das Staatsministerium für Unterricht und Kultus ging darauf nicht ein aus „Rücksicht auf die Beamteneigenschaft des Verfassers" (16). So blieb man bei den Will'schen Plänen, und nach einer „geharnischten Sonette an das Ministerium" gab es letztlich von dort eine „vorläufige Bauerlaubnis" und „keine Erinnerung" mehr gegen die Vorlage (17, 21) zu einer „Chorturmkirche in barockisierenden Formen" (KDM). Um wieder zu Kapital zu gelangen, waren mehrere „Betteltouren" erforderlich (19). Am 22. Mai 1925 erfolgte der erste Spatenstich unter Wills Mitarbeiter Architekt Joseph Stölzle (21). Der Bau – damals noch am Ortsrand – weist im Prinzip eine rechteckige Grundfläche auf und ist nach Norden gerichtet. Das Vorhofareal, mit Sandsteinmauer und Zaun umsäumt, „schafft Abstand und Ruhe" (152). Ein steiles Satteldach bedeckt das Langhaus. Die Wände des Ziegelbaus werden durch Sandsteineinfassungen für die Türen und großen Rundbogenfenster gegliedert. Der Turm an der Nordseite, 1926 begonnen, nimmt im Untergeschoss den Chor auf; seitlich ist die Sakristei mit einem Pultdach an den Turm nach Westen angefügt. Abgesehen von einer größeren Rundbogenöffnung im Schallbereich (für das Geläute der drei Glocken) sind die Mauerflächen des Turms nur von kleinen Schlitzfenstern sowie Gesimsen unterbrochen. Bekrönt wird er durch das Pyramidendach samt einem Wetterhahn. Über dem Giebel der Westfront des Langhauses befindet sich ein Steinkreuz. In der Südwestecke liegt der Eingang, zu dem eine „ausgesparte" kleine, offene Vorhalle mit einem Pfeiler und zwei Rundbögen führt.

Eine große Holztonnendecke spannt sich über das Langhaus. Eine einfache Empore in L-Form zieht sich an der Süd- und Ostseite entlang. Die Brüstungen sind hell marmoriert und mit oval aufgemalten Feldern geschmückt. Im Parterre stehen zwei Gestühlsblöcke, die jeweils bis an die Wand reichen. Ein Gemälde schmückt die Decke im Langhaus mit der Darstellung des Auferstandenen (von H. Buschmann, Nürnberg). Die Glasfenster fertigte die Kirchliche Glasmalerei Franz Müller, Bamberg. Auch im Chor schließt eine Tonnendecke nach oben ab. Der hölzerne Altartisch steht in der eingezogenen und um zwei Stufen erhöhten Nische im Untergeschoss des Turms hinter einem runden Triumphbogen. Für das Altarretabel wählte man das Motiv des „Guten Hirten" (von Buschmann); ein hohes Kreuz bildet den Abschluss. Der Altaraufbau sowie die Schnitzereien des Orgelgehäuses wurden in Nürnberg gefertigt. Die Holzkanzel hängt links an der Stirnwand des Langhauses; auf den Brüstungsfeldern finden wir Petrus, Paulus und Johannes dargestellt als „Sinnbilder der Hoffnung, des Glaubens und der Liebe" (154). Der Schalldeckel trägt Volutenbekrönung und eine Kugel, die – als „Sonne" – Strahlen aussendet (154) sowie eine Heilig-Geist-Taube an der Untersicht. Der Taufstein steht rechts unterhalb des Chores vor einer Bank mit hoher Lehne. Die fünfteilige Orgel auf der Südempore trägt barocke Architektur- und Schmuckformen mit einem Mittelturm, je zwei flachen Mittel- und Außenfeldern sowie rokokohaft wirkenden Wangen (Bildhauer Christian und Gustav Fischer); gebaut wurde das Orgelwerk bei E. Dietmann. Zur weiteren Ausstattung gehören ein Wandbild „Christus am Kreuz", ein Lutherrelief für die Sakristei sowie ein Kronleuchter. An der linksseitigen Wand hängt ein älteres Gemälde (17. Jh.) mit der Kreuzigungsgruppe. In der Beschreibung bei Bock werden die „Ebenmäßigkeit des Baues", die „fein abgestimmten Maße in Länge, Breite und Höhe seiner einzelnen Glieder", die „gedämpfte wechselvolle Abstimmung der Farben" sehr gelobt (151). 1951 konnte das Geläute neu beschafft, 1953/54 eine elektrische Heizung eingebaut werden.

Qu.: Mitteilung von Pfarrerin Lucia Ehrnsperger, Schwürbitz, 2001.

Lit.: Bock, Heinrich (Hg.): Gedenkbuch des Baues und der Einweihung der evangelischen Kirche in Schwürbitz. O. O. 1927. – KDM LIF 168. – DF Michelau 60 f., mit Abb.

3.4 a. Hof, St. Johannes

Stadt und Dek. Hof
Einweihung des ersten Kirchenraums am 19. Juni 1927.

Jetzige Gestaltung 1966 bzw. 1989 – s. d. 3.4 b.

3.5 a. Kulmbach-Ziegelhütten, Kindergarten mit gottesdienstlichem Raum

Stadt und Dek. Kulmbach
Einweihung März 1928

Neubau 1964 – s. Friedenskirche 3.5 b.

3.6. Erkersreuth, Zum Guten Hirten

Stadt und Dek. Selb, Lkr. Wunsiedel
Baubeginn 29. Oktober 1927, Einweihung 28. Oktober 1928

Der Kirchenbau liegt heute an einer viel befahrenen Straße kurz vor der deutsch-tschechischen Grenze, gegenüber dem Neuen Schloss Erkersreuth. 1910 formierte sich ein Kirchbauverein. Im Jagdsaal des Schlosses fanden ursprünglich die Gottesdienste statt. In der Inflation hatte man alles angesammelte Geld verloren (s. Kap. 1.2.). Der Porzellanfabrikbesitzer Zollfrank stellte ein Grundstück, auf dem ein altes Schul- und Lehrerhaus stand, zur Verfügung und stiftete Porzellanteller, die man zugunsten des Kirchenbaus abgab. Entwürfe lieferte der Architekt John Rosenthal (bereits 1926), der auch die Bauleitung inne hatte. Mit Geldern der Landessynode und der „Osthilfe" – Reichsmittel zur Unterstützung kultureller Aufgaben an der deutschen Ostgrenze – hatte man bei Baubeginn mit rund 15 000 Mark „einen großen Teil der Baukosten" gedeckt (Bohrer 282). Von außen lässt sich die heute rot verputzte Kirche durch das regelmäßige Oktogon als Zentralbau erkennen. Im Osten ist eine Eingangshalle samt Treppenhaus vorgesetzt. Im Anbau nach Westen zu befand sich früher der Chorbereich, heute der Durchgang zur Sakristei; daran schließen sich weitere gemeindlich genutzte Räume an. Der Eingangsbau setzt sich nach oben als Turm fort mit mächtigen, über Eck gestellten Strebepfeilern. Der Turmaufsatz ist eingezogen, ebenso das Pyramidendach mit seiner Kugel-und-Kreuz-Bekrönung. Das Geläute besteht aus drei Glocken. Die ersten Klangstahlglocken stiftete die Kirchengemeinde Asch. Das Dach des Kirchenbaus zieht sich zeltartig empor. Langrechteckige Fenster gliedern die Wände. Über Treppenaufgänge gelangt man zum Vorplatz; von diesem führt wieder eine breite Treppe zum Portal. Dieses hebt sich – „monumental gestaltet" – durch eine auffallende Rahmung mit Granitsteinblöcken ab und trägt ein rundbogiges Tympanon mit der Darstellung von vier Skulpturen der Evangelisten (von Karl Bau[e]r, München 1868–1942, Abb. 37). Die Pforte darin besteht aus einer schweren zweiflügeligen Eichentüre. Bei der Einweihungsfeier gab es ein Fiasko: Beim Versuch,

Abb. 72: Erkersreuth, Kirche „Zum Guten Hirten" von 1928

in die Kirche zu gelangen, brach der Schlüssel ab, und die Tür musste von innen mit einem Brecheisen aufgesprengt werden (FS 15).

Heute wirkt das Innere wie ein Zentralraum mit dem Taufstein in der Mitte. Die Bänke umscharen diesen bzw. den Altarbereich in der Form, dass sie in drei Blöcken mit Knickungen angeordnet sind, allerdings ohne Mittelgang (Abb. 30). Ursprünglich stand dem Eingang ein eingezogener Chorbereich oberhalb von fünf Stufen mit einem Monumentalgemälde von Jesus als dem Kinderfreund – eine staatliche Stiftung – gegenüber. An der früheren Innenausstattung war ebenfalls Karl Baur beteiligt, ferner der Maler Peter Gitzinger. Seit der Umgestaltung 1967 wurde die Altarnische abgetrennt und mit einem Wandstück samt Türe geschlossen; das Gemälde ist im Durchgangsraum dahinter noch vorhanden. In die freien Winkel des Kirchensaales sind Halbsäulen gestellt. Die oktogonale Decke verjüngt sich nach oben in einigen Abstufungen bis hin zu einer Halbkugel in der Mitte. Die Altarinsel ist, wie bei den beiden anderen neuen Kirchen Selbs, als Kreis gestaltet mit nur einer Stufe, nicht ganz bis an die Wand reichend. Dieses Podest besteht aus Klinkersteinen mit einer Graniteinfassung; auch der Boden auf Gestühlsebene ist mit Klinkern belegt. Der Granitstipes weist unten abgeschrägte Ecken auf. Ein mächtiger Granitblock bildet die Mensa. Hinter dem Altar steht, vom Boden ausgehend, ein Standkreuz, dessen Korpus sich früher am Altarkreuz befand. Der Ambo in oktogonaler Grundform und mit gemauerten Wangen, einer Holzauflage und vier Stufen wurde rechts von der Altarinsel platziert und an die Wand gestellt. Die frühere Kanzel mit Schalldeckel war direkt von der Sakristei aus zugänglich und trug Bilder von Propheten – später

übermalt – auf der halbrunden Brüstung. Der im Zentrum stehende Granittaufstein stammt vom Granit- und Syenitwerk Netzsch in Selb und besitzt einen gewulsteten Fuß und ein rundes Becken. Früher stand derselbe Stein links an die Wand gerückt. Eine Empore spannt sich auf Holzstützen über drei Seiten des Oktogons oberhalb der Eingangsfront. Die erste Orgel (von der Firma Steinmeyer) konnte 1929 eingeweiht werden. Das jetzige Instrument von der Firma Späth aus dem Jahr 1990 zeigt ein fünfteiliges Gehäuse samt rankenartigen Schleierbrettern. Die farbliche Ausgestaltung des Raumes wurde erst 1990 verändert von einem Blau zu einem warmen Gelb; die Bänke erhielten einen rötlich-braunen Anstrich. In der Vorhalle ist noch ein Opferstock aus der Bauzeit in Holz mit Metallbeschlägen vorhanden.

Qu.: Auskünfte von Pfarrer Bernhard Wanner, Erkersreuth, von Manfred Daub, 2001, Gertrud Voll und Dieter Arzberger, Oberweißenbach (19.7.2002).
Lit.: Bohrer 280–283. – FS Erkersreuth. – KDM REH 20. – PB SoBl 47/1978: Gotteshaus an der tschechischen Grenze, mit Abb.

3.7. Marktschorgast, Dreifaltigkeitskirche

Pf. Streitau (eigene Gemeinde), Lkr. Kulmbach, Dek. Bad Berneck
Grundsteinlegung 3. Juni 1928 (Trinitatisfest), Einweihung 20. Mai 1929 (Pfingstmontag)

Ursprünglich wurden die Protestanten des Marktes auf Bamberger Hochstiftsterritorium von der Pfarrei (Bad) Berneck betreut. Der Rechteckbau des Kirchengebäudes am Ortsrand mit abgeschrägten

Abb. 73: Marktschor-gast, Dreifaltigkeits-kirche von 1929

Ecken im Norden wird von einem Walmdach bedeckt. An die Ostseite ist eine Eingangsvorhalle angebaut mit zwei durch Rundbogen geöffneten Zugängen. An die Südseite stößt der runde Turm, der im Obergeschoss und im Dach verschiefert ist. Darin hängen drei Glocken, deren Schall durch längsovale Öffnungen nach außen dringen kann. Eine nach oben gezogene Haube in Schiefer mit Wulst und Kegel, schließlich Knauf und Kreuz mit Stern bauen sich darauf auf. Das Baumaterial wurde aus dem einheimischen Grünsteinbruch und aus Granitbrüchen des Waldsteins bezogen. Nach Westen zu schließt sich ein niedriger Sakristeibau mit Walmdach an. Neben der Kirche wurde ein Friedhof angelegt. Eine spätere Renovierung wurde unter der Leitung von Hans-Friedrich Hacker durchgeführt.

Aufgrund des Eingangs in der Mitte der östlichen Langseite kamen drei Gestühlsblöcke zustande, nach vorne ausgerichtet und jeweils bis an die Wand reichend. An der Westwand befinden sich teilweise leicht getönte Rechteckfenster, ansonsten bringen zusätzliche Rundfenster Tageslicht in den Raum. Die flache Holzdecke ist durch quadratische Kassetten, diagonal gelegt, gegliedert. Der Altarbereich mit abgeschrägten Ecken erhebt sich oberhalb von zwei Stufen und ist nach Norden gerichtet. Der geschliffene Granit des Altars und der Ambokanzel stammt aus dem Granitwerk Jahn, Bad Berneck. Der Stipes läuft nach unten konisch zu und ist fast ganz an die Wand geschoben. Ein hohes Rechteckfenster mit eingezogener Spitze beherrscht den Raum. Darauf ist der erhöhte und segnende Christus dargestellt mit zwei Engeln unter den Füßen (Glasmalerei Bringmann und Schmidt). Die Wand hinter der Kanzel in der linken Ecke wird durch einen Vorhang hinterfangen und

besitzt einen konkav-konisch aufsteigenden Schalldeckel mit Knauf- und Kreuzabschluss. In das Brüstungsfeld sind Granittafeln mit Symbolen eingesetzt. Der Taufstein rechts oberhalb des Podestes stammt aus dem Granitwerk Haberstumpf, Gefrees, und ist vom Fuß über zweimal gewulsteten Schaft bis zum ausgreifenden Becken oktogonal geformt. Ein schlichtes Pult steht mittig unterhalb der Altarstufen. Eine Empore im Süden, von zwei Holzsäulen gestützt und im Mittelteil vorspringend, nimmt eine Kleinorgel (von Steinmeyer, 1935) auf, die zuerst an der Wand stand, jetzt zur Brüstung hin gerichtet ist. Die gefelderten Brüstungsflächen tragen den Schmuck von Bibelworten, Blumenarrangements und musizierenden Engeln mit Laute und Leier (Abb. 43). Ein ganz in Weiß gestalteter doppelarmiger Leuchter liefert zusätzlich zu weiteren Hängeleuchten künstliches Licht. Über der Eingangstür hängt ein Lutherbild.

Qu.: Auskünfte von Hans Tischhöfer, Marktschorgast, und Manfred Daub, 2001.
Lit.: Knopf Sp. 391. – PB FPr 1.4.1966: Als die Glocken zum erstenmal erklangen – 1929 wurde evangelische Kirche Marktschorgast geweiht, mit 1 Abb. – PB NK 26.5.1999: Im Geist des Pfingstfestes – Evangelische Kirchengemeinde feierte 70. Weihetag der Dreifaltigkeitskirche, mit 1 Abb.

3.8. Hof, Auferstehungskirche

Stadt und Dek. Hof
Grundsteinlegung 8. April 1928, Einweihung
30. Juni 1929

Die Kirche samt Anbauten und einem gegenüberliegenden Schulgelände liegt im Stadtteil Moschendorf, einst auf freiem Gelände erstellt, heute

zwischen Häusern versteckt. Architekt war Gustav Heinze, Hof. Der Bau mit rechteckiger Grundfläche und hohen Rechteckfenstern besteht aus unverputzten Quadern und Bruchsteinen des Epprechtsteiner Granits, der Turm – mit mehreren Fenstern bestückt – aus gleichem Material. Der seitlich im Südwesten in das Haus einbezogene Glockenbau nimmt im Untergeschoss einen Eingangsbereich auf; ein weiterer Zugang besteht an der nördlichen Längswand. Der Kirchenbau ist mit einem Walmdach, der Turm mit einem Pyramidendach bedeckt und mit einem Kreuz bekrönt; das Geläute besteht aus drei Glocken. Der äußerlich deutlich abgesetzte niedrigere rechteckige Chor besitzt ein eigenes Flachdach. Das Kirchenareal, obwohl in ebener Lage, „wirkte fast wie eine kleine Kirchenburg", so heißt es von früher (DF II, III). Pfarrhaus mit Gemeindebüro sowie Kindergarten wurden 1973 gebaut. Eine durchgreifende Innenrenovierung zwischen 1993 und 1996 leitete Architekt Günter Hornfeck, Hof (geb. 1949).

Im langrechteckigen geosteten Kirchenraum stehen zwei Gestühlsblöcke ausgerichtet zum deutlich abgesetzten Chorbereich. Trotz der Umgestaltungsmaßnahmen beließ man wichtige Ausstattungsteile der Bauzeit. An den beiden Seitenwänden entlang verläuft nunmehr jeweils eine Bankreihe, rechts bis zur Stirnwand, anstelle der früheren hohen Wandpaneele. Die Seitenfenster weisen leicht getönte Scheiben in unterschiedlichen Rechteckmustern auf. Die Chornische öffnet ein eingezogener spitzer Triumphbogen. Sechs Stufen führen empor zu dem verengten Altarbereich; der Truhenaltar steht auf einem zusätzlichen

Abb. 74: Hof, Auferstehungskirche von 1929

Holzpodest. Während den Chorbereich ein stern-artiges Gewölbe nach oben abschließt, zieht sich über das Langhaus eine flache Holzdecke mit Balkenunterzügen. Das dreiteilige Chorfenster, jeweils mit Spitzbogen, zeigt durch Bemalung Szenen der Auferstehung, nämlich die auf die beiden äußeren Flächen aufgeteilte Emmausgeschichte und in der Mitte die Stadt Jerusalem. Auf der niedrigsten der unter dem Triumphbogen vorgezogenen und weit zur Seite verlaufenden Steinstufe ist die Kanzel rechts angebracht mit einer Holzbrüstung, der ein Kreuz aufgesetzt ist. Ebenfalls auf den bis vor die linke Stirnwand gezogenen Steinstufen steht ein Taufensemble mit einem Holztischchen und den Taufutensilien – Schale und zwei Kannen – in einer Vitrine an der Stirnwand. Auf einem im rechten Winkel dazu an der Seitenwand stehenden Podest befindet sich ein Kruzifix. Oberhalb der holzgerahmten Vitrine ist in die Stirnwand ein Steinflachrelief mit Darstellung der Taufe Jesu eingesetzt. Die Empore im Eingangsbereich an der Westseite trägt auf der Brüstungsfläche farbige Malereien (von Annemarie Nägelsbach, Otto-brunn, 1896–1985) nach dem vermerkten Bibelthema: „Selig sind die Knechte, die der Herr, so er kommt, wachend vorfindet." An der rechten Stirnwand hängt ein Kruzifix. Die Orgel mit hohem mehrteiligen Gehäuse ist ganz nach Norden hin geschoben und stammt von der Firma Deininger & Renner. An der Kirchenausstattung wirkte auch Rudolf Koch (Nürnberg, 1876–1934) mit (Kreuz und Leuchter, Taufschale, -kanne).

Qu.: Auskünfte von Manfred Daub und Gertrud Voll, Neuendettelsau, 2001.
Lit.: DF HO I 15, mit Abb. – DF HO II 38–40, mit 2 Abb. – DF HO III 35–37, mit 2 Abb.

3.9 a. Siegritz, Betsaal

Markt Heiligenstadt, Lkr. Bamberg, Pf. Heiligenstadt, Dek. Forchheim
Einweihung 30. Juni 1929

1998 Umbau: s. Johanniskirche 3.8 b.

3.10 a. Hof, Lutherhaus

Stadt und Dek. Hof
Einweihung 11. Oktober 1929

Gemeindehaus im Stadtteil Neuhof-Hofeck, in dem auch regelmäßige Gottesdienste stattfanden. Bau der heutigen Lutherkirche: 1956 s. 3.10 b.

3.11. Bad Alexandersbad, Heilig-Geist-Kirche

Lkr. und Dek. Wunsiedel
Grundsteinlegung 20. Oktober 1929, Einweihung 9. Juni 1930

Der Ort wurde ursprünglich von Wunsiedel aus gottesdienstlich betreut. 1910 gründete man einen Kirchenbauverein, konnte aber erst 1925 mit Vorarbeiten für den Bau beginnen; den Status einer eigenen Pfarrei erreichte man 1958. Als Architekt der Kirche wurde der in der Nähe beheimatete Karl Stöhr gewählt. Die auf rechteckiger Grundfläche errichtete Kirche weist einen Granitsockel auf und z. Zt. einen gelben Anstrich. Jeweils drei Rundbogenfenster erhellen den Raum von zwei

*Abb. 75: Bad Alexanders-
bad, Heilig-Geist-Kirche
von 1930*

Seiten. An der Ostseite fügt sich ein halbhoher Sakristeianbau über die ganze Breite an mit eigenem Walmdach, zwei kleinen Rundbogenfenstern und einem seitlichen Treppenaufgang. Eine Eingangshalle, leicht eingezogen und früher offen, nunmehr durch Türen geschlossen, ist im Westen angebaut, zu der das Kirchendach herabgezogen ist, mit Kreuzgratgewölbe und zwei Ovalfenstern. Ein oktogonaler und verschieferter Dachreiter mit laternenartigen Öffnungen und einem flachen Kegeldach sitzt auf dem Kirchenwalmdach, durch ein Kreuz bekrönt, mit zwei Glocken bestückt, von denen eine bereits wieder 1942 abgegeben werden musste (inzwischen ersetzt). Nach Westen zu fortgesetzt, vervollständigen Pfarr- und Gemeindehaus von 1962/63 (Planung Wolfgang Gsaenger) die Baugruppe.

Eine breite zweiflügelige Eingangspforte führt von der Vorhalle aus in den Kirchenraum; über dem Portal befindet sich eine kleine Granitplastik mit der Darstellung einer Heilig-Geist-Taube. Der Mittelgang strebt auf die Altarfront zu Abb. 13). Zwei Bankreihen mit breiten Wangen und zum Chor hin ausgerichtet laufen jeweils bis an die Wand. Die beidseitig zunächst flach ansetzende Holzdecke ist in der Mitte trapezförmig nach oben gezogen. Die Bretter werden von breiten Unterzügen gestützt, die Schnitzereien aufweisen. In der Mitte ist ein aus Brettern zusammengefügtes griechisches Kreuz der Decke unterlegt. Der Chorbereich hebt sich um eine Stufe (früher zwei) erhöht ab, wobei diese in der Mitte rechteckig vorspringt. Er wird von einer apsisartigen Wand hinter einer runden Öffnung hinterfangen. Bis 1973/74 hing in der Mitte dieser Wand eine Refektoriumskanzel axial oberhalb des Altartisches, mit der Brüstung aus roten Marmorplatten bis an den Tisch herab-

reichend. Ein direkter Kanzelzugang befand sich in der Wand. Ferner erfüllte (bis 1962) das Wandstück oberhalb der Kanzel ein Gemälde mit dem segnenden Christus und zwei knienden Menschen (von Hans Kurz, Bad Alexandersbad), das später als „unschön" empfunden und übermalt wurde. Heute hängt vor der Wand eine kupfergetriebene Plastik mit Darstellung der Emmausszene (von Joachim Wermann, Langen). Zwei seitliche Spitzbogentüren führen zur Sakristei dahinter. Der Altar, aus einer ringsum geschlossenen Holztruhe über quadratischer Grundfläche bestehend, ist vorgezogen. Stühle reihen sich dahinter an der Wand entlang. Auf dem Altar steht ein Kreuz (von 1965) mit Edelsteinen und Messingreliefplättchen, auf denen Engelfiguren zu sehen sind (von Martin Zorn, ebenso wie die Leuchter). Der Ambo mit einer Brüstungsfläche aus Holz und einem einstufigen Podest befindet sich auf der linken Seite vor der Choröffnung, ein Vortragekreuz daneben an der linken Stirnwand und ein Lesepult auf der rechten Seite. Das Taufgefäß hat in der rechten Nische vor der Stirnwand seinen Platz. Es handelt sich um den ursprünglichen Behälter aus rotem Marmor mit quadratischer Grundplatte, zackenförmig hochgeführtem Fuß und rundem Becken. Auf diesem steht die Inschrift: „Sein Name wird an ihren Stirnen sein. Offb. 22,4." Ein kleiner Kronleuchter, früher mitten im Raum angebracht, hängt über dem Taufkörper. Jeweils das vordere Fenster an beiden Seiten trägt noch die Buntscheiben von der Bauzeit her: links in Form eines Ehrenmals mit einem verwundeten Soldaten in Uniform, vor dem Gekreuzigten kniend; rechts drei Personen einer Familie mit andachtsvoll gefalteten Händen und einer Inschrift: „Zum Gedächtnis des Bekenntnisses an Augsburg 1530–1930" (Entwurf von Arthur

Sansoni, Bildhauerschule Wunsiedel, 1886– ?). An der rechten Seitenwand hängt ein kleines Kruzifix (früher auf dem Altar, aus Oberammergau), an der Rückwand ein Lutherdruck (Spende zur Einweihung 1930). Die Holzempore über dem Eingangsbereich mit Holzstützen und weit auskragenden Knaggen sowie einer Bretterbrüstung trägt eine Orgel, die in den Prospektformen mit ihren drei Teilen dem Dachverlauf angepasst ist und mit dem grünen Holzrahmen einen lebhaften Farbakzent setzt. Sie stammt von 1958 (Fa. Bauer) und löste ein Harmonium ab; sie besaß ein Rückpositiv auf der Emporenbrüstung. 1987 wurde das Instrument gründlich überarbeitet, das Positiv zurückgesetzt an die Wand (Firmen Heinze und Thonius). An die Brüstung kam damals ein Wandteppich „Arche Noah" (von Ursula Benker-Schirmer). Die Kosten des ersten Kirchenbaus waren auf 38 800 RM veranschlagt.

Qu.: Auskünfte von Pfarrer Ralf Mathes, Bad Alexandersbad, 2001.
Lit.: Drechsel 155. – DF WUN 19 f. – FS 1980: Guth, [Werner, Grußwort]: E.-L. Kirchengemeinde Bad Alexandersbad anlässlich des 50jährigen Jubiläums der Heilig-Geist-Kirche am 26. Mai 1980. O. O. – KDM WUN 54. – Mathes, Ralf u. a.: Bad Alexandersbader Kirchenchronik. Geschichte und Geschichten unserer Kirchengemeinde. Weißenstadt/Ruppertsgrün [2000]. – Meißner III 300, Abb. 301.

3.12. Ahornis, Gustav-Adolf-Kirche

Stadt Münchberg, Lkr. Hof, Dek. Münchberg
Grundsteinlegung 16. August 1931, Einweihung 16. Oktober 1932

Die evangelischen Gläubigen, ursprünglich nach Münchberg gepfarrt, strebten seit 1897 mit der Gründung eines Kirchenbauvereins ein eigenes gottesdienstliches Gebäude an. Nach dem Inflationsdebakel konnte erst ab 1930 ernsthaft an ein solches Vorhaben gedacht werden. Architekt der Kirche war Hanns Pittroff, gebürtig aus dem nahen Förstenreuth. Am Südrand des Dorfes liegt das gestiftete Areal für die Kirche auf einer Anhöhe, der Wasserscheide zwischen Rhein und Elbe. Der Vorplatz wird von einem alten Baumbestand eingesäumt, nach Osten zu schließt sich der Bau eines Gemeindehauses von 1993 an, im südwestlichen Teil der Friedhof. Das von Norden nach Süden gerichtete Hauptgebäude lässt von außen eine Rechteckgrundfläche sowie eine chorartige Einziehung und polygonale Abeckungen erkennen. In diesem Südteil ist die Sakristei untergebracht; der Chor schließt sich der Sakristei an. Das Satteldach geht im Süden in ein polygonales Walmdach über. Drei hohe Rundbogenfenster finden sich auf jeder Seite des Langhauses; die Sakristei bzw. der Chorbereich besitzt zwei Reihen rundbogiger kleinerer Fensteröffnungen, unten in doppelter Form. Der Turm fügt sich im Osten mit einem Eingang zur Sakristei an. Er weist kleinere, im Glockengeschoss (drei Glocken) größere Rundbogenfenster auf sowie ein niedriges Pyramidendach mit einer Wetterhahnbekrönung. Der Eingang zur Kirche ist in den Nordgiebel gesetzt mit einem Vorbau auf dreieckiger Grundfläche, der von zwei Seiten her Zugang gewährt. Über dem Scheitelstein der Türe stehen die Inschriften: „ERHALT UNS HERR BEI DEINEM WORT", und „Hanns Pittroff, Architekt". Außer dem Stein mit den Daten zur Grundsteinlegung und der Einweihung ist auch der Tag des ersten Spatenstichs festgehalten: 16. Juni 1931. Oberhalb des Giebels thront ein Steinkreuz. Neben dem Eingang befindet sich an der Wand ein Denkmal für die Gefallenen, das seit der Bauerstellung bekrönt wird durch eine Granitskulptur von Gustav Adolf – im Gedenkjahr († 1632) besonders verehrt – in Gebetshaltung samt dessen und Luthers Wappen unterhalb der Standkonsole.

Im Innenraum wird das Schiff von zwei Gestühlsblöcken ausgefüllt, deren Bänke jeweils bis an die Außenwand reichen; eine Seitenbank steht vorne an der Westwand. Eine Empore läuft auf drei Seiten herum, den beiden Schmalseiten und der östlichen Längsseite, u. a. gestützt von Vierkantholzsäulen mit Knaggen. Horizontal verlaufende breite Bretter bilden die Brüstungen. Die verbretterte Decke verläuft flach, im Chorbereich etwas erhöht. Die Chorwand ist leicht konkav eingeschwungen. Zwei Stufen, die bis zur Kanzel reichen, führen zum Podest empor. Der Steinaltar mit zwei starken Wangen und einer Mensa steht um eine weitere Stufe erhöht knapp vor der Wand. Ein hohes Kruzifix ziert den Tisch. An der Wand dahinter breitet sich fast über die ganze Fläche ein Fresko aus, signiert von C. oder E. Pittroff, 1932, mit Darstellung der Himmelfahrt (vermutlich Sohn Erwin, damals 21 Jahre alt). Christus steht in einer mandorlaartigen Strahlenaura mit erhobener rechter Segenshand; jeweils zwei Gruppen von drei Jüngern zu beiden Seiten blicken ganz gebannt auf ihren Herrn. 1952 verhängte man das Bild durch ein modernes Gemälde von Kurt Kolbe, Lauf, mit dem Gekreuzigten samt Maria und Johannes (Abb. DF II 28); nunmehr hängt dieses an der rechten Wand. Die Kanzel ist zwar fundamentiert auf dem Boden, aber doch sehr hoch und mit direktem Zugang von der Sakristei her angelegt. Sie fügt sich mit zwei im rechten Winkel zueinander angeordneten Holzbrüstungen in die

Abb. 76: Ahornis, Gustav-Adolf-Kirche von 1932

rechte Ecke des Chorwandrunds ein. Der Taufstein steht links oberhalb der Chorstufen mit konisch nach unten zulaufender Zylinderform und einem Wulst am Fuß. Die beiden Westfenster tragen je ein Buntbild von „Evangelist Matthäus" mit einem segnenden Christusbrustbild sowie einer Adlerdarstellung und dem Hinweis auf Johannes. Die Orgel (ohne Signatur und unbekannter Herkunft) steht auf der Chorempore mit einem Prospekt, der die Pfeifenfelder ohne Gehäuse belässt, und dem Spieltisch seitlich rechts.

Qu.: Auskünfte von Pfarrer Hans-Joachim Hornfeck und Dr. Dr. Rainer Pittroff, Mainleus, 2001; seiner Meinung nach kann nur Erwin Pittroff in Frage kommen; er habe seinen Vornamen stets mit C und einem kleinen Strich abgekürzt; bei der Restaurierung könnte dieser Strich übersehen worden sein.
Lit.: DF MÜB I 45 f. mit 1 Abb. – DF MÜB II 27 f. mit 2 Abb. – Knopf Sp. 4. – Mulzer 102 f., Abb. 103.

3.13. Wannbach, Johanniskirche

Gmd. Pretzfeld, Lkr. Forchheim, Pf. Hetzelsdorf, Dek. Muggendorf-Forchheim
Grundsteinlegung: 5. Oktober 1930, Einweihung: 2. Juli 1933

Der ritterschaftlich geprägte Ort im Trubachtal konnte sich inmitten des Hochstifts Bamberg seit der Reformation mehrheitlich evangelisch behaupten. Bereits 1814 wurde der Wunsch nach einem eigenen gottesdienstlichen Gebäude laut, der damals noch nicht erfüllt werden konnte (s. Meißner; FS 1999, 5 f.); nur einen eigenen Friedhof erhielt der Ort 1827. Unter dem Architekten Christian Rück konnte dann 1933 an der Straße am Eingang des Ortes von Pretzfeld her ein Kirchenbau errichtet werden. Ein gepflasterter Vorplatz ist durch zwei im Winkel zueinander stehende Gebäude der Gemeinde und durch Bänke gesäumt. Bei der Kirche handelt es sich um einen Rechteckbau mit Satteldach, der an der Ostseite einen kleinen Eingangsvorbau besitzt mit Treppenaufgang, einem eingeschwungenen Satteldach und rundbogiger Öffnung. Der Turm mit Satteldach ist in den Bau am Nordwestende eingefügt. Er weist Schlitzfenster, im Glockengeschoss Rundbogenfenster und im Inneren drei Glocken auf. Ein Satteldach bedeckt das Langhaus mit dem Abschluss eines Knaufs und eines Kreuzes an jeder Giebel-

seite. Gegenüber dem Turm, an der Südwestseite, befindet sich ein niedriger Sakristeianbau. Der sich deutlich abzeichnende eingezogene Chor besitzt zwei schmale, das Langhaus an beiden Seiten fünf große Rundbogenfenster. Über der rechteckigen Pforte ist eine bunte barocke Skulpturengruppe mit Gott-Vater über Wolken angebracht, die aus der Mutterkirche Hetzelsdorf stammt. Die Baukosten beliefen sich auf 43 000 Mark.

Zwei Bankblöcke, jeweils bis an die Wand verlaufend, sind zur Altarfront ausgerichtet. Die flache Decke wird getragen von Querbalkenunterzügen und Längsbalken für die Bretter. Der stark eingezogene Chorraum hebt sich deutlich ab durch einen runden Triumphbogen und eine Erhöhung um zwei Stufen, die zwischen den Laibungen verlaufen. Im Chorbereich befinden sich eine Rundbogendecke sowie zwei schmale Fenster mit symbolhaften Glasbemalungen zum Abendmahl: Ähren und Weinreben. Der Blockstipes, auf einem zusätzlichen Steinpodest aufliegend, wurde aus großen Kalksteinquadern aufgemauert und an die Stirnwand angebaut. Eine eingezogene Holzmensa und ein predellenartiges Podest liegen auf. An der Wand dahinter hängt ein hohes Kruzifix, das ebenso wie zwei seitliche Engelfiguren aus der barocken Kirche Hetzelsdorf stammt (wohl von 1735). Links an Triumphbogen und Stirnwand angefügt, befindet sich die Kanzel mit direktem Zugang von der Sakristei her, ohne Schalldeckel. Der Korpus selbst ist halbrund gebaucht und trägt auf der Brüstung die Inschrift: „Dein Wort ist meines Herzens Freude und Trost". Der Taufstein steht rechts seitlich vor der Stirnwand. Das zylindrische, aus Kalksteinen aufgemauerte Gefäß mit einer Wulstung im oberen Teil, weist eine Holzabdeckung auf. Fünf der Fenster des Raumes sind im oberen Teil mit Glasmalereien versehen (vier von Christian Abel) mit entsprechender Beschriftung. Links (von vorne): Christus an einer Tür mit dem Wort „Siehe ich klopfe an", der Gute Hirte und ein modernes Fenster von 1997 mit der Umrissskizzierung von Johannes dem Täufer und Jesus bei dessen Taufe (von Isabel Blumenröder, Nürnberg). Rechts, nahe dem Taufstein: Jesus als Kinderfreund sowie ein weiteres Thema zum guten Geleit: die Jakobsleiter. Im Eingangsbereich breitet sich die Empore aus mit einer Holzbrüstung und mit Holzstützen und dem Aufgang. Der Orgelprospekt der Firma Peter (1969) besitzt ein Gehäuse mit zwei seitlichen flachen Türmen und einem dreiteiligen Mittelfeld. Die Kirche, in der rund 300 Sitzplätze vorhanden sind, erhielt 1960 eine Heizung, 1977 eine Stabilisierung des Turmes sowie eine elektrische Turmuhr; die Fassade wurde mit weißer Farbe erneuert. 1996 erreichte man einen neuen Innenanstrich, die Installation einer neuen Beleuchtung und die Steuerung des Läutwerks mittels Funkuhr.

Qu.: Auskünfte von Hermann Grünsteudel, Wannbach, 2001. Lit.: FS 1490–1990 500 Jahre Kirchengemeinde in Hetzelsdorf, hg. vom E.-L. Pfarramt Hetzelsdorf. Hetzelsdorf 1990, 118. – FS Grünsteudel, Hermann: Johanniskirche Wannbach. Ein Überblick zur Geschichte der e.-l. Kirchengemeinde Wannbach, zusammengestellt anlässlich der Namensgebung am Kirchweihsonntag, dem 4. Juli 1999. O. O. 1999. – Malter I 255. – Meißner IX 45.   PB SoBl ? : Wannbacher Kirche erneuert, mit Abb. – Poscharsky VII 391 f.

3.14. Bamberg, Erlöserkirche

Stadt und Dek. Bamberg
Grundsteinlegung 3. August 1930, Einweihung 28. Oktober 1934, Abb. 3

Der erste evangelische Kirchenneubau der Stadt entstand am Kunigundendamm, am Ufer des heutigen Rhein-Main-Donau-Kanals. Erwogen wurde das Vorhaben bereits Ende des 19. Jahrhunderts, „mit allem Nachdruck" betrieben dann von dem 1921 gegründeten Kirchbauverein (FS 9). Architekt war German Bestelmeyer für dieses Projekt, „das stark an das Italienische anklingt" (DF 14). Der Grundriss hat die Form eines Zehnecks mit einem Innendurchmesser von 22 m. Der Bau – 1939 „überarbeitet" – reicht bis zu einer Höhe von 26 m, weist hoch liegende Rundbogenfenster auf, trägt auf dem Dach rundbogige Gauben und endet mit einem flachen Zeltdach, das bekrönt ist mit Knauf und Kreuz. (Der Entwurf sah eine Kuppel vor.) Als Baumaterial dienten unbehauene Quadersteine aus fränkischem Muschelkalk und Juragestein. Eine Eingangshalle mit Dreiecksgiebel öffnet sich von Südwesten her durch drei hohe Arkaden. Rings um das Polygon sind niedrige Anbauten, an Kapellen erinnernd, mit flachen Pultdächern angefügt. Der Turm wurde als Kampanile im Südosten angelegt. Er reicht 55 m hoch, schließt mit einem Zeltdach samt Bekrönung durch eine Wetterfahne in Form eines Engels und einem Kreuz. Zwei kleine Austrittsplattformen sind vorhanden; ein Geläute von vier Glocken hängt darin. Ein Zwischentrakt mit Sakristei und einer Messnerwohnung (sowie später dem Pfarrhaus) verbindet Turm und Kirchenbau. In der ersten Zeit besuchten auch die evangelischen Soldaten der in der Nähe stationierten Garnison die Gottesdienste (DF 15). Ein Fliegerangriff am 22. Februar 1945 führte zu einer fast völligen Zerstörung; 1948–1950 erfolgte der Wiederaufbau unter Dipl.-Ing. Georg Fichtner (Wiedereinweihung 4. Juni 1950). 1959 konnten neue Glocken beschafft werden. Weitere Anbauten kamen 1972 hinzu, das Untergeschoss wurde ausgebaut zum „Gemeindezentrum".

Im Inneren beherrschen den Eindruck „das dunkle Rot der Backsteine, das Grau des Muschelkalks, die warmen Farben der Solnhofer Bodenplatten, das Holz von Kirchenraumdecke, Gestühl und Empore, die Metallfarben der Orgelprospekte und Lampen" (FS 10). Das Ziegelsteinmauerwerk setzt erst oberhalb eines unverputzten Muschelkalksteinsockels an. Insgesamt neun Nischen, abgetrennt durch mächtige, leicht geknickte und mit Gesimsen versehene Pfeiler, reihen sich um den hohen Raum im Mittelteil. Dieser ist bestuhlt mit zwei großen Sitzblöcken, die jeweils einmal geknickt sind und so einen umrundenden Charakter besitzen. In jeweils drei der rundbogigen Nischen beiderseits gruppieren sich weitere ansteigende Gestühlsblöcke. Die der Rundform genäherte, filigran wirkende Decke mit Holzlamellen aus Lärchenholz ist in einigen Abstufungen zur Mitte hin abgetreppt und mit einem Strahlenkranz versehen. Als Hauptblickpunkt des Raumes gilt das Bild des Gekreuzigten, ein Werk aus dem 16. Jahrhundert – eine Stiftung Bestelmeyers (wohl aus Ansbach) in der Nische gegenüber dem Eingang. Das Kreuz blieb beim Bombenangriff unbeschädigt unter dem Altartisch liegen. Das hinter der Mensa befestigte Kreuzbrett mit den Evangelistensymbolen dazu stammt von Hermann Kaspar. Zum Altar (von Wilhelm Frh. v. Rechenberg) gelangt man über vier nach vorne ausgreifende Stufen und ein einstufiges inselartiges Podest. Das aufgemauerte Wandstück, dem das Kruzifix aufgesetzt ist, reicht in Höhe und Breite über den frei davor stehenden Steintisch des Altars hinaus. Links seitlich befindet sich ein Lesepult. Die Kanzel rechts – nicht mehr

Abb. 77: Bamberg, Erlöserkirche von 1934, Kruzifix

so hoch wie früher und über einen Treppenaufgang von der rechten Nische her erreichbar –, in geschliffenem Muschelkalk, dem gleichen Material wie der Altartisch, und mit runder Brüstung, gestützt von Figuren der Evangelistensymbole, lehnt sich an einen Pfeiler zwischen zwei Wandnischen an und wird von einem ausladenden Schalldeckel bekrönt (von Hans Vogel). Die Taube an der Unterseite stammt von Markus Heinlein. Links von der Altarnische befindet sich die Taufkapelle mit dem einzigen farbigen Fenster des ganzen Raumes, einer wohl noch vom alten Bau bestehenden sechsteiligen Bank mit Armlehnen und davor dem großen Bronzetaufbecken, das auf vier liegende Löwenfiguren aufgesetzt ist, ein weiteres Mal die Symbole der Evangelisten trägt und wie der Altar mit einer Inschrift versehen ist; entworfen hat es Bestelmeyer selbst, gegossen wurde es in der Akademie der Bildenden Künste (Abb. 58). Das Tauffenster mit der Darstellung der Dreieinigkeit von 1979 wurde von Prof. Josef Oberberger, München (1905–1994), gestaltet. Die Wände werden von einer Reihe von Skulpturen geschmückt, z. B. Engelköpfe an der Decke, über dem Portal der Taufnische die eherne Schlange sowie weitere plastische Reliefgestalten an den Prinzipalstücken. Die Nische rechts von der Kanzel nimmt den Zugang zur Sakristei auf. Die ursprüngliche Orgel stammte von Steinmeyer; nach dem II. WK erhielt die Kirche eine Ott-Orgel von der St. Stephanskirche. 1975 lieferte Steinmeyer ein neues Instrument mit einem – in der Gemeinde umstrittenen – farbigen Gehäuse, oberhalb einer weit vorgezogenen Holzempore über dem Eingangsbereich. Der Prospekt besteht aus zwei wuchtigen Seitentürmen und einem dreiteiligen Mittelstück. Es sind 700 Plätze in der Kirche vorhanden.

Qu.: Auskünfte von Pfarrer Günther Schardt, 2001, und M. Daub, 2002; Informationsblatt: Herzlich willkommen in der Erlöserkirche!
Lit.: DF BA 14–18, mit 3 Abb. – FS Erlöserkirche. – PB SoBl 29.6.1975 Nr. 26: Festliche Orgelweihe in Bamberger Erlöserkirche. – Suckale 286 ff. – Thiersch 62, Abb. 121–123.

3.15. Seußen, Gustav-Adolf-Kirche

Markt Arzberg, Lkr. Wunsiedel, Pf. Arzberg, Dek. Wunsiedel
Grundsteinlegung 9. Oktober 1932, Einweihung 4. November 1934

Ein Kirchenbau wurde bereits seit 1913 angestrebt und durch den 1927 gegründeten Bauverein ernsthaft betrieben; diesem gehörte als der damalige Sprengelgeistliche und zweite Pfarrer von Arzberg Matthias Simon an. In der Grundsteinlegungsurkunde heißt es: „Der Kirchenbau fiel in die Zeit einer großen wirtschaftlichen Notlage aller Bevölkerungskreise, insbesondere der Industriearbeiter, die zum großen Teil erwerbslos waren [...], und die Zeit, in der das Deutsche Volk von dem Parteihader zerrissen gegen seine ehemaligen Feinde im großen Krieg schwer um seine Ehre als freie Nation zu ringen hatte." Der Patron, Gustav Adolf, wurde wohl im Zuge des 300jährigen Gedenkens an seinen Tod (1632) für die Kirche gewählt. Der Bau liegt auf freiem Feld am Rande des Ortes, von einer Baumgruppe und einem Kriegerehrenmal vor dem Eingang gesäumt. Architekt war Hanns Holl, die ausführende Baufirma Paul Tröger, wie im Falle des Umbaus der Kirche von Brand (s. Kap. 2.2.1.). Es heißt im Kunstdenkmälerband, dass es sich um eine „Zentralanlage in modernen Formen" handle. Die Grundfläche besteht im Prinzip aus einem regelmäßigen Oktogon, das Mauerwerk aus unverputzten Granitquadern. An je einer Seite wurden Sakristei und Turm angebaut. Der Bau wirkt burgartig und wird durch ein Pyramidendach geschlossen. Der Eingangsbereich im Nordosten weist eine breite Treppe auf sowie eine Überdachung, die durch Säulen gestützt wird.

Abb. 78: Seußen,
Gustav-Adolf-Kirche
von 1934

Der Turm zeigt kleine Schlitzfenster; er wird bekrönt durch eine Zwiebel mit Knauf und Kreuz. Im Krieg musste die Gemeinde zwei der drei Glocken abliefern, die 1955 wieder beschafft werden konnten.

Im Inneren wurde kein Zentralraum angelegt. Deutlich stehen die beiden Gestühlsblöcke auf den Altarbereich (im Südwesten) ausgerichtet. An den Wandflächen säumt allerdings, bis zu den Prinzipalstücken reichend, ringsum eine Bankreihe den Raum. Die Decke steigt zentral an und ist gebrettert. Der Altarbereich war ursprünglich eingezwängt und finster in einer der Nischen (im Norden), mit einem großen Kreuz dahinter. Seit der Umgestaltung 1984 (Architekt Ernst Hornfeck, 1913–1990) wurde der um eine Stufe erhöhte Altarraum inselartig in das Schiff vorgezogen; eine Bank steht an der Wand hinter dem Altar. Dieser selbst ist nunmehr – im Gegensatz zum früheren aus Marmor – in Holz gefertigt. Ein modernes „aufgespaltenes" Holzkreuz hängt darüber, eingefasst in eine kreisförmige Metallrahmung und Ornamentfiguren (von Karl-Heinz Heinrich, München). Der Ambo (rechts) steht mit dreiseitigen Holzwangen auf einem Klinkerunterbau. Links befindet sich ein Lesepult. Der Taufstein fand in der Achse vor dem Altar seinen Platz und stammt aus der Bauzeit. Er ist aus rotbraunem (Wunsiedler?) Marmor gefertigt, oktogonal gestaltet und nach unten konisch verlaufend. Die Orgel auf der durch zwei Stützen getragenen Empore über der Eingangsseite besitzt ein vorgestelltes Rückpositiv an der Brüstung. Sie wurde einige Jahre nach der Einweihung beschafft und stammt von der Firma Holländer, den Prospekt entwarf Hanns Holl. Die meisten Fenster sind mit Scheiben aus unterschiedlichen Farbmustern besetzt. Zwei Fenster der Bauzeit heben sich deutlich ab: links die Darstellung des Kirchenpatrons – „um den Christen, nicht den Streiter Gustav Adolf zu ehren", wie es bei der Einweihung hieß (Abb. 14) –, und rechts „ein recht grimmig dreischauender" Martin Luther (Lammel); die Fenster stammen von der Firma Bringmann und Schmidt. Mit den Renovierungsmaßnahmen 1984 wollte man das „Pathos" aus der Bauzeit von 1934 tilgen, so heißt es. Im Inneren herrschen seitdem statt des mystischen Dunkels helle Farbtöne und helles Holz vor. Von Heinrich stammen ferner das Altarkreuz, zwei Kerzenleuchter und die Bibelauflage. Walther Senf († 1985, letzte Arbeiten für die Landeskirche) schuf die farbliche Raumfassung und die Ornamente an den Emporenstützen.

Qu.: Auskünfte von Günther Sack, Seußen, und Manfred Daub, 2001. PfA Brand: Akte 149: Urkunde des Grundsteins und Programm der Einweihung.
Lit.: DF WUN 31, mit 1 Abb. – Drechsel 155. – KDM WUN 300. – PB SoBl 50/1984: Lammel, Wolfgang: Kirchenweihe im Kirchenkampf.

3.16. Burgkunstadt, Christuskirche

Lkr. Lichtenfels, Dek. Michelau
Grundsteinlegung 29. Oktober 1933, Einweihung 20. Oktober 1935

Nach einem ersten evangelischen Gottesdienst in der Stadt 1923 im Rathaussaal kam 1929 der Kauf eines Kirchbauplatzes zuwege. Der Grundstein wurde schließlich im Jahre 1933 an anderer Stelle gelegt, der katholischen Kirche westlich gegenüber am so genannten „Limmersrangen", dessen Felsen teilweise abgebrochen werden mussten. Architekt war Albin Strobel. Von der Nordseite her (exakt wäre die Zwischenhimmelsrichtung Nordosten) erblickt man den massiven Turm, der nur ganz unten und im Schalllochbereich Öffnungen besitzt, hier in Rundbogenform. Angebaut sind unter dem ausgreifenden Pultdach Sakristei und Chorraum nach Osten zu. Der Turm schließt mit einem Pyramidendach samt Kugel und Kreuz ab. Zwei der drei Bronzeglocken mussten im Krieg abgeliefert werden; drei neue Stahlglocken besorgte man 1951. Der rechteckige Langhaustrakt mit einem Walmdach fügt sich dem Turm an und besitzt im Süden einen Portalvorbau, der im Scheitel (Christuskopf) und seitlich mit Steinskulpturen gerahmt ist. Als Baumaterial dienten durchgehend unverputzte Bruchsteine, so dass alles eine burgartige Wirkung ausstrahlt. Die Seitenwände werden durch hohe Rundbogenfenster, auch das Fenster im äußerlich nicht erkennbaren Chorbereich, gegliedert. An der Stirnwand außen nach Norden hängt ein großes Holzkreuz.

Zwei Bankblöcke, links bis an die Wand laufend, stehen im Parterre. Eine Empore zieht sich im Winkel an der Ost- und Südwand entlang. Im Langhaus schließt eine flache Holzdecke mit Balkenunterzügen, von Knaggen gestützt, den Raum nach oben ab. Ein hoher rundbogiger Triumphbogen öffnet sich zum Chorbereich, der – früher höher –, nun „gedrückt" erscheint. Nach der Umgestaltung 1982 wurde das liturgische Geschehen aus seinem eingeengten Bereich vorgezogen aufgrund eines Raumkonzepts von Reinhart Fuchs; statt der früheren drei Stufen ist die Altarinsel nur noch um eine Stufe erhöht und ragt quadratisch in das Langhaus unter dem Triumphbogen vor. Der schmale steinerne Tisch mit vier Seitenplatten (R. Fuchs), von einem wellenförmigen Strukturband umzogen und mit einer etwas ausgreifenden

Mensa, von beiden Seiten benutzbar, ist vorne auf den erhobenen Bereich gesetzt. Ein hängendes Metallkreuz (R. Fuchs) markiert den Platz des Altars. Die Stirnwand trägt eine große, farbenfroh in Rot und Blau und durch die schlichte Figurendarstellung eindrucksvoll gestaltete Holzplastik (R. Fuchs) in Kreuzform und mit dem Gekreuzigten sowie weiteren wichtigen Stationen des Lebens Jesu (Verehrung der Könige bei der Geburt links, der Gekreuzigte rechts). In der Mitte über der Abendmahlsszene leuchtet eine goldene „Ostersonne". Das Lamm des Altarkreuzes kann in der Ostersonne vom Eingang aus gesehen werden. Ursprünglich hatte Ludwig Maurer-Franken das gerahmte „Monumentalgemälde ‚Kreuzigung'" für die Wand geschaffen; es hängt nunmehr an der Orgelempore. 1960 stellte man stattdessen ein großes Holzkreuz an die Wand (bis 1982). Die Steinkanzel mit runden und polygonalen Formen hängt links am Triumphbogenpfeiler, bekrönt durch einen flachen Schalldeckel. Der Taufstein mit einem runden Fuß und einem runden Becken (R. Fuchs) steht nunmehr zwischen Altar und Wandplastik im früheren Chorraum. Dieser wird im Halbrund von Stühlen umgeben. Bis 1960 war der Taufplatz links vom Altar. Gegenüber der Kanzel (rechts) befindet sich ein Lesepult mit künstlerisch gestalteter Wange. Seitlich des Altars gibt es einen großen fünfarmigen Kerzenleuchter. Die Orgel (1986, Fa. Schmid) besteht aus einem nach barocken Vorbildern gestalteten architektonischen Prospektaufbau mit fünf Türmen und vier teilweise doppelten Zwischenfeldern; ein fünfteiliges Rückpositiv hängt an der Brüstung der Empore.

Qu.: Auskünfte von Pfarrer Rainer Horn, Burgkunstadt, 2001.

Abb. 79. Burgkunstadt,
Christuskirche von 1935

Lit.: DF Michelau 7 ff. mit Abb. – FS E.-L. Christuskirche Burg-
kunstadt 1935–1985. Burgkunstadt 1985. – FS Fuchs, o. P. –
Hübner, Josef: Ludwig Maurer-Franken. In: „Frankenwald",
Helmbrechts Nr. 7/1935, 98 f., Abb. 98. – KDM LIF 40. – PB
SoBl 46/1982: Der Kirche fehlt nur noch der Name. – PB BR
18.10.1995: 60 Jahre „Christuskirche".

3.17. Heinersreuth, Versöhnungskirche

Lkr. und Dek. Bayreuth
Grundsteinlegung 2. August 1936; Einweihung
15. August 1937

Architekt der Kirche und zugleich Bauleiter war
Christian Ritter v. Popp (1891–1964), Bayreuth.
Die ersten Bemühungen um den Bau einer eigenen Kirche am Ort, der damals noch zum (vierten)
Sprengel der Stadtkirche Bayreuth gehörte, gehen
auf 1901 zurück. 1921 wurde der Kirchenbauverein gegründet. „Diese Kirche wurde gebaut in
einer Zeit ernster Kirchennot" (FS 13). Die Schwierigkeiten bestanden in der Inflation, der Zurück-
haltung der Kirchenleitung sowie einer zeitweise
aufkommenden Enttäuschung der Mitglieder (FS
10). Der von der nahen Bundesstraße (85) aus
verkehrsmäßig nicht so leicht und direkt erreich-
bare Bau stand damals außerhalb des umbauten
Ortskerns, „in der grünen Oase des Ortes" (DF
153). Er ist rechteckig, mit Satteldach von Nord
nach Süd gerichtet. 1950/51 wurde im Anschluss
an die Kirche der Friedhof angelegt. Der Turm ist
seitlich im Osten an das Langhaus angebaut, die
beiden äußeren Ecken werden unten durch Streben gesäumt, nach oben zu sind alle Ecken abge-
fast, so dass die Zwiebelbekrönung von einem
achteckigen Unterbau übernommen wird. Bereits
1936 kamen drei Glocken auf den Turm; 1942

*Abb. 80: Heinersreuth, Versöhnungskirche von
1937 (Festschrift, Titelbild)*

mussten zwei davon abgeliefert werden. Eine vergoldete Wetterfahne bekrönt die Spitze. An das
Langhaus mit beiderseits vier Rundbogenfenstern
schließt sich ein kurzer, eingezogener rechteckiger
Chor an, aber niedriger und ebenfalls mit einem
Ziegelsatteldach bedeckt. Seitlich ist das Dach
über die Sakristei hinabgezogen, die mit eigenem

Eingang über die Flucht des Langhauses hinaus reicht. Ein offener Vorbau mit flachem Pultdach über dem zweiflügeligen Kirchenportal wird durch zwei steinerne Eckpfeiler gestützt; darüber befindet sich ein Ovalfenster. Ein Foyer reicht in den Innenraum hinein.

Zwei lange ausgerichtete Gestühlsblöcke, jeweils bis an die Wand verlaufend, nehmen das Parkett ein. Zu beiden Seiten des Vorraums sind bis an die Rückwände nochmals Sitzblöcke angelegt. Das Schiff wird von einer Holzflachdecke mit langrechteckigen Kassettenfeldern nach oben abgeschlossen. Im Chor, der sich durch einen niedrigen rundbogigen Triumphbogen und zwei Stufen absetzt, steht, mit einer zusätzlichen Antrittsstufe, ein steinerner Blockaltartisch, an die Wand gerückt, mit einem darüber angeordneten großen Kruzifix. Ein seitliches Fenster im Altarraum trägt in bunten Großbuchstaben die Liedzeile mit dem Lutherwort „Ein feste Burg ist unser Gott". Die Kanzel steht oberhalb eines Podestes rechts in der Ecke der Stirnwand mit Direktzugang von der Sakristei. Die geschlossene Holzbrüstung über einem steinernen eingezogenen Sockel weist eine polygonale Grundfläche auf. Der Taufbehälter befindet sich links vor der Stirnwand, auf einem eigenen Podest stehend; er ist in Stein achteckig konstruiert, nach oben konisch anschwellend. Den Rand verziert die Inschrift: „GEHET HIN IN ALLE WELT UND LEHRET ALLE VÖLKER UND TAUFET SIE"; weiter unten steht eine Inschrift zur Stiftung (aus Schweinfurt). Die Orgelempore an der Eingangsseite wird von zwei Holzpfeilern getragen und weist eine mit rechteckigen Füllungen besetzte Brüstungsfläche auf. Die Orgel von 1995 (Fa. Späth) besteht aus zwei Teilen, dem Hauptwerk und einem Rückpositiv, das mitten in die

Brüstung eingesetzt ist und vorkragt, beide in jeweils fünfteiligen Gehäusen mit zierlichen Schleierbrettern. Die farbige Gestaltung von Emporenbrüstung und Orgel geben dem dunklen Raum eine festliche Grundstimmung. An den Seitenwänden hängen Bilddrucke. 1968 wurde die Heizung von Koks auf elektrischen Strom umgestellt (FS 42 f.).

Qu.: Auskünfte von M. Daub, 2002.
Lit.: DF BT I 47 f., mit Abb. – DF BT II 151–155. – FS = Friedel, Heinz: Kirche in Heinersreuth. Aus der Geschichte der Kirchengemeinde anläßlich der 50. Wiederkehr der Einweihung unseres Gotteshauses. Bayreuth 1987 (Abb. 22, 23, Pläne 30, 31). – Gebelein, Arnold (Hg.): Gemeinde Heinersreuth – Heimat am Roten Main. Bayreuth 1993, 175–180. – PB NK 25.10.1995: Handwerklich und klanglich ein Meisterstück.

3.18. Marxgrün, Christuskirche

Lkr. Hof, Pfarrei und Dek. Naila
Grundsteinlegung 7. Mai 1939, Einweihung
29. Oktober 1939, Abb. 16

Die Kirche liegt vom Zentrum des Ortes entfernt an einem Hang jenseits des Selbitzbaches mit einem sich anschließenden Friedhofsgelände (1941). Architekt war Hermann Heinrich, Baurat der Landeskirche, der zur Zeit der Einweihung bereits an der Front weilte und später im Krieg fiel (FS 21). Der Kirchenbau steht in Ost-Westrichtung mit rechteckiger Grundfläche und einer verschieferten Apsis im Westen. An die Südwand ist eine kleine Sakristei angefügt, die über die westliche Stirnseite hinausragt mit dem herabgezogenen Satteldach der Kirche. Treppen führen an der östlichen Südseite zu einem mit Mauern gesäumten

Abb. 81: Marxgrün, Christuskirche von 1939 (Festschrift, Titel)

Vorplatz. Von dort leitet eine Treppe weiter zum Haupteingang im Untergeschoss des Turms mit einem kleinen Vorraum, der nach rechts zum Emporenaufgang, nach links in den Kirchenraum führt. In dem gedrungenen, 15 m hohen Turm über quadratischer Grundfläche mit verschiefertem Obergeschoss – zunächst in Fachwerkbauweise erstellt – sowie verschieferter Haube samt Knauf und Kreuz hängen drei Glocken. Das Geläute, das im September, vor Einweihung der Kirche, den „Krieg einläuten" musste, wurde bereits 1943 dezimiert, 1956 wieder ergänzt (DF 104).

Die beiden ausgerichteten Gestühlsblöcke laufen jeweils bis an die Wand. Eine Holztonnendecke mit einem Querbalken zieht sich über das Langhaus. Beiderseits sind in den Wänden jeweils zwei Fenster mit Stichbogen vorhanden, in der Apsis ein kleines Nordfenster. Der stark eingezogene Chor oberhalb von zwei Stufen nimmt einen modernen Blockaltar in Stein samt Holzmensa auf. Der ursprüngliche Altar erhielt nachträglich (1940) einen kleinen Aufsatz mit einer Predella, die Relieffiguren von Engeln zeigt, sowie drei Retabelteilen in Eiche. Darauf finden sich die Kreuzabnahme in der Mitte, die Judasszene in Gethsemane links und die Thomasbegegnung rechts (von Helmut Ammann). Ein Lesepult steht links auf dem Absatz. Verlängerte Chorstufen leiten nach rechts zu der auf einem Steinsockel aufsitzenden Kanzel, die mit ihrer polygonalen Brüstung bis an die Stirnwand verläuft. Links ist die untere Podeststufe ebenfalls noch bis vor die Stirnwand geführt und bietet Platz für den zylindrischen, konisch zulaufenden Taufstein „in Form eines gedrungenen Kelches" (DF 107) mit hohem Holzkegeldeckel samt Adlerabschluss (1941, von Georg Geisel, Zeil am Main). Links an der Wand bei der Sakristeitüre hängen vier Evangelistenskulpturen, die von Reinhard Munzert, Naila, stammen (1974). Die Orgelempore über dem Haupteingang wird von gedrechselten Stützen getragen. Die gefelderten Brüstungsflächen sind ungeschmückt. Die gehäuselose Orgel (Firma Steinmeyer) ist in die Mitte der Empore gesetzt mit einer vorragenden Konsole. In der Kirche befinden sich 170 Plätze.

Lit.: DF FW 104–107, mit 2 Abb. – FS 1989. – KDM NAI 47. – Knopf Sp. 398.

3.19. Hof, Christuskirche

Stadt und Dek. Hof
Grundsteinlegung 12. Juni 1938, Einweihung
5. November 1939

Die Kirche wurde auf einer Anhöhe im so genannten „Münsterviertel" gebaut auf einem Grundstück, das man bereits 1928 erworben hatte. Sie konnte gerade noch nach Beginn des II. WK eingeweiht werden. Architekt war Reinhard Claaßen. Langhaus und Turm wurden aus Bruch-Granitsteinen erstellt und unverputzt belassen – ein „Baukörper von kraftvoller Schönheit" (FS). Die zweigeteilten Fenster – im Inneren für die Bankreihen unter und für die Plätze oberhalb der Empore gedacht – schließen mit flachen Stichbogen. Der Turm (34 m hoch) ist der Südostgiebelfront vorgestellt und schließt mit flachem Pyramidendach, auf das eine Laterne mit einer kleinen Zwiebel samt Knauf und Wetterhahn aufgesetzt ist. Der Klang der vier Glocken kann durch ringsum große Fensteröffnungen austreten. Das Turmuntergeschoss nimmt den Eingangsbereich auf, zu dem – durch die Hanglage bedingt – von beiden Seiten her breite Treppenaufgänge führen. Sowohl am südlichen Ende des Gebäudes als auch am nördlichen sind Anbauten angefügt. Im Untergeschoss der Kirche befinden sich Gemeinderäume; der Saal wurde 1977 neu gestaltet, farblich konzipiert von Walther Senf.

Der Kircheninnenraum bildet ein großes Rechteck mit einem deutlich abgehobenen, auch außen erkennbaren Chorbereich. Eine einfache Empore mit Holzstützen samt breiten Knaggen führt an drei Seiten herum, jeweils bis an die Stirnwand laufend. Die Brüstungsflächen sind rundum mit

Abb. 82: Hof, Christuskirche von 1939

Gemälden besetzt, an den Seiten je 16, an der Orgelempore acht. Diese 40 biblischen Szenen „in Renaissancemanier" (PB), mit Schriftbändern erläutert, stammen von Prof. Richard Holst, Berlin, gefertigt in den ersten Kriegswochen. (Der Maler stand 1944 vor dem Volksgerichtshof wegen „Wehrkraftzersetzung", wurde aber nicht, wie bisweilen behauptet, hingerichtet, sondern starb 1955 – PB.) Auf einem der Gemälde glaubte ein Pfarrer 1983 in einer Gestalt unter den Zuhörern von Jesu Predigt Adolf Hitler dargestellt zu finden (PB). An den beiden seitlichen Wandstirnflächen wurden zwei große Fresken angebracht mit Darstellungen der Kreuzigung und der Auferstehung (von Günther Voglsamer, München, 1947). Zwei Gestühlsblöcke mit seitlichen Gängen sind zur Stirnseite hin ausgerichtet. Die flache Decke besitzt Balkenunterzüge, die teilweise ornamentale Muster vorweisen. Sechs große mehrarmige Leuchter mit elektrischen Kerzen sorgen für künstliche Beleuchtung, ebenso einzelne ähnlich gestaltete Leuchter ober- und unterhalb der Empore an den Seitenwänden. Eine große Zone des Chorbereichs erhebt sich in voller Raumbreite um drei Stufen. Eine weitere Stufe erhöht steht der Altar in einem abgesonderten, bis obenhin durchlaufenden Bereich mit trapezförmiger Grundfläche. Das hohe Altarfenster dahinter mit der Darstellung einer „in strenger Linienführung" (DF III) gestalteten segnenden Christusfigur stammt aus der Werkstatt Bringmann und Schmidt und trägt die Inschrift: „ICH BIN DAS LICHT DER WELT". Die steinerne Mensa wird von vier durchgestalteten Bronzeengeln getragen. Der frei stehende Ambo rechts mit Aufgang von der Seite her befindet sich oberhalb der Chorstufen und weist eine polygonale Grundfläche auf. Er wurde 1947 an der Stelle einer

Steinkanzel aufgerichtet, stammt von Tischlermeister Hans Deeg aus Hof und Bildhauer Meusel und zeigt auf den Brüstungsflächen Reliefgestalten der vier Evangelisten sowie die von Paulus. Der „massige" trommelförmige Taufstein auf der Chorebene vor der linken Stirnwand wird von drei Schildkröten in Bronze getragen, weist einen Spruch und Symbole auf und ist durch eine kegelförmige Messinghaube abgedeckt. Daneben steht ein filigranes Metallpult. Die Orgel (Fa. Steinmeyer), 1976 verbessert, mit einem breiten Pfeifenprospekt verblieb gehäuselos und steht auf dem Emporenteil über der Eingangseite. 700 Sitzplätze sind im Kirchenraum vorhanden; der Gemeindesaal fasst 250 Sitzplätze.

Qu.: Auskunft von Manfred Daub.
Lit.: DF HO I 17 f. – DF HO II 45–47, mit 2 Abb. – DF HO III 38–40, mit 2 Abb. – FS Christuskirche Hof, hg. von Karl Münch und Hans Gipser. Hof 1969, o. P. – PB FP 21.4.1983: Hofer Pfarrer entdeckt in seiner Kirche Christus-Hitler-Gemälde. – PB SoBl Nr. 18/1983: Predigt eines Malers: „Hitler muß in der Kirche bleiben". – PB FP 7./8.5.1983: Das Schicksal des Professors Richard Holst: Nicht 1944 ermordet, gestorben 1955.

3.20. Ebersdorf b. Coburg, St. Laurentius

Lkr. und Dek. Coburg
Grundsteinlegung 20. März 1949, Einweihung 19. März 1950

Nach dem Brand der aus dem Jahr 1687 stammenden Kirche entschloss man sich 1946 zu einem Neubau im Anschluss an den alten Turmstumpf, diesen – mit romanischen Elementen behaftet – halb einschließend und im Untergeschoss als Chor ausweisend. Architekt war Reinhard Claaßen. Das Langhaus mit einem Satteldach zeigt zwei Fenster- reihen, unten quadratisch, oben rechteckig mit Spitzbogen. An die westliche Südseite wurde eine Eingangsvorhalle mit Walmdach und Treppenauf- gang gestellt. Der geostete Turm ragte nur wenig über das Langhausdach hinaus und war mit drei Glocken bestückt und einem flachen Pyramiden- dach besetzt. Der Wunsch der Gemeinde nach einem höheren Turm ging erst 1984 in Erfüllung. Man erhöhte den bisherigen – unter dem einhei- mischen Architekten Erich Klug – in historisieren- der Weise mit einer 18 m hohen achtseitigen Spitze und vier Scharwachttürmchen auf das Niveau des alten Turms von 37 m und stattete ihn mit einer neuen Turmuhr aus. Dieser Oberbau besteht in der Grundkonstruktion aus Holz mit Verschiefe- rung. Die Kosten von 300 000 DM musste die Ge- meinde selbst mithilfe von Sponsoren tragen; von der Landeskirche gab es keinen Zuschuss.

Der Zugang zum Kircheninneren erfolgt von ei- nem Vorraum in der südwestlichen Ecke aus. Eine Balkendecke lässt sich im Langhaus ausmachen, eine niedrigere Felderdecke im Altarraum. Die Balken weisen Ornamentmuster auf. 1981 erfolg- ten Erneuerungsmaßnahmen unter dem Architek- ten von Pezold. Das Gestühl ist in mehrere Blöcke aufgeteilt: im hinteren Bereich neben dem Ein- gang ein einheitlicher Block, im vorderen Areal ebenfalls, seitlich unter der Empore ein weiterer Gestühlsblock im rechten Winkel dazu. (Früher waren es zwei ausgerichtete Blöcke.) Einfache Emporen, von Holzpfeilern mit Knaggen gestützt, verlaufen an zwei Seiten, nämlich im Westen und Norden. Der zum großen Teil durch die Orgel- empore verstellte frühere Turmchor ist mit einem Schulterbogen zum Schiff hin geöffnet. Die Altar-

Abb. 83: Ebersdorf b. Coburg, neuer Altar 1981

insel springt, um eine Stufe erhöht, vom Chorbogen aus halbkreisförmig vor. Der Tisch darauf besteht aus Holz und weist diagonale Verstrebungen auf. Ein hohes, im Boden verankertes Metallkreuz mit eingearbeitetem Korpus erhebt sich hinter dem Altar. (Der frühere Altar stand im eingezogenen Turmchor oberhalb eines zweistufigen Podestes mit einem bemalten Rundbogenfenster dahinter.) Die Kanzel mit einer relativ hohen Holzkonstruktion als Unterbau und mit polygonaler Grundform der Brüstungsflächen wurde an die rechte Wand gestellt mit einem achtstufigen Treppenaufgang um die Ecke (Abb. 53). Der Schalldeckel erstreckt sich in gleicher Form darüber. (Der frühere Kanzelkörper am rechten Triumphbogenpfeiler über einem Steinsockel war mit geschnitzten Reliefs geschmückt – von Edmund Meusel.) Der Taufstein steht in der Achse vor dem Altar und hat eine fassartige Gestalt – wohl als Hinweis auf die Bedeutung des früheren Büttnerhandwerks am Ort – mit einem Reliefband von Fischen. Diese Einrichtungsgegenstände stammen von Reinhart Fuchs. Im Süden zeigen die Fenster (von 1950, Fa. Bringmann) bildnerische Darstellungen wie Symbole von Fisch und Taube, rechts einen Heiligen (Georg?), im Fenster an der Westwand den Guten Hirten. 1954 erhielt die Kirche ihre erste Orgel, ein neues Werk 1980/81 (Fa. Walcker). Diese wurde in den Turmchor gestellt. Die Empore dazu springt dreiseitig vor; darunter ist die Wand geschlossen bzw. mit zwei Türen besetzt.

Qu.: Auskünfte von Pfarrer Gerhard Scharrer, Creußen, 2001. Lit.: Coburg: Stadtführer Abb. 128. – DF CO II 169 f. – FS Kleine Festschrift zum 50. Jahrestag der Wiederweihe, hg. von der E.-L. Kirchengemeinde Ebersdorf bei Coburg. PC-Ausdruck, vervielf. 2000. – PB SoBl 27/1984: Schönheitsoperation am Kirchturm. – Teufel 51.

3.21. Kleintettau, Auferstehungskirche

Gmd. und Pf. Tettau, Lkr. Kronach, Dek. Ludwigsstadt
Grundsteinlegung 28. September 1947, Einweihung 26. August 1951

Der erst im 17. Jahrhundert entstandene Ort gehört territorial zum früheren Amt Lauenstein. Ein Kirchenbau wurde durch die Schenkung eines Grundstücks 1935 ermöglicht, das man aber 1938 gegen ein anderes austauschte. 1937 wurde ein Kirchbauverein gegründet. Auf dem neuen Areal außerhalb des Ortes, am Waldhang „Glaswand" an der Frankenwaldhochstraße gelegen, wurde zuerst 1939 ein Gemeindefriedhof angelegt. Das angesparte Geld war durch die Währungsreform verloren, so konnte erst wieder nach 1948 an den Weiterbau gedacht werden. Architekt war Reinhard Claaßen. Der Kirchenbau am Hang, in West-Ost-Richtung gestellt, besitzt eine rechteckige Grundfläche und wurde innen aus Backsteinmauern, außen in Verkleidung aus massiven, unverputzten einheimischen Bruchsteinquadern aus Grauwacke aufgerichtet. Das Walmdach ist mit Schiefer gedeckt, mit Dachgauben und, nach Westen zu, mit einem Wetterhahn besetzt. Im Osten schließt sich der verschieferte eingezogene Turm an. Im rechten Winkel, nach Norden zu, verläuft, nunmehr angefügt an die Kirche, das 1949 erstellte Gebäude, in dem die Sakristei und ein Gemeinderaum, im Untergeschoss die Leichenhalle untergebracht wurden. Der Turm ist mit einem Schiefer-Pyramidendach samt Knauf und Kreuz bekrönt. Auf dem Seitenbau mit Walmdach erhebt sich ein kleiner offener Dachreiter (drei Glocken) mit einer Haube sowie Kugel und Wetterhahn. Ein

Abb. 84: Kleintettau, Auferstehungskirche von 1951

großer Vorplatz mit niedriger Umfassungsmauer breitet sich im Rechteck zwischen den Bauten aus. Zum stichbogigen, zweiflügeligen Eingang ohne Vorbau an der Nordseite führt ein Treppenaufgang.

Zwei Mal vier hoch liegende Fenster mit Stichbogenabschlüssen sowie oberhalb der Empore kleinere Fenster nach Süden und Norden bringen Tageslicht in den Raum. Zwei Bankblöcke sind ausgerichtet und reichen jeweils bis zur Wand. Eine flache Holzdecke mit Balkenunterzügen, die Ornamentverzierungen tragen, schließt den Raum nach oben ab. Der eingezogene Altarbereich mit einem runden Triumphbogen liegt im Untergeschoss des Turmes und ist um drei Stufen erhöht, die nach vorne gezogen sind und seitlich bis zum Kanzelunterbau führen. Der Altar steht nochmals um eine Stufe erhöht; er ist aus Quadern zu einem

Block hochgemauert und mit einer Holzmensa versehen. Die Decke des rechteckigen Chorbereichs schließt flach mit Kassetten. Erst einige Jahre nach der Einweihung erhielt das große Rundbogenfenster der Stirnwand eine Darstellung des Auferstandenen (nach Daub vermutlich von der Firma Bringmann). Die Kanzel schließt sich an die rechte Wand am Triumphbogen oberhalb eines steinernen Sockels an. Fünf Stufen führen vom Chor aus empor. Auf den Holzbrüstungsfeldern über polygonaler Grundfläche sind geschnitzte Flachreliefs zum Thema Auferstehung angebracht, die neben dem Auferstandenen zwei Frauen und zwei Wächter – diese mit auffallend zeitgenössischen Stahlhelmen – auf den einzelnen Flächen aufweisen. An der linken Seitenwand wurde eine „Taufecke" samt Bestuhlung an der Seitenwand eingerichtet. Auf dem tonnenförmigen Steingefäß sind vier ganzfigurige Engelreliefs in anbetender Haltung dargestellt; eine Inschrift läuft ringsum: „LASSET DIE KINDLEIN ZU MIR KOMMEN". Ein kegelförmiger Messingdeckel mit Flachreliefdarstellungen von Symbolen und einer Inschrift deckt das Taufbecken ab. Ein modernes Vortragekreuz steht an der linken Stirnwand. Eine Holzempore mit gerahmten Brüstungsfeldern zieht sich über den Eingangsbereich. Die frühere gestiftete Orgel stammte aus Hoechst am Main, die neue (1982) kam von der Firma Bosch. Die drei Türme des flachen Gehäuses tragen Gitterwerkverzierungen (Entwurf M. Daub).

Qu.: Auskünfte von M. Daub, 2002.
Lit.: FS 50 Jahre Auferstehungskirche 1951–2001, hg. von der E.-L. Kirchengemeinde Kleintettau. Ludwigsstadt 2001. – FS Ludwigsstadt 25–28. – KDM KC 67. – Knopf Sp. 275. – Malter I 366. – Rentsch, Friedrich: Kleintettau, das Glasmacherdorf an der Zonengrenze. Kulmbach 1961, 108–111.

3.22. Lippertsgrün

Stadt Naila, Lkr. Hof, Pf. Schwarzenbach a. Wald (neu: Döbra), Dek. Naila
Grundsteinlegung 22. April 1951, Einweihung 22. September 1951

1949 wurde ein Grundstück im sog. Unterdorf, einst am Ortsrand, zur Anlage eines Friedhofs erworben, auf dem dann auch der Kirchenbau getätigt werden konnte. Architekt war Kreisbaumeister Klostermayer. Der Rechteckbau, von Nord nach Süd gerichtet, weist auf dem Satteldach Gauben auf sowie Traufen unterschiedlicher Höhe. Der gedrungene Turm über quadratischem Grundriss, mit kleinen Rechteckfenstern, niedrigem Pyramidendach und einem Kreuz aus eloxiertem Aluminium, birgt fünf Glocken. Der Turmbau fügt sich direkt an die Westseite am nördlichen Ende der Langhauswand an und besitzt im Untergeschoss einen Zugang zum Kirchenraum sowie den Emporenaufgang. Beide Bauten bestehen aus unverputztem Fichtelgebirgsgranit, die Dächer sind mit Schiefer gedeckt; im Westen ist das Dach zum Schutz der seitlichen Eingänge zu Turm und Sakristei weit herabgezogen. Der Haupteingang führt von der Giebelseite im Norden her durch einen kleinen Anbau mit Pultdach (von 1991). Auf der gegenüberliegenden Seite befindet sich im Untergeschoss eine Leichenhalle. Diese südliche Stirnwand lässt den Chorbereich nicht erkennen; sie ist durch Rundfenster gegliedert sowie durch seitliche und darüber liegende kombinierte Rechteckfenster. Die Ostwand weist vier große, farblich leicht getönte Rechteckfenster mit Stichbogen auf.

Der Innenraum wirkt durch eine flache Decke mit langrechteckigen Kassetten gedrückt. Die

Abb. 85: Lippertsgrün, Kirche von 1951 (Archiv Landeskirchenamt München)

beiden ausgerichteten Gestühlsblöcke im Schiff sowie zwei weitere unter der Empore belassen jeweils enge Seitengänge. Der rundbogige, um drei Stufen erhöhte Chorbereich wird durch einen Vorraum samt Treppenaufgang (links) und die Sakristei (rechts) eingeengt. Der aus geschliffenem Granit bestehende Altarblock steht nahe an der Stirnwand. In ein Rundfenster darüber ist die

Lutherrose eingesetzt (Fa. Bringmann). Ein Pult steht links. Die Kanzel mit Direktzugang vom linken Vorraum aus hängt an der linken Stirnwand. Drei der fünf hölzernen Brüstungsflächen tragen Flachschnitzereien: Schiff, Lamm, Taube (Symbole für christliche Gemeinde, Sohn Gottes, Hl. Geist). Ein flacher Schalldeckel mit Kreuzbekrönung hängt über dem Predigerstandort. In der Nische vor der rechten Stirnwand und einer Seitenbank steht die zylindrische Steintaufe (von 1966) mit einer flachen Messingabdeckung. Die ziemlich tiefe Empore im Eingangsbereich mit Aufgang aus dem Turmuntergeschoss wird von Holzpfeilern gestützt. Eine kleine Steinmeyerorgel steht darauf in der Mitte mit gehäuseloser Pfeifenanordnung. Ein Lutherbild sowie ein weiteres Gemälde (Jesus stillt den Sturm, beide von Hans Ernst) hängen an der rechten Seitenwand. 250 Sitzplätze sind vorhanden.

Qu.: Auskünfte von Hans Hill, Lippertsgrün, 2001.
Lit.: DF NAI 51 f., mit Abb. – DF FW 116–118, mit 2 Abb. – FS Lippertsgrün. – KDM NAI 43. – Knopf Sp. 355 f. – Malter II 309.

3.23. Steinwiesen, St. Johanniskirche

Pf. Heinersberg-Nordhalben, Lkr. und Dek. Kronach
Grundsteinlegung 17. Mai 1948, Einweihung 16. Dezember 1951

Der Bauplatz in dem einst zum Bamberger Hochstift gehörenden Ort konnte 1929 erworben werden. Er liegt an einem steilen Hang in der Ortsmitte nordwestlich der Durchgangsstraße. Der Zufahrtsweg ist sehr beengt, aber das Areal um die Kirche greift parkähnlich aus. Mit einem „verzweifelten Versuch" legte man nach dem II. WK den Grundstein und baute zunächst ohne Genehmigung. Der Bau gehörte zum Programm der sog. „Notkirchen" und lag in den planerischen Händen von Karl Pfeiffer-Hardt. Das Grundgefüge war ein ausgefachter Holzständerbau, von dem äußerlich nichts mehr zu erkennen ist. An den länglichen Rechteckhauptbau schließt sich mit gleichem Sat-

teldach- und Firstverlauf ein schmälerer Rechteckbau im Osten an. Der Eingang befindet sich an der westlichen Giebelseite mit einem Treppenanstieg und kleinem Schieferpultvordach. Über dem Giebel thront ein hölzerner Dachreiter in Fachwerkbauweise mit Öffnungen nach allen Seiten. Ein altes Marienglöckchen vom Friedhof hängt darin. Über der Pyramidenbekrönung sitzt ein Knauf mit einem vergoldeten Wetterhahn. Die Rechteckfenster der Kirchenwände (je drei an den beiden Langhausseiten, je eines im eingezogenen Bereich) mit kleinen Scheiben reichen oben jeweils bis an die Traufe. Kleinere Quadratfenster befinden sich unterhalb des Emporenbereichs. 1971/72 wurde die damals „marode Kirche" „aufpoliert" (Rückert). Ein Sakristeibau mit einem flachen Schieferpultdach schließt sich an der Nordostecke an. Die Giebelwand im Osten weist nur ein kleines Schlitzfenster hoch oben auf. Im Untergeschoss sind weitere Räume vorhanden.

Der weiß verputzte Raum zeigt noch Spuren der Notkirchenkonstruktion durch zwei Holzpfeiler an den Seitenwänden. Die Balken laufen unter der flachen Holzdecke waagrecht weiter. Zwei ausgerichtete Bankreihen reichen jeweils bis an die Seitenwand. Der Choranbau schafft eine tiefe, eingezogene, durch drei Stufen erhöhte rechteckige Zone, in der sich, um eine weitere Stufe erhöht, der Altartisch aus Muschelkalkstein auf vier massiven Beinen frei, von der Wand abgerückt, befindet (gefertigt vom einheimischen Granitwerk Eisenhammer). Die starke Mensa besteht wie der Unterbau aus geschliffenem Stein. An der Stirnwand darüber hängt ein Kreuz, dessen Holzbalken auf die Bauzeit zurückgehen; der Korpus wurde samt einer Nimbusscheibe neu (von Karlheinz Hoffmann, 1991) ergänzt. Die flache Kassettendecke im Chor liegt höher als im Langhaus. Ein Pult steht auf der rechten Seite mit dem Flachrelief eines Hörenden und einem Bibelwort auf der Brüstung. Der Holzambo mit rechteckiger Grundfläche über einem Steinsockel ist im Chorbereich an die linke Seite gerückt mit einer Antrittsstufe. Der Taufstein steht unterhalb der Chorstufen rechts mit einer Seitenbank. Er zeigt vom Fuß über den Schaft bis zum ausgreifenden Becken oktogonale Formen. Die Messingabdeckung besitzt einen Adlergriff. An der Stirnwand beim Taufstein hängt eine Ikone mit der Darstellung des Kirchenpatrons Johannes (von Hermine Giani, München). Eine Empore auf Holzstützen und mit gefelderter Brüstung ist im Eingangsbereich eingesetzt mit einem Orgelpositiv von der Firma Schwan von 1974 mit einem kleinen fünfteiligen Gehäuse, das in die Brüstung eingepasst ist. Unter der Empore (rechts), gleich nach dem Vorraum und gegenüber dem Treppenaufgang, wurde eine Sitzecke zu Gesprächsrunden eingerichtet.

Qu.: Auskünfte von Wieland Beierkuhnlein, Steinwiesen, sowie Pfarrer Matthias Rückert (Gemeindeblatt), und Manfred Daub, 2001.
Lit.: DF KC 47, mit Abb. – KDM KC 247.

3.24. Bieberbach, Reformationsgedächtniskirche

Gmd. Egloffstein, Lkr. Forchheim, Pf. Affalterthal, Dek. Gräfenberg
Baubeginn 1948, Grundsteinlegung keine bekannt, Einweihung 29. Juni 1952

Der ursprünglich ritterschaftlich geprägte Ort strebte nach dem II. WK ein eigenes Kirchengebäude an, für dessen Planungsentwürfe man Karl Pfeiffer-Hardt beauftragte; die Arbeiten wurden weitgehend in Eigenleistungen bewältigt. Der Bau steht am Ortsrand in Hanglage am „Froschstein". Als Baumaterial verwandte man Dolomitsteine der Gegend. Der Zugang zu dem rechteckigen Bau mit Walmschieferdach wird über einen Treppenaufgang erreicht und führt zum Turm, in dessen Untergeschoss sich der Eingangsbereich befindet. In einem tympanonartigen stichbogigen Kalksteineinsatz finden sich drei Kreuze eingemeißelt. Der Turm weist Schlitzfenster auf sowie für den Austritt des Glockenschalls (drei Glocken) Rundbogenfenster. Die achteckige Spitze mit Fahne und Knauf ist eingezogen. Die Langhauswände sind durchbrochen mit zwei großen und beiderseits der Empore je einem kleineren Rundbogenfenster. Auf dem Ostgiebel befindet sich ein Knauf mit Kreuz. An das Südostende ist eine Sakristei mit Walmdach angebaut.

Zwei Gestühlsblöcke, jeweils bis zur Wand laufend, richten sich zur Stirnfront hin aus. Der eingezogene, um drei Stufen erhöhte Chor wird durch einen runden Triumphbogen betont. Im Chor befindet sich eine flache Holzkassettendecke, im Langhaus tragen starke Querbalken kleinere Längsbalken mit einer flachen Bretterdecke. Ein mittleres und ein seitliches Rundbogenfenster (im Norden) mit abstrakten Glasbemalungen erhellen den verhältnismäßig tiefen Chorraum. Die heutige Ausstattung stammt erst von 1983 (Reinhart Fuchs). Hinter dem alten Kalksteinblock des Altars mit vorkragender Holzmensa erhebt sich vom Boden ein aufgeständertes Retabel, das mit dem Aufsatz in seiner durchbrochenen Form an die Gesprenge gotischer Altäre erinnert. Die breiten bunt und mit Silberbemalungen gestalteten Reliefflächen des

Abb. 86: Bieberbach, neuer Altar 1983

Mittelteils und der beiden Flügel weisen in der Mitte mit Christus und zwei Jüngern symbolhaft auf das Abendmahl, die Seitenflügel auf die Taufe Jesu und die Ausgießung des Hl. Geistes hin. Die Predella ist unbehandelt. Im Gesprenge steigt ein Kreuz mit dem Motiv des Lebensbaumes (grüne Farbe, junge Triebe) empor mit dem in einen Kreis eingeschlossenen Christuskorpus. Die zwei

Gestalten darunter stellen Maria Magdalena und Thomas dar. Den oberen Abschluss bildet die Hand Gottes. Früher stand ein großes Kruzifix hinter dem Altar. Die aus Kalkstein aufgebaute Ambokanzel links an der Stirnwand wird durch einen seitlichen Zugang erreicht. Der Taufstein, ein massives zylindrisches, oben wulstartig verstärktes Kalksteingefäß, steht rechts in der Ecke vor der Stirnwand und einer seitlichen Bank. Auf der Chorebene befindet sich ein Evangelienpult. Die Empore im Eingangsbereich samt Treppenaufgang wird von Holzpfeilern getragen und durch eine Holzbrüstung abgeschirmt. Die Orgel stammt von der Firma Walcker. Der einzige mehrarmige Kronleuchter des Raumes dürfte von früherer Zeit herrühren.

Qu.: Auskünfte Pf. Affalterthal sowie von Manfred Krämer, Bieberbach, 2001.
Lit.: FS Fuchs, o. P. – KDM PEG 89. – Poscharsky VI 125, Abb. 126.

3.25. Fichtelberg, Christuskirche

Pf. Warmensteinach, Lkr. und Dek. Bayreuth
Grundsteinlegung 5. Oktober 1952, Einweihung
5. Juli 1953

Am westlichen Ortsrand, an der Straße nach Bayreuth, liegt an einem Hang die kleine weiß getünchte Kirche mit einem Vorplatz, der von einer niedrigen Mauer umgeben ist. Die ursprünglich zum Kurfürstentum Bayern gehörende Gemeinde war rein katholisch. Eigentlich sollte die Bauplanung Robert Reissinger übernehmen; man entschied sich aber letztlich für Erich Popp, Bayreuth. Der Bau steht auf einer rechteckigen Grundfläche.

Abb. 87: Fichtelberg,
Christuskirche
von 1953

Ein Walmdach in Schieferdeckung schließt ihn nach oben ab, auf dem ein verschieferter Dachreiter sitzt mit Laterne und Zwiebelhaube, Knauf und Wetterfahne. Eine Bronzeglocke hängt darin. Man erkennt bereits von außen den eingezogenen Chor im Westen, der nach Norden hin erweitert ist zur Sakristei mit einem Anbau. Über den Portalstufen schützt ein kleines Vordach den Eingangsbereich. In die zweiflügelige Türe findet man einen Spruch eingearbeitet: „Suchet mich, so werdet ihr leben", gestaltet von dem einheimischen Bildhauer Max Nickl (1912–2002).

Man gelangt in das Innere durch einen kleinen Vorraum und einen nach innen angesetzten Holzwindfang. Die beiden Gestühlsblöcke, zum Altar hin ausgerichtet, laufen jeweils bis zur Wand. Der um drei Stufen erhöhte eingezogene Chorbereich trägt eine flache Bretterdecke. Die ähnlich gestaltete Decke des Langhauses wird von Balkenunterzügen getragen, die an den Seiten Schnitzereien aufweisen. Von den jeweils drei Rundbogenfenstern an den beiden Langseiten erhielt je eines – auf Grund von Stiftungen – Glasbildschmuck, nämlich im Norden mit der Darstellung des Gekreuzigten, im Süden des Auferstandenen mit den A-Ω-Symbolen. Der Altar in Form einer kubischen Holztruhe steht oberhalb einer Stufe. An der Wand dahinter hängt ein Kreuz, ein Altarkruzifix steht auf dem Tisch. Das kleine Seitenfenster des Chors weist Symbole zum Abendmahl (u. a. Brot, Weintrauben, Fisch) auf. Am Choraufgang rechts steht eine amboartige Kanzel mit Holzbrüstung, deren Steinsockel in das Langhaus hineinreicht, seitlich gegenüber ein Lesepult. Der Taufständer hat seinen Standort in der rechten Ecke vor der Stirnwand. Das Gefäß mit rundem Fuß, schmalem, stielartigen Ständer und kleinem runden Becken

ist transportabel und wird bei Taufen zur Mitte gerückt. Im rückwärtigen Teil des Kirchenraums befindet sich eine Holzempore mit Holzbrüstung. In den mittleren Teil zwischen Brüstung und Deckenbalken wurde die Orgel eingespannt (Fa. Erich Bauer), zum Raum hin leicht konvex vorschwingend.

Qu.: Auskünfte von Wolfram Schön, Fichtelberg, und Manfred Daub, 2001.
Lit.: DF BT II 140–142, mit 3 Abb. – Herrmann Sp. 156.

3.26. Steinbach am Wald, Christuskirche

Pf. Ludwigsstadt mit eigenem Pfarrsitz, Lkr. Kronach, Dek. Ludwigsstadt
Grundsteinlegung 10. August 1952, Einweihung 11. Oktober 1953

Das Kirchenareal liegt nahe der Kreuzung von Bundesstraße 85 und Frankenwaldhochstraße, eingesäumt von einem Waldstück. Architekt der Kirche war Reinhard Claaßen. Der rechteckige Bau orientiert sich ziemlich genau nach Osten. Am Ostende schließt sich nach Süden zu im rechten Winkel die Sakristei an, an die wiederum ein Pfarrhaus angebaut ist. Ein Treppenaufgang und eine offene Vorhalle mit gemauerten Eckpfeilern am Westgiebel führen zur Eingangspforte. Ein Rundfenster ziert den Westgiebel. Darüber sitzt auf dem Satteldach ein Dachreiter mit rundbogigen Öffnungen (drei Glocken) und einer Pyramidenbekrönung samt Knauf und Kreuz. Im Eingangsraum hängt eine gestiftete Bronze-Kupfer-Tafel mit Szenen der Kreuzwegstationen.

Abb. 88: Steinbach am Wald, neues Kreuz 1976

Fenster. Die stichbogige Holztonnendecke verläuft in dem einheitlich rechteckigen Raum bis an die östliche Stirnwand und bestärkt so den Saalraumcharakter. Ein besonderer Chorbereich ist nicht ausgewiesen, aber eine – außen nicht erkennbare – flache Rundbogennische in die Stirnwand eingelassen. Zwei Stufen führen zur Altarinsel, die links bis zur Seitenwand verläuft, rechts mit Stufen schon vorher endet. Die Mensa des Blockaltars ist ganz an die Stirnwand geschoben. Früher befand sich über dem Altartisch ein einfaches Fichtenkruzifix, das jetzt noch auf der Empore vorhanden ist. Seit 1976 hängt in der Nische der fensterlosen Stirnwand oberhalb einer stilisierten Gruppe der Emmausszene ein großes bunt bemaltes, in ein Quadrat eingefügtes Holzkreuz (von Reinhart Fuchs), in dem als kleine runde Scheiben die Wundmale Christi zu erkennen sind. Der Ambo mit einer Holzbrüstung über polygonaler Grundfläche und mit einem Marmorgesims ist links an die Seitenwand gerückt und über fünf Stufen vom Chor her erreichbar. Daneben steht ein hölzernes Lesepult. Der Taufstein hat seinen Platz unterhalb der Altarinsel, rechts vor der Stirnwand. Er besteht aus einem streng geformten hochgestellten Steinquader mit eingelassener Schale und besitzt eine Messingabdeckung. Alle Prinzipalstücke sowie die Chorstufen bestehen aus geschliffenen Solnhofer Muschelkalksteinen. Im Eingangsbereich befindet sich eine Empore mit quadratisch gerahmten Leerfeldern auf der Brüstungsfläche. Die Orgel mit flachem Gehäuse und drei Türmen stammt von der Firma Deininger & Renner vom Jahre 1979.

Zwei ausgerichtete Bankblöcke verlaufen jeweils bis zur Seitenwand. An der linken Wand befinden sich drei, rechts zwei Rundbogenfenster und unter der Empore jeweils ein quadratisches

Qu.: Auskünfte von Pfarrer Reinhard Grebe, Steinbach, 2001. Lit.: KDM KC 242. – Knopf Sp. 657.

Abb. 89: Martinlamitz, St.-Martins-Kirche von 1953

3.27. Martinlamitz, St.-Martins-Kirche

Stadt Schwarzenbach a. d. Saale, Lkr. Hof,
Pf. Schwarzenbach a. d. Saale, Dek. Münchberg
Grundsteinlegung 25. Mai 1953, Einweihung
18. Oktober 1953

Der Kirchenname erinnert an eine frühere Martinskapelle am Ort. Der Kirchbauverein von 1926 strebte bereits 1940 einen Bau an, der aber durch den II. WK nicht zustande kam. Das neue wie das alte Projekt plante Hans C. Reissinger. Das Gebäude liegt an einem Hang; ein terrassenförmig angelegter Treppenaufgang führt zum eingefriedeten Vorplatz und von da weiter zum Friedhof. Vom Vorplatz aus gelangt man über einen gewinkelten Treppenaufstieg zum Eingang der Kirche im Turmuntergeschoss. Der breite, 22 m hohe Turm mit drei Glocken und Wetterhahn fügt sich im Westen an das Langhaus an und ist durch ein Satteldach gedeckt. An das Ostende des rechteckigen Kirchengebäudes ist nach Süden zu eine Sakristei angebaut, über die das schiefergedeckte Walmdach des Langhauses herabgezogen ist. Die Backsteinwände sind innen und außen verputzt.

Vom Eingang aus gelangt man zu einer Taufkapelle im Turmuntergeschoss, die durch zwei Rundbogenfenster in der Westwand mit Buntdarstellungen von Taube und Lamm beleuchtet ist. Der Kirchenraum schließt sich unmittelbar an; er ist lang und hoch auf die Altarfront im Osten ausgerichtet. Hohe rechteckige Fenster – links fünf, rechts drei – sorgen für weiteres Licht. Langrechteckige Kassetten gliedern die Flachdecke. Ein Gang zwischen zwei ungleich breiten Gestühlsblöcken führt auf die Altarfront zu. Der etwas nach links verschobene Altarbereich liegt drei Stufen erhöht, die eigentliche Altarinsel eine weitere Stufe höher in der nordwestlichen Ecke. Vor den Zugang zur Sakristei ist rechts eine durchgehende Wandscheibe gestellt, hinter der ein Buntfenster indirekte Beleuchtung für den Altarbereich liefert. Die Sakristei kann mit Plätzen zum Kirchenraum einbezogen werden. Die Altarmensa wird von einem Steinblock getragen. Links steht ein Lesepult. In die Wand eingelassen ist eine 40 cm tiefe, außen nicht erkennbare Nische, die von einem geknüpften Teppich ausgefüllt wird (von Leo Brandmüller, Mainz). Dieser stellt den Gekreuzigten dar, drastisch in seinem Leiden charakterisiert, mit dem Bibelwort: „Seid getrost, ich habe die Welt überwunden." Es gab damit Probleme wegen der „ungewöhnlichen Christusdarstellung mit waagerechter Kopfhaltung" (Reissinger 53); man verhängte für einige Zeit (bis 1956) das Bild mit einem Vorhang und stellte ein Holzkreuz davor (Abb. 33). Die Kanzel erhebt sich an der rechten Ecke vor der Mauerscheibe und an der seitlichen Wand; es führt ein relativ hoher abgewinkelter Zugang empor. Die Brüstung ragt halbrund vor, in ähnlicher Form ist der Schalldeckel gestaltet. Der Taufstein in der Eingangskapelle hat eine runde Grundfläche und einen geschweiften Schaft. Alle Prinzipalstücke bestehen aus grünem Mainsandstein. In die seitliche Nische über der Taufkapelle ist, aus der Achse verschoben, eine Empore eingefügt. Die Orgel (Fa. Steinmeyer), ursprünglich für die Empore geplant, steht mit gehäuselosen Pfeifen und dem Spieltisch auf Parterreebene hinter dem rechten Gestühlsblock und stammt von 1959. Von der Ecke dahinter führt der Emporenzugang hinauf. Ein Opferstock aus geschliffenem Stein fällt am Eingang zum Schiff auf. An der rechten Wand hängt ein Bild von Christamaria

Schröter zum Thema „Auferstehung der Toten", nach Hesekiel 37. Insgesamt sind 200 Plätze vorhanden.

Qu.: Auskünfte von Pfarrer Matthias Cunradi, Schwarzenbach, 2001.
Lit.: DF MÜB I 28. – DF MÜB II 54, mit 1 Abb. – KDM REH 41. – Reissinger 50–57, Abb. 15–20.

3.28. Mainleus, Christuskirche

Lkr. und Dek. Kulmbach
Grundsteinlegung 6. September 1952, Einweihung 20. Dezember 1953

Um in dem bevölkerungsmäßig stark angewachsenen und mit „blühender Industrie" (DF I) aufstrebenden Markt die Gemeindeteile, die zu unterschiedlichen Pfarreien (nach Melkendorf, Schwarzach, Veitlahm) gehörten, zu einer Kirchengemeinde zu vereinen, drängte man auf eine eigene Kirche. Die Vorgeschichte des Baus reicht weit zurück, bis zur Gründung des Kirchbauvereins 1929 aufgrund einer Stiftung von 8 000 RM, einer ersten Planung Reissingers im Ortsteil Hornschuchhausen und einer Zurückstellung des Baus 1937 (siehe Kap. 1.2.2.). Verantwortlich für die heutige Kirche mit einem geosteten Rechteckgrundriss und einem Satteldach zeichnet Architekt Hanns Pittroff. Unter der Kirche befindet sich ein z. Zt. nicht genutzter Gemeinderaum. Um die Ostseite verläuft ein Mauerabsatz in rundem Bogen, der so etwas wie einen Sakralbereich andeutet. Im Südosten schließt sich der Sakristeibau unter dem herabgezogenen Langhausdach an. Auf dessen Ostgiebel thront ein vergoldetes Strahlenkreuz. Der Friedhof schließt sich an das Kirchengrund-

Abb. 90: Mainleus, Christuskirche von 1953

stück an. Mit einer Mauer ist das Pfarrhaus an der Südwestseite angebunden. Der Turm wurde mit einem geknickten Pyramidendach an der Nordwestseite in den Bau integriert. Wegen seiner Höhe (33 m) und der Dachform gab es ursprünglich einen Streit, da die kirchliche Baubehörde eine Vereinfachung in der Art wünschte, dass er nicht über die Firsthöhe des Langhausdaches ragen sollte (Münzer 328). Über dem Knauf zeigt ein vergoldeter Posaunenengel die Luftströmung an. Das Geläute mit ursprünglich drei wurde 1991 auf vier Glocken ergänzt. Der mit einem Pultdach versehene Vorbau ist in ganzer Breite des Langhauses im Westen angelegt; von dort führen zwei Türen in den Innenraum. Außerdem erreicht man vom Vorraum aus den Zugang zum Turmuntergeschoss und darin den Treppenaufgang zur Empore.

Die Decke im Langhaus ist in Holztonnenwölbung ausgeführt, das Gestühl in zwei Bankblöcken und mit breiten Wangen ausgerichtet, wobei es rechts bis an die Wand verläuft; links zieht sich eine Bankreihe an der Langwand entlang. Eine Empore in L-Form verläuft von der West- zur Nordseite und dort bis zur linken Stirnwand. Getragen werden die Emporenteile mit ihren gerahmten Leerfeldern durch Holzpfeiler mit Knaggen. Der Chorraum sollte „sakral gestaltet" (Münzer 329) sein. Er ist um zwei Stufen erhöht, aber nicht verengt, so dass er von außen nicht in Erscheinung tritt. Aber ein etwas zur rechten Seite verschobener Triumphrundbogen bewirkt eine gewisse Einziehung. Das rundbogige Mittelfenster weist heute abstrakt geformte blutrote und dunkle Blautöne auf, Kreuzigung und Auferstehung symbolisierend (Ehrenfeld, 1993, Abb. 48). Früher zeigte es innerhalb von kleinen Rechteckscheiben ein großes Kreuz sowie symbolhafte Elemente wie Fisch und Traube. Von den rundbogigen Fenstern der Südwand weisen zwei ebenfalls Malereien auf mit den Darstellungen von Jesus am Kreuz samt Maria und Johannes sowie der Auferstehung; vier Fenster gegenüber zeigen jeweils im rechten unteren Winkel die Attribute der vier Evangelisten. Ansonsten sind die Fenster seit der Neugestaltung (1993) wellenförmig, leicht getönt strukturiert und lassen 30 Prozent mehr Lichteinfall zu als vorher. Die Wandfläche der Chorstirnwand ist ab Unterkante Fenster bis obenhin und in ganzer Wandbreite in Seccotechnik gestaltet von Erwin Pittroff, dem Sohn des Architekten (1958). Auf eine dunkel

gehaltene Grundfläche sind Szenen aus dem Leben Jesu eingefügt: Geburt, Flucht nach Ägypten, der Zwölfjährige im Tempel, Hochzeit zu Kana, Tempelreinigung, Kreuzigung und Himmelfahrt. Unter den dargestellten Personen sollen einige porträthafte Züge tragen, so die des Architekten, des damaligen Ortspfarrers (Münzer 329) und womöglich in der Maria auch die der Frau des Malers. Im Jahr 2000 wurde das Wandbild mit einer weißen Einfassung versehen. Der Altar, wie früher um weitere zwei Stufen erhöht, war einst aus Ziegelsteinen zu einem Block aufgemauert und mit Platten aus geschliffenem Juramarmor verkleidet. Im Aufsatz der Rückwand befand sich das Gemälde mit der Abendmahlsdarstellung (ebenfalls von Erwin Pitroff und mit „1953" signiert), im vorderen Unterteil ein Fresko mit dem Lamm, der Siegesfahne und den Zeichen „A Ω" (vom selben Maler). Sowohl Aufsatz als Fresko sind jetzt im Vorraum angebracht. 1994 wurde eine gründliche Umgestaltung des Kirchenraums vorgenommen. Dabei beschaffte man auch einen neuen Altartisch aus Eichstätter Marmor (Entwurf S. Ehrenfeld), der auf zwei Wangen steht und unten an beiden Seiten abgeschrägt sowie beidseitig verwendbar ist. Die amboartige Kanzel war einst rund und niedrig gehalten, an die rechte Laibung des Triumphbogens gelehnt. Dieser Steinblock („Beton-Bütt") wurde durch einen Holzambo ersetzt. Die mit goldgerahmten rechteckigen Flächen besetzten Brüstungsfelder erheben sich von einer polygonalen Grundfläche aus, die auf einem Steinsockel aufsitzt; über vier Stufen ist der Predigerplatz zu erreichen. Der Taufstein, früher auf dem Chorpodest, befindet sich jetzt links unterhalb der Stufen in einer an zwei Seiten mit Bänken umgebenen Nische; es handelt sich um eine Steintonne, die sich nach

oben konisch erweitert und mit einem Messingdeckel abgeschlossen ist. Die tiefe Westempore
trägt die Orgel von 1972 (Simon) mit unterschiedlich hohen, einfach gerahmten Rechteckgehäusen
für die Pfeifen; in die Brüstung ist ein Rückpositiv
eingesetzt. Zur Ausstattung gehören ferner eine
hohe, über die Kanzelbrüstung hinaus ragende
Taufkerze rechts und ein schlichtes Holzpult links
vom Altar. Insgesamt gibt es in der Kirche 430
Plätze. Im Jahr 2000 erfolgte eine farbliche Neugestaltung des gesamten Innenraums (Architekt
Burkhard Kluge, Mainleus, geb. 1945) unter der
künstlerischen Leitung von Anne Hitzker-Lubin.

Qu.: Auskünfte von Pfarrer Johannes Sperl, von Dr. Dr. Rainer
Pittroff, beide Mainleus, 2001, sowie M. Daub, 2002.
Lit.: DF KU I 39 f. – DF KU II 87–92, mit 2 Abb. – Münzer,
Abb. bei S. 289. – PB BR 14.9.1978: „Trost und Stärkung für
den Alltag" – Christus-Kirche Mainleus feierte 25. Geburtstag.
– PB BR 22.9.1993: Neues Licht im Gotteshaus. – PB FP
6.12.1994: Neuer Altar für Christuskirche in Mainleus. – PB BR
20./21.5.2000: Freundliche Atmosphäre und Geborgenheit –
Christuskirche ist Großbaustelle.

3.29. Stockheim, Auferstehungskirche

Filiale von Burggrub, Lkr. und Dek. Kronach
Erster Spatenstich 19. Juni 1953, Grundsteinlegung
nicht bekannt, Einweihung 30. Mai 1954

Der unauffällige Kirchenbau steht versteckt, etwas
abseits der Hauptverkehrsstraße B 85. Der Bauverein etablierte sich bereits nach dem I. WK. Durch
die Geldentwertung konnte erst nach dem II. WK
ernsthaft „unter erheblichen Opfern" (DF 17) an
das Bauvorhaben in dem vom Hochstift Bamberg
geprägten Ort gedacht werden. Als Architekt

wählte man Reinhard Claaßen. Es handelt sich um
einen Rechteckbau mit niedrigerem Anbau im
rechten Winkel, beide Gebäude mit Satteldach
versehen. Der Kirchenbau steht in Nord-Süd-Richtung; der Eingang befindet sich mit einem kleinen
Vorbau auf der nördlichen Westseite. Auf dem
Nordgiebel sitzt ein verschieferter Dachreiter mit
doppelter Zwiebel, drei Glocken und dem Knauf
samt Wetterhahn. An den Langwänden sorgen
Stichbogenfenster für die natürliche Beleuchtung
des Inneren. An der Giebelwand im Norden befindet sich ein weiteres kleines Quadratfenster.
Der Chor zeichnet sich mit trapezförmiger Grundgestalt ab; seitlich (nach Westen) ist die Sakristei
angebaut mit anschließendem Gemeindehaus. Als
gelegentliche gottesdienstliche Stätte dient seit
1951 im nahe gelegenen Gundelsdorf eine kleine
Kapelle, St. Joseph, in einem ehemaligen Gutshof
mit einem ökumenisch genutzten Betsaal (Renovierung 1998/99).

Im Inneren der Auferstehungskirche finden wir
zwei ausgerichtete Bankblöcke vor, die jeweils bis
an die Wand reichen. Der eingezogene Chor wird
nach oben durch eine flache, hellgrün bemalte
Decke begrenzt. Die Unterzüge der Bretter der
ebenfalls flachen Decke des Langhauses sind mit
bunten Ornamentfeldern bemalt. Zwei Stufen
führen zum Altar, der als Steinblock aus Quadern
mit Eckstreben angelegt ist. Ein quadratisches Bild
darüber (von 1999, von Christamaria Schröter),
über Eck gehängt, mit dem Titel „Friede sei mit
euch", schmückt den Chorbereich, der durch ein
Fenster im Osten erhellt wird. Die Kanzel ist links
in die Ecke der Stirnwand gestellt mit vierstufigem Antritt und schmiedeeisernem Geländer. Die
Brüstungsflächen erheben sich über polygonaler
Grundfläche in Stein und mit Holzauflagen. Ein

Abb. 91: Stockheim, Auferstehungskirche von 1954

einfaches Holzpult sowie ein mehrarmiger schmiedeeiserner Kerzenleuchter stehen zwischen Kanzel und Altar. Der Taufstein mit zylindrischem Fuß und kelchartigem Becken mit seitlichen Streben steht rechts vor der Stirnwand. Dort befindet sich auch ein Wandteppich an der Seitenwand (von Helmuth Münch – Inhalt: „Hungernde speisen, Durstige tränken, Nackte bekleiden, Gefangene, Verwundete besuchen"). Eine kleine Schiebewand – unterhalb des Teppichs – ermöglicht den Anschluss des Gemeinderaums. Eine durch Holzstützen und -balken getragene Empore mit Aufgang aus dem rückwärtigen Teil des Kirchenraums spannt sich über den Eingangsteil mit einer Holzbrüstung aus gerahmten leeren Holzplatten. Die Orgel mit einem gehäuselosen Pfeifenensemble stammt von der Firma Steinmeyer, 1958–1960. Die Umgestaltung des Kirchenraums 1983 leitete v. Pezold; für die damals neue farbliche Ausgestaltung zeichnet Walther Senf verantwortlich.

Qu.: Auskünfte Pf. Burggrub, Pfarrer Gerhard Schwab sowie von Manfred Daub, 2001.
Lit.: DF KC 16 ff., mit Abb. – KDM KC 250. – Knopf Sp. 675.

3.30. Tröstau, Christuskirche

Lkr. und Dek. Wunsiedel
Grundsteinlegung 23. August 1953, Einweihung
8. August 1954

Die Kirche liegt außerhalb des Ortes an der Bundesstraße 303 auf einer natürlichen Geländeerhebung. Architekt war Dipl. Ing. Robert Reissinger. Eine niedrige Mauer umgibt einen hofartigen Vorplatzbezirk mit einem Gemeindehaus und dem Pfarrhaus. Der Rechteckbau des Kirchengebäudes mit einem Satteldach ist mit der Giebel- und Eingangsseite nach Osten gewandt. Ein Portalvorbau mit Schiefersatteldach führt zur Kirchenpforte. Am nördlichen Ende schließt sich, nach Westen zu gerichtet, die Sakristei an, und an sie wiederum der auf quadratischer Grundfläche stehende, 21 m hohe Turm mit schiefergedecktem Zeltdach, einem Knauf und einem kupfernen Wetterhahn. Die Schallöffnungen und eine Eingangstüre unterbrechen die sonst ungegliederten Wände des Turms. Vier Glocken sind darin untergebracht, drei davon seit 1955, eine stammt aus dem Diakonissenhaus Tröstau. Lange Rechteckfenster befinden sich in den Langwänden, den Altarbereich aussparend. Die „ländliche und einfache äußere Gestaltung" wird erreicht durch unverputztes Granitmauerwerk mit Backsteinhintermauerung.

Ursprünglich war eine flache Bretterdecke eingezogen, die man später (1963) wegnahm, so dass nunmehr der Blick in die neu gefertigte Hängewerkkonstruktion des Dachstuhls frei, die Akustik verbessert ist. Zwei Gestühlsblöcke mit bis an die Seitenwände reichenden Bänken sind zum Chor hin ausgerichtet. Der Altarbereich erhebt sich oberhalb von drei Stufen und zieht sich über die ganze Breite der Stirnwand. Auf dem wuchtigen Altartisch aus Granitsteinen steht ein Kruzifix. Früher schmückte die Stirnwand ein goldenes Kreuz auf blauem Grund, flankiert von zwei Schrifttafeln mit dem Text aus Philipper II, 5–11, gestaltet von Wilhelm Hausmann, Wunsiedel. Damit kam man dem ursprünglichen Wunsch des Architekten nahe, einen Flügelaltar vorzusehen, was aus Kostengründen scheiterte. Seit 1969/70 schwebt über dem Altar ein Wandbild in Schmiedeeisen- und Flacheisenkonstruktion mit ausge-

Abb. 92: Tröstau, Christuskirche von 1954

füllten Teilflächen in Glasmosaiken (von Helmuth Munch, gefertigt in der Kunstschmiedewerkstatt Wilfert Prell, Kirchenlamitz – von Münch stammen auch die Paramente). Das Kunstwerk ist ausgelegt mit heimischen Graniten, Bergkristallen (sieben Sterne), Goldmosaikleuchtern. Es soll damit die Christusvision der Johannesoffenbarung ausge-

drückt werden mit dem zum Mund hin orientierten Schwert, den Sternen, sieben Leuchtern, zwei Schlüsseln und dem A-Ω-Zeichen. Links vom Altar steht der oktogonale Taufstein mit ovaler Schale (von einem einheimischen Bildhauer), rechts die amboartige Kanzel aus Holz auf steinernem Sockel. Die Orgelempore über dem Eingangsbereich wurde 1963 um 75 cm nach vorne vergrößert; auf den getäfelten Brüstungsfeldern steht das Wort: „DENN DEIN IST DAS REICH UND DIE KRAFT UND DIE HERRLICHKEIT IN EWIGKEIT". Weitere drei ergänzende Inschriften setzen sich auf den Deckenbalken fort. Die Orgel mit einem offenen Pfeifenarrangement, ganz auf die Ostseite gerückt, besteht samt dem in die Brüstung eingeschnittenen Rückpositiv in erweiterter Form seit 1967 (Fa. Steinmeyer). Insgesamt ist die Kirche für 200 Plätze angelegt.

Qu.: Auskünfte von Pfarrerin Doris Schirmer-Henzler und Pfarrer Christof Henzler, Tröstau, sowie Manfred Daub, 2001. Lit.: DF WUN 64, 66. – Drechsel 155. – FS zur Einweihung der E.-L. Christuskirche in Tröstau. Wunsiedel 1954, 7–9. – Herrmann Sp. 687. – KDM WUN 346. – KF vervielf.: Die Christuskirche in Tröstau. O. O., o. J.

3.31. Hummendorf, Dr.-Martin-Luther-Kirche

Gmd. und Pf. Weißenbrunn b. Kronach, Lkr. und Dek. Kronach
Grundsteinlegung 11. Oktober 1953, Einweihung 31. Oktober 1954

Die Kirche in dem ritterschaftlich evangelisch geprägten und schon immer nach Weißenbrunn gepfarrten Ort steht auf einer Anhöhe, die durch

Abb. 93: Hummendorf, Martin-Luther-Kirche von 1954

einen steilen Fußweg und eine Fahrstraße erreichbar ist. Architekt war Karl Pfeiffer-Hardt. Der rechteckige Bau mit Satteldach ist von West nach Ost gerichtet. Der Haupteingang befindet sich an der westlichen Schmalwand. Über dem Portal sind in einem rundbogigen Tympanonfeld Relieffiguren des Jüngsten Gerichts angeordnet. Das Giebelfeld ist durch langrechteckige Nischen gegliedert, wobei die mittlere so vertieft ist, dass darin ein Glöcklein aufgehängt werden konnte, das bei Beerdigungen geläutet wird. Der Turm steht im Osten mit dem nördlichen Anbau einer Sakristei, zu der ein Pultdach herabführt. Im Turm hängen drei Glocken, deren Schall durch rechteckige Öffnungen austreten kann. Der Helm ist oktogonal und einmal geknickt hochgeführt zu einer Spitze mit Knauf und Kreuz. Das wie der Turm weiß verputzte Langhaus weist auf beiden Seiten vier rundbogige lange Rechteckfenster auf. Eine Außengeneralsanierung erfolgte 1996/97.

Im Inneren führt der Mittelgang von einem kleinen Vorraum aus zum Chorbereich, der im Untergeschoss des Turmes entsprechend eingezogen ist. Im Chor befindet sich eine flache Kassettendecke, im Langhaus eine flache Balkendecke. Die beiden Sitzblöcke sind ausgerichtet und verlaufen jeweils bis an die Wand. Der Altarbereich erhebt sich um drei Stufen. Der Steinaltar steht nochmals eine Podeststufe höher mit einem im Jahr 2000 von einem einheimischen Holzschnitzer (aus Neuses) beschafften Standkreuz. Auf den Vorderflächen der seitlichen Wangen befinden sich reliefartige Bearbeitungen, so die Gestalten der Evangelisten, und über den Vorderrand der Mensa verläuft eine Inschrift, die von der Kanzel her fortgesetzt ist. Ein Holzaufsatz oberhalb eines Steinpodestes auf der nahe an die Wand geschobenen

Mensa trägt in der Mitte ein Kruzifix sowie sechs Leuchter. Die Kanzel steht in der Ecke der linken Stirnwand oberhalb eines quadratischen Podestes mit einem eingezogenen Unterbau und sechs Treppenstufen, die um die Ecke gezogen sind. Der Taufstein mit zylindrischem Fuß und einem runden Becken hat in der Nische vor der rechten Stirnwand seinen Platz; darauf ist das Bibelwort der drei Prinzipalstücke am Beckenrand vollendet. Es beginnt an der Kanzelbrüstung mit dem Zitat: „Im Anfang war das Wort", setzt sich fort am Altar: „und das Wort ward Fleisch", und zum Taufstein: „und wohnte unter uns". Diese bildhauerischen Arbeiten schuf Heinz Heiber. Ein Lesepult steht rechts auf der zweiten Chorstufe. An der Eingangsseite wird eine Empore samt dem Treppenaufgang und einer gefelderten Brüstung von Holzpfeilern und -tragebalken gestützt. Die Orgel (der Firma Ott von 1966) mit einem fünfteiligen Gehäuse besitzt auf der Brüstung ein Rückpositiv.

Qu.: Auskünfte von Pfarrer Jürgen Hacker, 2001. – PfA Weißenbrunn: Akte 22, S. 93 f.
Lit.: DF KC 52. – KDM KC 66. – Knopf Sp. 254. – Malter I 365.

3.32. Speichersdorf, Christuskirche

Lkr. Bayreuth, Dek. Weiden
Grundsteinlegung 10. Mai 1953, Einweihung 7. November 1954

Die Gemeinde gelangte erst durch die Gebietsreform 1972 zu Oberfranken und zum Landkreis Bayreuth. Da Ortsteile zu verschiedenen Pfarreien gesprengt waren (Wirbenz, Birk), wünschte man schon seit Anfang des 20. Jahrhunderts eine eigene Kirche. 1922 kam es zur Gründung des Kirchbauvereins. Das bereits nach der ersten Planung (Oberbahnmeister Vogel) 1936 angefahrene Steinmaterial konnte zunächst nicht genutzt werden, auch nicht eine spätere Planung von Horst Schwabe, München. 1951 kaufte man einen neuen Bauplatz und besorgte Pläne von Architekt Georg Wolf aus Weiden (1902–vor 1964). Der langrechteckige weiß verputzte Bau außerhalb des Ortskerns trägt ein Satteldach; die Fenster an den Langwänden – aber nicht zum Chor hin – besitzen Flachbogen. Eine Portalvorhalle steht als rechtwinkeliger Anbau mit Satteldach im Südwesten. Der Turm ist an entgegengesetzter Seite, nämlich im Nordosten, an den Kirchenbau angefügt mit quadratischer Grundfläche und Zugangsbereich im Untergeschoss für die Sakristei. Der Turmaufbau ragt nur mit dem großen, offenen Schalllochbereich (für drei Glocken) über das Kirchendach hinaus; er ist mit Pyramidendach, Knauf und Kreuz bekrönt. Friedhof mit Leichenhaus und Pfarrhaus gruppieren sich im Westen zum Kirchenbau.

Im Inneren besteht freier Blick in das Dachgebälk; mehrere „Nagelbrett-3-Gelenks-Binder" an den Wänden, vom Fußboden aus hinaufgeführt, stützen das steile Satteldach. Zwei Gestühlsblöcke sind nach vorne ausgerichtet, jeweils eine Bank zieht sich an den beiden Langwänden entlang, im Norden sogar bis in den Altarbereich hinein, dessen Raum durch die Sakristei rechts eingezogen und in der ganzen Breite um zwei Stufen erhöht ist. Ein kleines, bis zur Wand reichendes Inselpodest nimmt den Altar in Form eines gemauerten Steinblocks auf. Dahinter erstreckt sich über die Stirnwand ein hohes Kachelmosaik, das von Herbert Bessel aus dem Jahr 1960 stammt. Darüber

Abb. 94: Speichersdorf, Christuskirche von 1954

ist ein Rundfenster mit der Taube, dem Symbol des Hl. Geistes, eingesetzt. Der zylindrische Taufstein, trommelförmig gestaltet, mit einer Inschrift (1. Kor. 15, 22) und Reliefszenen ringsum zur Urgeschichte und zur Lebensgeschichte Jesu (Taufe, Kreuzigung, Auferstehung), steht links neben dem Altar und dem Lesepult; am Sockel des Taufsteins befinden sich die Namen der Paradiesflüsse. Die Kanzel rechts besitzt einen trapezförmig gemauerten Unterbau und Brustungsflächen aus Holz. Die Orgelempore zieht sich, getragen von Holzpfeilern, an der Westseite über den Eingangsbereich;

die gehäuselose Orgel der Firma Hirnschrodt, 1980 generalüberholt mit neuer Traktur durch die Fa. Deininger & Renner, ist ganz an die Südseite gerückt, so dass das Mittelfenster im Westgiebel frei liegt.

Qu.: Schriftliche Mitteilungen von Pfarrer i. R. Hans-Jürgen Deye, Bayreuth, vom 30.6.2001, des Stadtarchivs Weiden vom 7.11.2001, und von Prof. Viktor Lukas, Bayreuth, vom 15.11.2001; Auskunft von M. Daub, 2002.
Lit.: DF WEN 85 f., mit 2 Abb. – PB NK 2.11.1979: Festtag für evangelische Gemeinde. Christuskirche in Speichersdorf besteht 25 Jahre, 1 Abb. – Porsch, Werner: Von der Vogtei zur Großgemeinde. 700 Jahre Speichersdorfer Raum. Bayreuth 2/1981, S. 52.

3.33. Gösmes, Christuskapelle

Gmd. Helmbrechts, Lkr. Hof, Pf. Grafengehaig, Dek. Kulmbach
Umbaubeginn 1954, Einweihung 1. Oktober 1955

Einen gottesdienstlichen Raum in dem einstmals ritterschaftlich-evangelischen und kirchlich schon immer zu Grafengehaig gehörenden Ort gewann man durch den Umbau (Architekt Eberhard Braun) eines seit dem frühen 19. Jahrhundert bestehenden Weberhäuschens, das von den letzten Besitzern der Kirchengemeinde vermacht worden war. Bis 1966 sah das Gebäude einfach aus, verputzt, mit kleinen Rechteckfenstern in dem einzig bestehenden Erdgeschoss und einem schiefergedeckten Satteldach. Allerdings war dem Dach ab 1955 ein Dachreiter mit Zwiebelhaube und Wetterhahn aufgesetzt worden. Bei den Vergrößerungsmaßnahmen wurde an die westliche Giebelseite ein Turm davor gesetzt, der die Hälfte des Giebels verdeckt und so weit nach Süden vorragt,

Abb. 95: Gösmes, Christuskapelle von 1955

dass man im rechten Winkel zum Langhaus einen Eingang legen konnte. Die Vergrößerung des Innenraums erreichte man durch das Anfügen einer halbrunden eingezogenen Apsis im Osten. Der massive unverputzte Turm über quadratischem Grundriss wird bekrönt durch ein hohes Pyramidendach und führt als Abschluss eine Kugel mit Kreuz; eine Glocke erhielt er 1968.

In dem mit einer Holztonne überwölbten Raum findet man die nach Süden gerichteten Fenster zu Stichbogenabschlüssen umgeformt. Die Bänke der beiden Gestühlsblöcke laufen jeweils bis an die Seitenwand. Die mit drei kleinen Rundbogenfenstern besetzte Apsis ist mit einem Rundbogen geöffnet und innen gewölbt, außen mit Schindeln bedeckt. Der Altar in Form einer Truhe steht darin oberhalb von drei Stufen; auf ihm befindet sich ein hohes Kruzifix. Eine Holztaufe steht links mit kreuzförmigem Unterbau und einer Sechseckschale samt Kegeldeckel. Der Holzambo rechts weist auf polygonaler Grundfläche Wangen auf. 1978 musste der Fußboden erneuert werden. Der Kronleuchter wurde 1980 erworben. 1987 sicherte man das Gebäude durch Edelstahlanker (Architekt Schomberg). Auf einer kleinen Empore an der Westseite mit Balusterbrüstung findet sich ein Harmonium. Insgesamt sind 100 Plätze vorhanden.

Qu.: Auskunft von Manfred Daub.
Lit.: DF KU II 67, 70, Abb. 71. – KDM SAN 21. – Knopf Sp. 175. – PB FP 10.6.1987: Kapelle in Gösmes wird saniert, mit Abb. – PB BR 27.11.1980: Cz [= Werner Cernotzki]: Christuskapelle Gösmes 25 Jahre alt.

3.34. Pettendorf, Friedenskirche

Gmd. Hummeltal, Lkr. und Dek. Bayreuth
Grundsteinlegung 9. Oktober 1954, Einweihung 2. Oktober 1955

Architekt der Kirche auf einem als Geschenk überlassenen Grundstück im Ortsteil Pettendorf war Hans C. Reissinger, nachdem ein Plan von Architekt Sophian Lüchauer, Bayreuth, keine Genehmigung fand (u. a. wegen der Trennung von Altar

und Gemeinde – Reissinger 66). Der Bau liegt auf einer Anhöhe, umgeben von dem terrassenförmig angelegten Friedhof, und ist mittlerweile von Wohngebäuden umgeben. Es handelt sich um einen nach Süden zu gerichteten Bau, dessen Grundform im Prinzip aus dem Trapez entwickelt und der mit einem Satteldach bedeckt ist. Die südliche Stirnwand weist mittig einen stumpfwinkeligen Knick auf. Die Nordwand mit dem Haupteingang schwingt leicht konvex aus. Die Assoziation eines Schiffes („Rettungsboot", „Arche" – Reissinger 67) sollte dadurch erzeugt werden. Der Turm mit langrechteckigen, aus der Mittelachse verschobenen Fensteröffnungen und vier Glocken ist westlich angesetzt, musste später durchgehend mit Kunststoffplatten belegt werden; im Untergeschoss nimmt er die Sakristei und einen Jugendraum auf. Er schließt mit einem flachen Pyramidendach mit stark eingezogener Spitze samt Knauf, der Wetterfahne in Form einer Taube mit Ölzweig und Kreuz. Kleine quadratische Fenster oberhalb des Glockenstuhls weisen auf eine „Meditationsstube" hin. Im Untergeschoss fand ein Gemeinderaum Platz, der vom Südgiebel her belichtet ist. Der Zugang zum Hauptportal im Norden (eigentlich Nordwesten) läuft nur noch von einer Seite her in Treppen, von Westen aus führt eine behindertenfreundliche schiefe Ebene zum Eingang, der durch ein weit vorragendes Dach geschützt ist. Auf den zwei Türflügeln finden sich kupfergetriebene Darstellungen (Inschrift: „FRIEDE SEI MIT EUCH" und Taube mit Ölzweig). Ein Ovalfenster befindet sich über dem Vordach. Ein früher offener Treppenaufgang zur Empore an der Westseite ist nunmehr (seit 1984) durch eine Glaswand geschützt und mit einem eigenen Pultdach in Schiefer – wie das des Langhauses – unter die Traufe des Kirchendaches geschoben. An der Westseite breitet sich zwischen dem Turm und einer Leichenhalle ein mauergesäumter Kirchplatz aus. Die Fläche vor dem Kirchenportal wird seit 1991 östlich eingefasst von einem lang gestreckten modernen Gemeindehausbau. Ein Windfang, der ins Innere hineinreicht, führt in den Kirchenraum.

Zwei ausgerichtete Bankreihen mit Mittelweg und Seitengängen stehen leicht im Winkel zueinander. Die flache Decke trägt Holzverkleidung und steigt zum Altarbereich hin an. Die Lichtführung erfolgt von Osten her durch große neunteilige langrechteckige Fensterstreifen und ein Rundfenster. Die Scheiben sind teilweise in kräftigem Rot, Blau und Grün gehalten. Eine um drei Stufen erhöhte, aber nicht durchlaufende Altarinsel liegt vor dem südlichen Wandknick. Der Altar, bestehend aus Stipesblock und flacher Mensa, ist nahe an die Wand gerückt. Ein längsovales „köstlich buntes" Emailbild des Auferstandenen (DF II 179, von Burch-Korrodi), befestigt auf einem Kreuzbalken mit Vierkantstahl, erhebt sich hoch über dem Altar. Ein Lesepult steht auf dem Podest links vom Altar. Die vorgezogene, halbkreisförmige, sich nach oben zu verjüngende und weiß verputzte Ambokanzel in Stein mit eingezogenem Sockel und einer Holzauflage hat ihren Standort auf dem Chorpodest rechts und ist bis an die Seitenwand geführt; man erreicht sie über zwei Stufen. Links befindet sich, unterhalb der Altarinsel, aber auf einer kreisförmigen Sandsteinplatte der Taufstein, zylindrisch mit Sockelfuß und kegelförmigem Kupferdeckel und vor einem runden farbigen Tauffenster (mit Darstellung der herabfliegenden Taube). Die drei Prinzipalstücke bestehen aus rotem Sandstein in der Sockelzone und sind ansonsten verputzt. Die sich konkav schwingende Empore

Abb. 96: Pettendorf, Friedenskirche von 1955, Kruzifix

im Norden ist an beiden Seiten nach vorne gebaucht. Die Orgelpfeifen (Firma Bauer) stehen in einem Holzgehäuse in gegenläufigen, hintereinander angeordneten Reihen an der westlichen Seitenwand über dem Durchgang zur Sakristei; der Spieltisch befindet sich auf der Empore. An der rechten Wand hängt seit 2001 ein großes Ölbild von Fritz Föttinger, auf dem der Gedanke vom „Schiff" mit einem Segelboot und sieben Personen darin aufgenommen wird (Abb. 45). Die Kirche besitzt 225 Plätze, davon 45 auf der Empore.

Qu.: Auskünfte von Pfarrer Gerhard Matthes, Hummeltal, Stadtarchivar Walter Bartl, Bayreuth, 2001.
Lit.: DF BT II 178–181, mit 2 Abb. – PB NK 4./5.10.1980: Festliches Jubiläum zu Erntedank – 25 Jahre Kirche in Pettendorf. – PB NK 5./6.10.1980: Kirche ist das Wahrzeichen des Ortes. – PB 2.7.2001: Ein Symbol für die Gemeinschaft, mit Abb. – Reissinger 65–72, Abb. 29–36.

3.35. Wildenheid-Meilschnitz, Friedenskirche

Stadt Neustadt b. Coburg, Lkr. und Dek. Coburg
Grundsteinlegung 6. November 1954, Einweihung
16. Oktober 1955

Die damals noch von Neustadt bei Coburg aus geführte Pfarrgemeinde konnte mithilfe der großzügigen Spende amerikanischer Christen durch die Aktion „Wooden-Church-Crusade" sowie durch das Engagement des Fabrikanten Hermann Steiner eine der 48 finanzierten Kirchen für das DDR-Grenzgebiet erhalten. Reinhard Claaßen wird wohl für die architektonischen Belange verantwortlich gewesen sein (Daub). Der mit vielen Holzteilen erstellte Bau steht abseits in einer Nebenstraße. Eine kurze Allee führt zum Eingang hin. Die Pforte an der Giebelseite des Rechteckbaus im Norden wird über einige Stufen erreicht und ist durch einen kleinen Windfang mit Pultdach geschützt. Ein vorragender Scheitelstein über der Tür spricht die Eintretenden an und erläutert den Namen der Kirche mit den Worten: „Er ist unser Friede". Darüber, auf dem First, nahe dem Giebel, sitzt ein verschieferter Dachreiter mit drei Glocken, rechteckigen Schallöffnungen, einem Pyramidendach samt Knauf und Kreuz. Das Satteldach des Langhauses trägt Ziegelbedeckung. An der Südwestseite

schließt sich ein Sakristeibau an. Das Pfarrhaus steht im rechten Winkel zur Kirche.

Zwei Bankblöcke, jeweils mit Seitengang, sind nach vorne ausgerichtet. Auf der rechten Wandseite befinden sich sechs, links acht, oberhalb der Empore drei kleinere Rechteckfenster. Zwei Reihen von Pfeilern, die zwischen den Bankreihen verlaufen, tragen die Decke, die an den beiden Seiten niedrig und flach ansetzt, in der Mitte senkrecht hochgezogen ist und im Mittelteil flach mit Balkenunterzügen verläuft. Die zweistufige, bis an die Stirnwand verlaufende Altarinsel in der Mitte der Chorwand trägt einen nahe an der Wand stehenden Sandsteinblock mit ausgreifender Mensa. In die Stirnwand ist eine durchgehende flache Nische eingelassen, die außen nicht sichtbar wird, aber im Inneren den Eindruck einer Apsis erzeugt. In diesem Mittelteil der Wand befindet sich ein großes Buntglasfenster mit der Darstellung des auferstehenden, herrschenden, richtenden und auch segnenden Christus, gefertigt von Markus von Gosen, Prien (geb. 1913). Von ihm stammt auch ein Wandteppich auf der rechten Seite. Der Ambo aus Holz steht links auf dem Podest mit polygonaler Brüstung und einem zweistufigen Aufgang vom Altar her. Der Taufstein hat unterhalb der Altarinsel rechts seinen Platz. Er ist zylindrisch angelegt, nach unten im Umfang konisch abnehmend; er besitzt eine Messingabdeckung. Eine Holzempore liegt über dem Eingangsbereich. Die Orgel darauf stammt von der Firma Walcker; der Prospekt umschließt Metall- und an beiden Seiten angefügte Holzpfeifen.

Qu.: Unterlagen Pf. Wildenheid-Meilschnitz sowie Auskünfte von Pfarrer Stefan Lipfert und Manfred Daub, 2001.
Lit.: DF CO II 163–166, mit 2 Abb.

3.36. Kulmbach, Auferstehungskirche

Lkr. und Dek. Kulmbach
Grundsteinlegung 28. August 1954, Einweihung
23. Oktober 1955

Die Kirche mit der ungewöhnlichen Grundform eines Ovals steht an einem Hang im Stadtteil Blaich und bildet einen architektonischen Kontrast zu den kubischen Formen der gegenüber liegenden Plassenburg. Zufahrt und Aufgang liegen recht steil; für einen durch eine niedrige Mauer gesäumtern Vorplatz konnte ein ebenes Areal erschlossen werden. Der Bau wurde konzipiert von Hans C. Reissinger. Konkreter beschrieben bildet die Grundfläche ein Trapez mit einem großen und einem kleineren Halbkreis, die durch Geraden verbunden sind. Die schmalere Rundung mit dem fensterlosen Altarraum ist bergwärts nach Osten gerichtet, die breitere mit dem Kirchenschiff und den Gemeinderäumen im Untergeschoss talwärts. 90-Grad-Winkel wurden gemieden. Ein Pfarrhaus allerdings gruppiert sich im rechten Winkel zum Kirchplatz. Das Schiefersatteldach der weiß verputzten Kirche ist bekrönt durch zwei mit Sternen besetzten Knäufen. An der höchsten Stelle der Nordseite schließt der Turm seitlich, nach (Nord-)Westen zu, an. Durch ein Verbindungsteil ist er über einem trapezförmigen Grundareal, das die Sakristei (unten) und die Sängerempore aufnimmt, an den Kirchenraum angebunden. Der weiß gestrichene, 35 m hohe Turm besitzt ein Geläute von drei Glocken. Er trägt ein Schieferzeltdach mit einer originellen Turmhaube, bekrönt von Knauf und Wetterhahn. Der Haupteingang führt von der südlichen Längsseite durch einen flachgiebeligen Vorbau, ebenfalls mit trapezförmigem Grundriss, ins In-

nere. Neben der kupferbeschlagenen Eingangstüre ist ein Relief aus Jurakalkstein um die Ecke angebracht mit der Inschrift: „Ich bin die Auferstehung und das Leben." Auf dem Dachgiebel des Vorbaus thront das Kreuz auf der Weltkugel. Von Westen her führt ein Zugang in das Untergeschoss der Kirche zum Gemeindesaal bzw. über eine Wendeltreppe im Inneren nach oben in den Kirchenraum und auf die Kirchenempore. Über dem unteren Eingang zeigt ein Hochrelief von Karlheinz Hoffmann einen liegenden Engel aus Jurakalkstein.

Im Vorbau des Hauptzugangs sieht man ein Buntfenster mit dem Symbol des Fisches. Über der Innenseite des Portals befindet sich ein Keramikmosaik (Entwurf Reissinger; Ausführung Hofkunstanstalt Mayer, München). Es zeigt die Emmausjünger mit dem Auferstandenen. Eine rötlichbraune Stahlfaltdecke steigt zum Altarbereich hin an. Für den weiß gestrichenen Kirchenraum liefern zwölf hochrechteckige Fenster, die durch langgezogene Fensterbretter aus Sandstein gestützt sind, viel Helligkeit. Der sich verjüngende, fensterlose Altarbereich setzt sich zunächst durch drei gerade verlaufende Stufen, dann vor dem Altar ein weiteres halbovales Podest ab. Der wie eine Apsis wirkende Chor wird beherrscht von einem großen Kruzifix über dem fast an der Wand stehenden Altartisch, von Goldschmied Burch-Korrodi gefertigt (Körper aus Messing gearbeitet, geschliffene Bergkristalle als fünf Wundmale, in Silber gefasst). Es zeigt Christus als den Gekreuzigten, der den Tod bereits überwunden hat und mit segnend erhobenen Händen als König aufersteht. Seitlich rechts hat der Ambo, in den Stufenbereich vorgezogen, seinen Platz. Er besitzt über trapezförmiger Grundfläche eine dreiseitig polygonale Sandsteinbrüstung; die Frontfläche gestal-

*Abb. 97: Kulmbach,
Auferstehungskirche von 1955*

tete Hoffmann mit einem Kreuz und den vier Evangelistensymbolen. Der Taufstein steht links vor dem vorhangverschlossenen Zugang zur Sakristei unterhalb der Chorstufen, zylindrisch aus rotem Sandstein (Material wie bei Altar und Ambo) geformt und mit einem Messingdeckel besetzt. Der Wunsch der Gemeinde nach einer eigenen Taufkapelle wurde nicht erfüllt (Reissinger 74). In der Altarnische der Sakristei zeigt ein Fresko von Hubert Distler sechs Wunden Jesu und die Ausgießung des Heiligen Geistes. Über der Sakristei wurde nischenartig eine offene Sängerempore eingerichtet mit einer Orgel, die 1958 von der Firma Steinmeyer installiert wurde, mit drei getrennten, sich um die Ecke gruppierenden Pfeifenblöcken, ohne Gehäuse. Eine große geschwungene Gemeindeempore im rückwärtigen Kirchenraum ist durch eine verdeckte Wendeltreppe erreichbar; getragen wird sie von fünf holzverkleideten Stahlsäulen. Mitte der 70er Jahre kam ein Lesepult mit Eisenständern im linken Altarbereich zur Aufstellung. Im vorderen Teil des Schiffes stehen lose Stuhlreihen; dahinter schließen sich drei einheitliche Bankblöcke an. Es gibt 250 Sitzplätze im Schiff, 125 auf der Empore, auf der seitlichen Orgelempore 35. Renovierungen erfolgten 1984, 1999 (Elektrik erneuert, neue Lampen; Auflösung des einheitlichen Gestühlsblocks durch zwei Gangreihen). 2000 erhielt die Gemeinde ein neues Gemälde gespendet, das Gerhard Popp, Kulmbach, schuf. An der südlichen Längsseite hängend, zeigt es den auferstandenen Christus, der sich im Abendmahl der Gemeinde zuwendet.

Qu.: Auskünfte von Pfarrer Heinz Geyer, Kulmbach, 2001. Lit.: DF KU II 44–48, mit 2 Abb. – FS 1955. – Meißner I 181. – PB BR 2./3.10.1999: Schönheitskur für Gotteshaus. – PB BR 17.12.1999: Kirche in neuem Glanz. – PB BR 15.5.2000: Neues Gemälde in der Auferstehungskirche. – Reissinger 72–79, Abb. 37–47.

3.9 b. Hof, Lutherkirche

Stadt und Dek. Hof
Grundsteinlegung 31. Oktober 1954, Einweihung 18. März 1956

Im Stadtteil Neuhof-Hofeck an der nördlichen Stadtgrenze, heute unmittelbar an der Bundesstraße 173 gelegen, erstand zuerst das am 11. Oktober 1929 eingeweihte Lutherhaus, in dem regelmäßig Gottesdienste stattfanden. Die Pläne für den jetzigen Kirchenbau auf demselben Grundstück fertigte Robert Reissinger. Die Kirche besitzt eine regelmäßige achteckige Grundform mit 9 m Seitenlängen und 22 m Durchmesser. Das Schieferdach führt flach zeltartig empor. Langrechteckige Fenster sorgen für natürliches Licht im Inneren. Dem Haupteingang wurde eine flächenmäßig kleine, aber hohe Vorhalle vorgestellt mit einem Satteldach und über dem Portal einem Mosaik mit der Darstellung Christi, auf einem Schimmel reitend und mit dem zum Mund geführten Schwert, als „König der Könige" bzw. „Christus als Weltenrichter" (von Herbert Bessel, 1959, s. Abb. 39). Der 34 m hohe Turm mit quadratischer Grundfläche steht etwas abseits mit einem niedrigen Verbindungstrakt, in dem die Sakristei und ein Raum untergebracht sind, der vorrangig als Taufkapelle geplant war und nunmehr außerdem als Besinnungs- und Musikraum Verwendung findet. Der Turm weist nur kleine Schlitzfenster auf, das Glockengeschoss (fünf Glocken) ist mit Öffnungen ausge-

Abb. 98: Hof,
Lutherkirche von 1956

stattet, die mit Kreuzsteinen wiederum ein großes Kreuz innerhalb eines Rechtecks bilden. Ein Kreuz erhebt sich auf dem flachen Pyramidendach.

Zu beiden Seiten des Eingangsbereichs im Inneren sind Betnischen untergebracht, die beide durch Gitter offen sind zum Kirchenraum hin und die Möglichkeit zur Andacht bieten. Die für den großen Raum geringen Fensterflächen – vor allem gibt es keines im Altarbereich – erzeugen eine lichtgedämpfte Atmosphäre. Vier Gestühlsblöcke richten sich im Halbrund auf die Altarfront aus. Die Decke läuft flach kegelförmig auf ein Zentrum zu in einer Höhe von 12 m, das ein achteckiges Strahlenbündel bildet mit einem großen Tauben-symbol in der Mitte. An einigen Wänden entlang verlaufen Seitenbänke. Die große Altarinsel ist um drei Stufen erhöht und in Form eines breiten Sechsecks an drei Wände des Raumoktogons ge-schoben. Ein langer Altartisch auf vier Beinen aus gekalktem Ziegelmauerwerk und einem Stein-unterbau füllt die Mitte aus. Ein großes Kruzifix (von Helmut Ammann), 1937 für das Lutherhaus beschafft, hängt an der Wand darüber. Links an den Rand der Insel gefügt ist der Ambo mit halb-runder Steinbrüstung und einem Handlaufgesims in Holz, ferner einem Antritt über drei Steinstufen von hinten. Der Taufstein – zeitweise unterhalb der Altarstufen – ist nunmehr auf dem Chorpodest rechts platziert, innerhalb eines rund gestalteten Fliesenmusters. Der konisch zulaufende Rundkör-per in Stein trägt das Wortrelief: „Wer da glaubet und getauft wird, der wird selig werden." Ein niedriges Wandstück, das auf der rechten Seite das Altarpodest zur Gemeinde hin begrenzt, schafft eine umscharende Sitzmöglichkeit für die Tauf-gruppe. Für die ursprüngliche Taufkapelle hatte Edmund Meusel einen Altarschrein mit vier Relief-

bildern (Vertreibung aus dem Paradies, Geburt Jesu, Gethsemaneszene, Verkündigung der Aufer-stehung durch einen Engel) geliefert. Ein Evange-lienpult steht rechts vom Altar. Die breitflächige Orgel (von 1937, von Steinmeyer) war bereits für das Lutherhaus beschafft worden und stand – erneuert und erweitert – ursprünglich hinter dem Altartisch. Jetzt befindet sie sich auf einer Empore, die mit bretterförmigen Brüstungsflächen im rück-wärtigen Teil des Kirchenraums über fünf Wände hinweg verläuft. Die Pfeifen stehen frei, ohne Gehäuse. Die Kirche bietet 600 Personen Platz. 1980/81 erfolgte eine Innenrenovierung, die vor allem den Altarbereich betraf. Damals wurde die Kirche durch drei abstrakte Textilbilder an der rechten Seite der Stirnwand ausgestattet zum The-ma „Wege des Glaubens". Sie stammen von den Selbitzer Schwestern Christamaria Schröter und Christa Ramsayer.

Qu.: Auskunft von Pfarrer Dieter Menzel, Hof, 2001, und M. Daub, 2002.
Lit.: DF HO I 25 f. – DF HO II 41–44, mit 3 Abb. – DF HO III 60–62, mit 3 Abb. – FS (30 Jahre) Die Lutherkirche in Hof, hg. von Hans Müller und Dieter Menzel. Hof [1986]. – Reissinger 214 ff., Abb. 205–207.

3.37. Hirschaid, St.-Johannis-Kirche

Lkr. und Dek. Bamberg
Baubeginn 11. Juli 1955, Einweihung 29. April 1956

Die Kirchengemeinde eines ursprünglich bamber-gischen, also rein katholischen Ortes erwarb die Werkhalle einer ehemaligen Schuh-, späteren Or-gelfabrik, im Stadtteil Regnitzau und baute sie um.

Architekt war Albert Köhler, sein Mitarbeiter Wolfgang Groß, Hamburg (geb. 1930). Es handelt sich um einen rechteckigen Bau, ohne einen besonders ausgewiesenen Chor (Abb. 31). Von ideeller Bedeutung und nicht begehbar ist eine schmale Apsis, die dem Bau von außen das „Antlitz" eines Sakralgebäudes verleiht. Im Inneren führt diese Halbkreisnische nur von der Altarmensa aus nach oben. An den niedrigeren Eingangsbereich zur Kirche wurde 1959 ein gedrungener Turm angebaut, mit Backsteinen errichtet, ebenso wie der Hauptbau und eine in Fortsetzung davon verlaufende Mauerwand. Außer Schallöffnungen weist er keine Fenster auf. Zwei der Glocken konnten bereits 1956, die dritte erst 1980 beschafft werden. Seit 1976 gibt es eine elektrische Läutanlage. Auf dem flachen Satteldach steht ein Kreuz. 1986 wurde die Kirche zu einer Baugruppe durch Anbauten für Gemeinderäume ergänzt (Köhler).

Die Klinkerwände im Inneren sind weiß gekalkt. Statt der ursprünglich sechs blieben noch drei Fenster zur Straßenseite hin bestehen mit quadratischen Formen und eingesetzten kleinen gitterartigen Quadratscheiben, sog. Kassettenfenstern. Das Gestühl besteht aus einem Mittelblock – der Pfarrer hätte lieber einen Mittelgang gewünscht – mit Seitenbänken an der Wand vom Eingang her. Der Blick auf das Gebälk des flachen Satteldaches ist frei. Für den Bereich des Altars im Westen, der selbst nur aus einer an der Wand vorstehenden Mensa besteht, ist ein Podest ausgewiesen. Den Christuskorpus des Altarkreuzes fertigte Marieluise Wilkens. Besonders eindrucksvoll und großflächig wurde die Altarwand bildlich gestaltet. In der Apsisnische thront eine große Christusfigur unter einem Regenbogen. Zu beiden Seiten an der Stirnwand finden wir 24 Figuren mit

Abb. 99: Hirschaid, St.-Johanniskirche von 1956, Wandfresko

Nimben aufgemalt, die „Anbetung der 24 Ältesten", nach Offenbarung 4, sowie in den Dreieckszwickeln die Evangelistensymbole und als Bekrönung das Gotteslamm. Der Künstler war Günther Danco. Links vom Altar steht ein Lesepult sowie ganz außen der Taufstein, ein zylindrischer Körper aus Ebelsbacher Sandstein. Rechts führen zwei Stufen von dem verlängerten Altarpodest aus zu einem

Ambo, der aus einer einfachen massivernen Wange besteht. Nach Entwürfen von Köhler wurden auch das Altarkreuz und der Leuchter gearbeitet. Aus der Bauzeit stammen noch ein Leuchter mit einer Osterkerze und ein Vortragekreuz. Für die Orgel musste man einen in den Gestühlsblock hinein gestellten Emporenaufbau mit lockerem Eisengeländer schaffen. Zunächst dienten ein Harmonium und (ab 1958) ein Orgelpositiv der Firma Erich Bauer. Erst 1994 konnte eine moderne Orgel aus der Werkstatt von Jörg Maderer bezogen werden, die seitlich an der Wand ein zusätzliches Orgelwerk auf dem Unterbau einer Holzkonstruktion besitzt. Unter der Orgel lässt sich der Raum durch eine Schiebewand um ein weiteres Areal für Gottesdienstbesucher vergrößern.

Qu.: Auskünfte von Pfarrer Martin Eyring, Hirschaid, 2001. Lit.: FS 1996: 1956 – St. Johanniskirche Hirschaid – 1996. Bayreuth 1996, hg. von der E.-L. Kirchengemeinde Hirschaid-Buttenheim. – FS Köhler, mit Abb., o. P. – PB SoBl 8.5.1994: Ein Kraftakt für die neue Orgel – Pfeifen in Hirschaid tragen Initialen der Spender.

3.38. Bayreuth, Christuskirche

Stadt und Dek. Bayreuth
Grundsteinlegung 7. November 1953, Einweihung
6. Mai 1956, s. Titelbild (Aufnahme 1969)

Die erste neue evangelische Kirche der Stadt nach 1780 wurde projektiert und gebaut am Wilhelmsplatz in der Nähe des Bahnhofs an der Stelle zerbombter Gebäude. Entwürfe dazu hatte Hans C. Reissinger geliefert; die endgültigen Pläne fertigte Karl Pfeiffer-Hardt. Sein „Bauziel war die Schaffung einer Predigtkirche". Entsprechend der Vor-

Abb. 100: Bayreuth, Christuskirche von 1956, Blick zur Orgel (Aufnahme 1969)

gabe des Bauplatzes wurde die Grundform eines gleichseitigen Dreiecks gewählt, die aber erweitert ist zu einem Sechseck durch Anbauten an den drei Ecken: Der Dreieinigkeitsgedanke lag nahe und war der ursprüngliche Wunsch für die Namensgebung. Markant für das Stadtbild sind die turmähnlichen hoch aufsteigenden drei Dachreiter in Form von schiefergedeckten Helmspitzen über den Anbauten, ohne Turmschaft. Auf die Spitzen wurden ein Kreuz, ein Hahn und eine Fahne gesetzt; insgesamt wird die Höhe von 45 m erreicht. Die letzten beiden der vier Glocken konnten 1963 installiert werden.

Innen schafft die kreisförmige, stark reliefierte Holzdecke mit dem Symbol der Trinität im Zentrum eine Zusammenfassung der Ecken (Abb. 29). Die beiden Gestühlsblöcke weisen jeweils einen Knick auf. Der Sandsteinaltar (– die Mensaplatte ist 40 Ztr. schwer; ursprünglich war sie noch größer, zerbrach aber beim Transport und wurde verkleinert verwendet –) steht oberhalb von zwei Stufen in der südlichen Nische, deren Bereich um drei Stufen erhöht beginnt. Skulpturen der Christussymbole vom Guten Hirten und dem Pelikan (Hans Rucker) tragen den Tisch. Das Altarkreuz ist in Kupfer vergoldet gestaltet, mit Evangelistensymbolen auf den Kreuzenden (Max Olofs, München, 1889–?); der Korpus aus afrikanischem Ebenholz kam später dazu. An der Rückwand des Chores wurde 1966 ein rechteckiger Bildteppich angebracht (Prof. Rudolf Yelin, Stuttgart, geb. 1902; Vorschlag von Pfeiffer-Hardt; Ausführung Hildegard Weller, Stuttgart). Er nimmt eine Fläche von 28 qm ein mit der Darstellung von Christus in der Mandorla, auf einem Regenbogen sitzend und in Händen das Lebensbuch mit A- und Ω-Zeichen tragend; im Hintergrund sind die Häuser des neuen Jerusalems zu sehen, ferner Szenen des Weltgerichts sowie Evangelistenattribute und das Trinitätssymbol. Die Kanzel rechts seitlich ist an der untersten Stufe des Chorbereichs als Ambo angelegt mit einer Adlerfigur an der Brüstung (Rucker).

Der runde Taufstein hat seinen Platz unterhalb der Chorstufen, links (Rolf Nida-Rümelin, Starnberg, geb. 1910). Die Sängerempore liegt „schwalbennestähnlich" über dem Eingangsbereich. Die Orgel wurde 1966 von Friedrich Weigle erstellt und verteilt sich mit ihren Prospekten auf zwei Emporennischen. 450 Sitzplätze fasst die Kirche. Unter der Gemeindeempore in der dritten Nische befindet sich ein Jugendraum. Es besteht ferner eine Verbindungsmöglichkeit des Kirchenraums zu einem daneben liegenden Gemeindesaal.

Qu.: Auskünfte der Pfarrer Gerhard Weinreich, 1979, und Stephan Schmidt, 2001.
Lit.: FS Bayreuth/Christuskirche 1996 Stephan Schmidt/Hilmar Sommermann: Begegnung. Chronik zum 40jährigen Kirchweihjubiläum 1996. – Kneule II 154 ff. – Meißner I 182. – PB Bayreuther Gemeindeblatt Nr. 9/1956, 19/1956. – Reissinger 210 f., Abb. 12, 13, 189–192.

3.39. Bamberg, Auferstehungskirche

Stadt und Dek. Bamberg
Grundsteinlegung 18. Dezember 1954, Einweihung 17. Juni 1956

Der Kirchenbau steht in der sog. Gartenstadt am östlichen Stadtrand, nahe der Kreuzung zweier Ausfallstraßen. Max Kälberer, Nürnberg (1892–1973), übernahm die Planung. Von Seiten der Anwohner gab es Einspruch gegen den Bauantrag: „Dem angebauten Gemüse wird durch den Kirchbau die Sonne entzogen" (FS II 6). Die Kosten beliefen sich auf 600 000 DM. Jeweils vier große Rundbogenfenster gliedern die beiden Wände des Rechteckbaus, der ein Satteldach mit Ziegeln trägt. Im südlichen Wandteil befindet sich der Haupt-ein-

Abb. 101: Bamberg, Auferstehungskirche von 1956

gang von der Seite, weitere Zugänge von Nebenräumen her liegen im Westen und Norden. Der
Turm mit sechs Glocken sowie balkonartigen Austrittsplattformen steht neben dem Langhaus, 45 m
hoch und 1959 fertiggestellt. Er steht vollkommen
selbstständig mit einem Pyramidenschieferdach
samt Knauf- und Kreuzbekrönung, Im Schallöff-
nungsbereich des Geläutes sind ringsum jeweils
zweimal zwei Rundbogenfenster eingesetzt. Über

dem Haupteingang, gleich gegenüber dem Turm,
thront ein Metallkreuz. Die beiden Flügel der
Türen sind mit Reliefbildern geschmückt, die
Wunder Jesu zum Inhalt haben (Abb. FS I). An der
östlichen Giebelwand stützen zwei halbhohe Strebepfeiler die gerade Fläche; über dem mittleren
Rundbogenfenster schmückt auf einer Konsole die
Skulptur eines Lammes mit vergoldeter Fahne,
darauf das Kreuzeszeichen, die Fassade, die wie

alle Außenwände aus unverputztem Mauerwerk besteht. Sowohl im Westen als auch im Norden schließen sich Gebäude der Kirchengemeinde an den Kirchentrakt an, wobei über den Nordostteil für den Bereich der Sakristei das Kirchendach herabgezogen ist und so den Ostgiebel durch unterschiedliche Traufhöhen unsymmetrisch gestaltet. Auf der gegenüberliegenden Westseite befinden sich außer einem Rundfenster nur unten kleine Fenster von einem Nebenraum.

Im Langhaus breiten sich zwei große, nach vorne ausgerichtete Sitzblöcke aus mit einem Mittelgang und Seitengängen. An der linken Seitenwand entlang verläuft eine Bankreihe. Gemauerte und weiß geschlämmte Steinpfeiler tragen die Emporenreihe links und erzeugen so einen Arkadengang. Die durchgehend flache Decke wirkt durch das rechteckige rasterartige Balkengefüge wie ein Kassettenmuster. Der in voller Breite um drei Stufen erhöhte Chor ist zwar vollständig einsehbar und besitzt keine Markierung im Deckenbereich. Trotzdem wirkt er wie eingezogen, da im rechten Teil bis oben durchgehend eine Nische abgetrennt ist, die sich durch je einen hohen runden Arkadenbogen zum Altar und zur Gemeinde hin öffnet. Der Altar mit ausgreifender und starker Mensa auf zwei breiten Wangen ist nochmals auf eine zweistufige Insel mit Abstand von der Wand positioniert. Das Altarkreuz stiftete der erste Gemeindepfarrer, Rudolf Meiser. Der runde Kanzelkörper mit einem fünfstufigen Aufgang von hinten her hängt an einem Pfeiler der Seitennische samt einem flachen Schalldeckel mit Heilig-Geist-Taube an der Untersicht. Die bauchige Form der Brüstung setzt sich im Sockelbereich darunter fort. Links steht auf dem Chorpodest ein Pult und weiter daneben der runde Taufstein; das Becken wird von bunt gestal-

teten Figuren der Evangelistensymbole getragen. Eine Umschrift bekundet: „TAUFET IM NAMEN DES VATERS + DES SOHNES UND DES HEILIGEN GEISTES". Eine Seitenbank im Chor dient der Taufgemeinde. Die Prinzipalstücke bestehen aus geschliffenem bläulichen Naturkalkstein. Hinter dem Altar weist die Stirnwand ein hohes Rundbogenfenster auf mit bunter Verglasung: die Auferstehung und drei Szenen der Emmausgeschichte (von Fritz Heidingsfeld, Nürnberg). Die einfache breite Empore der linken Seitenwand verläuft bis an die Stirnwand, im Chorbereich etwas zurückgesetzt und durch einen großen Arkadenbogen seitlich überwölbt. An der rückwärtigen Schmalwand setzt sich die Empore fort bis zum Windfang der Eingangspforte. Die erste Orgel, „ein bescheidenes, aber schönes Instrument", bekam man 1957, 1967 im Ringtausch von St. Stephan ein „neue(s), stimmgewaltige(s)" Instrument (FS II 8). Der wuchtige Prospekt besteht aus einem niedrigen Mittelteil und zwei hoch aufragenden Seitenflügeln. Ein Rundfenster hinter der Orgel mit Darstellung von Symbolen der Dreieinigkeit bleibt frei.

Lit.: DF BA 18. – FS Bamberg/St. Stephan (I), 2 Abb. – FS 25 Jahre Auferstehungskirche Bamberg (II), hg. vom. E.-L. Kirchenvorstand Bamberg-Auferstehungskirche. Bamberg [1981]. – FS Bamberg/Erlöserkirche (s. d.), Abb. 23. – PB SoBl 28/1981: Kirchenbau als Störenfried für das Gemüse.

3.40. Creidlitz, Dr.-Martin-Luther-Kirche

Stadt und Dek. Coburg
Grundsteinlegung 4. September 1955, Einweihung 26. August 1956

*Abb. 102: Creidlitz,
Dr.-Martin-Luther-Kirche
von 1956*

Reinhard Claaßen zeichnet verantwortlich für die Planungen des hoch oben an einem Westhang positionierten und weithin sichtbaren Kirchenbaus. Dieser besteht aus einer rechteckigen Grundfläche mit abgeschrägten Ecken an beiden Giebelseiten, bedeckt durch ein Walmdach, auf dessen östlichen Schnittpunkt ein Kreuz gesetzt wurde. Weitere Gebäude der Kirchengemeinde (Bauten von 1979/80) umschließen einen Hof. Der wie das Kirchengebäude weiß verputzte Turm mit großen Quadrat- bzw. Rechteckfenstern ist an die südwestliche Kirchenecke angefügt, über Eck stehend, mit quadratischer Grundfläche, vier Glocken und einem Pyramidendach samt Wetterhahn. Am östlichen Ende der Südseite befindet sich die niedrige, mit Walmdach bedeckte Sakristei, die mit dem Turm durch ein von Pfeilern gestütztes Dach verbunden ist und so auch den Eingang zur Kirche sowie zur Sakristei schützt. Vom großen Vorraum im Inneren gelangt man zur Emporentreppe und in den Kirchenraum.

Im Schiff mit hoher flacher, von Querträgern unterzogenen Decke sind zwei jeweils bis zur Wand reichende Gestühlsblöcke zur Stirnwand hin ausgerichtet. Der Raum ist mit relativ hoch gelegenen Rechteckfenstern ausgestattet, die einzelne bunte Scheiben aufweisen. Der Altarbereich bildet durch die Abschrägungen der Ecken eine trapezförmige Grundfläche; der breite Altarblock in Marmor mit auskragender Mensa steht auf einer in der Mitte angelegten, um eine Stufe erhöhten Insel. Das vergoldete Altarkreuz zeigt das Lamm. Die fensterlose Stirnwand dahinter ist geschmückt durch ein Fresko (von Günther Danco), das die Dreieinigkeit auf einer großen Scheibe in Form des Gnadenstuhls darstellt und zu beiden Seiten die zwölf Jünger aufreiht. Auch das sog. „Luther-

fenster" („1956") an der Schrägwand unter der Empore stammt im Entwurf von Danco. Der Kanzelambo mit einer bis auf den Zugang geschlossenen, vom Boden ab geführten Brüstung aus geschliffenem Stein über polygonaler Grundfläche und mit vier Stufen baut sich rechts auf. Links ist eine Taufnische mit einem zylindrischen Marmorgefäß eingerichtet, von Seitenbänken, bis an die mittlere Stirnwand reichend, hinterfangen. 1996 wurden ein Tauf- (Taube, Sonne) und ein Verkündigungsfenster (A-Ω-Symbol, Hände Gottes, Gesetzestafeln – von Anita Rist-Geiger, Ausführung Fa. Sattler) in den beiden Schrägseiten des Chors angeschafft. Die Orgel der Fa. Schmid von 1970 mit einem mechanischen Schleifladenwerk gliedert sich in einen dreiteiligen Prospekt auf der mit einer Holzbrüstung versehenen Empore; die vier Register des Brustwerkes sind in einen Schwellkasten eingebaut, welcher mit Jalousien geöffnet und geschlossen werden kann.

Qu.: Auskünfte von Pfarrer Rudi Rupp, Creidlitz, 2001.
Lit.: DF CO II 79/80, mit 2 Abb. – FS Creidlitz: Schilling, Friedrich (Hg.): Creidlitz – Ursprung und Gegenwart 870–1970. Creidlitz 1970, 59–67, mit 5 Abb. – Malter II 424.

3.41. Schauberg, Gnadenkirche

Gmd. und Pf. Langenau, Lkr. Kronach, Dek. Ludwigsstadt
Grundsteinlegung 13. November 1955, Einweihung 4. November 1956

Der Ort gehört geschichtlich zum ehemaligen Amt Lauenstein und damit zum protestantischen Bereich der einstigen Herren von Thüna. Ursprünglich war die Kirchengemeinde Tettau zuständig.

Der kleine Kirchenbau steht auf einer Anhöhe, abseits von der Hauptstraße und auch von der Zufahrtsstraße zurückgesetzt; der Friedhof schließt sich an. Die Kirche von Kleintettau scheint in mancher Hinsicht als Vorbild gedient zu haben. Architekt war ebenfalls wie dort Reinhard Claaßen. Der rechteckige Kirchenbau mit Schiefersatteldach steht in West-Ost-Richtung mit dem Turmanbau im Norden. Im (Nord-)Osten ist die niedrigere, eingezogene halbrunde und schiefergedeckte Apsis erkennbar. Zum Eingang an der Westgiebelseite mit einem Vordach führt ein Treppenaufgang. Das Mauerwerk von Langhaus und Turm ist weiß verputzt. Den Turm mit rechteckigen Schallöffnungen für die zwei Glocken bekrönt eine eingezogene Pyramide samt Knauf und Kreuz. Das Untergeschoss des Turmes nimmt die Leichenhalle auf.

Zwei Bankblöcke verlaufen jeweils bis zur Wand. Zweimal drei Stichbogenfenster sowie Rundfenster im Emporenbereich sorgen für das nötige Tageslicht. Die Holzdecke schwingt in der Mitte trapezförmig hoch. Die Chornische in der mit einem Rundbogen sich öffnenden Apsis ist um zwei Stufen erhöht. Erhellt wird sie durch zwei seitliche Fenster. Der Altarstipes ist trapezförmig als gemauerter Block der Rückwand angepasst, die marmorierte Mensa greift aus. Ein großes Kruzifix bildet den Blickpunkt an der Stirnwand. Die Kanzel steht in Amboform an der linken Seite des Chors mit Steinwangen über polygonaler Grundfläche und einer Antrittsstufe. Rechts in der Nische vor der Stirnwand befindet sich der Taufbehälter, der von einer Steintrommel ausgehend sich nach oben konisch verjüngt; darauf sitzt ein tonnenförmiges Becken, das sich nach oben ausweitet. Ein Messingdeckel mit der Darstellung einer Taube

schließt das Gefäß. Die Empore samt dem Treppenaufgang befindet sich über dem Eingangsbereich mit einer verbretterten Brüstung. Das Orgelpositiv (Fa. Walcker) ist ganz zur südlichen Seite geschoben und greift mit einer Pfeifengruppe über die Brüstung. Ein Rundfenster im Westgiebel bleibt frei.

Qu.: Auskünfte von Pfarrerin Kathrin Neeb, Langenau, 2001.
Lit.: KDM KC 232. – Knopf Sp. 548.

3.42. Rehau, Martin-Luther-Kirche

Lkr. und Dek. Hof
Grundsteinlegung 1. Juni 1955, Einweihung
23. September 1956

Der Bau steht im östlichen Stadtteil „Ziegelhütte". Die am Stadtrand liegende Gemeinde musste ihre Selbstständigkeit gegen die Stammkirchengemeinde durchsetzen. Erste Planungen gehen bereits auf 1925 zurück. Es begann mit Bibelstunden in Gaststätten. Mithilfe eines Vereins (50-Pfennig-Beitrag) erreichte man das Ziel eines eigenen Kirchenbaus. Architekt war Dipl. Ing. Karl Hertel, Rehau. Der Sakralbau fällt von der Zufahrtsstraße, der Martin-Luther-Straße, her nicht sogleich als solcher auf. Der geostete Rechteckbau mit Satteldach hat auf beiden Langwänden zweireihige Fensterfronten, oben größere, unten kleinere Rechteckfenster. Ein großes Mosaik an der Südfassade stellt Martin Luther mit der Bibel in der Hand dar (Entwurf Max Wild) und weist auf die Besonderheit des Gebäudes hin. Der gedrungene, kaum über das Satteldach des Kirchenbaus reichende Turm ist in den Bau an der Nordwestecke eingeschoben –

Abb. 103: Rehau, Martin-Luther-Kirche von 1956 (Archiv Landeskirchenamt München)

ursprünglich war nur ein Dachreiter geplant. Der Glockenstuhl trägt zwei Glocken und lag früher mit Metallstreben offen; er musste aus statischen Gründen durch Beton und Stahl armiert und mit einer Holzverkleidung geschlossen werden. Das flache Pyramidendach trägt in der Mitte eine Kugel mit einer Spitze (Blitzableiter). An die Ecken

sind weitere vier Kugeln gesetzt. Der Haupteingang liegt am Westgiebel. Eine kleine Freitreppe führt zu der durch ein weit vorspringendes Vordach geschützten breiten Eingangstüre. Ein Radfenster liegt darüber. Im Erdgeschoss befinden sich Gemeinderäume sowie im Ostteil eine Kirchnerwohnung. Ein zweiläufiger Treppenaufgang mit gleichsinnigem Richtungswechsel führt in den Kirchenraum im Obergeschoss. In Höhe des Absatzes hängt ein Melanchthonbild an der Wand (von Georg Rall, 1915). Vor dem Eingang in den Kirchenraum hat man den Blick auf das Radfenster und erkennt darauf die Lutherrose.

Zwei Sitzblöcke mit jeweils einem Seitengang orientieren sich in dem langrechteckigen Raum zur östlichen Stirnwand hin. Eine seitlich schräg herabgezogene Kassettendecke mit breitrechteckigen Feldern spannt sich über den Raum. Zwei – aus statischen Gründen erforderliche – Rundsäulen sowie ein durchgehendes Holzpodest, das an den beiden Seiten leicht vorspringt, grenzen den Altarbereich ab. Der Altar steht auf einem weiteren einstufigen Inselpodest. Er ist in Tischform aus Eichenholz mit vier Beinen und einer Holzmensa konstruiert. An der Wand darüber befindet sich ein Mosaik aus bemalten Keramikkacheln zum Thema „Auferstehung" (von Theo Rathgeber, Buchthal). Dazu gehörende große Erzengelfiguren (Gabriel und Michael) sind auf den Rundsäulen dargestellt. Rechts fügt sich an das Podest auf gleicher Ebene der Ambo mit gebauchter Brüstung an und wird bis an die Seitenwand geführt. Der Taufstein steht links unterhalb des Podestes; dafür zog man ein neugotisches Taufgefäß der Pfarrkirche heran (wohl das um 1870 beschaffte). Das gehäuselose Orgelpositiv (von Erich Bauer), früher auf dem Chorpodest platziert, steht jetzt an der Rückwand, neben dem Eingang. 160 Plätze sind im Raum vorhanden

Qu.: Auskünfte von Pfarrerin Marion Krüger, Rehau, 2001.
Lit.: DF Hof I 89, mit Abb. II 109, 1 Abb. – Höllerich 187, 154. – KDM REH 72. – PB Rehauer Tagblatt 22.9.1956: Einweihung der Martin-Luther-Kirche, mit 3 Abb.

3.43. Steinbach, St. Johannis

Gmd. und Pfarrei Geroldsgrün, Lkr. Hof, Dek. Naila
Baubeginn 1955, Grundsteinlegung nicht bekannt, Einweihung 14. Oktober 1956

Am Ortsrand fand man ein Grundstück für die Kirche und den Friedhof samt Leichenhalle (von 1961). Architekt Reinhard Claaßen ist für die Planung verantwortlich. Die Kirche besitzt einen sechseckigen Grundriss, da der Chorteil im Süden trapezförmig ausgreift. Ein Walmdach mit Gauben schließt den Bau ab samt einem Knauf mit Kreuz über dem Chorbereich. Angebaut ist an die nördliche Westseite der quadratische Turm (drei Glocken) mit hohem Pyramidendach, Kugel und Wetterhahn. Rechteckfenster gliedern an beiden Langseiten den Bau. An den Chor schließt sich nach Norden zu die Sakristei mit Walmdach an. Im Untergeschoss der Kirche ist ein Gemeindesaal untergebracht. Der Eingang zum Kirchenraum befindet sich im Turmuntergeschoss. Alle Gebäudeteile mussten mit Kunststoffplatten verkleidet werden.

Zwei Bankreihen ohne Seitengänge sind zur Altarfront ausgerichtet. Die flache Decke wird durch Balkenunterzüge getragen. In dem trapezförmigen Chorbereich steht die um zwei Stufen erhöhte Altarinsel mit Blockstipes und ausgreifender Mensa in Stein. An der Wand dahinter findet sich in der Mitte ein Fresko des himmlischen Jerusalem (nach Offb. 21), rechts dazu ein Engelsbild (beides von Günther Danco). In das Altarkreuz aus Metall sind unterschiedliche Natursteine eingelegt. Der Ambo in Marmor mit polygonaler Grundfläche fügt sich samt einem kleinen vierstufigen Treppenaufstieg an die Seitenwand neben der Sakristeitüre links. Der Marmoraufstein mit rundem Fuß und ausgreifendem runden Becken steht rechts, ein Pult seitlich vor dem Altar. Eine Holzempore ist in den Eingangsbereich eingespannt mit Aufgang und einer Holzbrüstung. Die Orgel mit weitgehend frei stehenden Pfeifen stammt von der Fa. Walcker.

Lit.: KDM NAI 71. – DF FW 69 f., mit 1 Abb. – Knopf Sp. 659.

3.44. Langenbach, St. Lukas

Gmd. Geroldsgrün, Lkr. Hof, Pf. Bad Steben,
Dek. Naila
Baubeginn: 1953, Grundsteinlegung nicht bekannt, Einweihung 28. Oktober 1956

Der bereits 1935 geplante, 1939 bei gesicherter Finanzierung beschlossene Bau konnte wegen des Krieges nicht mehr durchgeführt werden. In Ortsmitte hatte man ein großes Grundstück erworben, das mit einer (niedrigen) Mauer umgeben ist und etwas wie einen Wehrkirchencharakter vermittelt. Architekt der Kirche war Reinhard Claaßen. Durch beidseitige Eckabschrägungen der Rechteckanlage ergibt sich eine achteckige Grundfläche für das Langhaus; es ist mit einem Schieferwalmdach bedeckt. Am Ostende des mit Gauben besetzten Daches befindet sich ein Knauf mit einem Kreuz. Der Turm ist an die Nordostschräge des Langhauses gesetzt, mit einem Eingang, der auch zur Empore führt. Er steht über polygonaler Grundfläche und ist innen zum Rund ausgeglichen. Eine langgezogene Zwiebelbekrönung mit Knauf und einer vergoldeten Wetterhahnfahne schließt ihn

ab. Für die Schallöffnungen (drei Glocken) sind Rechteckfenster vorhanden. Ein gepflasterter Vorplatz mit dem Kriegerdenkmal führt zum Turmeingang sowie zur Eingangstüre des Kirchengebäudes mit einem weit vorgezogenen Vordach an der Westgiebelfront. Im Südosten schließt sich an die Kirche ein zweistöckiger, von einem Walmdach bedeckter Anbau mit Sakristei und Gemeinderaum sowie einem Jugendraum im Untergeschoss an.

Eine flache Balkendecke zieht sich einheitlich über den Kirchenraum. Die beiden Bankblöcke sind nach vorne ausgerichtet und laufen beiderseits bis zur Wand. An der linken Seitenwand sind drei, rechts zwei Rechteckfenster vorhanden, ferner in der Südwestschräge unten und oben je ein kleineres Fenster. Im Altarbereich, durch eine trapezförmige Grundfläche gekennzeichnet, gibt es in der Südostschräge ein hochliegendes quadratisches Fenster. Im Mittelteil bildet eine Insel, zu der zwei Stufen in geschliffenem Stein führen, die Basis für den nahe an die Stirnwand gerückten gemauerten, verputzten Blockaltar mit einer ausgreifenden Marmormensa. Auf dem Tisch steht ein Kreuz mit eingelassenen verschiedenfarbigen Natursteinen. Über die ganze Mittelwand breitet sich ein Fresko des erhöhten Christus aus (nach Offb. 1, 10–20, von Günther Danco). Links an die Schrägwand gestellt hat der Ambo seinen Platz mit verputzter Steinbrüstung und einer Marmorgesimsauflage über polygonaler Grundfläche; vier Stufen dazu führen an der Wand entlang. Daneben befindet sich ein Lesepult. Der Taufstein steht rechts vom Altar und ist aus gleichem Material wie dieser in glatter Tonnenform gestaltet. Ein Messingkegel deckt ihn ab. Rechts führt eine Türe zur Sakristei; daneben gibt es eine Verbindungsmöglichkeit zum anschließenden Gemeindesaal (ca. 60 Plätze). Die Empore für Orgel und Chor steht über dem Eingangsbereich auf Holzstützen und hat eine glatte Holzbrüstung. Das Instrument mit einer gehäuselosen Pfeifenanordnung stammt von der Firma Walcker. In der Nordwestschräge ist unter der Empore ein Fenster mit Glasmalerei eingesetzt, das die Lukasbegleitfigur, den Stier, zeigt (ebenfalls von Danco). 220 Plätze bietet der Kirchenraum.

Lit.: DF FW 49 f. mit 1 Abb. – KDM NAI 36. – Knopf Sp. 329 f.

3.45. Bad Staffelstein, Dreieinigkeitskirche

Lkr. Lichtenfels, Dek. Michelau
Grundsteinlegung 2. Oktober 1955, Einweihung 13. Oktober 1957

1954 konnte ein Bauplatz am damaligen Rand der früher rein katholischen Stadt erworben und somit der Bau begonnen werden. Architekt war Karl Pfeiffer-Hardt, der zehn Wochen vor der Einweihung starb. Das Kirchengebäude mit Hausteinmauerwerk wurde unter Hans-Friedrich Hacker zu Ende geführt. In späterer Zeit schuf man einen großen Vorplatz, mit Platten belegt und mit Brunnen und Sitzbänken gestaltet; ein Gemeindehaus kam an der (Süd-)Westseite dazu. Die Grundfläche der Kirche besteht aus einem gleichseitigen Dreieck (Seitenlänge 25,5 m), das in den Ecken zu quadratischen Anbauten ausgebuchtet ist mit je einer 6 m hohen U-förmigen Erhöhung und je einer offen darin hängenden Glocke. Ein über die seitlichen Glockenträger hinaus reichendes Schieferzeltdach mit Kugel und Kreuz auf der Spitze deckt

den Bau. Die Nordnische bildet einen chorartigen Bereich, an den sich ein Sakristeianbau fügt; dahinter liegt das Pfarrhaus. Ein weiterer Eckbau dient als kleines Eingangsportal. Der Haupteingang befindet sich in der Mitte der Langseite im Südosten. Darüber ist als „Begrüßungsschmuck" ein Kalksteinrelief mit Darstellung der Taufe Jesu und der Dreieinigkeit angebracht (Hans Rucker, 1958). Auf dem Dach sitzt eine Gaube mit dem Zifferblatt der Uhr.

Zwei jeweils geknickte Sitzblöcke mit Seitengängen sind zur Altarnische ausgerichtet. In geringem Abstand zur hohen flachen, rautenförmig kassettierten Decke mit Dreiecksgliederung sind in die beiden Seitenwände sieben langrechteckige Fenster eingesetzt. Die hintere Raumzone wird durch jeweils drei Fenster in zwei Reihen in den Wandteilen der Erweiterungsareale erhellt. Der Altarraum bekommt das Licht von einem Ostfenster. Fünf konvex halbrunde Stufen führen zur Altarinsel empor. Der Blockaltar in dunkelgrauem Marmor steht auf einem zweistufigen Rechteckpodest mit zweiteiligem Kerzenarrangement und Standkruzifix nahe der Stirnwand. An dieser befindet sich ein großes Fresko (von Hermann Kaspar) mit der Darstellung von Christus als Weltenrichter, der Dreieinigkeit und großen Figuren zweier Erzengel (Michael mit Schwert, Gabriel mit Lilie). Friesartig zieht sich als oberer Abschluss die Reihe der Evangelisten entlang. Unten, hinter dem Altar, kann man die Auferstehung und die auf das Gericht Harrenden erkennen. In der Mitte vor dem Altar ist auf der dritten Stufe der Ambo – zugleich Lesepult – eingesetzt, ein Marmorquader mit Pultauflage und seitlichem Metallgeländer. Ursprünglich war er um eine Stufe höher und weiter vorgezogen geplant. Wiederum axial davor steht auf

Abb. 104: Bad Staffelstein, Dreieinigkeitskirche von 1957 (Aufnahme 1970)

Gestühlsebene der runde Taufstein mit einer vierbeinigen, ausladenden Messingschale mit Deckel (Abb. 55). Die frei schwebende Empore schwingt sich konkav-konvex über die ganze Eingangsfront mit geschlossener Brüstung und zwei seitlichen Aufgängen. Die Orgel (Firma Ott) besitzt ein Gehäuse mit neun Teilen, davon fünf Türmen. Es sind 300 Sitzplätze im Raum vorhanden, einige Bänke auch unter der Empore.

Qu.: Auskünfte der Pfarrer Traugott Richter, 1970, und Matthias Hagen, 2001.
Lit.: DF Michelau 18–20, 1 Abb. – Bildende Kunst in Staffelstein. Katalog der Ausstellung 2000 im Stadtmuseum. Staffelstein 2000, 3, 15, 19, 25. – FS Lichtenfels/Sparkasse Abb. S. 267. – KDM STE 233. – Meißner I 182, 197 ff., Abb. 199 und GR 184. – Reissinger 218 ff., Abb. 211–213.

3.46. Großwendern, Auferstehungskirche

Stadt Marktleuthen, Lkr. Wunsiedel, Pf. Marktleuthen (eigene Kirchengemeinde), Dek. Selb
Baubeginn Frühjahr 1957, ohne Grundsteinlegung, Einweihung 15. Dezember 1957

Die ehemals (bis 1970) zur Pfarrei Kirchenlamitz gehörende Kirchengemeinde bekam ihren Sakralbau – begonnen noch vor Genehmigung der staatlichen Behörden (Lammel) – nach Plänen von Horst Rudorf. Der „Verein zur Erbauung eines Betsaales" war bereits 1936 gegründet worden. Der nach neun Monaten bewältigte doppelgeschossige Bau erhebt sich an einem Hang; eine steile Treppe läuft von der Dorfstraße aus zunächst zum Gebäude mit Gemeinde- und Jugendraum im Erdgeschoss, eine weitere, zum Sakralbereich führende über-

Abb. 105: Großwendern, Auferstehungskirche von 1957

dachte Treppe zum hoch gelegenen Eingangsportal mit zwei Flügeltüren und einem Sgraffito über dem Aufgang („Himmlisches Jerusalem", von Distler). Drei quadratische Fenster des Erdgeschosses sind die einzigen dieser Langhausfront. Von einem kleinen Vorraum aus geht es nach links in den rechteckigen Kirchenraum. An diesen schließt sich an der Nordwestecke, über Eck gestellt, die Sakristei an, über die das Walmdach ebenso wie über den niedrigeren Chorbereich herabgezogen ist. Ein oktogonaler verschieferter Dachreiter, von Streben gestützt, mit oktogonaler Spitze samt Knauf und Kreuz, sitzt obenauf und trägt drei Glocken.

Durch drei schmale hoch gelegene Rechteck-fenster an der rechten Seite erhält der niedrige Raum seine natürliche Beleuchtung. Zwei aus-gerichtete Gestühlsblöcke verlaufen jeweils bis an die Wand. Die Altarzone wird durch Wandschrä-gen hervorgehoben; das Podest nimmt nicht die ganze trapezförmige Grundfläche ein, sondern bil-det oberhalb von zwei Stufen eine Rechteckinsel in der Mitte. Der ursprüngliche Altar bestand aus Stein mit einer Granitplatte, ebenso der gewaltige Kanzel-Ambo-Korb. 1984 erhielt der Raum neben einer neuen farblichen Wandgestaltung einen Altartisch aus hellem Eichenholz (Entwurf Hubert Distler) sowie ein Pult, links, aus Holz mit einem einstufigen Podest. Ein geschliffener Taufstein steht rechts unterhalb der Altarstufen. Die Stirn-wand schmückt ein Teppich mit der Darstellung der Auferstehung (Distler), beleuchtet durch ein Seitenfenster. Die Empore über der Eingangsfront, ohne Stützen, mit einer gewulstet vortretenden Bodenfläche, trägt an der Holzbrüstung einzelne runde Bildscheiben darauf, die Motive aus der Johannesoffenbarung zeigen (Distler). Auf der Empore befindet sich eine Kleinorgel.

Qu.: Auskunft von Manfred Daub, 2001.
Lit.: Herrmann Sp. 235. – PB SoBl 3/1978: 20 Jahre eigene Kir-che in Großwendern, mit Abb. – PB SoBl 30/1982: Lammel, Wolfgang: Mit Bauernschläue zur eigenen Kirche, mit Abb. – PB SoBl 26/1984: Eichenholz statt Granit – Neue Kunst für die Kirche in Großwendern, mit Abb.

3.47. Zedtwitz, Friedenskirche

Stadt und Dek. Hof, Pf. Hof/Hospitalkirche
Grundsteinlegung 9. November 1957, Einweihung 20. Juli 1958

Unmittelbar an der Bundesstraße 2, auf einem Gelände mit altem Baumbestand des ehemaligen Schlossparks, liegt die niedrige Kirche. Horst Rudorf schuf die Pläne für den Rundbau. Der gedrungene Turm mit quadratischer Grundfläche ist in das Rund an der Westseite eingefügt mit hohem Schieferpyramidendach samt vergoldetem Wetterhahn. Drei Glocken hängen darin, die Schalllöcher befinden sich in den Dachflächen. An das Rund des Kirchenraums ist, vom Turm aus-gehend, die Fläche an der Südwestseite erweitert durch einen überdachten Eingangsbereich samt Treppenaufgang zur Empore, ferner sind ange-schlossen ein Mehrzweckraum und die Sakristei; diese ist durch Schiebetüren mit dem Kirchenraum verbunden. Das Dach der Kirche verläuft in Kegel-form, ist mit Schiefer bedeckt und endet mit einem Kreuz. An die Ostseite fügt sich ein Gemeinde-haus an die Kirche an. Im Turmuntergeschoss befindet sich ein Flur, der in den runden Kirchen-raum führt. Nur kleine Fensterschlitze im Norden bringen natürliches Licht ins Innere.

Der einheitliche Gestühlsblock ist zweimal geknickt und bildet so ein Halbrund, ausgerichtet auf die Altarfront. Eine kreisrunde Altarinsel (ursprünglich als Rechteck geplant) oberhalb von zwei Stufen trägt den Steinblockaltar mit breiter Mensa über engem Stipes. An der Stirnwand hinter dem Altar breitet sich mit „Flatterrand" ein großes Mosaik aus (von Gerd Jähnke, München, geb. 1921) zum Thema: „Christus ist unser Friede".

Abb. 106: Zedtwitz, Friedenskirche von 1958 (FS Titel)

Im Mittelpunkt thront der auferstandene Christus mit deutlichen Wundmalen über der Erdkugel und ist umringt von den zwölf Aposteln, die inschriftlich bezeichnet sind. Das Mosaik wird mit der Darstellung des Himmels – Gottvatersymbole und zwei musizierende Engel – an der Decke in Kreisform fortgesetzt. Der Ambo rechts steht auf der Ebene des Gemeindegestühls, ist aber über zwei Stufen erhöht und wird durch drei Holzwangen begrenzt. Der Taufstein links unterhalb der Altar-

insel besitzt eine quadratische Grundfläche mit ausgesparten Ecken und trägt eine Messingabdeckung. Eine kleine Empore ragt über der Eingangsfront vor und trägt, in die Brüstung eingesetzt, eine Kleinorgel (von 1959, Fa. Erich Bauer).

Lit.: DF HO II 29 f., 2 Abb. – DF HO III 47–49, 2 Abb. – FS NN: Unsere Friedenskirche in Zedtwitz. O. O., [1958?]. – Herrmann Sp. 794 f. – PB SoBl 24/1978: Seit 20 Jahren Friedenskirche der Grenzlandgemeinde Zedtwitz, 2 Abb.

3.48. Pottenstein, Johanneskirche
(urspr. als Christophoruskapelle geplant)

Lkr. Bayreuth, Pf. Bronn (selbstständige Gemeinde), Dek. Pegnitz
Baubeginn Ende Juli 1957, Grundsteinlegung nicht bekannt, Einweihung 25. Oktober 1959

Das Grundstück in der bamberg-hochstiftisch geprägten Stadt liegt äußerst beengt, ziemlich hoch und schwer zugänglich an einer Steilwand des Püttlachtales; es musste aber mangels eines anderen Angebots genutzt werden. Entwürfe für die Kirche fertigte 1956 der zum Bauausschuss gehörende Ingenieur Alfred Schmidt. Pläne von Pfeiffer-Hardt wurden als „zu modern" abgelehnt, obwohl sie vom Landeskirchenrat positiv beurteilt waren (Reissinger 91). Schließlich verwandte Architekt Reissinger die Schmidtvorlagen eines bevorzugten „konventionellen Gotteshauses". Das Gebäude wurde quer zum Hang gestellt, der Kirchenraum musste über den Abhang vorgezogen und auf eine hohe Stützmauer aufgesetzt werden. Die Grundfläche ist trapezförmig in Süd-Nord-Richtung angelegt, der Bau weiß verputzt. An die östliche Seitenwand wurde am Südende die Sakristei angebaut, daneben befindet sich der Eingangsbereich mit einem überdachten Treppenaufgang. Rechts vom Eingang erkennt man ein Buntglasfenster zwischen Betonformsteinen. Der acht Meter hohe Dachreiter mit frei hängender Glocke, Knauf und Kreuz, sitzt auf dem flachen Satteldach; ursprünglich war ein Turm geplant (Reissinger 92).

Die dunkle Holzdecke in dem weiß gestrichenen Innenraum steigt zum Altar hin an. Durch Betonformsteine gelangt Licht vom Ostfenster her in den Raum; die Darstellungen darauf bringen einen Hinweis auf die Trinität (Auge Gottes, Fischsymbol, Taube; Ausführung Heinrich Eichmüller, Bayreuth). Ein klinkerbesetzter Gang von der seitlichen Eingangstüre führt so zur Altarinsel mit Solnhofer Steinplatten, dass er die beiden Bankblöcke in ungleiche Breiten aufteilt; an der linken Seitenwand verläuft ein weiterer Gang. Die Altarwand im engeren Raumteil ist nach außen leicht gerundet, der Bereich davor in ganzer Breite um zwei Stufen erhöht. Der schmale Blockstipes mit auskragender wuchtiger Mensa steht nahe der Wand. Ein kreuzförmiges Betonglasfenster darüber nimmt eine archaisch wirkende Kruzifixgestalt auf, die von Karlheinz Hoffmann als Viernagelchristus gestaltet wurde; zwischendurch war der Korpus ausgetauscht gegen einen etwas bewegter gestalteten (eines einheimischen Schnitzers), der nunmehr, ohne Kreuzhintergrund, an der Rückwand neben der Orgel hängt (Reissinger 93). Der Ambo ist an die linke Seitenwand gerückt mit drei stumpfwinkelig geknickten, weiß gestrichenen und die Treppenstufen überschneidenden Brüstungsflächen. Altar und Ambo sind aus „fränkischem Naturstein" gefertigt. Der Taufstein stellt sich seitlich rechts vor den Altarstufen teilweise in

den Weg; der Messingtaufdeckel schließt mit einer Taube. Vor der rückwärtigen Wand breitet sich eine um zwei Stufen erhöhte Podestzone mit Brüstung aus für Sänger und eine Orgel von 1977 (Firma Baumgartner) mit einem Gehäuse in zwei Rechteckteilen. Am Seitengang hängt an der Wand eine Konsole mit dem Täufer Johannes und Christus in Holz mit reliefierten Wellen (Hoffmann). Ein Holzlesepult steht im rechten Altarbereich. Maximal 120 Sitzplätze existieren im Raum.

Qu.: Auskunft des E.-L. Pf. Bronn.
Lit.: DF PEG I 23 mit 2 Abb. – DF PEG II 30, mit 1 Abb. – FS Pottenstein. – Poscharsky VI 340. – Reissinger 90–96, Abb. 60–64.

3.49. Tauperlitz, Erlöserkirche

Gmd. Döhlau, Lkr. und Dek. Hof
Grundsteinlegung 6. Dezember 1958, Einweihung 1. November 1959

Die am Fuße eines Berghangs stehende Kirche stammt der Planung nach von Heinz Rudorf. Ursprünglich wurde die Gemeinde von der Pfarrei St. Johannes in Hof, später von Döhlau aus betreut; seit 1983 ist ein eigenes Pfarramt am Ort. Das Gebäude mit Rechteckgrundform und ungleichen Satteldachflächen steht in Süd-Nord-Richtung mit einer Glasbauverbindung zum südlich stehenden Turm. Diese Eingangshalle ist von beiden Seiten zugänglich. Der hohe Helm des Turmes baut sich oberhalb eines niedrigen quadratischen Untergeschossteils auf und reicht mit Verschieferung und Schallöffnungen (drei Glocken) im Dach pyramidenartig weit empor mit einem

Abb. 107: Tauperlitz, Erlöserkirche von 1959

Wetterhahn als Bekrönung. An die Südwestecke des Kirchengebäudes ist eine separate Sakristei angebaut.

Im Inneren muss man feststellen, dass der gottesdienstliche Raum quer zum Dachfirst, also in Ost-West-Richtung, verläuft und im rückwärtigen Teil eine Schiebewand besitzt zu einem anschließbaren Gemeinderaum. Der Blick zum Satteldach ist frei; durch ein längeres Nord- und ein rechteckiges Südfenster, jeweils mit wenigen Buntscheiben besetzt, gelangt Licht in den Raum. Eine stützenlose Empore breitet sich oberhalb des Gemeinderaums aus. Der ungeteilte Gestühlsblock steht, ausgerichtet zur Stirnwand, in der Mitte. Eine zweistufige Altarinsel ist in der Nordwestecke angelegt. Darauf steht der Steinaltar in Form eines Tisches mit zwei Wangen und breiter Mensa. An der Wand dahinter hängt eine große quadratische Bronzetafel mit einem eingearbeiteten griechischen Kreuz. In den vier Feldern sind Szenen zur Lebensgeschichte Jesu reliefartig dargestellt, so die Kreuzigung (links oben), Auferstehung, Jesus als Prediger und die Geburt Jesu (rechts unten). Der Ambo mit drei Steinwangen oberhalb einer Trittstufe steht auf der Insel rechts. Das Taufgefäß wurde links unterhalb der Altarinsel platziert, in Stein, zylindrisch, nach unten konisch zulaufend. Auf der Empore steht eine Orgel von 1966 (Fa. Köberle) mit Holzgehäuse für die Pfeifenfelder. Von Gemeindegliedern produzierte Bilder hängen an der rechten Seitenwand.

Qu.: Pfarrerin Beate Krauß, Tauperlitz, und Manfred Daub, 2001.
Lit.: DF HO II 36, Abb. 37. – DF HO III 63–65, mit 2 Abb. – FS Hof/St. Johannes 18, mit Abb.

3.50. Weismain, Christuskirche

Lkr. Lichtenfels, Pf. Buchau, Dek. Thurnau
Grundsteinlegung 6. Juni 1959, Einweihung
11. September 1960

Architekt Eberhard Braun wählte für den kleinen Kirchenbau in der Stadt bambergisch-hochstiftischen Gepräges die Gundform eines Rechtecks mit auskragendem Eingangsbereich, über den das Dach herabgezogen ist. Am Westende des Satteldaches sitzt ein achteckiger Dachreiter mit Schalllöchern (für zwei Glocken), Zwiebel- und Spitzenbekrönung. Der unverputzte niedrige Bau aus Natursteinen von Kleinziegenfelder Brüchen weist rechteckige Sprossenfenster mit Stichbogenabschlüssen auf. 1979 mussten Stabilisierungsmaßnahmen am Bau durch Betonarmierung vorgenommen werden.

Ein Tonnengewölbe bedeckt den Raum. Die Chorzone, die äußerlich nicht hervortritt, ist im Inneren deutlich abgesetzt durch Erhöhung und Verengung. Diese kommt durch die seitlich angesetzte Sakristei zustande. Der ursprüngliche Altartisch war direkt an die Wand gerückt. 1990 beschaffte Reinhart Fuchs einen neuen Tischaltar aus Holz, der frei steht. Ein großes Holzkruzifix hinter dem Altar dient als Blickfang. Eine schräg gestellte Ambokanzel fügt sich links an die Stirnwand. Der Taufstein, ursprünglich vor den Altar in die Mitte gesetzt, ist nunmehr etwas nach rechts zur Seite gerückt unterhalb der Chorstufen. Eine Schiebewand im rückwärtigen Teil neben der Eingangsfront macht den Raum unter der Orgelempore erweiterbar. Das Instrument der Firma Ott stammt von 1967 und befindet sich auf dieser Empore.

Abb. 108: Weismain, Christuskirche von 1960 (Aufnahme 1970)

Qu.: Auskunft von Pfarrer Wolfgang Heidenreich, Buchau, 2001.
Lit.: Meißner I 183 f., 185 (GR), 197 f. – PB BR 21./22.9.1985: 25 Jahre Christuskirche Weismain, mit Abb. – PB-Kurzbericht SoBl Nr. 17/1990 mit Abb. – PB BR 16./17.9.2000: Weihejubiläum: 40 Jahre Christuskirche, mit Abb.

3.51. Memmelsdorf-Lichteneiche, Himmelfahrtskirche

Gmd. Memmelsdorf i. OFr., Lkr. und Dek. Bamberg
Grundsteinlegung 12. Dezember 1959, Einweihung 16. Oktober 1960, s. Abb. 19

Unmittelbar am Ortseingang von der Bundesstraße 22 bzw. der Autobahnausfahrt Memmelsdorf her liegt innerhalb einer Baumgruppe die kaum auffallende kleine Kirche in dem Ort ehemaligen bambergischen Hochstiftsbereichs mit ungewöhnlicher parabel- bzw. birnförmiger Grundgestalt. Architekt war Wilhelm Schlegtendal. Das Dach der nördlichen Westwandseite ist bis zur Mitte als Vordach für das Portal weitergeführt. Das Satteldach steigt im Traufenverlauf vom hinteren Haupteingang zum Chor hin an. Der seitlich stehende niedrige quadratische Turm mit hohem Pyramidendach – mit Schallöffnungen für vier Glocken – ist durch einen niedrigen Holzbau mit der Kirche verbunden. Die Sakristei wurde im Turmuntergeschoss angelegt. Auf dem Turm thront ein Knauf mit Kreuz. Beide Dächer sind mit Schiefer gedeckt.

Abb. 109: Memmelsdorf-Lichteneiche, Himmelfahrtskirche von 1960

Drei nördliche und zwei südliche im Wandverlauf zur Stirnfront hin ansteigende Rundfenster erhellen den Raum. Der Blick in das offene Dachgebälk ist frei. Dieses Ovaldach wird durch Holzträger, die von der Wand aus bis zu einem durchlaufenden Mittelbalken streben, getragen. Zwei zueinander leicht gewinkelte Gestühlsblöcke mit Seitengängen sind ausgerichtet. In das kleinere

Halbrund des Raumes ist die Altarinsel mit einem vorschwingenden flachen Bogen oberhalb von zwei Stufen angelegt. Die fensterlose Stirnwand schmückt ein abstraktes Mosaik zum Thema „Auferstehung" (Johann H. Schmidt-Rednitz, Fürth). Der Altar besteht aus einem großen Kubusblock in Marmor, im ursprünglichen Plan noch zwei Stufen erhöht. Links seitlich oberhalb des Chorpodestes, an die Wand geschoben, steht der Ambo mit Holzwangen und einem Holzantritt. Der fassartig geformte Taufstein befindet sich rechts auf der Altarinsel. Die Stellung von Ambo und Taufstein war zuerst seitenverkehrt geplant. Durch versenkbare Türen ist der Kirchenraum im rückwärtigen Teil erweiterbar um einen kleinen Jugendraum und einen größeren Gemeindesaal. Eine leicht konvex zum Schiff hin schwingende Empore darüber samt Treppenaufgang im Raum trägt festes Bankgestühl und eine kleine Orgel (Fa. Ott). Das Schiff weist 149, die Empore 58 Plätze auf.

Lit.: FS Bamberg/Erlöserkirche, Abb. 23. – Meißner I 182, 200. – Reissinger 226 f., Abb. 232–234.

3.52. Bayreuth, Kreuzkirche

Stadt und Dek. Bayreuth
Grundsteinlegung 10. Oktober 1959, Einweihung
23. Oktober 1960

Architekt der Kirchenanlage im Stadtteil Kreuz-Herzoghöhe war Hans C. Reissinger. Die Gebäude umschließen mit Kirche, Pfarrerwohnungen, Gemeinde- und Jugendräumen einen Innenhof (1964). Der Kirchenbau im Westen des Hofes, früher mit einem Kupferflachdach bedeckt, jetzt

mit Dachfolien isoliert, besitzt eine trapezförmige Grundfläche. Der Hauptzugang erfolgt von der Lippacher Straße her unter dem Turmuntergeschoss hindurch zu einem Vorbau, der als „Brauthalle" bezeichnet wird. Über diesem Eingang befindet sich ein reliefartiger Baldachin mit der Darstellung der Arche Noah und dem Regenbogen (Kunstanstalt Mayer). Auf den beiden Türflügeln zeichnen sich die Symbole „A-Ω" und „XP" ab. Außen, zur Straße hin, hängt ein Steinrelief an der Wand mit dem „erhöhten Lamm", dem die 24 Ältesten huldigen (von Heinz Heiber). Der aus der Baulinie vorgezogene und 1994 restaurierte Turm besteht aus einer 36 m hohen Stahlbeton-Rahmenkonstruktion und trägt fünf Glocken; eine eiserne Wendeltreppe führt hinauf, über fünf Stockwerke hinweg offen und nur durch Brüstungen an drei Seiten geschützt. Über dem großen, nunmehr bunt gestalteten Zifferblatt befindet sich die Glockenstube mit einem achtreihigen „Lochmuster". Das Pyramidendach schließt mit Knauf und Kreuz. Im rückwärtigen Teil des Kirchenraums schließt sich ein recht variabel gestaltbarer Gemeinderaum an.

Im Inneren waren die Wände ursprünglich ganz in Weiß gehalten; nunmehr sind sie farblich aufgelockert. Die Wand im Osten wird durch eine 20teilige Fensterfront in Betoneinfassung bestimmt aus getürmten Rundbogen. (Reissinger: „Mein erstes großes Buntglasfenster" – ausgeführt von der Mayerschen Kunstanstalt). Das Thema für die Wand bezieht sich auf „Jerusalem, die hochgebaute Stadt". Die Decke, ein armiertes Holzfaltgebilde, schwingt, wie ein Teppich angelegt, in Wellen. Auch der Steinfußboden sollte wie ein Teppich wirken. Zwei große Gestühlsblöcke, einer davon trapezförmig zulaufend, sind auf den Altar-

Abb. 110: Bayreuth, Kreuzkirche von 1960 (Aufnahme 1969)

bereich ausgerichtet, der außermittige Hauptgang verläuft etwas schräg. Eine tiefe Empore mit einer neuerdings vollständig verkleideten Brüstung zieht sich schwungvoll an der Nordwand entlang und reicht bis an die westliche Seitenwand. Sie wird seit 1991 belebt durch sieben aufgemalte runde Bilderscheiben mit biblischen Motiven zum Kreuz (von Hubert Distler). Der Altarraum ist um drei, der Altar nochmals um zwei Stufen erhöht. Von einem Ostfenster, durch ein Wandstück gegenüber der Gemeinde abgeschirmt, fällt indirektes Licht auf den Altar, der nicht exakt in der

Achse steht und als wuchtiger Steintisch gestaltet ist. Wiederum aus der Achse des Altars geschoben, hängt an der gerundeten Stirnwand eine Christusgestalt mit Segensgestus aus Lindenholz (von Karlheinz Hoffmann), neuerdings farblich durch eine runde Scheibe, die „Ostersonne", hinterlegt. Das kupferne Altarkreuz leuchtet in der Mitte mit rubinfarbigem Glas. Rechts steht auf den Stufen ein fünfseitiger Kanzelambo mit Steinunterbau und Brüstungen, die – früher aus Kupferplatten (jetzt in der Brauthalle aufgehängt: Fischrelief und Spruch „Dein Wort ist die Wahrheit") – seit 1990 durch farblich akzentuierte Holzteile (Distler) gestaltet sind. Das seitliche (links) vorgezogene durchlaufende Betonwandstück mit bunten Glasfenstern bildet einen Hintergrund für den um eine Stufe erhöht stehenden Taufstein, einen diagonal gestellten Steinblock mit abgerundeten Ecken. Der Deckel sowie die früheren Kanzelschranken stammen von Lilo Reissinger. Alle Prinzipalstücke bestehen aus fränkischem Quarzit (Nürnberg). Die Vergoldungen erfolgten durch Alfred Russ, Bayreuth. Die Liedertafeln wurden in Lyraform gestaltet. Die frühere Orgel (von 1965, Fa. Walcker) trug die Pfeifenreihen ohne Gehäuse. Diese Orgel wurde 1998 durch die Firma Friedrich umgearbeitet und erhielt einen Prospekt in Form eines großen Rechtecks in drei Teilen mit umfassender Rahmung und durchbrochen gearbeiteten Schleierbrettern. 650 Sitzplätze sind vorhanden.

Qu.: Auskünfte von Pfarrer Martin Schöppel, 2001.
Lit.: DF BT II 76–80. – Kneule II 113 f., 130. – PB FPr 18. 3. 1964: Evangelische Kirchengemeinde will heuer drei große Bauvorhaben verwirklichen. – PB NK 21./22. 10. 2000: Kirche voller Leben. – Reissinger 100–109, Abb. 68–75.

3.53. Johannisthal, Johanniskirche

Gmd. und Pf. Küps, Lkr. und Dek. Kronach
Grundsteinlegung 29. November 1959, Einweihung 27. November 1960

Der Ort in der evangelischen Diaspora des ehemaligen Hochstiftsbezirks Bamberg, unmittelbar an der Bundesstraße 173 gelegen, erhielt den Bau einer Filialkirche auf einer Anhöhe, versteckt hinter Bäumen am Rande eines Waldstücks; der Grund gehörte Freiherrn von Egloffstein in Schmölz. Der Dachreiter, der mitten auf dem Kirchendach sitzt, spitzt kaum zwischen den Bäumen heraus. Architekt Horst Rudorf fertigte die Pläne für den Rechteckbau mit Satteldach. Das Gebäude ist von West nach Ost gerichtet, im Kirchenraum allerdings nach Süden orientiert. Vom Eingang an der Westseite aus gelangt man in einen Vorraum, von dem man links in einen Gemeinderaum kommt, nach rechts in den Kirchensaal; eine Treppe führt zur Empore. Im rückwärtigen Teil des Baus mit dem Nebenraum befinden sich längsrechteckige Fenster. Der Südteil blieb ohne Mauerdurchbrüche. Im Osten bringt ein großes Weißglasfenster am Südende Licht in den Kirchenraum. Der mit Kupferblech gedeckte Dachreiter führt als Schieferpyramide nach oben mit Öffnungen für die drei Glocken und schließt mit Knauf und Wetterhahn.

Im chorlosen Raum ist der Blick nach oben in das verbretterte Satteldach frei; der First verläuft quer zur Raumachse. Die Bestuhlung besteht aus einem einheitlichen großen Block. Die Altarfront befindet sich an der fensterlosen Wand mit Dachschräge, die aber von dem großen Fenster links gut beleuchtet wird. Das Inselpodest mit zwei Stufen steht frei in der Mitte. Sowohl das Podest als auch der übrige Boden sind mit Klinkern belegt. Auf dem Altar steht ein Ikonen-Gemälde im Athosstil mit Darstellungen zum Christuswort: „Ich bin der Weinstock, ihr seid die Reben". Christus sitzt mit einem offenen Buch in der Mitte, von einer Mandorla umgeben; ihm zur Seite sind je sechs Apostel angeordnet. Das Bild ist die Auftragsarbeit eines griechischen Künstlers, Pater Pefkis in Kalambaka, und entstand 1999. Auf einem Standkreuz davor aus Bronze ist der Gekreuzigte als Auferstandener dargestellt. Rechts vor dem Eingang zu der kleinen Sakristei steht ein wuchtiger und tiefer Ambo aus Holz mit drei durchlaufenden Wangen und drei Aufgangsstufen. Ein Pult befindet sich links. Vor dem linken Fenster steht der Taufbehälter, ein Metallgefäß auf vier schmalen Metallfüßen. Das Marmorbecken darauf mit Messingabdeckung ist zylindrisch geformt. Die Empore wird von Betonstützen getragen; die Brüstung besteht aus Holzplatten. Der Prospekt des kleinen Orgelinstruments (Firma Walcker) ist ganz zur Wand (links) gerückt, die Holzpfeifen sind nach vorne oberhalb der Brüstung angeordnet.

Qu.: Auskünfte von Pfarrer Friedrich Seegenschmiedt, Küps, 2001; Festfolge zur Einweihung am 27. November 1960; darin: Bauer, Fritz: Evangelisches Gemeindeleben in Johannisthal. Lit.: KDM KC 66. – Knopf Sp. 261. – Malter I 365.

3.54. Mannsflur

Gmd. Marktleugast, Pf. Stammbach, Lkr. und Dek. Kulmbach
Grundsteinlegung 10. Mai 1959, Einweihung 4. Dezember 1960

Abb. 111: Mannsflur, Kirche von 1960

1947/48 wurde auf einem von Freiherrn von und zu Guttenberg gestifteten Grundstück eine vollständig neue Siedlung gegründet, die in den alten Baumbestand hinein gruppiert und mit Häusern nach weitgehend gleichem Muster erstellt wurde. In dem sonst katholisch geprägten Territorium gab es unter den Flüchtlingen viele Protestanten. Architekt Emil Schomberg wurde mit dem Kirchenbau am Nordrand des Ortes beauftragt; er passte ihn mit einem Pultdach dem architektonischen Prinzip der Siedlung an. An die Stirnseite des niedrigen Baues ist eine Natursteinmauer mit dem Eingang gestellt; der sich anfügende etwas niedrigere Bau ist verputzt. Der Glockenträger steht abseits, schräg vor der Eingangsfront und über dem öffentlichen Bürgersteig mit einer Durchgangsmöglichkeit. Bis 1976 blieb das Glockengeschoss (mit zwei Glocken) offen, man schloss es dann durch Holzlamellen zum Schutz gegen Verunreinigungen durch Vögel. Bekrönt wird der 14 m hohe

Turm durch ein flaches Satteldach mit Kreuz. Das wuchtige zweiflügelige Kupferportal an der Westseite fällt auf durch seine plastische Gestaltung. Man erkennt die Paradiesszene samt der sich von unten anschleichenden Schlange und rechts die Kreuzigungsgruppe mit der Hand Gottes im oberen Bereich (Abb. 35). Schöpfer dieses Werkes war Hans Rucker, der aus dem benachbarten Marktleugast stammte.

Innen öffnet sich ein relativ kleiner „Multifunktionsraum" (PB), der seine natürliche Beleuchtung zunächst nur durch Oberlichter erhielt, nunmehr (seit 1989) von einem breiteren eingebauten Fensterband mit leicht getönten einzelnen Scheibenstücken erhellt wird. Der Blick zum flachen Pultdach mit Metalltragekonstruktionen ist frei. Zwei Bankreihen, jeweils bis an die Wand verlaufend, sind in dem kleinen Saalraum auf den Altarbereich ausgerichtet, der sich, um eine Stufe erhöht, über die ganze Stirnwandseite entlang zieht. In den wuchtigen Altarblock findet man an der Vorderseite ein Auge Gottes plastisch eingearbeitet. Auf der Mensa steht ein Holzkruzifix. An der Wand dahinter gestaltete Konrad Ehmann 1969 ein Mosaikbild mit der Arche Noah nach der Sintflut samt Taube und segnender Hand Gottes. Der Ambo rechts, ohne Podest, zeigt auf der Steinwange reliefartige Evangelistensymbole. Der zylindrische Taufstein links ist tonnenförmig geschweift. Alle drei Prinzipalstücke stammen von Hans Rucker. Bis 1988 war man auf eine „Leihorgel" in einer Nische neben dem Altarbereich angewiesen. Das neue Instrument von der Firma Bosch (1988) trägt die Pfeifen in einem rechteckigen Kastenrahmen, in dem sich Streben, Sonnenstrahlen gleichend und von einer Ecke ausgehend, über das Gehäuse ausbreiten. Ein Gemeinderaum und die Sakristei schließen sich innerhalb des rechteckigen Grundareals an die Kirchenwand an.

Qu.: Auskünfte E.-L. Pf. Stammbach, 2001.
Lit.: DF MÜB 65 f. mit 2 Abb. – Mulzer 108. – PB FP 4.12.1980: Heute vor 20 Jahren war Einweihung der evangelischen Kirche in Mannsflur, mit 2 Abb. – PB FP 10.6.1988: Arme Gemeinde baut Kirche um. – PB BR 5.12.1988: Langgehegter Wunsch der Kirchengemeinde Mannsflur ging in Erfüllung: Neue Orgel wurde gestern geweiht. — PB FP 5.12.1990: Eine Insel in der Diaspora – Evangelische Kirche in Mannsflur wird am Sonntag 30 Jahre alt, mit 2 Abb.

3.55. Ebermannstadt, Emmauskirche

Lkr. und Dek. Forchheim
Grundsteinlegung 7. Mai 1960, Einweihung
3. September 1961

Die Kirche liegt am Nordhang des breiten Wiesenttales, früher auf freiem Feld, heute innerhalb eines durch Schulen geprägten Siedlungsgebietes in der durch das Hochstift Bamberg fundierten Stadt. Vorher stand dort eine Werkstattbaracke und ein Jugendheim. Der Kirchenbau, den Architekt Wolfgang Gsaenger entwickelt hatte, ist mit der Giebelfront zur Straße hin gewandt, rechts daneben schließt sich ein überdachter Eingangsbezirk mit hohem Treppenaufgang an, und daran wiederum der 25 m hohe Turm über quadratischer Grundfläche mit eingezogener Pyramidenspitze samt Wetterfahne (und drei Glocken), alle Gebäude verputzt und gelb gestrichen. 1976 fügte man seitlich an die Kirche die Bauten von Gemeinde- und Pfarrhaus an. Das Areal des Kirchenraums dehnt sich mit dem Eingang von der Ostseite her in einem gestreckten Sechseck von Süd nach Nord aus.

Abb. 112: Ebermann-
stadt, Emmauskirche
von 1961

Man betritt den Kirchenraum nahe seiner breitesten Stelle von der Seite her. Die beiden gleichmäßig großen, nach vorne sich verjüngenden Gestühlsblöcke mit Seitengängen sind ausgerichtet auf den um drei Stufen erhöhten Altarbereich. Die rechte Wand weist drei niedrige Quadratfenster auf; das Hauptlicht strömt von Westen her durch die Glaswand aus Betonfensterreihen in der verengten Altarzone. Der Altartisch ist kombiniert aus Metallstützen und einer breiten Steinmensa; dahinter bauen sich sieben hohe Kerzenständer auf. Auf dem Altar steht ein in Metall gefertigtes Kreuz mit einem Keramikkorpus. Die sechs Meter breite Betonwand hinter dem Altar wirkt besonders durch das in voller Breite eingesetzte Steinrelief, einem Flügelretabel ähnlich, das die Emmausgeschichte in zwei sowie Erscheinungen des Auferstandenen in weiteren zwei Szenen zum Inhalt hat (nach Luk. 24; Johannes 20, 21). Ein Altar auf der Darstellung ähnelt dem der Kirche. Relief und übrige Ausstattung stammen von Reinhart Fuchs. Ein Lesepult befindet sich rechts, daran schließt sich ein Ambo an, der rechts nahe der Seitenwand steht mit drei Holzbrüstungen und Treppenstufen von hinten. Der Taufständer besteht ebenfalls aus einer Metallkonstruktion und einem aufgesetzten quadratischen Steinbecken, links im erhöhten Bereich. In Fortsetzung des Chores blieb die Wand links fensterlos; sie wurde 1981 mit fünf unterschiedlich großen Holzschrifttafeln geschmückt mit dem Text der Emmausgeschichte, gestaltet von Heinrich Suttrop (Kirchenpfleger in der Gemeinde). Über der verengten Südnische des Raumes befindet sich die Orgelempore oberhalb eines zusätzlichen anschließbaren Gemeinderaums. Die Orgel (von Ott) mit seitlichen Gehäuserahmen gliedert sich in fünf Teile mit je zwei höheren

Außentürmen und einem niedrigen Mittelturm, der das sechseckige Fenster dahinter frei lässt. Im Schiff stehen 130 Plätze zur Verfügung.

Lit.: FS Fuchs, o. P. – Poscharsky VI 146 f., Abb. Nr. 25. – PB SoBl Nr. 37/1986: Ein Kirchenquiz zum Jubiläum, mit Abb. – Reissinger 210 f., Abb. 186–188.

3.56. Gehülz, St. Michael

Stadt, Pf. und Dek. Kronach
Erster Spatenstich 11. September 1960, Grundsteinlegung 15. Dezember 1960, Einweihung 24. September 1961

Die Diasporakirche auf ehemals Bamberger Territorium erreicht man, wenn man im Ort, der sich entlang der Bundesstraße 303 hinzieht, in Richtung Gehülz-Süd abbiegt. Architekt war Emil Schomberg. Der Rechteckbau verläuft von Osten nach Westen und ist durch ein Satteldach abgeschlossen, wobei die beiden Giebelwände über das Firstniveau hoch gezogen sind. Ein Metallkreuz ist am Ostgiebel und über diesen hinausragend befestigt. Eine Reihe von Rechteckfenstern an den Langseiten liegt erhöht, eine weitere im Untergeschossteil. Die Baukosten für dieses Stammgebäude betrugen 117 566 DM. Nach Norden zu schließt sich an den Eingangszwischenbau ein gedrungener Turm an (errichtet 1975), der kaum über das Dach der Kirche hinausreicht. Auch hier stehen die Giebelwände über das Satteldach hinaus. Vier quadratische Schallöffnungen für das Geläute der zwei Glocken befinden sich auf der Ost- und der Westseite im oberen, kupferblechbesetzten Teil des Turms. Der kleine Eingangsvor-

Abb. 113: Gehülz, Kirche St. Michael von 1961

bau weist bunte Betonglasbausteine auf. Eine neue Sakristei wurde 1998 an die Nordwestecke der Kirche angebaut.

Im Inneren ist der Blick in das offene Dachgebälk frei. Die unterschiedlich großen Scheiben der Fenster weisen leicht bunte Tönung auf. Zwei Bankblöcke, jeweils bis an die Wand reichend, sind zur Altarfront ausgerichtet. Eine rechteckige Altarinsel in der Mitte der Stirnwand erhebt sich über zwei Stufen. Der Blockaltar aus Steinquadern

ist nahe an die Wand gerückt; ein Bronzekreuz steht darauf. Ein kreuzartiges Fenster im Stirnwandgiebel darüber beleuchtet im Inneren ein Metallkreuz mit eingelegtem Bergkristall. Links in der Ecke des Raumes befindet sich, durch eine Steinwange abgeschirmt, ein Treppenabgang in die frühere Sakristei (heute Teeküche) und zu einem Gemeinde- und Jugendraum. Ein kleines Pult in Stein mit den Darstellungen von Hand, Lamm und Taube rechts von der Altarinsel dient für

Schriftlesungen wie auch als Predigtambo. Der Taufstein ist in der Achse vor dem Altar platziert. Auf dem Deckel findet man die Geschichte vom Auszug aus Ägypten („neues Leben") dargestellt. Die Prinzipalstücke stammen von Hans Rucker. An der linken Wand hängt ein Kreuztragungsrelief in Kupfer. Die Orgelempore samt dem Aufstieg an der Rückwand wird von Holz- und Metallstützen getragen und besitzt eine Brüstung aus Querhölzern. Der Orgelprospekt besteht aus fünf Teilen; die Orgel (1984) stammt von der Firma Hey. An der Rückwand, beim Eingang, zeigt eine Glasmalerei den Kirchenpatron, St. Michael (von B. Schagemann, München). 1994 wurde eine „Heimatkrippe" (von Florian Hofmann, Neuensee) beschafft, deren Hintergrund die 1986 teilweise rekonstruierte vorgeschichtliche Anlage der nahe gelegenen Heunischenburg darstellt.

Qu.: Auskünfte von Bernd Graf, Gehülz, 2001. – Gemeindebrief der Kirchengemeinde Kronach *Kreuz und quer* Nr. 143/1998.
Lit.: FS Kronach 37 ff. – Graf, Bernd: Gehülzer Heimatkrippe mit Begleitprogramm begeisterte viele. In: Der bayerische Krippenfreund, Weißenhorn 291/1995, 8 f. – KDM KC 40. – NN: Mein Gehülz, Bd. II, hg. vom Verein für Heimatpflege. Kronach 1991, 212.

3.57. Hof, Dreieinigkeitskirche

Stadt und Dek. Hof
Grundsteinlegung 13. Oktober 1960, Einweihung 5. November 1961

Die Kirche liegt an einem flachen Hang inmitten eines neueren Wohngebietes im Stadtteil Krötenbruck. Architekt war Horst Rudorf. Das Gebäude besteht in der Grundfläche aus einem dem Quadrat genäherten Rechteck und besitzt ein Satteldach unterschiedlicher Traufhöhen. Außenseitig verwandte man sowohl Sichtbeton als auch Ziegelsichtmauerwerk. Der freistehende, dominant wirkende hohe Turm (36 m) mit flachem Satteldach und Wetterhahn hat Giebelwände aus Sichtbeton und dazwischen Seitenwände aus Ziegeln mit Schallöffnungen (für drei Glocken) im oberen Viertel. Zwischen Turm und Kirchenhaupteingang mit vorgezogenem Windfang verläuft eine Überdachung mit flachem Satteldach, die wie eine einladende Einfahrt zu einem Innenhof wirkt, der durch das Pfarrhaus vom Jahre 1963 und den Kindergarten – Einweihung 1975 – gebildet wird. Neben dem Kirchengebäude entstand 1997 ein neues Gemeindehaus auf dem Straßenniveau des Kirchenuntergeschosses.

Im Kircheninneren findet man einen Einheitsraum vor mit glatten weißen Wänden. Durch das Einfügen eines kleineren abgeschlossenen Teils (gedacht für Mütter mit Kindern) und angrenzender Sakristei ergibt sich eine nischenartige Verbreiterung der Altarzone bis zu einem großen Fenster, dem ein zweites hohes Fenster gegenüberliegt. In der Raummitte steht ein großer Bänkeblock mit seitlichen Gängen; je eine Bank läuft an den Seitenwänden entlang. Es ist kein eigener Chorbereich ausgewiesen. Der Altartisch aus Naturwerkstein (Jura, gelbgrau) steht als Block – auf zwei Natursteinbossen aufliegend – auf einem zweistufigen begrenzten Podest. Das Altarkreuz ist mit Bergkristallen und Edelsteinen besetzt (Hermann Jünger). Die drei Altarleuchter sind schlicht ausgeführt mit dreiteiligem Fuß, Steg und Teller. Die nach Süden gerichtete Altarrückwand zeigt dahinter in ihrer vollen sichtbaren Breite und Höhe ein

Abb. 114: Hof, Dreieinigkeitskirche von 1961

Gemälde (von Günther Danco, 1962) zum Thema „Dreieinigkeit" mit den Symbolen Auge, Fisch, Flammen auf ruhigfarbigem Untergrund, zusammengefasst durch eine weißgelbe Zickzacklinie. Links vom Altar, unterhalb des Podestes, steht der Ambo aus stirnseitiger rechteckiger Naturwerksteinplatte (Jura) und -bodenplatte auf zurückgesetztem Betonsockel, mit seitlicher Holzfüllung und dreistufigem rückseitigen Aufgang. Rechts befindet sich der viereckige Taufstein als Naturwerksteinblock (Jura) mit eingezogenem Sockel und kegelartigem Deckel. Eine Empore mit einer Brüstung aus einfachen Holzplatten ist im rückwärtigen Kirchenteil eingezogen. In der gleichen Linie verläuft – also quer zur Raumausrichtung – die sichtbare innere Firstlinie des Satteldaches, dessen Untersicht zum First hin mit faltwerkartig verlaufenden Holzbrettern gestaltet ist. Der Aufgang zur Empore erfolgt von einem kleineren Seitengang (rechts, samt Windfang) her. Die Orgel wurde mit einem in die massive Emporenbrüstung (rechts) eingesetzten Frontpositiv und dahinterliegendem Spieltisch und Hauptwerk mit Gehäuserahmen nicht auf der rückwärtigen Empore, sondern rechts seitlich oberhalb des Nebenraums angeordnet (1969, Fa. Deininger & Renner). An der linken Seitenwand hängt ein Holzkreuz. Die Kirche ist für 400 (ursprünglich 320) Sitzplätze ausgelegt. Im Untergeschoss des Kirchenraums sind das Pfarramtsbüro und Gemeinderäume untergebracht.

Qu.: Auskünfte von Pfarrer Martin Adel und von Peter Schleußner, Hof, 2001.
Lit.: DF HO II 48–50, mit 3 Abb. – DF HO III 41–43, mit 3 Abb. – FS Rauh, Axel (Red.): 25 Jahre Gemeinde Dreieinigkeitskirche [Hof]. Hof [1986]. – Reissinger 196–203, Abb. 167–169.

Abb. 115: Neuensorg, Auferstehungskirche von 1961

3.58. Neuensorg, Auferstehungskirche

Gmd. Weidhausen, Lkr. Coburg, Pf. und Dek.
Michelau
Grundsteinlegung 3. Dezember 1960, Einweihung
19. November 1961

In dem Ort des ehemaligen Hochstifts, in dem
sich aber – wie in Michelau – die Protestanten
auch über die Gegenreformation hinaus behaupten konnten, wurde Herbert Fischer als Architekt
gewählt. Den niedrigen Bau über quadratischer
Grundfläche inmitten des Ortes auf dem Grundstück des ehemaligen Forstgartens bedeckt ein
pyramidenförmiges Dach ohne Lichtöffnung. Die
Fenster besitzen quadratische Formen. Der weiß
verputzte Turm (16 m hoch mit 3 m hohem
Kreuz) mit flachem Satteldach (gedeckt mit Kunststoffplatten) steht abseits (Abb. 26), verbunden
mit der Kirche durch einen niedrigen, im rechten
Winkel geknickten Trakt, in dem die Sakristei
sowie weitere Nebenräume untergebracht sind.
Abgesehen von Schallöffnungen (für drei Glocken)
reihen sich in den Wänden nur Schlitzfenster. Zu

beiden Seiten des Zifferblatts findet man Kupfer-figuren von Jona und dem Fisch angebracht (von Peter von Bohr). Hinter der Kirche schließt sich ein großer baumbestandener Garten an. Den Eingangsbereich umgibt ein gepflasterter Vorplatz mit niedriger Mauereinfassung und einem Brunnen. Die zweiflügelige Eingangspforte ist aus getriebenem Kupfer gestaltet mit Darstellungen von einem Posaunenengel und Szenen zu Matthäus 24 (Wiederkunft der Erlösten nach Zion – von Bildhauer von Bohr). Eine Kunststeintafel darüber grüßt mit dem Schriftsatz eines Bibelwortes (Jesaja 35, 10). Als Gesamtkosten waren 140 000 DM angesetzt.

Die vier verbretterten Dachflächen des Pyramidendaches sind innen einsehbar. Zwei Bankgruppen befinden sich in der Mitte – ein Block links, der bis zur Wand läuft, ein weiterer mit einem Seitengang auf der rechten Seite – und zusätzliche Bänke stehen seitlich der Altarinsel einander gegenüber. Das Podest, bis an die Stirnwand reichend, erhebt sich im Mittelteil über zwei Stufen. Die Steinmensa des Altars liegt auf zwei wuchtigen Steinwangen (Abb. 68). Auf dem hohen Altarkreuz in Silber (von Hermann Jünger), an romanische Vorbilder anknüpfend, finden sich Inschriften von Bibelzitaten, besonders wichtig für die Kirche das von der Auferstehung. Auf dem Niveau des Gemeindegestühls steht rechts der Ambo, aus drei hohen Steinwangen konstruiert mit einer Holzpultauflage; drei Steinstufen führen zum Predigerstandort. Links hat der zylindrisch geformte Taufstein aus geschliffenem Sandstein seinen Platz, bedeckt mit einer Messingschale samt Fischgriff und daneben einem Taufkerzenständer. Die Prinzipalstücke bestehen aus „Kirchheimer Marmor", nach Plänen des Architekten gefertigt. Ferner befinden sich auf der Altarinsel ein Holzlesepult und hinter

dem Ambo ein großer fünfteiliger Kerzenständer. Die Fensterbilder (von Rudolf Büder, 1975) thematisieren „neun Kürzel zur Heilsgeschichte". Eine rechteckige, seitlich begrenzte Holzempore auf Holzstützen und einer Lattenbrüstung schiebt sich über dem Eingangsbereich frei in den Raum samt Treppenaufgang. Die Orgel stammt von der Firma Thierauf (1962).

Qu.: Auskünfte von Pfarrerin Barbara Zeitler, Michelau, und von Birgit Nahr, Neuensorg, 2001; Archiv des Architekturbüros Konrad Fischer, Hochstadt· Planunterlagen.
Lit.: Annäherung 2/1995, S. 216: Rudolf Büder – von seinen Arbeiten. – FS Neuensorg, o. P. – Meißner I 191, 193 (Abb.), 194, 196, 197. – PB Coburger Tageblatt 18.11.1961: Neuensorgs Kirche in festlicher Erwartung, mit 1 Abb. – PB Obermain-Tagblatt 15.11.2001: 40 Jahre Auferstehungskirche, mit 1 Abb.

3.59. Selb, Christuskirche

Stadt und Dek. Selb, Lkr. Wunsiedel
Grundsteinlegung 30. April 1961, Einweihung 23. April 1962

Nahe der Ausfallstraße in Richtung Süden, im neuen Siedlungsgebiet mit dem ehemaligen Vorwerk, konnte ein Grundstück aufgrund der Schenkung durch den Fabrikbesitzer Adolf Heinrich für einen Kirchenbau genutzt werden. Der Bauverein formierte sich 1952. 1956 entstand auf dem Grundstück bereits das Löhehaus. 1969 wurde ein Kindergarten an das Löhehaus angebaut; 1974 kamen die Bauten des Pfarrhauses und des Jugendheims dazu. Architekt des Kirchengebäudes war Horst Rudorf. Der im Prinzip über einer rechteckigen Grundfläche errichtete Bau zeigt an den beiden

Abb. 116: Selb, Christuskirche von 1962 (FS 50)

Stirnseiten jeweils einen leichten stumpfwinkeligen Knick, so dass de facto ein sechseckiger Grundriss zustande kam, mit dem der Eindruck eines „Schiffes" erzeugt werden sollte. Am Ostende der nördlichen Seitenwand wird mit der Sakristei eine Verbindung zwischen Kirche und Turm hergestellt. Dieser reicht von einer quadratischen Grundfläche aus bis zu einer Höhe von 30 m, ist weiß gestrichen und mit einem Pyramidenschieferdach gedeckt. Abgesehen von kleinen Lichtöffnungen für den Treppenaufgang weisen nur die Schallöffnungen größere Rechteckfenster auf. Das Geläute besteht aus vier Glocken. Im Süden schließt sich ein Ge-

meindesaal an den Kirchenraum an, der zu diesem hin geöffnet werden kann. Das Satteldach der Kirche zieht sich mit über ihn hinweg. Von einem Vorbau in der Mitte der schmalen Westseite aus gelangt man durch eine zweiflügelige Kupfertüre (darauf Reliefszenen der Sintflutgeschichte) ins Innere.

Zwei Sitzblöcke, leicht im Winkel zueinander, füllen das Parkett im Kirchenraum. Sechs hochgelegene Fenster an der linken Nordwand sorgen für Tageslicht. Der Blick in die bretterverkleidete Satteldachdecke ist frei. Die Seitenwände sind unterschiedlich hoch und weisen fünf sichtbare Holzbalkenbinder auf. Der Altar steht auf einem kreisrunden zweistufigen und nicht bis an die Wand reichenden Podest, das mit Juramarmorblockstreifen eingefasst und mit Klinkern gefüllt ist. Der Altartisch in Juramarmor wird von seitlichen Wangen getragen. Als Auflage dient ein mit Kerzenständern bestückter predellenartiger Aufsatz in Holz. Darauf sind flach geschnitzte Reliefs in Schwarz-weiß mit symbolhaften Darstellungen zum Abendmahl, einer Kreuzigungsdarstellung in der Mitte und der Geburt Jesu angebracht (von Hubert Distler). An der Wand dahinter hängt ein Holzkreuz, als „Crux quadrata" bezeichnet, mit der Darstellung von sechs geschnitzten Szenen der Passionsgeschichte (Distler). Die Wange der Ambobrüstung in Marmor (auf der linken Seite) wiederholt den Knick der Kirchengrundform; das Predigerpult erhebt sich somit über einer fünfeckigen Bodenfläche. Der Aufgang dazu erfolgt über zwei Stufen. Rechts von der Altarinsel ist der Taufstein aus Marmor in zylindrischer Form vor ein Tauffenster aus Betonbuntglassteinen mit Hinweis auf das Taufgeschehen (Taube, Wasser) platziert. Der ähnlich wie der Altaraufsatz gestaltete Taufsteindeckel in Holz zeigt das eingeschnitzte Bild der Taufe Jesu (ebenfalls von Distler). Eine freitragende Betonempore zieht sich über die Süd- und Westseite. Die Holzbrüstungsfelder der Südseite zeigen skizzenhaft wirkende Darstellungen mit Szenen aus dem Alten und Neuen Testament (Distler); an der Westseite, an der sich der Treppenaufgang befindet und auf der die Orgel (Firma Walcker, 1964) steht, wird die Brüstung, den leichten Knick der Wand dahinter wiederholend, durch Glasplatten abgeschirmt. Im seitlichen Nebenraum hängt ein von Distler gestaltetes Bild, in ähnlichem Genre wie der Taufsteindeckel, mit dem Thema vom Gleichnis des vierfachen Ackerfeldes. Die Distlerausstattung der Kirche an der Empore stammt von 1991. Im Schiff gibt es 240, auf der Empore 45 Plätze.

Qu.: Auskünfte von Pfarrer Markus Rausch, Selb, sowie von Horst Rudorf, Hof, 2001.
Lit.: FS 25 Jahre Christuskirche 1962–1987, hg. vom Pfarramt Christuskirche. [Selb] 1987. – FS Selb [Stadtkirche] 171, Abb. 33. – FS Distler, o. P. – KDM REH 85. – PB SoBl 3/1970: Neuer Kindergarten in Selb, mit 1 Abb. – Reissinger 210 ff., Abb. 193–195.

3.60. Bayreuth, Auferstehungskirche

Stadt und Dek. Bayreuth
Grundsteinlegung 2. September 1961, Einweihung 1. Juli 1962

Die nach Plänen von H. C. Reissinger gebaute Kirche steht im Ortsteil Saas im Süden der Stadt, wo auf einem kirchlichen Grundstück bereits ein Kindergarten vorhanden war. Der Bau erhebt sich über einer trapezförmigen Grundfläche, ist außen

Abb. 117: Bayreuth, Auferstehungskirche, Turm von 1962 (Aufnahme 1969)

und innen weiß verputzt und mit einem flachen Schiefersatteldach gedeckt. Eine halbrunde, eingezogene, bis obenhin verlaufende Apsis richtet sich nach Osten. An der Giebelseite im Westen führt ein Vorbau mit flachem Satteldach zum Eingang, daneben finden sich fünf kleine Fenster. An das Ostende der Nordseite wurde die Sakristei angefügt und an diese der schlanke Turm über quadratischer Grundfläche, 35,5 m hoch (laut Plan), mit nur wenigen Fensteröffnungen und einer eingezogenen kegelförmigen „Veroneser Haube"; ein Hahn bildet die Bekrönung. Das Geläute besteht aus vier Glocken. Für das Posaunenblasen sind Balkone vorhanden. Als Vorbild für den Turm diente dem Architekten der Campanile der Kirche San Giovanni Evangelista in Ravenna (Reissinger 183). Im Untergeschoss des Kirchengebäudes konnte ein Gemeindesaal eingerichtet werden. Die Gesamtkosten beliefen sich auf 680 000 DM.

Zwei Bankreihen richten sich im Schiff, leicht schräg gestellt, auf die Altarfront aus. Die Holzdecke bildet die Untersicht des Satteldaches mit einem langrechteckigen schachbrettartigen Muster. Der Altarbereich erhebt sich auf zwei Absätzen mit einer Erhöhung durch fünf Stufen nahezu in ganzer Breite, rechts vor der Taufnische endend. Die Apsis bietet einen reichen, bunt gestalteten Lichteinfall. Ihre Wabenfenster sind in der Mitte farblich in Kreuzform gestaltet mit dem „Blut Christi" als Schnittpunkt; die übrigen Farben der Fenster bedeuten „Weltenraum mit Sternen", je näher bei Christus, desto „mehr Leben" (Spieß). Die Hauptbeleuchtung erfolgt durch hohe, unterschiedlich rechteckige Fensterflächen an der Nordseite mit sehr abwechslungsreich geformten und leicht getönten Scheiben. Die breite Altarmensa, auf zwei Steinblöcken aufsitzend, steht im Zentrum vor der Apsis, der Ambo mit drei Steinwangen links seitlich, der runde tonnenförmige Taufstein rechts unterhalb der Stufen, alles gefertigt aus italienischem Travertin (Fa Grasyma). Ganz in die Ecke rechts wurde die Orgel an die Stirnwand unter der Dachschräge gesetzt, daneben an die Seitenwand ein Sängerpodest mit Brüstung. Über dem Eingang im Westen befindet sich eine einfache Empore. Einen späteren Erwerb (1987) stellt die Holzskulptur der Auferstehung von Max Nickl dar. Die frühere Orgel besaß frei stehende Pfeifen; in der von 1970 sind diese in ein Gehäuse eingereiht, das sich dem schrägen Dachverlauf anpasst (Fa. Steinmeyer; Gehäuse: Friedrich Hering, Bayreuth). Es sind 320 Sitzplätze im Schiff, zusammen mit den beiden Emporen und zusätzlicher Bestuhlung 500 vorhanden.

Qu.: Auskünfte von den Pfarrern Gerhard Spieß (1977) und Michael Thein (2001).
Lit.: DF BT II 113–115. – Kneule II 112. – PB SoBl 24/1970: Neue Orgeln erklingen in drei Bayreuther Gotteshäusern, mit Abb. – PB FP 25./26.4.1987: Eine Holzplastik zum Namenstag, mit Abb. – Reissinger 117–124, Abb. Nr. 84–92.

3.61. Bobengrün, St. Paulus

Gmd. und Pf. Bad Steben, Lkr. Hof, Dek. Naila
Grundsteinlegung 1. Oktober 1961, Einweihung 28. Oktober 1962

Das Grundstück liegt an einem Berghang oberhalb des Dorfes; der Friedhof schließt sich unmittelbar an. Architekt war Wolfgang Fuchs, München (1921–1987). Der Bau steht über rechteckiger Grundfläche. Eine Treppe führt zum Haupteingang von der Westseite her in das Untergeschoss des Turms; ein weiterer Zugang liegt im Süden. Dort gibt es auch einen überdachten Außenaufstieg zur Empore. Der gedrungene Turm ist in die Westwand des Kirchenraums eingefügt und zeichnet sich im Inneren durch sein unverputztes Bruchsteinmauerwerk ab. Er weist Sprossenrundfenster in Glockenhöhe auf, beinhaltet drei Glocken und trägt als Bekrönung ein vergoldetes Kreuz. An die Ostseite ist in den Hang hinein die Sakristei angebaut; ihr Untergeschoss dient als Leichenhalle. Ein Gemeinderaum wird in den rechteckigen Nebenbau einbezogen. Zwei Reihen von Fenstern ziehen sich an der Westwand entlang: oben schmale Fensterbänder, unten Quadratfenster, an der Ostseite nur Fensterbänder. Kirchen- und Turmbau sind vollständig mit Kunststoffplatten verkleidet.

Das flache Satteldach ist innen sichtbar samt dem Stützbalken- und Trägergefüge aus Holz und Metall. An einigen Stellen, zum Beispiel über eine größere Fläche in Höhe der Altarinsel rechts, sind Betonglasfenster eingesetzt mit Darstellungen zum Thema: „Aus dem Leben und Wirken des Apostels Paulus". Drei Gestühlsblöcke stehen im Parterre nach vorne ausgerichtet, die beiden schmalen äußeren jeweils ganz an die Wand gerückt. Eine Altarinsel, die an keine der Wände angrenzt und etwa zwei Drittel der Fläche der Raumbreite einnimmt, erhebt sich über zwei Stufen. Darauf steht ein Tischaltar in Holz mit Stützen und Mensa. Ein Altarkreuz in Messing zeigt ein eingesetztes XP-Symbol. Ein großes Bronzekreuz ohne Korpus hängt an der Stirnwand dahinter. Der Ambo, mit einer Marmorwange links auf das Podest aufgesetzt, ragt etwas vor. Der in einfacher zylindrischer Form gestaltete Taufstein hat in der Nische rechts von der Insel seinen Platz. Ein seitlich begrenzter

rechteckiger Emporenteil wurde von der Rückwand her frei in den Raum gezogen. Die Orgel darauf weist zwei ungleich gegeneinander gesetzte trapezförmige Teile auf, links mit geschlossenem, rechts mit offenem Gehäuse. Das Instrument stammt von 1971 (Firma Walcker). Der Kirchenraum fasst 200 Sitzplätze.

Qu.: Auskünfte von Pfarrer Edwin Weiss, 2001.
Lit.: DF FW 47 f. mit Abb. – KDM Naila 21. – Knopf Sp. 37. – PB SoBl 1972: In Bobengrün wurde die Pauluskirche zehn Jahre.

3.62. Kulmbach, Kreuzkirche

Lkr. und Dek. Kulmbach
Grundsteinlegung 17. Juli 1961, Einweihung
2. Dezember 1962

Der Kirchenbau wirkt an der höchsten Stelle des Galgenbergs wie ein Pendant zur Plassenburg und erhielt auch burgartiges Gepräge. 1957 standen bereits Pfarrhaus sowie Jugend- und Gemeinderäume. Verantwortlich für die Planung der Kirche war Olaf Andreas Gulbransson, der bald nach Baubeginn, am 18. Juli 1961, tödlich verunglückte. Als Grundfläche wählte der Planer ein Quadrat, das jeweils mit einem Halbkreis nach Westen zu für eine Apsis, nach Osten zu einem Eingangsbereich ausbuchtet. Dieser Längskonstruktion stellt sich ein Querbau in den Weg, hoch emporragend und mit Halbkreisfenstern nach Osten belebt. Im Grundriss wurde dies ein Kreuz ergeben. In die Ecken sind aber niedrige Bauteile eingefügt mit weit sich hinauf schiebenden Spitzdächern, so dass als Grundareal ein Quadrat mit Einziehungen

Abb. 118: Kulmbach, Kreuzkirche von 1962 (Aufnahme 1967)

resultiert. Zum Burgcharakter kann so auch der eines Zeltes aus dem Baukomplex herausgelesen werden. Der Turm erhebt sich, abgerückt von der südöstlichen Kirchenecke, 24 m hoch, 4 mal 4 m im Quadrat als Grundfläche. Das Geläute besteht aus fünf Glocken. Kirche und Turm wurden mit roten Sichtmauerziegeln errichtet, die Dachflächen sind grün bekupfert. Das Mauerwerk begann nach wenigen Jahren zu bröckeln. 1975 musste der mit flacher Pyramide bedeckte Turm ringsum, die Kirche an den Wetterseiten mit schwarzem Kunstschiefer verschalt werden.

In die nach Westen gerichtete Apsis eingefügt ist eine kreisrunde zweistufige Altarinsel. Die Fensterdurchbrüche dahinter sind farblich in Kreuzform gestaltet („Karfreitag" – von Hubert Distler). Das Gestühl gruppiert sich in vier Blöcken um diesen Altarbereich. Die Stahlbetonträger wurden unverputzt belassen, die Wände ansonsten weiß geschlämmt. Hochgelegene Rechteckfenster befinden sich im Eingangstrakt. Außerdem gelangt Licht von den oberen Gebäudeteilen indirekt in den Raum. Der Blockaltar, unten seitlich abgerundet, besteht aus Kleinziegenfelder Kalkstein. Die Ambokanzel steht links an der seitlichen Stirnwand, unterhalb der Altarinsel, der zylindrische Taufstein ist rechts platziert. (Gulbransson hätte ihn lieber in der Achse gesehen – Fuchs.) Eine Orgelempore wurde in die Nische über dem Eingangsbereich eingebaut. Das 1968 beschaffte Instrument in barock wirkendem Gehäuse mit fünf Teilen und einem Mittelturm stammt von der Fa. Ott (Abb. 60). 300 Plätze sind im Schiff vorhanden. Neben Distler wirkte Hermann Jünger an der Ausstattung (kupfergetriebenes, mit Edelsteinen besetztes Altarkreuz) mit.

Qu.: Auskünfte von Pfarrer Rolf Fuchs, 1985.
Lit.: DF KU II 54–57, mit 2 Abb. – FS KU/Kreuzkirche. – FS Distler, o. P. – Meißner I 189, 190, 201. – Poscharsky III 98–101, 112. – Reissinger 196–203, Abb. 149–151.

3.63. Tambach, Joachim-von-Ortenburg-Kirche

Gmd. Weitramsdorf, Lkr. Coburg, Dek. Michelau
Grundsteinlegung 22. Oktober 1961, Einweihung 5. Mai 1963

Nach der Konversion der Schlossbesitzer stand die Schlosskapelle (ab 1959) nicht mehr für evangelische Gottesdienste zur Verfügung. Durch Unterstützung der Grafen von Ortenburg, die 1805 durch Tausch gegen ihre Grafschaft in Niederbayern das ehemals kloster-langheimische Amt erworben hatten, konnte unter der Planung von Architekt Eberhard Braun ein Kirchenneubau errichtet werden. Der Rechteckbau mit langen Stichbogenfenstern ist von Nord nach Süd gerichtet und durch ein Satteldach gedeckt. Die Süd- und Westwand samt Teilen des Turms sind durch wilden Wein nahezu voll eingegrünt. Der Turm daneben an der Südostecke, teilweise in das Kirchengebäude integriert, mit nur wenigen Schlitzfenstern und Öffnungen für den Schall von vier Glocken, besitzt ein Pyramidendach mit Knauf und Wetterhahn. Eine kleine Vorhalle mit Pultdach an der Nordseite wird von zwei Steinpfeilern gestützt. Der Giebel im Norden trägt ein filigranartiges Metallkreuz.

Vom Eingang aus führt der Mittelgang direkt zum Chorbereich. Die beiden Bankblöcke reichen jeweils bis zur Wand. Eine flache Kassettendecke läuft von der Eingangsseite bis zur Stirnwand durch. Das Chorpodest hebt sich deutlich ab durch eine Erhöhung um drei Stufen in voller Breite; der tischförmige Altar in Marmor ist nochmals um zwei Stufen erhöht und nahe an die Wand gerückt. 1965 gestaltete Kurt Kolbe an der Altarwand ein etwa in Breite des Altartisches von unten bis oben durchlaufendes Mosaik mit der Darstellung des Lammes und der vier Evangelistensymbole. Oberhalb der Chorstufen wurde an der linken Seitenwand eine Ambokanzel mit Holzbrüstung über polygonaler Grundfläche auf einen Steinsockel gesetzt. Der auf der rechten Seite ste-

Abb. 119: Tambach, Joachim-von Ortenburg-Kirche von 1963 (Aufnahme 1968)

hende Taufstein läuft in zylindrischer Grundform konisch nach oben zu und besitzt eine Messingabdeckung. Ein Lesepult steht daneben. An der Eingangsseite befindet sich eine Empore, getragen von zwei Holzpfeilern mit Knaggen; dort führt die Treppe empor. Die Brüstung der Empore springt in der Mitte trapezförmig vor. 1964 erhielt die Kirche eine Orgel (Fa. Bosch), deren Gehäuse aus einem spitzen Turm in der Mitte und zwei Außenflügeln konstruiert ist.

Qu.: Auskunft von Pfarrer Siegfried Böhrer, 2001.
Lit.: FS: Seidel, Herbert: Hundertfünfzig Jahre evangelische Kirchengemeinde Tambach. O. O., o. J. (15.4.1956). – FS Lichtenfels/Sparkasse 268. – Meißner I 183, 200. – PB SoBl 22/1981: Eine Kirchengemeinde mit Tradition – Tambach blickt auf eine bewegte Vergangenheit zurück, mit 1 Abb.

3.64. Zapfendorf, Auferstehungskirche

Lkr. Bamberg, Dek. Michelau
Grundsteinlegung 13. Mai 1962, Einweihung
12. Mai 1963

Die evangelische Kirchengemeinde sieht sich in dem zum ehemaligen Hochstift Bamberg zählenden Markt als eine Diasporapfarrei. Von 1951 an konnten Gottesdienste in einem Schulsaal durchgeführt werden. Die Planung für die Kirche stammt von Herbert Fischer. Der in Hanglage postierte Bau, der früher abseits, jetzt an der Zufahrtsstraße zur B 173 liegt, besitzt eine rechteckige Grundfläche von 12 mal 18 m. Er stellt einen schlichten Rechteckbau dar, mit Satteldach, einer im Südosten sich anschließenden Sakristei und dem daran gefügten Turm, der – bei gedrungenem Unterbau – kleine Rechteckfenster aufweist

Abb. 120: Zapfendorf,
Auferstehungskirche von 1963

und mit hohem Pyramidendach samt Knauf und Kreuz abschließt. Das Geläute besteht aus drei Glocken (von 1967). Im rechten Winkel zur Kirche wurde das freistehende Pfarrhaus errichtet. Die Kircheneingangspforte mit Treppenaufgang liegt im Westteil der südöstlichen Langseite.

Der Blick in das verbretterte steile Dach im Inneren ist frei. Erhellt wird der Raum durch Rechteckfenster rechts, ein hohes Fenster beim Taufstein links sowie durch Rechteckfenster und ein Rundfenster an der rückwärtigen Wand. Das Gestühl bildet einen Mittelblock; links an der Wand befinden sich weitere Bänke, die vor dem Taufstein enden. Die Prinzipalstücke aus Juramarmor sind in Dreiecksposition angeordnet. Die frei liegende Altarinsel nahe der Nordwand kann auf drei Seiten über zwei Stufen betreten werden und nimmt nur den Altar auf. Die Mensa liegt ausgreifend auf einem Blockstipes. Ein 24 qm großes Wandmosaik hinter dem Altar mit Darstellung des Auferstandenen entwarf Hermann Kaspar (Ausführung: Max Binder, München – er starb kurz nach Fertigstellung seines Werkes und konnte die Einweihung nicht mehr erleben). Der Ambo steht rechts, mit drei Wangen sowie drei Antrittsstufen, ein Holzlesepult links unterhalb des Podestes. Der Taufstein links besitzt quadratische Form über eingezogenem Sockel und einer kegelförmigen Glasabdeckung samt Messingtaube. Gegenüber dem Eingang führt die Treppe zur Empore. Deren gestreckte Holzbrüstung schmücken neun farbenfrohe abstrakte, mit Symbolen behaftete Bilder von der Schöpfung (Kaspar – Abb. 44). Die kleine Orgel mit einem Drei-Spitzturm-Gehäuse in fünf Teilen stammt von 1973 (Fa. Hoffmann). Im Untergeschoss bestehen Gemeinde- und Jugendräume.

Qu.: Schr. Mitteilung von Herbert Fischer, 1970; Auskünfte von Gertrud Trolp, 2001; Archiv des Architekturbüros Konrad Fischer, Hochstadt: Planunterlagen; Gemeindebote der Pf. vom 12. Mai 1963.
Lit.: FS Lichtenfels/Sparkasse 267. – Gunzelmann, Thomas (Hg.): Zapfendorf: Landschaft – Geschichte – Kultur. Zapfendorf 1986; darin von Hartmut Böhme: Die E.-L. Kirchengemeinde von Zapfendorf. – KDM STE 314. – Meißner I 186, 194, 196, 197, 199.

3.65. Höchstadt a. d. Aisch, Christuskirche

Lkr. Erlangen-Höchstadt, Dek. Bamberg
Grundsteinlegung 25. August 1961, Einweihung 8. Juni 1963

Unter dem Architekten Theodor Henzler entstand die damals noch zu Oberfranken gehörende Kirche für die Stadt, die territorial einst zum Hochstift Bamberg zählte. Die evangelische Pfarrei gehört weiterhin zum Dekanat Bamberg. Die Grundfläche des Kirchbaus ist ein großes Rechteck; der angebaute Gemeindesaal steht im Winkel dazu. Beide Gebäude sind mit Satteldächern versehen. Vor der Nordwest-Ecke des Innenhofs steht abseits der 30 m hohe Turm (mit zwei Glocken) aus Ziegelmauerwerk, mit sieben Etagen, beige gestrichen, durch weiß behandelte Betonträger horizontal gegliedert. Das mit Schiefer gedeckte Pyramidendach endet mit Knauf und Kreuz. Außer Schalllöchern sind kaum Öffnungen vorhanden. Durch den Turm betritt man den Innenhof.

Im Inneren der Kirche zeigt sich ein Einheitsraum, dessen Dach einsehbar und weit herabgezogen ist bis zu den niedrigen Betonumfassungsmauern. Die Kirchenbänke füllen in zwei Blöcken

Abb. 121: Höchstadt a. d. Aisch, Christuskirche von 1963, Fensterfront (Aufnahme 1965)

und mit Seitengängen das Parkett. An die Stirnwand gefügt breitet sich die Altarinsel aus mit
einem wuchtigen (3 Tonnen schweren) Tischaltar.
Die Altarwand wurde schmuckfrei belassen und
soll eine „große Stille" signalisieren; lediglich
Strukturen des Verputzes lockern die Fläche auf,
die sich mit der verbretterten Giebelfront fortsetzt;
ein Stehkruzifix (245 cm hoch, von Hermann
Jünger) in Bronze ziert die Mitte. Es überschneidet
für den Betrachter bewusst den Ringanker und

soll „Sinnbild dafür (sein), daß Christus uns helfen
möchte, das Irdische zu überwinden" (Henzler).
Auf dem Podest stehen zu beiden Seiten des Altars
je drei hohe Kerzenständer aus Ton (Gerhard
Schneider, Erlangen-Kleinseebach). Gegenüber,
rechts, befindet sich ein Pult. Links seitlich ist an
den Rand des Podestes ein schmuckloser Ambo
platziert. Der Taufstein, aus zwei Rundungen
übereinander geformt, ursprünglich in der Achse
vor dem Altar geplant, steht im Eingangsbereich.

Ein sog. Dreieinigkeitsfenster dahinter wurde mit drei goldfarbenen Glasscheiben ausgestattet. An den Langseiten sind die 16 breiten Pfeiler zwischen den bis zum Boden reichenden Antikglasfenstern durch Putzreliefdarstellungen geschmückt mit Bildnissen der einzelnen Schöpfungstage (Schneider). Die drei Prinzipalstücke bestehen aus mainfränkischem Goldbankmarmor. Die kunstvoll geschmiedeten Griffe an den Türen stammen von Hermann Jünger. Das Schiff bietet 170 Sitzplätze mit Zustellmöglichkeit von bis zu 50 Stühlen. Die Orgelempore über dem Eingang schafft zusätzliche 150 Plätze. Das neue Instrument der Fa. Schuke von 1998 wurde darauf mittig gestellt und der Prospekt architektonisch dem Raum angepasst; er strebt in satteldachähnlichen Gehäuseteilen parallel zum Dachwinkel nach oben. Der Gemeindesaal kann zur Kirche hin geöffnet werden. Unter diesem befinden sich weitere Räume.

Qu.: Auskunft von Pfarrer Hans-Friedrich Schäfer, Höchstadt, 2001.
Lit.: FS zur Orgelweihe […], hg. vom E.-L. Pfarramt Höchstadt. Höchstadt 1998. – Henzler: Gestaltungsprinzipien der evangelischen Kirche in Höchstadt. Wendland, Helmuth: Die Kirche in Höchstadt. Beides in K+K 3/1963. – Reissinger 188, 189, Abb. 134–136.

3.66. Faßmannsreuth, Friedenskirche

Stadt Rehau, Pf. Regnitzlosau, Lkr. und Dek. Hof
Grundsteinlegung 3. Juni 1962, Einweihung
23. Juni 1963

Nur wenige hundert Meter von der tschechischen Grenze entfernt, am Rande eines Waldstücks im Ortsteil Sigmundsgrün, steht das Kirchlein, an das

sich der Friedhof anschließt. Der 1961 gegründete Kirchenbauverein strebte an, dass die Gottesdienste nicht mehr im Schulhaus, sondern in einem Kirchengebäude stattfinden könnten. Architekt war Horst Rudorf. Der Bau steht über einer rechteckigen Grundfläche. Das Satteldach besitzt ungleiche Flächen und ist auf der Südseite wesentlich weiter hinabgezogen, so dass sich auch unterschiedliche Traufhöhen ergeben. In die Nordostecke wurde der Turm gestellt, der wie ein Dachreiter aus dem Gesamtkomplex herausragt. Eine hohe Pyramidenspitze führt nach oben zu einer Kreuzbekrönung. Unterhalb des Dachansatzes befinden sich Schallöffnungen für die drei Glocken; zwei davon stammen vom ehemaligen Feuerwehrhaus. An der Südseite ist ein Eingangswindfang vorgestellt mit Glaswänden und Satteldach. Die Sakristei wurde in der Nordwestecke innerhalb des Gesamtbaus angelegt. Daran schließt sich auf der Westseite ein Leichenraum an, der kommunal geführt ist und eine Ausgangstüre direkt zum Friedhof auf der Westseite besitzt. Die Kosten beliefen sich auf 130 000 DM.

Vom Eingang her leitet ein Gang in die Richtung der nördlichen Stirnwand, knickt dann schräg ab zur Altarfront in die Nordostecke. Dort steht der Altar im Unterteil des Turmes. Der First verläuft von dort in Westrichtung; das weit herabgezogene Dach nach Süden zu ist verbrettert. Zwei Bankblöcke richten sich zum Altar hin aus: ein großer entlang der Ostwand, ein kleinerer im 90-Grad-Winkel dazu entlang der Nordwand. Über zwei aufeinandergelegte runde und frei liegende Scheiben betritt man das Altarpodest. Der große Altarblock ist unten ringsum eingezogen. Am Metallkruzifix auf der Mensa hebt sich ein flacher Korpus in Gold ab. Zu beiden Seiten des Altars sind im Boden befestigte Leuchter gereiht. Drei halbkreisförmige Fenster dahinter an der Ostwand erhellen den Altarbereich. Im Winkel dazu, an der Nordwand, erstreckt sich über die ganze Höhe ein Gemälde von Günther Danco mit der Darstellung des Jüngsten Gerichts (Thema: „Ehre sei dem Lamm, das Frieden schafft durch Versöhnung"). An das Rundpodest rechts angesetzt ist der Ambo oberhalb einer Antrittsstufe mit polygonaler Grundfläche und einer Steinwange. Der Taufstein steht in der Achse vor dem Podest; er ist in Stein als hoher Quaderblock gearbeitet, unten ringsum eingezogen und mit einer quadratischen Messing- abdeckung versehen. Eine Empore spannt sich über die Nische in der Nordwestecke mit dem Treppenaufgang an der Westwand entlang. Die Orgel (Firma Erich Bauer) ist auf zwei Gehäuse aufgeteilt, eines an der Rückwand, das andere wurde an die Nordwand über die glatt verputzte Emporenbrüstung gezogen.

Qu.: Auskünfte von Susanne Ruza, Faßmannsreuth, und Pfar- rer Hanspeter Kern, Regnitzlosau, 2001; Angaben im Internet. Lit.: DF Hof I 96, mit Abb. – DF HO II 102, 104, mit Abb. – Eichner, Klaus-Dieter KF E.-L. Pfarrkirche Regnitzlosau. Mün- chen/Zürich 1977, 4.

3.67. Dörfles, Kirche „Zum Guten Hirten"

Gmd. Dörfles-Esbach, Lkr. und Dek. Coburg
Grundsteinlegung 18. Mai 1962, Einweihung
22. Dezember 1963

Architekt des über rechteckiger Grundfläche ste- henden Kirchengebäudes war Wolfgang Gsänger.

Abb. 122: Dörfles, Kirche „Zum Guten Hirten" von 1963 (Aufnahme 1968)

Der Ostchor erhielt dabei einen stumpfwinkeligen Knick. Der quadratische Turm, ursprünglich (1960) als Dachreiter geplant, ist an die Südwestecke ge- legt, über die Flucht der Westwand vortretend, mit einem hohen Zeltdach, in dem sich fünf Glocken und die Schallöffnungen befinden. Eine Knauf-

und Kreuzbekrönung schließt ihn ab. Die Sakristei fügt sich an die Südwestecke und bildet die Verbindung zu einem Gemeindesaal.

Vier Sitzblöcke – zwei nach vorne gerichtet, zwei einander gegenüber – umgeben den U-förmigen Altarbezirk. Der Hauptlichteinfall erfolgt von der Nordseite her. Die um zwei Stufen erhöhte rechteckige Altarinsel trägt den Tischaltar aus Muschelkalk mit vier nach oben zu verstärkten Beinen. Zu beiden Seiten sind Altarleuchter aufgereiht. An der Stirnwand dahinter, vor dem Wandknick, hängt ein großes griechisches Kreuz mit kleinem, stehendem Korpus, ohne ausgebreitete Arme. Der Kanzelambo mit einer Steinwange, über vier breite Stufen beiderseits erreichbar, steht axial hinter dem Tisch. Vor die Altarinsel, ins Zentrum des Raumes, wurde der Taufbehälter platziert, ein wuchtiger Steinblock mit abgerundeten Kanten auf schmalerem Vierkantsockel und mit eingeknickten Seitenflächen. Daneben stehen zu beiden Seiten ein Vortragekreuz sowie ein Lesepult. Die Ausstattungsstücke in Bronze und Stein stammen von Reinhart Fuchs. Eine Orgel (Fa. Hoffmann) wurde erst 1972 beschafft. Sie steht auf der Empore, die sich im seitlichen Bereich (rechts) befindet. An der Brüstung wurden 1995 Holzschnitte des Kreuzwegs angebracht. Der Raum fasst 300 Sitzplätze.

Qu.. Auskünfte von den Pfarrern Willibald Kühnl, Christian Koerber (1983) und Klaus-Dieter Arnold (2001), ferner schriftlich vom Architekturbüro Gsaenger, Petersgmünd (21.7.1973).
Lit.: DF CO II 133–136 – Eichhorn, Walter: Dörfles-Esbach. Von altfränkischen Höfen zur modernen Großgemeinde. In: Blätter zur Geschichte des Coburger Landes. Dörfles-Esbach 1989, 175. – FS Fuchs, o. P. – Meißner I 197. – Meißner III Nr. 54. – Reissinger 230 f., Abb. 65, 241, 242.

3.68. Hof, Kreuzkirche

Stadt und Dek. Hof
Grundsteinlegung 26. August 1962, Einweihung 22. Dezember 1963

Die Kirche steht im Neubaugebiet Hof-West an einem Hang und wurde geplant von dem Architekturbüro Richter und Ensinger (Dipl. Ing. Kurt Richter), München. Das große Kubusgebäude erhebt sich über einer quadratischen Grundfläche und war ursprünglich mit einem Flachdach geschlossen. Abgesehen von Problemen wegen Asbestbelastung gab es weitere mit der Abdichtung. 1996 setzte man ein flaches, in der Mitte 2,50 m hohes Zeltdach auf; durch das Hochziehen einer Brüstung ringsum am Rande fällt dieses Dachzelt nicht auf. Jede der hohen Seitenwände, die durch nachträgliche Kunststoffplattenverkleidungen ebenfalls regendicht gemacht werden mussten, wird von zwei strebepfeilerartigen Betonbändern gestützt. Der hohe Turm in Beton erhebt sich als Kampanile nordwestlich des Kirchengebäudes und bildet mit dem südlich an die Kirche anschließenden Pfarrhaus einen nach Westen vorgelagerten Kirchplatz. Schmückende Strukturierungen am Turm sind erkennbar, ferner finden sich seitlich Schallöffnungen für die vier Glocken und als Bekrönung ein großes Kreuz.

Im Inneren fällt der mit Strebepfeilern versehene Sicht-Beton auf mit dem hoch oben ringsum laufenden Fensterband. Die Betondecke liegt flach mit kassettenartigen Strukturierungen. Zwei lange Bankreihenblöcke mit Seitengängen füllen das Parterre des Raumes aus. Der Einheitsraum besitzt keinen abgesonderten Chorbereich; an die östliche Stirnwand gerückt ist die Kanzel mit

Abb. 123: Hof, Kreuzkirche von 1963 (Aufnahme 1967)

hoher trapezförmiger Betonbrüstungsfläche und beidseitigen zehnstufigen Aufgängen. Sie steht axial, ohne Schalldeckel, hinter dem breiten Altartisch. Dieser besitzt seitliche Wangen und befindet sich auf einer zweistufigen Podestinsel. Ein großes schlichtes, nach vorn geneigtes, zwei Meter hohes Kreuz schwebt oberhalb des Altars. Auf der Mensa steht ein Kreuz, an dem sich ein kaum auf-

fallender Korpus in Elfenbein (von H. Bannaski) befindet. Sechs hohe Leuchter reihen sich hinter dem Altar. Der zylindrische, in Beton gearbeitete Taufstein ist mit eingelegten Kieselsteinen und mit den Symbolen Taube, Fisch, Wasser, Kreuz besetzt. An der Wand befinden sich auf quadratischen Platten zwei Bibelworte und seitlich ein eingesetztes, vier Quadratmeter großes Relief in Beton (Bannaski), auf dem die Auferstehung der Toten mit zahlreichen Figuren dargestellt ist, die „erbarmenswürdig" (Herling) aussehen, mit „abstoßend geformten Köpfen", die offensichtlich durch die Macht Jesu aus dem Totenreich herausgerissen werden. Nach Herling könnten beim Künstler schlimme Kriegserlebnisse nachgewirkt haben. Zur Ausstattung tragen ferner die Paramente von Christamaria Schröter bei (1977). Die Pfeifenreihen der Orgel von 1971, errichtet von Willi Peter, stehen auf einer kleinen vorspringenden Seitenempore (rechts), in vier unterschiedlich große Gehäuse mit Fichtenrahmen aufgeteilt, samt einem mobilen Spieltisch. Laut Angaben in der Literatur (Reissinger) fasst das Schiff 500 Sitzplätze, nach Herling nahezu 100 mehr.

Qu.: Auskünfte des Architekturbüros Richter und Ensinger, 16.2.1968, Pfarrer Wilhelm Schubert, 1968, und Pfarrer Matthias Herling, 2001.
Lit.: DF Hof II 51–53, mit 2 Abb. – DF Hof III 52–55, mit 3 Abb. – Meißner III Nr. 100. – PB FP 28.4.1995: Asbest in der Kreuzkirche […]. – Reissinger 229 f., Abb. Nr. 250, 251.

3.69. Coburg, Johanneskirche

Stadt und Dek. Coburg
Grundsteinlegung 21. September 1962, Einweihung 3. Mai 1964

Abb. 124: Coburg, Johanneskirche von 1964, Stirnwandrelief (Aufnahme 1971)

Einen ersten Entwurf für einen Kirchenbau im Stadtteil „Hut" im Westen der Stadt (nahe Wüstenahorn) hatte u. a. bereits O. A. Gulbransson geliefert. Nach dessen Tod beauftragte man Franz Lichtblau (& Bauer) mit der Planung. Die ursprüngliche Idee einer „Kirchenburg" für den Bau auf einer Bergkuppe wurde aufgegeben. Für die Gruppe des Gemeindezentrums projektierte man niedrige Baukörper. Die Kirche selbst erhebt sich über einer rechteckigen Grundfläche. Ein Gemeindesaal kann zum Kirchenraum einbezogen werden. Der Bau besteht aus einem großen kubischen Block mit Pultdachabschluss. Die Stirnwand wird durch eine siebenteilige Rosette durchbrochen. Eine „Vorkirche" bildet das Zwischenglied zwischen Kirchen- und Gemeinderaum. Der Turmbau erhebt sich mit seinem Flachdach aus weiß gestrichenen Stahlbetonplatten abseits, als ein „Freier" mit seinem Eckplatz, eindeutig als der „Turm auf der Hut" mit nahezu 40 m Höhe und fünf Glocken. Pfarrhaus, Messnerwohnung, Kindergarten gruppieren sich zusammen mit dem Turm und dem Kirchengebäude um einen Hof. Für die Umpflanzung fertigte Gerda Gollwitzer, München (1907–1996), die Pläne. 1977 riss ein Sturm das Dach der Kirche auf, ein Regenguss überschwemmte den Gottesdienstraum. 1984 musste der Turm saniert werden.

Die Kirche war ausdrücklich als „sakraler Raum" erwünscht; nur wenige und kleine Fenster erhellen ihn. Die erwähnte Rosette lässt Licht über dem Relief an der Stirnwand einfallen. Die Bankreihenblöcke gliedern sich im Parkett des Schiffes wie ein offener Halbkreis, in vier Segmente aufgeteilt und mit drei Zugangswegen, die am Taufplatz münden. Die Ausrichtung auf die Altarwand bleibt dennoch bewahrt. Der Raum besitzt, abgesehen von „Vorkirche" und Empore, eine quadratische Grundfläche. Das Pultdach steigt zum Altarbereich hin an. Unter der rückseitigen Empore kann durch eine versenkbare Wand ein Gemeinderaum angefügt werden. Rolf Nida-Rümelin, der für das Konzept des Altarbereichs verantwortlich zeichnet, schuf die Reliefgruppe aus Bronze hinter dem Altar; es handelt sich um das Thema der zankenden, „hinter sich gehenden" Jünger und fünf der zwölf Getreuen. Der Steinaltar in Tischform steht auf einem zweistufigen Inselpodest frei vor der Wand. Der Ambo – mit vierstufigem Antritt – und ein Pult flankieren ihn beiderseits am vorderen Rand des Podestes. Der nach oben konisch zulaufende zylindrische Taufstein ist in der Achse unterhalb des Podestes platziert. Die Orgel stammt von 1970 (Fa. Walcker).

Qu.: Auskünfte von Pfarrer Günther Grötzner und schriftliche Mitteilung von Herbert Fischer, 1970.
Lit.: DF CO II 69–72, mit 2 Abb. – FS Coburg/Johanneskirche I: Schleder, Hermann u. a.: FS zur Weihe der Johannes-Kirche Coburg-Hut/Wüstenahorn. Coburg 1964. – FS Coburg/Johanneskirche II: FS 20 Jahre Johanneskirche Coburg 1964. Coburg 1984 (verantwortlich für den Inhalt: Wolfgang Spengler). – PB SoBl 25/1984: Ein Bischofsbesuch zur Kirchweih. – Reissinger 198–202, Abb. 164–166. – Sandner 245, mit Abb.

3.70. Hallstadt, Johanneskirche

Lkr. und Dek. Bamberg
Grundsteinlegung 26. Mai 1962, Einweihung 21. Juni 1964

Es bedurfte „großer Ausdauer", bis die evangelischen Verantwortlichen von Hallstadt, einem Ort im ehemaligen Hochstift Bamberg, 1962 ein Grundstück von der Stadt erwerben und den Interimsraum für Gottesdienste, die katholische Annakapelle, verlassen konnten. Unter der Planung von Albert Köhler (Mitarbeiter Udo Graefe, München, geb. 1939) wurde an einem Eckgrundstück einer Nebenstraße nahe dem Friedhof ein Gebäude mit einer einmalig in Oberfranken vorkommenden sechzehneckigen Grundfläche errichtet (s. Abb. 17). Der Bau besteht aus sternförmig ringsum laufenden wohnhausähnlichen und in die Höhe strebenden Giebeln; diese wirken mit den jeweils sechs übereinander stehenden rechteckigen Fenstern mit Querstreben wie eine fränkische Siedlung. Der 19 m hohe Turm aus Backsteinmauerwerk und Betonstreifen (mit drei Glocken) erhebt sich abseits als Kampanile im Südosten über einer oktogonalen Fläche, in eine Betonmauer eingebunden, die einen – mittlerweile idyllisch bewachsenen – Innenhof einschließt. Daneben befindet sich, von Osten her, ein Zugang zum Hof des Kirchenareals mit einem überdachten Gang, der zu einem Seiteneingang, zur Sakristei und gegenüber zu Nebenräumen (Büro) führt. Das Mauerwerk des Turmes endet zinnenartig und schließt mit einer pyramidalen Spitze aus einem Eisengestänge ab, das von einem Kreuz mit stilisierten Evangelistensymbolen bekrönt ist. Nördlich liegen ein Gemeindehaus (1964 bzw. Umbau 1986) und

Abb. 125: Hallstadt, Johanneskirche von 1964

ein Pfarrhaus (1971, erweitert 1993). Die Eingänge zur Kirche befinden sich im Westen und Süden.

Im Inneren wird mit weiß gekalkten Wänden aus Klinkern und Beton die Wirkung einer „festen Burg" erzeugt. Die Holzlamellen der hochaufstrebenden Deckenteile eines geschlossenen Sterns sind ebenfalls weiß gestrichen. Zwei große und zwei kleinere Bankblöcke stehen ringsum ange-

ordnet, Einzelbänke reihen sich an den Wänden entlang. Der Altar ist in die Mitte oberhalb einer zweistufigen Insel postiert. Der Sockel besteht aus Klinkersteinen, der Altartisch aus Sandstein. Achteckformen und ähnliches Material wurden auch für den Ambo links daneben – mit großem Podest, Steinwangen und vier Antrittstufen – und den zentral platzierten Taufstein gewählt. Die Orgelempore zieht sich, zweimal geknickt, auf Säulen an der Eingangsfront entlang. Das Instrument bauten 1977 die Gebrüder Hoffmann; es erhebt sich, an die Nordseite der Empore geschoben, in einem hoch aufstrebenden, turmartigen, in einen Dachzwickel ragenden Prospekt mit drei flachen abgetreppten Gehäusen für die Pfeifen. Die Entwürfe für den Orgelprospekt wie für die Prinzipalstücke fertigte der Architekt. Für die Ausstattung waren Karlheinz Hoffmann (Türgriffe), Hermann Jünger (silberbeschlagenes Holzkreuz frei hinter dem Altar stehend, Altarleuchter), Inger Gulbransson (Antependium; geb. 1911), Adolf Kleemann (Schaft des Turmkreuzes; Gauting, 1904–1989), Walther Senf (farbliche Ausgestaltung) verantwortlich. Der Raum bietet 300 Personen Platz.

Qu.: Auskünfte von Manfred Daub und Claudia Büttner, Hallstadt; PfA Hallstadt; NN: Die evangelische Johanneskirche (PC-Text).
Lit.: FS Bamberg/Erlöserkirche 23, mit Abb. – FS Köhler o. P. – Katalog Kunst, Abb. [72]. – Meißner I 191, 200. – PB SoBl 6/1978: Freude über neue Orgel in Hallstadt, mit Abb. – Reissinger 225 f., Abb. 229–231.

3.71. Holenbrunn, Martin-Luther-Gedächtniskirche

Stadt und Lkr. Wunsiedel, Pf. und Dek. Wunsiedel
Grundsteinlegung 4. November 1962, Einweihung 28. Juni 1964

Die Kirche steht abseits der Ortsdurchgangsstraße, am Rande der Bebauung. Das Kirchengebäude ist nach Norden gerichtet (genau: Nordwesten). Architekten der Kirche waren Hellmut Albrecht, Bayreuth (geb. 1932), und Heinrich Backer, Hannberg

Abb. 126: Holenbrunn, Martin-Luther-Gedächtniskirche von 1964 (Aufnahme 1969)

(geb. 1933). Der Bau ist über einer rechteckigen Grundfläche erstellt und mit einem schiefergedeckten Satteldach versehen. Die südliche Giebelwand weist drei Reihen mit je vier quadratischen tief liegenden Fenstern auf, die zu einem Nebensaal gehören, der früher an den Kirchenraum anschließbar war. Der Glockenträger steht an der Südwestecke des Vorplatzes kampanileartig mit vier offenen Pfeilern und einer hochaufragenden Pyramidenspitze, die verschiefert ist und Schallschlitze aufweist; drei Glocken trägt er, ein Kreuz in zwei Richtungen bekrönt ihn. Eigentlich war für die Südseite ein Pfarrhaus geplant, das den Hof schließen sollte. Ein Treppenaufgang unter dem Turmständer sowie ein stufenfreier Zugang führen zu einem gepflasterten Vorplatz und weiter zum Eingang in der Mitte der westlichen Langhauswand. Der Windfang ist zur Hälfte nach außen und zur anderen nach innen gesetzt. Im rechten Winkel zur Kirche (an der Nordseite) nach Westen zu steht ein niedrigerer Anbau mit hochliegenden Fensterbändern; darin sind eine Sakristei sowie ein Abstellraum untergebracht. Auch im Untergeschoss der Kirche gibt es Räume (z. B. für Kindergottesdienst).

Ein einheitlicher Gestühlsblock mit einem leichten Knick ist auf die fensterlose Stirnfront im Norden ausgerichtet. Den Plänen nach waren drei Blöcke um das Zentrum des Taufsteins vorgesehen. Der Blick in das steile verbretterte Satteldach ist frei. Auf beiden Langseiten erhellen große, von unten bis oben durchlaufende strukturierte Fenster im Mittelteil den Raum. Diesen vorgelegt hängen links drei, rechts fünf kleinere quadratische Buntmosaikscheiben (von Wilhelm Hausmann, Wunsiedel) mit symbolhaften, abstrakten Darstellungen, Begebenheiten aus dem Alten Testament betreffend (Paradies, Arche Noah, Isaaks Opferung, Passah, Durchzug durchs Rote Meer, eherne Schlange, brennender Dornbusch, Tempel Salomons); eine weitere Scheibe mit den zehn Geboten ist zerbrochen. In dem Saalraum steht auf einem zweistufigen quadratischen inselartigen Steinpodest ein Tischaltar mit vier Beinen aus Granit und einer bündig aufgepassten Mensa. Zu beiden Seiten des Altars reihen sich je drei hohe Kerzenleuchter. Axial hinter dem Altar befindet sich das Kanzelpult in Amboform aus Kösseinegranit auf einem Steinpodest mit einem Auflagebrett und dem Aufgang über fünf in die Stirnwand eingelassene Steinstufen; die Prinzipalstücke entwarfen die Architekten. Über der Kanzel hängt ein großes Metallkreuz von Alf Lechner (Abb. 49). Der Taufstein, ursprünglich axial vor der Altarinsel vorgesehen, hat seinen Platz links unterhalb der Stufen, besitzt Tonnenform und ist in Granit ausgeführt mit einer schalenartigen Einbuchtung. An der Stirnwand dahinter hängt, in Holz gearbeitet und bemalt, eine Lutherrose zur Erinnerung an die Namensgebung der Kirche (von Reinhard Zehendner, Kirchenlamitz – Stiftung). Ein Pult steht rechts. Die Orgel (Fa. Otto Hoffmann, 1968) befindet sich auf einer Empore, die über dem Gemeinderaum angelegt ist. Der siebenteilige, hoch aufragende Prospekt ist dem Dachverlauf angepasst. Im Schiff sind 250 Sitzplätze vorhanden.

Qu.: Auskünfte von Hellmut Albrecht, Bayreuth, und Heinz Thiem, Wunsiedel, 2001.
Lit.: Drechsel 155, Abb. 153. – Meißner III Nr. 105. – PB Bote aus den Sechs Ämtern 4.9.1965: Farbige Glasbilder verschönern Gotteshaus, mit 3 Abb. – Reissinger 228–232, Abb. 235, 236.

3.72. Gaustadt, St. Matthäus

Stadt und Dek. Bamberg
Grundsteinlegung 28. November 1962, Einweihung 12. Juli 1964

Abb. 127: Bamberg-Gaustadt, St.-Matthäus-Kirche von 1964

Die Kirche, ursprünglich auf Hochstiftsterritorium, liegt in einem Wohngebiet abseits von größeren Straßen mit einem breiten Vorplatz („Bonhoeffer-platz") und einem Wiesenareal neben der Kirche; das Grundstück ist die Schenkung einer Familie. Architekt war Franz Gürtner. Es handelt sich um einen langrechteckigen Bau mit Satteldach. Die östliche Stirnwand mit einem stumpfwinkeligen Knick weist schon außen auf den Altarbereich hin. Zu beiden Seiten des Langhauses streben dachgaubenartige Dreiecksgiebel empor, im Süden vier, im Norden drei. Ein kurzer Zwischentrakt mit Satteldach schließt sich im rechten Winkel an der Nordwestecke an und führt zu einem sechseeckigen Turm mit hohem Spitzdach samt XP-Kreuz (28,5 m hoch). Nur wenige quadratische Fensteröffnungen sind im Unterbau, Schalllochöffnungen für die vier Glocken im Kupferblechdach vorhanden. Auch die übrigen Gebäudeteile tragen Kupferblechbedachung (seit 1986). Das westliche Ende des Kirchenbaus samt einem kleinen Küchenanbau nimmt einen Gemeinderaum auf; am Westgiebel befindet sich ein großes XP-Symbol. Die Sakristei mit hexagonaler Grundfläche schließt sich an der Südostecke an. Der Haupteingang mit drei Türen führt über das Foyer im Seitentrakt.

Im Inneren findet man nur im oberen Teil zu beiden Seiten durch verschieden getönte Scheiben der Dreiecksfenster einflutendes Tageslicht vor. Das offene, teilweise sternförmige Dachgebälk wird von sichtbaren Betonstrebepfeilern, vom Boden auslaufend, getragen. Zwei Gestühlsblöcke mit Bänken, die bis an die Seitenwände verlaufen, sind zur Altarfront ausgerichtet; die Wangen zeigen wiederum Sechseckformen. An der fensterlosen Stirnwand erhebt sich die Altarinsel mit zwei Stufen. Der steinerne Tischaltar steht auf vier Beinen nochmals um eine Stufe erhöht. Darüber hängt an der Wand ein großes Holzkreuz. Links an die Wand gefügt und noch oberhalb der Stufen hat der Marmorambo auf sechs Steinbeinen seinen Platz, rechts steht ein Lesepult. Ein einfaches Holzaufgefäß befindet sich axial vor den Chorstufen. Im Turmuntergeschoss ist aber eine eigene Taufkapelle eingerichtet worden, über die Eingangshalle erreichbar, mit zwei Flügeltüren, Kassettendecke und zwei Buntfenstern. Sitze sind ringsum an der Wand angeordnet. Eine in die Wand eingelassene Altarmensa und der Taufstein mit weit ausholender Schale in der Mitte innerhalb einer Bodenvertiefung stellen die beiden Prinzi-

palstücke des kleinen Raumes dar, der auch als Stätte für Kindergottesdienste genutzt wird. Auf der Taufschale steht eine Bronzegruppe mit Darstellung des Gnadenstuhls. Im Kirchenraum findet sich rechts vom Altar (seit 1988) an der Wand eine Skulptur des an die Martersäule gebundenen Schmerzensmannes, gefertigt von dem einheimischen Bildhauer Johannes Häfner. Im rückwärtigen Teil des Kirchenschiffes, oberhalb des Gemeinderaums, wurde die Empore angelegt. Die alte Orgel stammte aus dem Jahr 1946 aus der Erlöserkirche von der Firma Steinmeyer, eine neue wurde 1967 geliefert; seit 1985 besitzt der Raum eine Eule-Orgel mit hoch aufragendem Gehäuse in Sechseckformen. 185 Plätze sind im Raum vorhanden. Die auf dem Vorplatz stehende Büste des Theologen Dietrich Bonhoeffer schuf und stiftete Thomas Ernst (1999).

Qu.: Auskünfte von Pfarrer Dieter Ölschlegel, 2001.
Lit.: FS zur Orgelweihe am 7. Juli 1985. Hg. von der E.-L. Kirchengemeinde Bamberg-Gaustadt, Bischberg, Trosdorf, Weipelsdorf. O. O. 1985. – FS 25jähriges Jubiläum unserer St. Matthäus-Kirche Bamberg-Gaustadt, hg. von der E.-L. Kirchengemeinde. O. O. 1989. – Reissinger 188 ff., Abb. 131–133.

3.73. Eggolsheim, Friedenskirche

Pf. Forchheim/Christuskirche, Lkr. und Dek. Forchheim
Grundsteinlegung 3. August 1963, Einweihung 19. Juli 1964

Das Grundstück in dem Markt mit überwiegend katholischer Bevölkerung des ehemaligen Hochstifts Bamberg reicht nahe an den Friedhof, der auf der gegenüber liegenden Seite die katholische

Abb. 128: Eggolsheim, Friedenskirche von 1964, Blick auf den Giebel

Kirche aufnimmt. Es liegt versteckt hinter dem Schulgelände. Der Architekt war Wolfgang Groß. Die Grundfläche des gottesdienstlichen Raumes stellt ein zwölfseitiges Polygon dar, an das nach südwestlicher Richtung ein Trakt mit überdachtem Eingangsbereich angeschlossen ist, in dem sich Nebenräume, auch ein kleiner Gemeinderaum und die Sakristei befinden. An dessen höchster Stelle des aufsteigenden, wie die Kirche mit Blech gedeckten Satteldachfirstes, erhebt sich eine Hahn-Wetterfahne. Im schindelbelegten Giebelfeld hängen in einer vertieften Nische zwei Glocken übereinander. Der Kirchenbau besteht aus einem niedrigen, rotbraun verputzten Mauerring mit einem darauf gesetzten zeltartigen Dach und Kreuzabschluss.

Im Inneren gewährt das in einer Höhe von 2,50 m ansteigende Dach mit sichtbaren Streben bis obenhin freie Sicht. Durch dreifach überein-ander liegende quadratische Fensterreihen darin wird das natürliche Licht geliefert. In das Mauer-rund ist kein einziges Fenster eingesetzt. Den Boden überziehen dunkelgraue Platten, in denen hellgraue konzentrische Quadrate Muster bilden. Vier Gestühlsblöcke umscharen die Altarinsel, die sich – frei liegend – oberhalb einer Stufe befindet. Eine Bankreihe führt an der Wand ringsum, auch um dem Altarbereich, entlang. Am gemauerten ge-schlossenen Altarblock stehen lisenenartig Rand-streifen vor, die wie Wangen wirken. Die Mensa-platte in Marmor ist plan aufgesetzt. Früher lag darauf ein retabelartiger Holzbalken mit vier auf-gesteckten Kerzen und einem Holzkruzifix in der Mitte. Aus Sicherheitsgründen wurde dieser Auf-satz samt dem Kreuz entfernt. Ein modernes Kruzifix steht auf der Mensa. Ein Lebensbaum in Keramik, von einem Kreativkreis gefertigt, hängt an der Wand dahinter. Früher stand axial hinter dem Altartisch auf einem zusätzlichen Podest der Ambo aus weiß gestrichenen Holzfeldern und naturbelassener Holzrahmung mit einer Trittstufe von hinten. Dieses Pult wurde 1999 mit einer Podeststufe rechts seitlich auf die Ebene des Ge-stühls geschoben und dient für Lesungen und Predigt. Der runde zylindrische, leicht konisch an-steigende und mit einer Marmorschale abschlie-ßende Taufstein ist zentral in der Mitte des Raumes und innerhalb des kleinsten Quadratmusters der Bodenplatten positioniert. An der Wand findet sich links eine moderne Skulptur des Gekreuzig-ten (von Felix Müller, Abb. 46). Über der Eingangs-türe hängt eine grüne reliefierte Gipskachel in der Form des griechischen Kreuzes, die früher die Wand hinter der Kanzel schmückte und von Günter Heydemann stammt. Die Orgel von 1987, neben dem Eingang, auf dem Bodenniveau der Gemeindebänke stehend, lieferte die Firma Hey. Sie bildet im Prinzip eine Quadratform mit drei Pfeifenteilen; die Flächen zwischen den Pfeifen sind mit Holzgittern besetzt. Die Kirche bietet ca. 140–160 Besuchern Platz.

Qu.: Mitteilung von Pfarrer Günter Heydemann, 18. 4. 1968, Auskünfte von Albert Köhler, 1987, sowie von Edelgard Schubert, Eggolsheim, 2001.
Lit.: Meißner III Nr. 59. – PB SoBl 41/1987: Neue Orgel in zwölfeckiger Kirche. – Reissinger 230 f., Abb. 239, 240.

3.5 b. Kulmbach, Friedenskirche

Lkr. und Dek. Kulmbach
Umbaubeginn 27. Juli 1964 (nach Reissinger
31. März 1964), Einweihung 20. Dezember 1964

Im März 1928 wurde im Stadtteil Ziegelhütten in Winkelform ein Gemeindehaus mit Kindergarten und Kirchenraum errichtet samt einem dazwischen über Eck gestellten Dachreiter (mit zwei Glocken und einer Uhr), wobei der Kirchenraum durch Entfernen einer Schiebewand mit dem Kinder-gartensaal verbunden werden konnte. Die Pläne stammten von Fritz Holl, Kulmbach. Für den Um- bzw. Neubau 1964 ist Architekt H. C. Reissinger verantwortlich. Der neue rechteckige Bau verläuft in Nord-Süd-Richtung und beinhaltet eine Saalkir-che unter Verwendung der Außenwände des alten Betsaals. Zusammen mit dem Pfarrhaus begrenzt der Bau die südliche Kirchplatzseite. Das Gebäu-de trägt ein hohes rotes Ziegeldach, die westliche Kirchenwand ist durch vier Sandsteinstrebepfeiler und drei hochrechteckige Fensterpaare gegliedert. Der Vorplatz erstreckt sich zwischen Kirche, Pfarr-

Abb. 129: Kulmbach, Friedenskirche von 1964, Blick in den Chor (Aufnahme 1969)

haus und Turm. Letzterer erhebt sich an der nördlichen Kirchplatzseite freistehend bis zu 30 m Höhe, trägt vier Glocken und besitzt Balkonaustritte für Posaunenbläser. Eine Friedenstaube grüßt vom Satteldach des Turms. Der Haupteingang befindet sich am Nordende der östlichen Kirchenlangseite. Ein überdachter Vorbau führt zum Eingang. An der zweiflügeligen kupferbeschlagenen Türe erkennt man Reliefs der Arche Noah und der Friedenstaube (Entwurf Hubert Distler).

Direkt nach dem Eingangsbereich wurde zum Chorpodium hin eine Ecke geschaffen, die stuhlgesäumt ist und in deren Mitte der zylindrisch-runde Taufstein steht – auf Anregung des Architekten (Abb. 56). Der Deckel ist mit modernen Skulpturen von Johannes und Christus bei dessen Taufe gekrönt (Silberplastik von Meinrad Burch-Korrodi). Ein Tauffenster aus Betonglas dahinter (von Distler) lässt helles, mit viel Gelb durchtränktes Licht einfluten und soll „die Erneuerung durch die Taufe zum Ausdruck bringen" (FS 6). Hochrechteckige Buntglasfenster reihen sich an der westlichen Längsseite. Im Gegensatz zu dem niedrigeren Gemeinderaum (5 m) mit leicht gewölbter Eschenholzdecke in konkavem Segmentbogen öffnet sich der Chorraum bis 9 m Höhe, erhellt durch flutendes Ostlicht aus der Dachschräge. Zwei lange Gestühlsblöcke, einmal mit, einmal ohne Seitengang, füllen das Parkett. Der auf Seitenwangen ruhende Tischaltar auf der um drei Stufen erhöhten Altarzone steht mittig; darüber hängt an der hohen südlichen Stirnwand ein Kreuz mit neun silbergetriebenen symbolbesetzten Reliefs, die sich um das Lamm in der Mitte anordnen (Entwurf Burch-Korrodi). Ein Stehkreuz für die Kirche bedeutete für Karlheinz Hoffmann eine besonders „schwere Geburt". Links steht oberhalb der beiden obersten Chorstufen, schräg und frei gestellt, der quadratische Ambo mit weiß geputzter Steinbrüstung, dahinter führt eine Rundbogentür direkt zum Sakristeianbau. Die drei Prinzipalstücke sind aus unterfränkischem Muschelkalk und wohl nach Entwürfen des Architekten gefertigt. Über dem Chorraum besteht ein freier Blick in den offenen Dachraum bis zu den Kehlbalken der Eschenholzdecke; von dort kommt Lichteinfall durch sechs Oberlichter in der östlichen Satteldachfläche. Vor die östliche Wandhälfte im Nordteil, gegenüber dem Eingang, ist ein um zwei Stufen erhöhtes Sängerpodest mit Orgel gestellt. Das Instrument von 1966 mit abwechslungsreich gestaltetem Prospekt einschließlich Schleierbrettverzierungen stammt von Gerhard Schmid. Distler gestaltete 1965 auch eine Kriegergedenktafel für die Eingangshalle. 1981 erhielten die Wände Schmuck durch Bilder aus Holzmedaillons mit einem siebenteiligen Friedenszyklus von Distler, sechs davon an der Chorrückwand, eine am Südende der westlichen Chorseitenwand. 250 Plätze befinden sich im Schiff, 30 auf dem Sängerpodest.

Qu.: Auskünfte von Karlheinz Hoffmann, 1970, und M. Daub, 2002.

Lit.: DF KU II 49–54, mit 3 Abb. – FS Kulmbach-Friedenskirche. – FS Distler, o. P. – Meißner I 186, 199. – Reissinger 133–139, Abb. 99–105.

3.74. Coburg, St. Markus

Stadt und Dek. Coburg
Grundsteinlegung 1. Juli 1965, Einweihung 5. Juni 1966

Die Kirche, von Prof. Johannes Ludwig und Prof. Franz Riepl (München/Graz, geb. 1932) projektiert, steht in der Weimarer Straße auf dem Judenberg im „Thüringer Viertel" im Nordwesten vom Stadtkern. Der Bau erhielt so manche boshafte Benennungen wie „Fabrik" oder „Stall" (DF 75). Dennoch wurde er mit einem Architekturpreis ausgezeichnet. Um einen Hof mit altem Baumbestand gruppieren sich zum Kirchengebäude ein Gemeindezentrum sowie das Pfarrhaus. Die Pultdächer dieser Bauten laufen zum Hof hin. Der 12,9 m hohe Turm mit zwei Glocken steht auf quadratischer Grundfläche an der südlichen Längsseite und ist aus grau-braunem Ziegelmauerwerk ausgeführt. Statt des geplanten Pultdaches wurde er mit einem kupfergedeckten Flachdach geschlossen. Eine Pendantwirkung zur Veste Coburg sollte nicht erzeugt werden. Der Bau kostete 1,23 Millionen DM.

Das Innere macht einen lichtgedämpften Eindruck; außer dem natürlichen Lichteinfall in Altarnähe erhält der Raum nur wenig Beleuchtung von kleinen Westfenstern. Wir finden zwei Gestühlsblöcke vor, einen in der Mitte und einen schmäleren an der rechten Wand entlang. Das Mauerwerk besteht aus sichtbaren Klinkern. Alles ist möglichst

Abb. 130: Coburg, Markuskirche von 1966 (Aufnahme 1971)

in Natur und unverputzt belassen. Der gemauerte Altartisch steht auf einer zweistufigen, an die Ostwand und aus der Achse geschobenen Altarinsel. Rechts an die Seite gestellt befindet sich der Ambo mit Aufgang von hinten, links ein hohes Vortragekreuz mit der Darstellung des Lammes. Die Stirnwand beherrscht eine drehbare Scheibe mit Hinterglasmalerei (von Prof. Giselbert Hoke, Graz, geb. 1927, entworfen, 1968/69) mit Darstellungen zum Leben und Leiden Jesu, im Zentrum das Osterbild, der Hinweis auf die Auferstehung als unverrückbare Mitte. Für den Tauftisch, einen quadratischen Behälter, hat man eine Taufkapelle an der Westseite des Vorraums und im Anschluss (südlich) an die Empore ausgewiesen. Ein „Tragekreuz" gestaltete Reinhart Fuchs 1983. Das Orgelpodest – keine Empore – erhebt sich im westlichen Bereich und ist durch ein Holzgitter vom Taufraum getrennt. Die Orgel (von Gerhard Schmid) wurde am 27. Juni 1971 eingeweiht. Im Raum sind 252 Plätze vorhanden.

Qu.: Auskünfte von Pfarrer Burghard Siede (1972), Pfarrerin Christel Kupfer (2001) und schriftliche Mitteilung von Herbert Fischer, 1970.

Lit.: DF CO II 75–78 mit 5 Abb. – Hoffmann, Gretl: Reiseführer zur modernen Architektur/Deutschland. Stuttgart 1968, 137, mit Abb. – PB SoBl ?/1966: Weiteres Gemeindezentrum in Coburg eingeweiht, mit 2 Abb. – Reissinger 188–190, Abb. 93, 140–142. – Sandner 252.

3.75. Bayreuth, Erlöserkirche

Stadt und Dek. Bayreuth
Grundsteinlegung 12. September 1964, Einweihung 18. September 1966

Die Kirche wurde unter dem Architekten Wolfgang Gsaenger im Stadtteil Altstadt errichtet und konnte damit die Gottesackerkirche als gottesdienstlichen Raum ablösen. Der unverputzte Ziegelbau erhebt sich über dem Grundriss eines griechischen Kreuzes mit kurzen Armen. Die Ecken sind faltdachartig hochgezogen, so dass der Bau außen den Eindruck einer Burg erweckt, innen aber einem Zelt gleicht durch vier Holzbinder, die von den Ecken zur Mitte nach oben streben und die Form einer Pyramide bilden. Der seitlich stehende Turm, durch einen niedrigen Eingangstrakt mit dem Hauptbau verbunden, reicht 29 m hoch und ist im Obergeschoss mit Platten verkleidet. Als Bekrönung trägt er eine nochmals 4,50 m hohe vierzackige, tulpenförmige Krone, dazu ein Goldkreuz in jedem Zacken. Das Geläute besteht aus sechs Glocken. Die Kosten beliefen sich auf 1 Million DM (Pfarrer Wolfrum) – nach Angaben von Pfarrer Lindner auf insgesamt 2,5 Millionen DM.

Das innen einsehbare Dach ist geschlossen mit besagten Bindern und einer Bretterverschalung. Die insgesamt 48, ziemlich hoch liegenden rechteckigen Fenster interpretieren durch Grisaille-

Abb. 131: Bayreuth, Erlöserkirche von 1966 (Aufnahme 1967)

malereien (Gustav van Treck) das Thema: „Erlösung durch das Blut Christi". Sechs Gestühlsblöcke gruppieren sich, ausgehend von der Eingangsseite her, über unterschiedliche Ebenen um das Zentrum. Die auf unterster Ebene stehenden Prinzipalstücke sind axial angeordnet und wurden aus Muschelkalk gearbeitet (Reinhart Fuchs). Der massive Taufsteinblock mit ausgreifendem gewulsteten Becken markiert das Zentrum des Raumes. Der Altartisch mit vorkragender profilierter Mensa und einem Bronzekreuz (R. Fuchs) steht dahinter auf einem einstufigen Podest. Wiederum in der Achse dahinter erhebt sich amboartig ein hoher Kanzelambo mit Treppenaufgang (sechs Stufen) von hinten statt des ursprünglich geplanten beidseitigen Aufgangs. Kerzenleuchter reihen sich zu Seiten des Altars hintereinander (R. Fuchs). Eine Orgel (Fa. Ott) auf der Empore oberhalb des Eingangs konnte 1969 installiert werden. Ansonsten fehlte zuerst weiterer Schmuck an den freien unverputzten Klinkerwänden. Erst 1991 wurde aufgrund einer Stiftung ein Wandteppich für die Stirnwand hinter der Kanzel erworben (von Ursula Benker-Schirmer). Im Schiff sind 500 Sitzplätze vorhanden.

Qu.: Auskünfte von Pfarrer Heinrich Wolfrum (1977) und von M. Daub, 2002; schriftliche Mitteilung von Pfarrer Gottfried Lindner vom 2.8.2001. PfA Bayreuth-Erlöserkirche: Bericht vom 19.9.1966: Altstädter weihten Erlöserkirche ein.
Lit.: DF Bayreuth II 81–83. – FS Fuchs. – Katalog Kunst, Abb. [52. 53]. – Kneule II 114 f. – Lindner, Gottfried (Redaktion): Unsere Altstadt – 100 Jahre Kirchengemeinde Bayreuth-Altstadt 1898–1998. Bayreuth/Ruppertsgrün 1998, 18–25, mit 11 Abb. – Meißner I 197. – Meißner III Nr. 22. – PB FP 19.9.1966: Stiftszelt des Glaubens im Getriebe der Welt. – PB FP 4.4.1991: Kunstwerk für die Erlöserkirche. – Reissinger 230, Abb. 243, 244.

3.4 b. Hof, St. Johannes

Lkr. und Dek. Hof
Neugestaltung: Einweihung 27. November 1966

Auf einem in der Fabrikvorstadt, östlich der Saale, gelegenen Grundstück wurde – trotz Gründung eines Kirchbauvereins 1897 – nicht, wie geplant, eine Kirche, sondern ein Gemeindehaus durch Architekt E. Gesswein, Augsburg, errichtet. Einweihung und erster Gottesdienst in dem auch „Gotteshaus" genannten Gemeindesaal wurden am 19. Juni 1927 gefeiert. Das Projekt bestand aus einem doppelstöckigen Gebäude mit niedrigerem Vorbau, ohne Turm, mit Gemeinderäumen, Pfarrerwohnung, Kindergarten.

Unter der architektonischen Leitung von Reinhard Claaßen wurde 1937, abseits vom Gebäude, ein Glockenturm aus unverputztem Granit errichtet, fensterlos, aber mit Schalllöchern versehen, bedeckt von einem Pyramidendach samt Knauf und Kreuz. Nach der Ablieferung dreier Glocken im II. WK konnte das Geläute 1955 wieder auf die ursprünglich vier Glocken ergänzt werden. – Das sog. „Johanneshaus", von Nord nach Süd gerichtet, besaß ein Walmdach und im Südgiebel eine erkerartige Apsis in Höhe des Gottesdienstraums. Diesen auszugestalten oblag dem Bildhauer Prof. Ernst (?) Pfeiffer, München, ferner den Malern Hermann (?) Frobenius, Nürnberg, und Max Hofmann, Hof. Der Saal besaß in beiden Längswänden hochrechteckige Fenster und enthielt einen bühnenartigen Chorbereich mit einem über vier Stufen erhöhten Altartisch, davor den Taufstein und zu beiden Seiten der rechteckigen Choröffnung auf Podesten stehende Kanzelpulte mit polygonalen, sich nach unten verjüngenden Brüstungsfeldern. Die Orgel stammte von der Firma Steinmeyer.

Eine vollständige Umgestaltung erfolgte zwischen 1964–1966 mit Einweihung am 1. Advent 1966. Statt des bis zuletzt ins Auge gefassten gesonderten Kirchenbaus blieb man beim Gemeindesaal im ersten Stockwerk und baute ihn unter Architekt Heinz Rudorf zum endgültigen Kirchenraum um. Das Gebäude selbst wurde durch Umänderung des Dachstuhls zu einem schiefergedeckten Satteldach erhöht, die Balkendecke raumseitig freigelegt. Die Fenster vermauerte man bis auf hochliegende quadratische Öffnungen. Auf

Abb. 132: Hof, St. Johannes, Neugestaltung des Chorbereichs 1989 (Aufnahme 1993)

die westliche Längswand hin orientierte man den Gottesdienstraum in Form einer Querkirche. Den ehemaligen Altarraum trennte man ab und gestaltete ihn zu Gemeinderäumen um. Der Erker wurde entfernt und an seine Stelle setzte man mehrteilige hohe Streifenfenster in den Südgiebel. Der Nordgiebel erhielt ein großes Rundfenster (Fensterrosette) mit einer Teilung in Kreuzform. Vor

diese Fassade baute man einen niedrigen Querriegel, der heute die Pfarramtsräume enthält. Im Kirchenraum erhielt der Altartisch Mittenstellung, um zwei Stufen erhöht. Der frei stehende Ambo befand sich links auf einem Podest, der fünfeckige Taufstein rechts unterhalb der Altarinsel. Statt der vorher gepolsterten Stühle wurden Bänke installiert, um die dreiseitige Altarinsel gruppiert. 1974 erfolgten weitere Umgestaltungen: Ein breiter Altartisch mit wuchtiger Mensa kam zur Aufstellung. Die 1966 erworbene Orgel der Firma Köberle hatte „Stück für Stück ihren Geist aufgegeben" (FS 23). Ein neues Instrument (Fa. Ismayr) legte man 1974 auf eine kleine Empore im Süden des Kirchenschiffes. Die ehemalige Empore im Norden erneuerte und vergrößerte man erheblich. 1977 konnten als Dauerleihgabe Gemälde mit christlichen Motiven („Visionen von Farbe und Licht") von Martin Grünert, Hof, an den Wänden aufgehängt werden. An der Stirnwand hinter dem Altar fand ein Gobelin aus Neuendettelsau mit Kreuzsymbol seinen Platz, von oben bis unten reichend.

1989 (Einweihung am 3. Dezember) erfolgten erneut Veränderungen unter Architekt Udo Graefe und dem ausführenden Architekten Günter Hornfeck nach Ideen von Pfarrer Stettner: Ein Aufzug wurde installiert. Den Kirchenraum schmücken jugendstilähnliche Elemente. Hinter dem neu aufgemauerten Tisch-Altar mit breiten seitlichen Wangen und Holzmensa platzierte man axial ein neues amboartige Kanzelpult mit gemauerter Stirnwange; der Zugang erfolgt beidseitig über drei Stufen. Vor der Altarinsel stehen links ein polygonal geformter Taufstein, rechts ein Lesepult. Zur weiteren Ausstattung gehören ein quadratisch gestaltetes Kruzifix von Adolf Held, Schwarzenbruck, an der Rückwand hinter der Kanzel; die Bilder von Grünert zieren weiterhin die freien Wandteile. Der Gobelin aus Neuendettelsau hängt jetzt im Foyer.

Qu.: Auskünfte von Pfarrer Hans Stettner, 1993, 2001, und M. Daub, 2001/2002.
Lit.: DF HO I 21, mit 1 Abb. – DF HO II 35–37, mit 2 Abb. – DF HO III 49–51, mit 2 Abb. – FS 1977. – PB SoBl. 29./1977: 50 Jahre Gemeindezentrum St. Johannes in Hof. – PB SoBl

24.12.1989 Nr. 52/1989: Gottesdienst im ersten Stock – Hofer Johanniskirche wiedergeweiht. – Meißner VIII 213.

3.76. Buchbach, Johanneskirche

Gmd. Steinbach a. Wald, Lkr. Kronach,
Pf. Langenau, Dek. Ludwigstadt
Grundsteinlegung September 1966, Einweihung
6. August 1967

Die kleine Kirche in einem Ort ursprünglich Bamberger Hochstiftszugehörigkeit steht unmittelbar auf dem Grundstück neben der großen neuen und vier Jahre später errichteten katholischen Kirche, versteckt liegend und schwierig über Nebenstraßen zu erreichen. An einer Außenwand fällt die Aufschrift „ev. Kirche" auf. Architekt war Oskar Windschiegl. Der Bau in einem offenen gartenartigen Grundstück steht über quadratischer Fläche mit einem rechteckigen, etwas eingezogenen Sakristeianbau nach Westen. Ein Schieferpyramidendach mit einem vergoldeten Kreuz als Bekrönung bedeckt den Kirchenraum; auf dem Nebengebäude erhebt sich ein verschieferter offener Dachreiter mit pyramidalem Abschluss, einer Wetterfahne und einer Glocke. Ein über zwei Ebenen verlaufender gepflasterter Vorplatz führt zum Eingang an der Südwestecke. Auffallend sind die Fischgriffe an den Türen des mit Kupferplatten beschlagenen Eingangsvorbaus, der nach innen weitergeführt ist. An der Südseite befinden sich zwei große Fenster mit kleinen Scheiben; an der Ostseite in der Ecke, nach Norden zu, ist ein weit herabgezogenes Fenster mit Buntglasscheiben eingesetzt.

In dem kleinen Innenraum befinden sich im Prinzip drei Gestühlsblöcke, die aber nur aus wenigen Bänken bestehen: ein größerer Block in der

Abb. 133: Buchbach, Johanneskirche von 1967

mensa. Eine flache Nische in der Wand dahinter schmückt ein buntes Wandfresko mit der lebensgroßen Darstellung der vier Evangelisten; es stammt von Anton Greiner (geb. 1914). Auf dem sichtbaren Grundstein unter dem Bild wird auf Psalm 113, 3 verwiesen („Vom Aufgang der Sonne"). In der linken Ecke, neben den Zugang zur Sakristei gestellt, befindet sich ein kanzelartiger Ambo in Holz mit einer Antrittsstufe und einer halbrunden Ausbuchtung zum Predigerplatz hin. Auf der Fläche rechts neben dem Altar, auf Gestühlsniveau, wurde eine Taufecke angelegt mit einem dreieckigen Granitstein, der eine Messingdreieckspyramide als Abdeckung samt Fischgriff besitzt. Daneben leuchtet das Tauffenster, das die Ausgießung des Heiligen Geistes darstellt und von Glasmaler Siegfried Nenninger, Lauenstein, stammt. Ein modernes Vortragekreuz mit einem Viernagelchristus (1980 erworben, Abb. 65) steht in der Ecke. Ein großer Radleuchter aus Messing mit zwölf Lampen – das himmlische Jerusalem symbolisierend – hängt unter dem verbretterten Zeltdach (Kupferschmiede Johann Böhner, Bayreuth). Die kleine Orgel auf Fußbodenniveau in der rechten hinteren Ecke kam von der Fa. Johannus.

Qu.: Auskünfte von Pfarrerin Kathrin Neeb, Langenau, und Anton Greiner, Stegaurach, 2001.

Mitte sowie je eine Bankreihe seitlich, einander gegenüber; dazu kommen noch Einzelstühle. Die braunen quadratischen Fußbodenplatten sind weithin mit Teppichen belegt. Der Altar ist in die Mitte der fensterlosen Nordwand auf eine einstufige Insel platziert. Er besteht aus einem Granitsockel und einer ausladenden hohen Granit-

3.77. Selb-Plößberg, Martin-Luther-Kirche

Pf. Erkersreuth, Stadt und Dek. Selb, Lkr. Wunsiedel
Grundsteinlegung 15. Mai 1966, Einweihung 24. September 1967

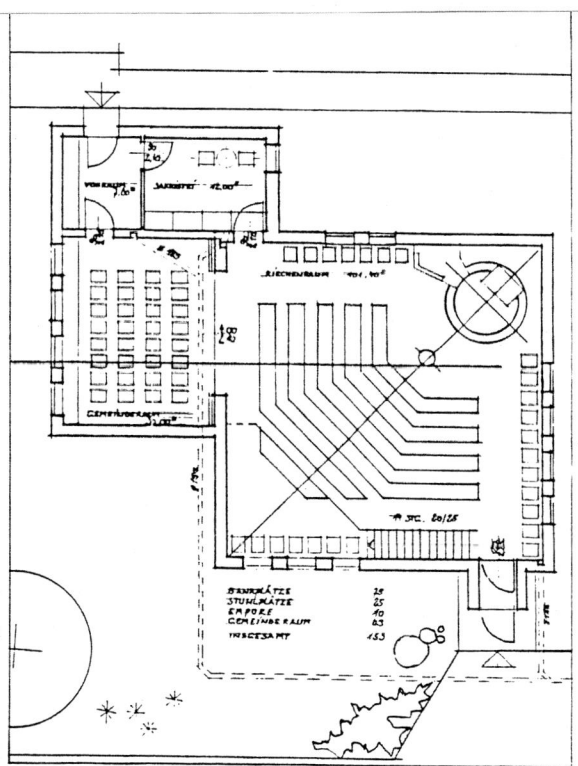

Abb. 134: Selb-Plößberg, Martin-Luther-Kirche von 1967, Grundriss (FS 27)

Im Jahre 1956 fasste der Kirchenvorstand den Beschluss, für Selb-Plößberg einen eigenen Kirchenbau anzustreben, da der Weg zur rund 4 km entfernten Kirche in Erkersreuth „schlecht" und durch die neue Siedlung Vielitz die Zahl der Gemeindeglieder angewachsen sei. Der Bau steht, etwas abseits von der Straße, unmittelbar am Rand eines Waldstücks und in Verbindung mit weiteren Bauten im Umfeld des Kirchenareals (Kindergarten,

-tagesstätte 1963, Jugendraum 1986). Horst Rudorf war der Architekt. Die Kosten für die Kirche beliefen sich auf 200 000 DM. Der im Prinzip quadratische Bau führt das (Sattel-)Dach in der Diagonalen, die Seitenflächen sind in Dreiecken herabgezogen. Der Turm wurde in die Nordostecke so eingebaut, dass er wie ein Dachreiter herausragt. Eine Reihe von Fenstern säumt seine Ostseite, alle mit Spitzabschluss; nur die Schalllochfenster des Turms zeigen ringsum Rechteckform. Der Turm mit seinen drei Glocken schließt mit einem pyramidenförmigen Kupferblechdach samt vergoldetem zweifachen Kreuz in 17,70 m Höhe. Im Westen ist an die Kirche ein rechteckiger Bau mit Flachdach angeschlossen, der nach Norden zu ausgreift und die Möglichkeit bietet, zum Kirchenraum hin ein Gemeindezimmer anzufügen. Der Zugang zum Kirchenraum erfolgt an der östlichen Südseite über einen Vorraum mit einem Satteldach. Kleine Fünfeckfenster – mit spitzen Abschlüssen wie beim Turm – reihen sich an zwei Seiten des Kirchenbaus.

Vom Eingang aus verläuft ein seitlicher Weg direkt zur Altarecke in der Nordostnische, gleichsam im Turmuntergeschoss. Die diagonal herabgezogenen Deckenflächen sind verbrettert. Das Gestühl steht in der Diagonalen und nimmt in einem Block, aber zweimal geknickt, den Mittelteil des Raums ein. Die Altarinsel erhebt sich als zweistufiges Kreispodest in Beton, das nicht an die Wand reicht. Auf einem großen quadratischen Betonblock liegt eine starke Betonmensa. Ein leicht getöntes Fünfeckfenster dahinter erhellt den Altarbereich. Links seitlich von der ersten Stufe aus in das Parkett reichend, ist der Betonambo angebracht mit einer Wange, die im stumpfen Winkel gebrochen ist. Eine Taufkerze und ein Vortragekreuz wurden rechts vom Altar platziert, das

Abb. 135: Hollfeld, Friedenskirche von 1968 (Aufnahme 1969)

Kreuz auf der untersten Stufe. Der zylindrische Taufstein steht direkt in der Achse vor der Altarinsel. Im rückwärtigen Teil (Südwand) führt eine Treppe zur Orgelempore, die in Dreiecksform in die Südwestecke des Raumes eingepasst ist. Die Orgel (von 1970) mit einem über Eck gestellten Gehäuse und mechanischer Traktur stammt von der Firma Simon. An der Betonbrüstung hängt ein Lutherbild, das aus der Erkersreuther Kirche stammt (wohl von 1928 von Karl Bau[e]r). Es sind 110 Sitzplätze vorhanden.

Qu.: Auskünfte Pfarrer Bernhard Wanner, von Manfred Daub, 2001, und Gertrud Voll, 2002.
Lit.: FS 25 Jahre Martin-Luther-Kirche Selb-Plößberg, hg. von Pfarrer Jürgen Singer. O. O. 1992.

3.78. Hollfeld, Friedenskirche

Lkr. Bayreuth, Pf. Krögelstein, Dek. Thurnau
Grundsteinlegung 11. August 1966, Einweihung 16. Juni 1968

Unter dem Architekten Hans-Friedrich Hacker wurde der Bau in einer Stadt des ehemaligen Bamberger Hochstifts über einem exakt quadratischen Grundriss (11,65 m Seitenlänge) auf zwei Etagen errichtet. Ein hohes Pyramidendach mit Kreuz schließt ihn ab. Im Untergeschoss befinden sich Gemeinde- und Jugendräume. Durch eine Betonmauer, einen Innenhof einschließend, ist mit der Kirche ein seitlich stehender Turm verbunden, der zugleich als Zugang dient (Abb. 8). Er weist drei mal drei übereinander angeordnete Rechteckfenster auf der Vorderseite auf und wird bekrönt durch eine kleine Spitze mit Hahn.

Der Kirchenraum besitzt nur wenige kleine vergitterte Quadratfenster. Zwei Gestühlsblöcke sind frontal ausgerichtet, seitlich zieht sich in Etappen eine Bankreihe herum, die jeweils bis an die Stirnwand reicht und so den Altarbereich einschließt. Dieser hebt sich, außer einem Podest für den Altar selbst, nicht vom Boden des Gemeindegestühls ab. Der Blockstipes trägt eine breite wuchtige Mensa. Links steht ein steinerner Ambo mit Aufgangsstufen von hinten, rechts der runde, konisch zulaufende Taufstein aus Muschelkalk. Die Orgelempore ist auf zwei Säulen, ohne Anschluss an die Seitenwände, in den Raum gestellt mit einem Instrument (Fa. Baumgartner), das 1977 beschafft wurde. Zusätzlich zu wenigen quadratischen Bildern an den Wänden wurde 1993 ein großes Gemälde für die Altarwand erworben; es stammt von Klaus Maier, Michelau, und hat das Thema „Tauben als Friedenssymbole". Die Zahl der 150 Bankplätze ist erweiterbar bis zu 180.

Qu.: Auskünfte von Inge Steinlein, Hollfeld, 2001. – Meißner I 191.
Lit.: PB NK 15./16.6.1968: Feierliche Einweihung der Friedenskirche, mit Abb. – PB BR 10.6.1993: Die Friedenskirche stand im Mittelpunkt. – Poscharsky 227.

3.79. Kulmbach-Burghaig, Johanneskirche

Lkr. und Dek. Kulmbach
Gundsteinlegung 26. August 1967, Einweihung 18. August 1968

Ein Pfarr- und ein Gemeindehaus bestanden bereits seit 1965. Theodor Henzler entwickelte nach Höchstadt die Pläne seiner zweiten Kirche im Untersuchungsbereich. Ein großes Anliegen bedeutete ihm, das landschaftliche bzw. gärtnerische Umfeld mit in den Kirchenraum einzubeziehen. Im Vorbereich verwirklichte man sogar einen kreuzgang- bzw. pergolaartigen Umgang um ein Atrium mit einem „vierfachen Ackerfeld", das im Mittelteil in einigen von Pflasterung frei belassenen Naturflächen angelegt werden kann. Der niedrige quadratische Bau (19 mal 19 m) weist an einigen Wänden Klarglasscheiben auf, gegliedert zwischen die quadratischen Betonpfeiler (Abb. 20). Ein pyramidales Dach steigt bis zu 30 m Höhe empor zu einem Dachreiter mit vier Glocken, der von vier Eckpfeilern gestützt wird und zu einer Spitze mit Kreuz- und Adlerabschluss hinauf führt. Die Türgriffleisten fallen außen und innen durch die Gestaltung mit altchristlichen Symbolen (Kreuz, Spirale) auf. Weitere verwandte Zeichen sind „Binärbau, Welle, Trinität", von Henzler mehr geschätzt als die ebenfalls vorkommenden Symbole Fisch, Traube, Lamm, Adler (K+K 38). Um „Wahrheit" geht es dem Architekten auch im Inneren: keine Farbanstriche, keine gefärbten Hölzer, keine Verblendungen und Verkleidungen, keine gestrichenen Holztüren, kein Kunststoff, kein Kunststein usw. – so eines seiner Prinzipien. Er bevorzugt Sichtbeton, weiße Putzflächen, Naturholz, Naturstein, natürliche Klinker, sichtbar gemachte Konstruktionen (FS 6 ff.).

Man merkt es dem Raumprinzip mit dem zentral gelegenen Altarbereich samt dem davor – ganz im geometrischen Mittelpunkt des Raumes – gelegenen zweiteiligen Taufstein mit der in diesem Raum sonst nicht vorkommenden Rundform

Abb. 136: Kulmbach-Burghaig, Vorhof der Johanneskirche von 1968 (Aufnahme 1969)

an, dass auf „heilige Bereiche", wie Chorbezirk u. dgl., verzichtet werden soll, auch keine „falsche Sakralität" durch Lichteffekte und mystische Farbfenster erwünscht ist. Die Decke steigt innen 15 m zeltartig und mit Brettern beschlagen empor und ist gegliedert durch vier filigranartige „Kronleuchter" mit abwärts gewandten Armen für die Strahler. Man fühle sich darunter geborgen, so schreibt der Gemeindepfarrer, „wie in einer großen Schale" (DF 61). Auf drei Seiten und auf drei ansteigenden Ebenen sind die gepolsterten Einzelstühle platziert. Dieses lockere Gestühl soll die vom Architekten gewünschte „Beweglichkeit" im Raum ermöglichen. Den Standort des Altars (in Stein, von Johann Engelhardt, Wemding) wollte der Planer nicht höher als die Gemeinde. Der Tisch ist mit seiner quadratischen Mensa eingezahnt in einen kreuzartigen geschlossenen Unterblock, zwar auf ein einstufiges Podest gestellt, von den hinteren Gestühlsreihen schaut man aber auf ihn herab.

Abb. 137: Kulmbach-Burghaig, Türgriffdetail (Aufnahme 1970)

Qu.: Auskunft von Pfarrer Johannes Meuß, 2001.
Lit.: DF KU II 58–62 mit drei Abb. – FS Burghaig. – Henzler, Theodor: Kirchenbau: ein Architekt hat das Wort. In: K+K 3/1969, mit 7 Abb. – PB FP 20.8.1968: Neue Kirche in Burghaig feierlich geweiht, mit 2 Abb. – Reissinger Abb. 158–160.

3.80. Dürrenwaid, Christuskirche

Gmd. und Pf. Geroldsgrün, Lkr. Hof, Dek. Naila
Grundsteinlegung 11. Juni 1967, Einweihung
22. September 1968

Die Kirche liegt abseits des Ortes und idyllisch in Hanglage auf dem der Gemeinde als Geschenk überlassenen Grundstück „Schwarzer Mohr", direkt am Rand des Frankenwaldes, wo einst Silbererz gegraben wurde. Architekt war Horst Rudorf. Der Bau, ähnlich dem in Selb-Plößberg, erhebt sich über einer quadratischen Grundfläche; der Satteldachfirst verläuft diagonal mit seitlich weit herabgezogenen dreieckigen Dachflächen. An der Westseite ragt die Kirche wie ein Schiffsbug vor, und in diese Ecke hineingestellt ist der wie ein Dachreiter wirkende 27 m hohe Turm mit langen Recht- bzw. Fünfeckfenstern, einem Pyramidendach samt einem vergoldeten und in zwei Richtungen weisenden Kreuz. Das Geläute besteht aus drei Glocken. Die Betonstützen im Unterteil werden im Inneren sichtbar. An zwei Seiten befinden sich Eingänge mit Windfangvorbauten. Zum Haupteingang im Westen führt von einem Parkplatz aus ein Treppenaufgang; der Vorplatz wird durch die Sakristei samt Gemeindehaus eingegrenzt; über drei Stufen geht es weiter zur Kirchenpforte. An drei Seitenwänden entlang verlaufen Reihen von Rundfenstern. Die Kosten des Baues beliefen sich auf 350 000 DM.

Antependien werden nicht vor die Brüstung gehängt, sondern auf die Mensa aufgelegt. Der massive Steinambo neben dem Altar „soll nicht wie eine Burg wirken, hinter der sich der Redende verschanzen kann, sondern soll frei zugänglich sein", so heißt es in der Beschreibung. Der siebenarmige Altarleuchter und das Kreuz bestehen aus Keramik. Die Orgel der Firma Deininger & Renner baut sich auf der Ebene hinter dem Altar im offenen Karree zur Gemeinde in drei Teilen mit zwei frei angeordneten Pfeifenarrangements und einem Spieltisch auf. Der Bildhauer Gerhard Schneider zeichnet für die Turmzier, das Fußbodenmuster, den Keramikleuchter, die Paramente, die Türgriffe und die Lammdarstellung verantwortlich.

Abb. 138: Dürrenwaid,
Christuskirche von 1968
(Aufnahme 1969)

Abb. 139: Bayreuth, Friedenskirche von 1969, Mosaik an der Stirnwand (Aufnahme 1970)

Vom Eingang aus führt ein seitlicher Gang direkt zur Altarinsel, die in der Nordostecke durch eine runde, nicht an die Wand stoßende doppelstufige Podestscheibe gebildet wird, gepflastert und mit einer Einfassung versehen. Ein wuchtiger Steinblock über einem Sockel – vermutlich nach Entwurf des Architekten – steht darauf. Über dem Altar an der Wand in der Ecke schwebt ein Kreuz, das als runde Scheibe aus Aluminiumguss gestaltet ist (von Hermann Jünger). Auch die Altarleuchter, Tauf- und Abendmahlsgeräte stammen von Jünger. Der Blick in das verbretterte, zu beiden Seiten herabgezogene dreieckflächige Dach

ist frei. Das Gestühl steht in einem Block diagonal ausgerichtet zur Altarecke. Der Boden darunter ist parkettiert, die Gänge sind mit Steinplatten belegt. An der Nord- und Westwand entlang verläuft jeweils eine Bank. Zum Ambo an der rechten Seitenwand mit quadratischer Grundfläche und zwei Steinwangen führen drei Stufen von der Seite her. Unterhalb der Altarinsel links wurde eine halbrunde Wandnische gebildet, um die eine Seitenbank herumgeführt ist. Dort steht der quadratische Taufstein, über Eck gestellt. Eine trapezförmige Empore mit einem Aufgang von hinten und mit einer Betonbrüstung füllt die Südwestecke gegenüber dem Altar. 1976 erhielt die Kirche eine Schrankorgel der Firma Gerhard Schmid mit schleierbrettartigen Rankenverzierungen.

Qu.: Auskünfte vom Pfarramtsbüro Geroldsgrün, 2001.
Lit.: DF FW 71 f. mit Abb. – Knopf Sp. 88. – PB SoBl 10/1981: Kirche in Dürrenwaid, mit Abb.

3.81. Bayreuth, Friedenskirche

Stadt und Dek. Bayreuth
Grundsteinlegung 12. Oktober 1968, Einweihung
6. Juli 1969

Der unauffällige und von der Straße etwas zurückgesetzte Kirchenbau ist eingebunden in ein neues Baugebiet in der Nähe des Universitätsareals im Stadtteil „Birken" im Süden der Stadt. Architekt war Oskar Windschiegl. Die Grundfläche des Baus besteht nahezu aus einem Quadrat. Das Satteldach der mit Waldsassener Klinker verkleideten Wände wurde mit Kupferblech gedeckt. An der geschlossenen Giebelwand der Westseite ist außen das Zeichen „XP" angebracht. Der gedrungene Turm mit kleinen quadratischen Fenstern und vier Glocken steht neben der Kirche, durch eine Eingangshalle mit dieser verbunden. Er weist ebenfalls eine quadratische Grundfläche auf und strebt zu einem hohen pyramidalen Spitzhelm mit Kupferbedeckung, 18 m hoch, empor. Große Zifferblätter und kleine Schallöffnungen unterbrechen die Wandflächen, ein Goldkreuz bekrönt ihn. Über einen Vorplatz erreicht man den Eingang. Dort steht ein kleiner Brunnen aus Oberpfälzer Granit. An die Ostseite der Kirche fügen sich Sakristei und weitere Gemeindegebäude an (Abb. 23).

Die Altarfront richtet sich nach Westen, das Licht dazu kommt von der Nordseite her durch Klarglasfenster, die sich über die ganze Wand hinziehen. In die Dreiecksgiebelfenster im Osten sind Buntglasscheiben eingesetzt, die ihr Licht auf die Altarwand reflektieren. Die Verkleidung der Wände besteht aus braunviolettem Klinker, die der Decke aus Holz. Die Seitenwände werden durch Pfeiler gegliedert, zwischen denen ringsum ein Podest läuft. Die Einzelstühle sind in Blau gehalten. Eine einfache Empore erstreckt sich im Osten mit einem Positiv von 1970 (von Erich Bauer), ab 1978 mit einer Orgel von Koch mit einem dreiteiligen Prospekt, dessen Gehäusefelder jeweils pultdachartig gegeneinander gestellt sind. Eine ursprünglich geplante axiale Anordnung der Prinzipalstücke wurde vom Gemeindepfarrer abgelehnt. Der Blockaltar steht auf einem inselförmigen zweistufigen Podest, ebenso rechts der Steinambo. Im Hintergrund des Podestes reihen sich sechs hohe Kerzenleuchter. Der Taufstein befindet sich links vor einem Buntglasfenster auf dem Niveau des Gemeindegestühls; er weist eine dreieckige Grundfläche auf und ist mit einem Kupferdeckel besetzt. Die Prinzipalstücke in ungeschliffenen Blöcken bestehen aus Treuchtlinger Marmor. Auch für die Bodenplatten und die Stufen wurde dieses Material samt den Versteinerungen von Ammoniten und Belemniten gewählt. Das Giebeldreieck an der Stirnwand nimmt in ganzer Ausdehnung ein Mosaik auf (von Walter Habdank) mit Darstellung der Erscheinung Christi vor den elf Aposteln mit dem Wort: „Friede sei mit euch!" Die Figuren wurden aus Natursteinen zusammengesetzt; im Hintergrund ist Blattgold auf verschieden farbiges Glas aufgeschmolzen. Unter dem Mosaik hängt an der Wand ein relativ kleines

Eisenkreuz mit einer Dornenkrone (Entwurf Windschiegl). Das Glasfenster beim Taufbehälter stellt die Dreieinigkeit dar mit einem großen Christusbild in der Mitte sowie mit Symbolen der Evangelisten (von Helmut Booz, Veitshöchheim, geb. 1933). Auf einem Pfeiler am Ausgang über dem Opferstock zeigt ein Reliefstein die Darstellung der Anbetung des Jesuskindes durch die drei Weisen. 300 Plätze sind vorhanden.

Qu.: Informationen von Pfarrer Friedrich Drechsel, 1969, 1977. Lit.: DF BT II 87 94 mit Abb.   FS Bayreuth/Friedenskirche. PB NK 2.7.1969: Ein Gotteshaus mit Polstermöbeln. – PB SoBl 5/1978: Neue Orgel für die Friedenskirche Bayreuth.

3.82. Ebrach, St. Lukas

Pfarrei Großbirkach-Ebersbrunn, Pfarramt Ebrach, Lkr. und Dek. Bamberg
Baubeginn September 1966, Grundsteinlegung 17. November 1967, Einweihung 14. September 1969

Am Ortseingang, von Bamberg her, liegt in dem katholisch geprägten Markt mit einem ehemaligen Zisterzienserkloster, auf ein Plateau gesetzt, der Bau der evangelischen Diasporakirche, der über einer regelmäßig fünfeckigen Grundfläche erstellt ist. Architekt war Franz Gürtner. Im Winkel dazu steht im Süden das Pfarrhaus. Das in Hanglage gestellte doppelstöckige Kirchengebäude weist nur wenige Fenster auf. Der 20,6 m hohe, weiß gestrichene Turm mit einer 18 m hohen fünfteiligen Schieferhelmspitze ist durch einen 4 m langen Seitentrakt mit der Kirche im Süden verbunden. Die drei Glocken stammen von 1975. Auf dem Kupferportal des Kircheneingangs im Westen findet sich eine reliefartige Darstellung der Einladung zum großen Abendmahl. Im Eingangsbereich öffnen sich einander gegenüber zwei Nischen mit Begrenzung durch jeweils eine eingeschwungene Wand: links geht es zu einem Treppenhaus, rechts erstreckt sich die Taufkapelle.

Der fensterlose Innenraum wird von einer niedrigen Mauer umschlossen, pro Wandstück mit 2,6 m Höhe und 10 m Länge. Im zeltdachförmigen Abschluss sitzt ein 3 m hoher „Glasstern", der von oben das Innere erhellt. Dabei wurde das fünfte Sternkompartiment zwischen den Dachbindern in Ostrichtung ohne Fenster belassen, damit der Altarbereich nicht zu stark beleuchtet wird. Die beiden Bankblöcke stehen im stumpfen Winkel zueinander zum Altar gerichtet. In den Ostwinkel des Kirchenraums geschoben, erstreckt sich die Altarinsel auf einem einstufigen Podest über fünfeckiger Grundfläche. Der große Altartisch wiederholt die Fünfeckform des Baugrundrisses. Ein Fries umläuft die Mensa mit szenenartigen Darstellungen (Abendmahl des Lammes, Baum und Wasser des Lebens, Älteste der Völker und Zeiten, die zum Abendmahl des Lammes berufen sind, an der Stirnseite das himmlische Jerusalem, die Fesselung und Überwindung des Satans und schließlich zwei Engel mit Posaunen). Auf dem Tisch stehen ein kleines Kruzifix und sechs Leuchter in Keramik. Ein großes Kruzifix aus gleichem Material schwebt über dem Altar. Ein Holzambo befindet sich links unterhalb des Podestes, ebenfalls mit Fünfeckgrundfläche und einstufigem Podest. Ursprünglich sollte er rechts auf der Altarinsel, der Taufstein im Zentrum des Raumes stehen. Drei der Brüstungsflächen weisen große Keramikbilder mit Themen zur Predigt auf: Berufung des Jesaja

Abb. 140: Ebrach, Kirche St. Lukas von 1969, Detail am Ambo

(Mitte), Jesus als zwölfjähriger Prediger und mit dem Zuspruch an Kranke. Auch das Lesepult (rechts) ist mit einem Keramikbild ausgestattet, das Jesus bei der Kinderpredigt zeigt (Abb. 34). Der Taufbehälter wurde in der beschriebenen Eingangskapelle untergebracht mit einer Kreuzigungsgruppe an der Süd- und einem Betonglasfenster an der Westwand. Der runde Fuß des Taufsteins zeigt fünf Bilder zur Geschichte der ersten Heidentaufe. Die reiche Keramikausstattung stammt von Walter Veit, Höchstadt. Die kleine Empore im Eingangsbereich ist auf den seitlichen Betonbrüstungsflächen (in der Mitte Holzteil) durch Evangelistennamen und -symbole geprägt. Die Orgel mit fünf flachen, unterschiedlich hohen Türmen stammt von 1969 (Fa. Hey). Es sind insgesamt 136 Sitzplätze vorhanden. 1996 erhielt der Raum ein dreiteiliges Ölgemälde (rechts an der Wand) mit der Darstellung der Dornenkrone von Walter und Lore Rosam, Hobbach/Spessart. Im Untergeschoss des Gebäudes liegen weitere Räume mit einem Gemeindesaal und Jugendräumen.

Qu.: Auskünfte von Pfarrer Helmut Oppelt, 2001.
Lit.: PB-Kurzbericht SoBl 1/1996. – PB SoBl 1969: St.-Lukas-Kirche in Ebrach. – Reissinger 221 f. Abb. 218–221.

3.83. Hemhofen, Heilandskirche

Lkr. Erlangen-Höchstadt, Dek. Erlangen
Grundsteinlegung 24. März 1968, Einweihung
5. Oktober 1969

Der Ort selbst, ursprünglich historisches Bamberger Territorium, gehört seit 1972 nicht mehr zu Oberfranken, soll aber, da der Kirchenbau vorher erfolgte, mit aufgenommen werden. Einige der Gemeindeteile (z. B. Heroldsbach) zählen weiterhin zu Oberfranken, Lkr. Forchheim. Zuvor fanden die Gottesdienste in einem Saal des Schlosses statt; der Schlossbesitzer war Patronatsherr bis 1967. Das Gemeindezentrum ist an einer Seitenstraße situiert, liegt aber dennoch zentral innerhalb des Ortes sowie der weitverzweigten Kir-

*Abb. 141: Hemhofen, Heilands-
kirche von 1969*

chengemeinde. Die Front zur Straße schirmt eine Mauer ab, deren Mittenöffnung durch ein vorgestelltes Wandstück nicht gleich erkennbar ist. Um den Innenhof gliedern sich zum Kirchengebäude im Norden das Pfarrhaus im Westen und das Gemeindehaus im Osten, beide mit Pultdächern nach innen und alles durch Arkaden und überdachte Wege miteinander verbunden. Die Pläne stammen von Waldemar Luther, Neustadt a. d. Aisch, damals Oberbaurat im E.-L. Landeskirchenamt (1913–2002); Planzeichner war Architekt Manfred Pittroff, Augsburg. Zum Eingangsbereich des Kirchenbaus mit regelmäßig oktogonalem Grundriss führt ein kubischer Vorbau. Darüber ist ein großes quadratisches Kupferrelief angebracht mit Christus in der Mitte, ferner symbol- und zeichenhaften Elementen nach der Offenbarung sowie einer ringsum angeordneten Inschrift, dem sog. „Heilandsruf Jesu": „KOMMET ALLE ZU MIR DIE IHR MÜHSELIG UND BELADEN SEID ICH WILL EUCH ERQUICKEN" (Gold- und Silberschmied Waldemar Luther jun., Nürnberg, geb. 1944). Das achtseitige Schieferdach steigt bis zum Ansatz eines Dachreiters an, der ringsum spitze Aufschieblinge mit Öffnungen besitzt und dann in Achteckform pyramidenartig steil nach oben strebt und durch ein Kreuz bekrönt ist. Es hängen darin drei Glocken.

Im Inneren führt der Weg von einem Vorraum aus durch die Bankreihen zur Altarinsel. Die Bänke wurden in zwei Blöcken, schräg zur Altarinsel und im 90-Grad-Winkel zueinander angeordnet. An vier Wänden entlang laufen Podeste mit jeweils einer Brüstungsbank. Die quadratischen Fenster auf sieben Wandflächen mit unterschiedlich verzierten Strukturen liegen nahe der Dachtraufe, also sehr hoch. Unter der Empore sind zudem schmale Schlitzfenster mit Sohlbänken angebracht.

Das Dach strebt oktogonal nach oben mit Brettern, die bunte schablonenartige Malereien aufweisen, rundbogig, torförmig gestaltet, in unterschiedlichen Größen und Anordnungen. Ein großer Leuchter hängt in der Mitte mit 16 aufgereihten Haltern, an denen jeweils fünf Lampen übereinander angebracht sind (Abb. 69). Das einstufige Altarpodest grenzt an die Nordwand und zeichnet sich in sechseckiger Grundform ab. Der Boden besteht auf allen Ebenen aus würfelförmigem Holzparkett, auf dem Podest mit eingelegtem Kreuzformmuster. Eine Öffnung ohne Türe führt an der Westwand zur Sakristei. Auf dem Podest hat in der Mitte der Altar seine Position, mit einer runden ausgreifenden Scheibe als Mensa über einem runden engeren Block, alles in Holz. Das kleine Altarkreuz zeigt den Korpus eines Viernagelchristus. Ein schlichtes Holzkreuz mit gleich langen Balken hängt darüber. Rechts an den Rand des Podestes gerückt ist der Ambo in Holz, mit einem Metallgeländer und polygonaler Grundform über einem Sockel, der etwas aus dem Podestrahmen vorstrebt. Links, ganz in die Ecke gestellt, befindet sich auf dem Podest auch das Taufgefäß in Holz, auf einem quadratischen Sockel stehend, mit einem offenen Mittelteil und von einem pyramidenförmigen Metalldeckel beschirmt, der in einem Quarzkristall endet. Taufgefäß und Ambo besitzen im Gegensatz zum Weiß des Altars rote Bemalungen. Altar, Taufholz und Ambo schuf Friedrich Herrmann, Wörnitzostheim. Ein mehrarmiger Kerzenständer aus Schmiedeeisen gehört ebenfalls zur Ausstattung auf dem Podest, in der Baumform ein „Abbild des Lebensbaumes, der am Wasserquell der Taufe gepflanzt ist" (DF 42). Die zunächst aus der Schlosskirche übernommene Orgel wurde 1983 durch ein neues Werk ausgetauscht (Fa. Jann). Die Empore, auf der sie frei steht mit einem Prospekt aus zwei seitlichen Halbtürmen und einem ebenso hohen rechteckigen Mittelteil, zieht sich über fünf Wandteile hin, besteht aus Holz mit grauen Stützen und grünen Holzplatten und besitzt, abgesehen von einer Bank an der Wand entlang, auf zwei Ebenen mobiles Gestühl. Der Aufgang erfolgt an der Wand nahe dem Eingang. 1989 erhielt der Raum einen sechs Quadratmeter großen Wandteppich (hinter dem Altar) zum Thema „Ausgießung des Heiligen Geistes", entworfen von Prof. Emil Wachter, Karlsruhe, und gefertigt von der Nürnberger Gobelinmanufaktur. Die Entwürfe für die Fenster und die Holzdecke schuf Walther Senf. Es sind 230 Sitzplätze im Raum vorhanden.

Qu.: Auskünfte von Pfarrer Thomas Koschnitzke, Hemhofen, von Heinrich Plößel und Manfred Daub, 2001.
Lit.: DF ERH I 60–63. – DF ERH II 40–43. – Reissinger 214, 216, Abb. Nr. 202–204.

3.84. Coburg, St. Lukas

Stadt und Dek. Coburg
Grundsteinlegung 16. September 1967, Einweihung 2. November 1969

Am Südwestrand der Stadt wurde am Ketschendorfer Hang ein Gemeindezentrum unter Architekt Hans Busso v. Busse errichtet nach dem Vorbild eines Kirchenzentrums in Amsterdam. Die Gemeindegebäude sind terrassenförmig gruppiert, verschieden groß und auf unterschiedlichen Ebenen im Inneren angelegt. Der Kirchenraum selbst, zusammen mit anderen Räumen unter einem einheitlichen großen, ungleichen Satteldach, hebt sich aus dem langgezogenen Bau heraus. Wie eine große Gaube ragt aus der südlichen Seitendachfläche ein Giebel vor, der mit einer Glocke vor dem Fenster gleichsam den Turm markiert und symbolisiert; nur ein Kreuz strebt von dieser teilweise holzverkleideten Front in die Höhe (Abb. 7).

Im Inneren herrscht weißer Klinker als Baumaterial vor. Das bewegliche Gestühl wird je nach Bedarf gruppiert, in der Regel in einzelnen Blöcken. Auch im rückwärtigen Teil stehen hinter einer Brüstung noch Stuhlreihen auf einem abtrennbaren Podest. Ferner schließt sich ein Raum an, der bei Mehrbedarf an Platz herangezogen werden kann. Der Blick in das verbretterte Dach samt seinem Gebälk ist frei. Für das Altarpodest, mit dem der Taufbereich verbunden ist, wurde Granitpflaster gewählt. Der Altartisch wirkt sehr wuchtig, ist aber transportabel und besteht aus dunklem kreuzförmigem Stützen- und hellem geteiltem Mensaholz (Abb. 62). Mobil ist auch das gleichermaßen für Lesungen wie Predigten verwandte Pult rechts daneben mit einer Wange aus dunklem Holz. Als einzig feststehender und besonders geschmückter Teil hebt sich das Taufbecken ab. Es wurde in einen kubischen Steinblock eingelassen. Darüber erhebt sich ein Kreuz (von Hermann Jünger) wie in Kap. 2.5.3. beschrieben (Abb. 57). Der Orgelbereich befindet sich seitlich vom Altar, hinter dem Pult, auf derselben Ebene, mit einem Instrument (von der Firma Walcker), dessen Pfeifen in zwei Gehäuse aufgeteilt sind mit dem „versteckten" Platz des Organisten zwischen den beiden Teilen. Von der Gemeinde aus fällt der Blick über die Altarwand auf die große Dachgaube mit dem offenem Fenster und der außen hängenden Glocke in alter

Abb. 142: Coburg, Lukaskirche von 1969 (Aufnahme 1970)

Langform. Insgesamt gilt für die künstlerische Gestaltung der Kirche, dass sie „nicht als später hinzugefügter und jederzeit beliebig austauschbarer Schmuck, sondern als integrierender Bestandteil des Gesamtwerkes" in Dienst genommen wurde (Poscharsky).

Qu.: Auskünfte von Pfarrer Albert Strohm, 1972; PfA: Mitteilungen des Pfarramtes St. Moriz für die Gemeinde von Dez. 1967 (Fragen an den Architekten) und Oktober 1969 (Das Gemeindezentrum ist – fast – fertig).
Lit.: DF CO II 72–74, mit 3 Abb. – Meißner I 193, 195 f., 197 ff., 201 f. – PB SoBl 46/1969: Vorbildliches Gemeindezentrum in Coburg, mit 3 Abb. – Poscharsky V 34–40, mit 11 Abb. – Sandner 262.

3.85. Untersiemau, St. Salvator (ehem. Johannes der Täufer)

Lkr. und Dek. Coburg
Baubeginn 1967, Richtfest 10. Juli 1969, Einweihung 22. Dezember 1969

Von der alten Kirche von ca. 1500/1653 wurde das Langhaus 1967/68 vollständig abgebrochen. War der Architekt, Herbert Fischer, im Januar 1967 noch von einer „Sanierung" des alten Gebäudes ausgegangen, musste er vier Wochen später die Pläne für ein neues Gebäude liefern. Wegen „umfangreicher Bauschäden" konnte die westliche alte Giebelwand nicht mehr, wie geplant, verwandt werden; durch ihren „unsachgemäßen Abbruch" entstanden Risse in den anderen Wänden. So entschloss man sich zum gänzlichen Abbruch (am 21. Juli 1967), zu dem das Landesamt für Denkmalpflege am 1. Februar 1968 seine Zustimmung gab. Der Turm blieb erhalten. An diesen angefügt errichtete man einen Neubau mit quadratischer Grundfläche und einem Satteldach. Im Jahre 1976 wurde auf demselben Grundstück ein Gemeindezentrum gebaut (Hans-Busso v. Busse), durch einen überdachten Gang mit der Kirche verbunden. Die Wände des Kirchengebäudes werden gegliedert durch zweireihige quadratische Fenster mit jeweils vier Scheiben. Das Kupferportal an der rückwärtigen Nordseite trägt die Inschrift „HERR ICH HABE LIEB DIE STÄTTE DEINES HAUSES", sowie Symbole.

Im Inneren des wie zuvor geosteten Baues besteht freie Sicht zur Dachfläche. An der Stirnwand zeichnet sich, durch Betonstreben gestaltet, eine leicht vorstehende gerüstartige Konstruktion um den runden offenen Triumphbogen ab. Eine einfache Empore ist an zwei Seiten, im Süden und Westen, eingerichtet, von Betonsäulen getragen und mit Holzplatten versehen. Zwei Gestühlsblöcke sind zur Stirnfront ausgerichtet und reichen jeweils bis an die Wand; seitlich des Altars steht jeweils noch eine Bank. Der quadratische Altartisch ist auf gleicher Ebene postiert wie das Gemeindegestühl vor dem offenen Turmuntergeschoss. Der ideelle Altarbezirk zeichnet sich durch eine runde Steinbodenfläche gegenüber dem übrigen „Holzpflaster" ab. Der Steinblock ruht auf einem runden, trommelförmigen Unterbau. Ein modernes Metallkruzifix steht auf der Mensa. Der Ambo (links) mit einer Steinwange kann über zwei Stufen betreten werden. Ein Holzpult befindet sich auf der rechten Seite. Die drei Prinzipalstücke stammen von Reinhart Fuchs, z. T. nach Entwürfen des Architekten, ebenso die steinernen Opferstöcke. Ein herab hängender bunt gestalteter Leuchter aus Holz ist mit Wachskerzen bestückt. Rechts vom Altar steht auf dem Boden ein „Kerzenbaum" mit vielen filigranen Metallverästelungen (von dem einheimischen Werner Illein). Eine Osterkerze ist auf einen kunstvollen Metallständer aufgesetzt. Im Untergeschoss des Turmes wurde eine Taufkapelle eingerichtet. Der Taufbehälter aus Metall besitzt eine sechseckige Schale mit eingravierten Fischen. In der Taufkapelle befinden sich noch von der alten Kirche her Epitaphien und ein Lutherbild. Das moderne Fenster darin bezieht sich auf die Taufe Jesu (Stiftung von Dr. Renate von Schroedel-Siemau). Auf der Westempore, zu der eine freischwingende Betontreppe vom Kirchenraum aus führt, hat die Orgel der Firma Rieger ihren Platz. Ein rundes Westfenster bleibt dabei frei (dieses und Tauffenster: Entwurf von Bruno Schmitz, Hajen/W., übrige Dickglasscheibenfenster: Glasfabrik Lamberts, Waldsassen, und Kunstglaserei Salomon, Coburg). 170 Plätze befinden sich im Schiff, 100 auf der Empore.

Qu.: Schr. Mitteilung von Herbert Fischer, 1970; Auskünfte mündlich (2001) und schriftlich (14. 11. 2002) Pf. Untersiemau; Archiv des Architekturbüros Konrad Fischer, Hochstadt: Planunterlagen und Schriftwechsel.
Lit.: DF CO II 201 ff. – FS 600 Jahre St. Salvator Untersiemau. Coburg 1992 (Hg. Christine und Karl-Friedrich Wackerbarth), Abb. 62, 63. – PB Coburger Tageblatt 21. 12. 1968: Gotteshaus erhielt völlig neues Aussehen.

3.86. Neuhaus a. d. Eger

Stadt Hohenberg, Lkr. Wunsiedel, Pf. Thierstein,
Dek. Selb
Grundsteinlegung: keine bekannt, Einweihung
7. Mai 1970

In dem weit verstreuten Ort auf einer Anhöhe über dem Egertal legte man an höchster Stelle, an ein Wäldchen grenzend, zuerst (1949) einen Friedhof an, danach ein Leichenhaus (1949/50), das später in den Neubau einbezogen wurde und sich durch unregelmäßige Granitquader heute noch abzeichnet. Es war früher kommunal geführt und untersteht nunmehr der Kirchengemeinde. Daran wurde der Kirchenraum angebaut. Architekt dafür war Albrecht Holl. Von einem offenen, aber überdachten Vorraum kommt man geradeaus in den Leichenraum, nach rechts führt die Eingangstüre zur gottesdienstlichen Stätte; links vom Vorraum ist die Sakristei samt Nebenraum untergebracht. Insgesamt weist das in West-Ost-Richtung verlaufende Gebäude eine rechteckige Grundfläche auf; über den Vorraum und die Treppenstufen dazu ist das ziegelgedeckte Satteldach vorgezogen. An der Südseite steht ein Glockenträger frei vor dem Gebäude; vier Balkenstützen reichen bis zu einer Pyramidenspitze hinauf mit der Bekrönung eines vergoldeten Kreuzes sowie mit Schallöffnungen für die einzige Glocke. Zwischen den Holzmasten befindet sich eine Sitzgruppe. Der Friedhof schließt sich unmittelbar an. Das Ostgiebelfeld des Gebäudes ist verglast zwischen Holzstreben.

Der kleine Kirchenraum, den man durch einen engen Windfang erreicht, wurde in Klinkersteinbauweise (Wände und Boden) ausgeführt und unverputzt belassen. Der Blick zum quer verlaufenden Satteldach mit Bretterbindern ist frei. Ein einziger Block mit Einzelgestühl erstreckt sich über den Raum; Wandbänke ziehen sich an der Ost- und Südseite entlang. Das kleine einstufige geklinkerte Altarpodest verläuft von der linken Seitenwand etwa über zwei Drittel der Fläche an der westlichen Stirnwand entlang. Der fast an die Wand gerückte Tischaltar in Holz mit zwei Seitenwangen und einer massiven Mensa wird durch ein darüber angebrachtes Holzkruzifix akzentuiert. Links auf dem Podest steht ein Pult, das auch als Predigtambo dient. Unterhalb des Podestes hat rechts das Taufgefäß aus vier hölzernen Schrägbeinen und einem Holzbecken seinen Platz, in das eine runde Schale eingearbeitet und das mit einem Holzdeckel und Kreuzgriff versehen ist (von Peter Achtziger, Neuhaus). Auf dem Podest steht in der Ecke links ein Harmonium. An der linken Seitenwand befindet sich die Türe, die vom Leichenraum aus in den Kirchenbereich führt und früher bei Beerdigungen wichtig war.

Qu.: Auskünfte von Pfarrer Andreas Baumann, Thierstein, und Peter Achtziger, Neuhaus, 2001.
Lit.: PB SoBl. 38/1970: Kapelle Neuhaus – stille Andachtsstätte, mit 2 Abb.

3.87. Oettingshausen, Kilianskirche

Stadt Bad Rodach, Pf. Elsa, Lkr. und Dek. Coburg
Baubeginn 1969, Einweihung 25. Oktober 1970

Das alte Kirchengebäude von 1576 (Turm) bzw. 1852 sollte – nach Planungen von Herbert Fischer – 1964 saniert, der Turm (1966) stabilisiert wer-

Abb. 143: Oettingshausen, Wandbild in der Kilianskirche 1970

pflege datiert vom 6. März 1967. Im rechten Winkel zueinander stehen das rechteckige Kirchengebäude mit Satteldach und der niedrige Zwischentrakt samt Sakristei zum freistehenden gedrungenen neuen Glockenturm, beides von Fischer geplant. Der Turm erhebt sich über quadratischer Grundfläche mit hohem Pyramidendach und altem Knauf samt Wetterhahn. Er weist nur kleine Fensteröffnungen, ebenso eine Dachgaube auf. Eine Glocke wurde von früher (vorreformatorisch) übernommen, eine kam 1975 hinzu. Die Fenster des Langhauses besitzen quadratische Formen. Der Winkel zwischen Langhaus und Anbau ist gärtnerisch und künstlerisch durch eine Steinstele mit Eingravierungen sowie eine Sitzgruppe gestaltet. Der Eingang mit kleinem Vorraum befindet sich an der westlichen Südwand.

Im Inneren des Saalraums mit quadratischen Fenstern besteht ein freier Blick zur Decke mit fischgrätenartiger Verbretterung. Man verwandte das alte Gestühl, das in einem Block ausgerichtet und nach rechts an die Wand geschoben ist. Der breite Gang durch den Eingangsbereich führt an der linken Wand entlang direkt auf den Taufstein zu. Eine Seitenbank an dieser Wand läuft bis zur Stirnwand durch. Der Altar steht auf einer einstufigen Insel, ohne dass ein Chorbereich herausgehoben wäre. Lediglich je einen durchlaufenden Steinpfeiler zu beiden Seiten könnte man als Markierung für den besonderen Raumteil ansehen. Kleine Parkettplatten bedecken die gesamte Bodenfläche. Der ungewöhnliche Steinaltar wirkt im Profil wie ein Betschemel: an der Rückseite gerade, vorne eingerundet und im Unterteil verlängert zum Antritt. Die ganze Altarwand durchzieht ein breitrechteckiges großes Wandfries von Eitel Klein, Nürnberg, zum Thema „Mission": Jesu

den. Die „durchgeführte Kostenermittlung ergab Summen, die einen Neubau durchaus diskutabel erscheinen lassen", so heißt es in einer Stellungnahme des Statikers Hans Hummel, Coburg (4. April 1966). Zwischen 1966 und 1969 erfolgte in Etappen der Abbruch – eine Zeit, „an die sich die Gemeinde mit Wehmut erinnert" (DF 102). Die Genehmigung des Landesamtes für Denkmal-

Wirken am See Genezareth, Bekehrung des Saulus, Missionsarbeit des Frankenapostels Kilian, das Abendmahl heute. Der Ambo rechts besteht aus einem runden Metallgestell mit Metallpultauflage. Auch die Trittfläche aus Stein ist kreisförmig gestaltet. Der massive Taufstein aus fränkischem Sandstein – wie der Altartisch – besitzt die Gestalt eines vierblättrigen Kleeblatts mit Eingravierungen, von einem Metallunterbau getragen. Die drei Prinzipalstücke fertigte Reinhart Fuchs, teilweise nach Entwürfen des Architekten. Die frühere Barockorgel fand ihren Platz auf der rückwärtigen Empore, die zwei Holzpfeiler tragen und deren Brüstung mit alten Balustern besetzt ist.

Qu.: Auskunft von Pfarrer Eckhart Kollmer, Elsa, 2002. Schr. Mitteilung von Herbert Fischer, 1970. Archiv des Architekturbüros Konrad Fischer, Hochstadt: Planunterlagen und Schriftwechsel.
Lit.: DF CO II 101 f., mit 1 Abb. – PB SoBl 45/1970: Kirchenweihe in Öttingshausen, mit 2 Abb.

3.88. Forchheim, Christuskirche

Lkr. und Dek. Forchheim
Grundsteinlegung 29. Juni 1968, Einweihung 1. November 1970

1953 begann die Errichtung eines „kirchlichen Stützpunktes", dann 1956 der Bau eines Kindergartens im nördlichen Stadtgebiet auf dem so genannten „Christanger". Wolfgang Gsaenger hatte die Pläne für die mit 640 000 DM Kosten veranschlagte zweite evangelische Kirche in der Stadt des ehemaligen Hochstiftsbereichs entwickelt. Es handelt sich um einen eigenwilligen Bau mit ech-

tem Zentralraum, der Diskussionen auslöste; „auch die Kirchenleitung war zunächst etwas schockiert" (PB II). Ein Betonringanker bildet den Unterbau auf dem seinerzeit noch ganz offenen, heute von Häusern und Baumbestand eingeengten Grundstück. Der Grundriss besteht aus einem Zwölfeck mit 25 m Durchmesser. Der mit einem flachen Dach versehene 3 m hohe Umgang mit der Betonaußenmauer wird an einigen Stellen durch langrechte Fensterschlitze „aufgebrochen". An der Süd- und Nordseite befinden sich kleine Anbauten: im Süden eine Vorhalle mit zwei Türen und dazwischen einem in Flechtwerkornamentik gestalteten Flachreliefstreifen in Beton, gegenüber eine Sakristei. Der Dachstuhl für das Pyramidendach im inneren Rundbereich besteht aus 12 geraden über 20 m langen Holzbalken. Miteinander verbunden und schräg gestellt, ragen sie nach oben frei hinaus und sind um einen 5 m breiten Holzkranz gelegt, erinnern so an Hopfenstangen. Es entstand ein Zelt mit kreisrundem Lichtschacht in der Krone des Gebälks, durch den das Licht direkt ins Kircheninnere fallen kann. „Das Zeltdach der Kirche ist ein Symbol dafür, dass Gott in der Unsicherheit, in den Wirren und Nöten dieser Zeit schützend über uns steht." (Pf. Gerhard Huber, PB II). Um die Kirche gruppieren sich ein Glockenträger, ein Gemeindezentrum, das Pfarrhaus und der Kindergarten. In dem schlichten, spitz zulaufenden, von vier Holzbalken getragenen und durch eine Betonbasis stabilisierten Glockenständer – statt des geplanten Turms – schräg gegenüber dem Eingang hängen zwei Glocken frei übereinander, von einem kleinen Satteldach geschützt.

Im Vorraum grüßt eine segnende Christusskulptur in Holz. Die fünf Gestühlsblöcke im Haupt-

Abb. 144: Forchheim,
Christuskirche von 1970,
im Bau (Aufnahme 1969)

raum sind um die Mitte angeordnet; an den Wänden des hinter Säulen verlaufenden niedrigen Umgangs reihen sich nochmals vereinzelt Bänke. Die drei Prinzipalstücke, aus Veroneser Marmor gefertigt (von Reinhart Fuchs), stehen zentral. Der Altarblock, dessen Mensaplatte auf vier kubischen Blöcken ruht, befindet sich auf einem einstufigen, relativ hohen (30 cm) Podest, ebenso das Kanzelpult schräg links dahinter, ein Lesepult sowie rechts dahinter ein drei Meter hohes Standkreuz. Dieses, aus Bronze (Fuchs) gefertigt, gleicht einem lebenden Baumstamm. Vor der weit zur Mitte reichenden und durch eine Rückwand vom Umgang abgeschirmten Altarinsel bildet der kubische Taufsteinkörper in der Achse das geometrische Raumzentrum. Über der Taufe hängen sechs filigrane Leuchtschalen, zu einem Kronleuchter zusammengefasst, und spenden künstliches Licht in dem recht dunklen Raum. Die Orgel stammt von der Firma Hey und erhebt sich mit Türmen, die in die Dachschräge reichen, von einem Podest aus. Sie steht gegen die Eingangsfront, so dass der Zugang zum Raum von zwei Seiten her erfolgt. Ein Teppich von Helmuth Münch schmückt das Wandstück hinter dem Altar, ferner an der seitlichen Wand seit jüngster Zeit ein Holzrelief mit der Emmausdarstellung vom früheren Pfarrer Günter Heydemann. 359 Sitzplätze sind vorhanden, erweiterbar auf 431 (laut FS).

Qu.: Auskünfte von Pfarrer Hilmar Pahlke und von Brigitte Krekel, Forchheim, 2001/02.
Lit.: FS Christuskirche Forchheim = Frank, Alfred u. a.: [FS zur Einweihung]. Bayreuth 1970. – FS Fuchs, o. P. – PB I SoBl 17/1970: Diskussion um Forchheimer Kirchenbau. – PB II SoBl 46/1970: Christuskirche wurde ihrer Bestimmung übergeben, mit 4 Abb.

3.89. Altenkunstadt, Kreuzbergkirche

Lkr. Lichtenfels, Pf. Strössendorf, Dek. Michelau
Grundsteinlegung 10. Mai 1970, Einweihung
10. Oktober 1971

Die Kirche am Kreuzberg wurde nach Plänen des Architekten Theodor Henzler errichtet, der dritte Kirchenbau von ihm im Untersuchungsbereich. Erst mit der Lösung eines neuen Grundstücks an der Woffendorfer Straße in dem ehemals zum Hochstift Bamberg gehörenden Ort und einer Verkleinerung des Projekts genehmigte der Landeskirchenrat den siebten Planentwurf. Die Kirchenanlage zwischen einem weitflächigen Vorplatz und einem Garten umfasst zwei Stockwerke über quadratischem Grundriss von 13 mal 13 m. Im unteren Bereich befinden sich Gemeinderäume; der Kirchenraum ist oben, der Eingang dazu in einem daneben befindlichen längeren Anbau. Über dem Flachdach des Anbaus erhebt sich in der Mitte eine hohe Schieferpyramide mit kleinen Öffnungen für die Schallausbreitung der vier Glocken. Der Kirchenbau daneben wird durch ein pyramidenförmiges Zeltdach bekrönt. Ganz im Sinne Henzlers weist dieser ringsum weit herabgezogene Klarsichtfenster auf. Gestützt wird die transparente Raumschale von 28 Stahlbetondoppelstützen, die von einem breiten Betonringanker zusammengefasst werden, auf den sich die Holzkonstruktionen des hohen Zeltdaches aufstützen.

Im Inneren wurde an Materialien viel Naturholz und Klinker verarbeitet, auch in der Fußbodengestaltung. Der Blick in das bretterbelegte Zeltdach ist frei. Der Raum selbst zeigt, abgesehen von einigen Pfeilern und dem Treppenabstieg nach unten, keine Gliederung; die Prinzipalstücke

Abb. 145: Altenkunstadt, Kreuzbergkirche von 1971 (Aufnahme 1971)

befinden sich auf gleicher Ebene wie das Gemeindegestühl, das aus gepolsterten Einzelstühlen besteht und in der Regel auf drei Seiten gruppiert ist. Das Zentrum des Raumes markiert – wie in Burghaig – der trommelförmige Taufstein mit seinem Becken. Der Altartisch in Holz mit zwei Wangen und einer Mensaplatte hat seinen Platz vor der Stirnwand; ein Wandteppich (Entwurf: Helmuth Münch) und ein seitliches Holzkreuz betonen ihn. Das schlichte Pult auf der linken Seite dient für Lesungen und Predigt. Ein Leuchter aus einer Kunstschmiede in Indonesien schmückt den Raum seit 1994. An der Südseite befindet sich eine Empore unter der Dachschräge mit einer 1972 beschafften Orgel der Firma Hey.

Lit.: Jachmann, Siegfried: FS zur Einweihung der E.-L. Kreuz-bergkirche Altenkunstadt am 10. Oktober 1971. Burgkunstadt 1971. – Kleinert, Bernd: 25 Jahre E.-L. Kreuzbergkirche Alten-kunstadt – FS zur Jubiläumskirchweih. Lichtenfels 1996. – PB SoBl 24.5.1970: Gemeindezentrum für Altenkunstadt. – PB BR 7.10.1971: Altar und Taufstein aus heimischem Juragestein. – PB SoBl Nr. 43/1971: Altenkunstadt erhielt ein Gemeindezen-trum. – PB BR 18.4.1996: Kreativkreis fertigte neuen Abend-mahlsteppich. – PB BR 8.10.1996: Kreuzbergkirche wird 25 Jahre alt. – PB Obermain-Tagblatt 9.10.2001: Kreuzbergkirche vor 30 Jahren geweiht, mit 2 Abb.

3.90. Bayreuth, Nikodemuskirche

Stadt und Dek. Bayreuth
Grundsteinlegung Oktober 1972, Einweihung
7. Oktober 1973

Der unauffällige Bau, bereits seit Anfang der 60er Jahre geplant und durch eine Stiftung ermöglicht, wurde im Stadtteil „Neue Heimat" – im Südosten der Stadt – erstellt. Das Gebäude nimmt auf lang-rechteckiger Grundfläche drei Stockwerke auf. Ein schlichter Glockenträger konnte sechs Jahre später, am 7. Oktober 1979, eingeweiht werden. Er steht kampanileartig an der Straße (Hessenstraße), vom Gebäude abgesetzt, und ist – 10 m hoch – aus vier Ecksäulen konstruiert mit dazwischen angebrach-ten Brettlamellen. Er weist vier Zifferblätter auf, enthält sechs Glocken und wird durch ein Kreuz bekrönt. Die Planungen stammen von Architekt Kurt Baumann, Bayreuth (geb. 1928). Unter dem einheitlichem Satteldach des Kirchenbaus sind auch Pfarrhaus und Gemeindehaus untergebracht. Im Erdgeschoss gibt es einen Saal, einen Jugend-raum zum Spielen, ferner im Tiefparterre einen Gruppen- und Archivraum sowie Toiletten. Vor dem Eingang zum Kirchenraum befinden sich

Abb. 146: Bayreuth, Nikodemuskirche von 1973 (PfA)

eine kleine Sakristei sowie ein Abstellraum. Am Nordgiebel weist außen ein Holzkreuz auf das kirchliche Gebäude hin. Die Kosten beliefen sich auf 900 000 DM.

Der Kirchenraum, der Wohnraumatmosphäre ausstrahlt, breitet sich im ersten Stock aus mit ca. 230 Sitzplätzen in Form von beweglichem Gestühl. Die Beleuchtung erfolgt durch sechs Rechteck-fenster zu beiden Seiten und sieben zylindrische

Leuchten. Die Stirnwand ist geklinkert; davor steht, um eine Stufe erhöht, der Altartisch. Zu beiden Seiten platziert sind Ambo (links) und Taufstein (rechts), alles aus römischem Travertin (Fa. Steinbau, Seußen). Ein Kruzifix in Massivkupfer hängt an der Stirnwand (Martin Zorn). Rückwärtig befindet sich eine kleine Empore mit einer zweimanualigen Orgel unter der Dachschräge; die Gehäuse des 1976 eingeweihten Instruments sind vor und hinter dem Spieltisch angeordnet, mit dem Hauptwerk an der Emporenbrüstung hängend (Konrad Koch).

Qu.: Auskünfte von Pfarrer Walter Hager, 1980.
Lit.: DF BT II 94–98.

3.91. Münchberg, Kapelle zum Hl. Kreuz

Pf. Münchberg/Stadtkirche Peter und Paul, Stadt und Dek. Münchberg, Lkr. Hof
Baubeginn August 1974, Einweihung 15. Juni 1975

Mitten in einem Wohngebiet, etwas zurückgesetzt von der Zufahrts-(Einbahn-)Straße, steht der Kirchenbau, auf den äußerlich nur ein Metallstandkreuz mit vergoldeten Kreuzbalken hinweist. Auf historischem Grund, dem Kreuzberg, wo die Grundmauern einer früheren Kapelle noch vorhanden waren, erstand der von Architekt Horst Rudorf konzipierte Bau. Mit dem Kirchenraum, in dem regelmäßig Gottesdienste und Kasualien (Taufen und Trauungen) stattfinden, steht ein Gemeindehaus in Verbindung. Das kirchliche Gebäude fundiert auf einem rechteckigen Grundriss und gliedert sich architektonisch in drei Längsteile: Zu beiden Seiten nach außen laufen unterschiedlich

hohe Pultdächer. Die Mitte bildet eine rechteckige Einsenkung, so dass der Architekt selbst von einem „zerrissenen Dach" spricht (PB 1975). Im niedrigen mittleren Teil der nordöstlichen Giebelseite befindet sich ein kleiner überdachter Vorraum mit dem Eingang, über dem eine Glocke hängt, die innen von Hand geläutet werden kann.

Durch einen Flur gelangt man zu einem tribünenartigen Raumteil in der Mitte unter dem herabgezogenen Dach. Hier steht ein Block mit Einzelgestühl im 90-Grad-Winkel zum tiefer gelegenen, linken Kirchenteil gewandt. Ein Metallgeländer schirmt die beiden Teile voneinander ab. Auch eine Schiebewand wäre vorhanden. Über drei Stufen abwärts liegt das größere Areal mit aufsteigendem Pultdach, dessen Stützen und Binder frei stehen und das an der Dachschräge, an der oberen Seitenwand und im dreieckigen oberen Giebelstreifen verbrettert ist. Das Einzelgestühl steht in einem Block zur Stirnwand hin (Südwesten). Die hintere Hälfte der linken Wand besitzt Klarglasfenster, von unten bis oben durchgehend, mit Blick auf einen Garten. Im Pultdachstreifen (rechts) befindet sich ein Reihenband von Fenstern. An der Stirnwand stehen die mobilen Prinzipalstücke auf gleicher Ebene wie das Gemeindegestühl. Sie werden bisweilen umgestellt. In der Regel hat der Tisch mit ringsum laufender Holzrahmung und bündig aufsitzender Mensa seinen Platz etwas von der Wand abgerückt, das schlichte, schmucklose, metallgerahmte Pult – für Lesungen und Predigt – steht links, daneben der Taufständer mit vier Metallbeinen und einem eingehängten Metallbecken samt flacher Schale und einem Fischgriff. Ein auffallender dreiarmiger Metallständer mit inliegender Granitkugel in der Nähe des Altartisches trägt eine Taufkerze. Ein großes Kruzifix hängt an der Stirnwand, ferner eine Inschrifttafel mit dem Text des Artikels VII aus der Confessio Augustana. Von der Ebene des Gestühls ausgehend baut sich die Orgel der Firma Sandtner in der rechten Ecke der Rückwand in Form eines hohen Turmgehäuses auf, der Schräge des Dachverlaufs angepasst. Zum rechten Gebäudedrittel hin besteht ein freier Raum mit einem durchgehenden Fenster. Von dort aus gibt es Zugänge zu zwei Neben-(Jugend-)Räumen.

Lit.: DF KC 44 f., mit 2 Abb. – PB SoBl 29/1975: Kapelle zum Heiligen Kreuz ihrer Bestimmung übergeben, mit 3 Abb.

3.92. Culmitz

Stadt, Pf. und Dek. Naila, Lkr. Hof
Grundsteinlegung: nicht bekannt, Einweihung
12. Oktober 1975

Im neuen Siedlungsgebiet, eingereiht zwischen andere Hausgrundstücke, steht der Montagebau des Gemeindezentrums. Es handelt sich um einen Rechteckbau mit Satteldach an einem Hang mit Untergeschossräumen für Jugend- und Gemeindearbeit. Neben dem Eingang steht ein schlichter Glockenträger (mit einer Glocke), bestehend aus vier Balken im unteren offenen Teil. Er strebt pyramidenartig nach oben, ist dort verbrettert mit Schallzwischenräumen und mit einem Kreuz bekrönt. Benedikt Traut (Christusbruderschaft Selbitz), der für Innenarchitektur und Innenausstattung zuständig ist, trägt auch für die Bauplanung mit die Verantwortung.

Von einem Foyer hinter dem Eingang in der südlichen Langwand aus gelangt man rechts zu Nebenräumen, in der Mitte zu einem Gemeinderaum und links in den Kirchenraum, der die ganze Breite einnimmt, aber quer zum First angeordnet ist. Er weist viel Holzverkleidung an der Decke und den Wänden auf. An zwei Seiten (Süden und Osten) lassen jeweils fünf eng aneinander gereihte Rechteckfenster Licht hereinfluten. Der Gestühlsblock in der Mitte besteht aus Einzelpolsterstühlen. An der linken Seitenwand steht eine weitere Reihe von Stühlen. Rechts ermöglicht eine Schiebetür die Verbindung zum Gemeinderaum. An der Stirnwand mit der Dachschräge nimmt etwa drei Viertel der Bodenfläche ein einstufiges Podest ein. Darauf steht der Altartisch mit einer auf zwei seitlichen Holzrahmen aufliegenden Mensa. Das Kreuz darauf weist im Zentrum einen Quarzstein auf. Rechts dient ein Pult mit Holzwange als Lese- und Predigtstandort. Links auf dem Podest befindet sich ein Kerzenständer, auf dessen Unterteil bei Taufen statt der Kerze ein Becken aufgelegt werden kann. In der hinteren linken Ecke steht auf ebenem Boden eine Kleinorgel (Firma Deininger & Renner). Die Wandgestaltung „Lebensbaum" an der Fichtenwand der Stirnseite stammt von Traut. Weiter beteiligt an der Ausgestaltung war Alfons Lindner, Ottmaring.

Qu.: Auskunft von Willi Schmeißer, Naila, 2001.
Lit.: DF FW 99 f. – Knopf Sp. 72. – PB SoBl. 50/1975: Fertighaus als Kirche und Gemeindezentrum.

3.93. Weidhausen

Lkr. und Dek. Coburg
Umbaubeginn März 1977, Einweihung 30. April 1978, Abb. 11

Der Kirchenbau, der auf eine alte Wegkapelle zurückgeht, liegt auf eingeengtem Areal im Zentrum des Ortes, nahe der Kreuzung zweier Straßenzüge, die bereits im Mittelalter bestanden. 1948 bis 1953 setzte man die Kirche instand unter Architekt Richard Teufel und später unter Claaßen. 1977 konnte „nach Jahren zäher Verhandlungen mit dem Landeskirchenamt und dem Amt für Denkmalpflege" die Genehmigung zum Abbruch des als „baufällig" bezeichneten Langhauses aus der Mitte des 18. Jahrhunderts erreicht und der Neubau begonnen werden. Planer waren das Architektenpaar Schulwitz. Der Fachwerkturm aus dem 15. Jahrhundert oberhalb eines gotischen Chorgewölbes musste beibehalten werden. Das neue Langhaus besitzt eine quadratische Grundfläche, ein flachgeneigtes Satteldach, Zugänge von der Seite (Süden) und von Westen, beide Male mit einem kleinen Windfangvorbau mit Pultdach. Die Baukosten beliefen sich auf 1,13 Millionen DM.

Im geosteten Inneren wurde der alte Turmchor (von 1603) mit Spitzbogen in das Raumgefüge mit einbezogen. Die um eine Stufe erhöhte Altarinsel ist vor die Choröffnung gesetzt (Abb. 11). Vier Gestühlsblöcke gruppieren sich darum. Zu beiden Seiten versorgen je vier lange Rechtecksprossenfenster den Raum mit Licht, an der Südseite durch die Emporen unterbrochen. Die Giebelwand des Westens schmückt eine oktogonale Fensterrosette. Der Blick zur Decke samt deren Konsolen für die Stützbalken ist frei. 75 kleine Spotleuchten hängen weit von der Decke herab. Der Altartisch aus einem Steinblock und einer Holzmensa ist auf die Mitte der Insel gesetzt. An der linken Stirnwand wurde ein Kanzelambo in Holz angebracht mit quadratischer Grundfläche und Holzbrüstungen; der Antritt erfolgt von der Seite her. Eine L-förmi-

ge Empore zieht sich vom Chorbogen rechts ausgehend an der südlichen Längswand und über die ganze Westwand entlang. Als Emporenstützen fungieren Vierkanthölzer mit Knaggen. Das Gestühl darauf steht jeweils auf drei ansteigenden Podesten. An den beiden Emporenbrüstungen wurden, hinterlegt durch grün bemalte Passepartouts, 13 Ölbilder mit folgenden Szenen angebracht: Taufe Jesu, Jesus segnet die Kinder, Geburt, Flucht nach Ägypten, der Zwölfjährige im Tempel, Darstellungen von Wundern (Kana, Heilung eines jungen Menschen, Fischfang), Einzug in Jerusalem, Gethsemane, Abendmahl, Kreuzigung und Auferstehung. Die Bilder (von Herbert Ott, entstanden zwischen 1946 und 1948) waren ursprünglich für die Kirche von Einberg geplant, aber nicht verwendet worden, und wurden bei der Instandsetzung 1950 erworben. Der Chor ist als Taufkapelle gedacht; der alte oktogonale Taufstein (17. Jh.) steht unterhalb des Triumphbogens. Den Raum des Turmuntergeschosses rahmen Stühle, die auch von Posaunenbläsern oder Kirchenvorstehern benutzt werden. Es befinden sich dort ferner die Holzskulptur eines segnenden Christus (von Theodor Brender, Bischofsheim) sowie alte Epitaphien und die Holzfiguren des Altars von der Zeit um 1949, gefertigt von Kohler, Coburg (Abb. DF CO I 107). Auch einige neugotische Bogenfüllungen von Türen sind dort angebracht. Verschiedene kleine Tische im Schiff, jeweils mit Deckchen, dienen praktischen Zwecken, vermitteln zugleich eine heimelige Atmosphäre: eines mit einer Blumenschale an der Wand gegenüber des Südeingangs, eines in Ambonähe mit einer Taufkerze, eines an der rechten Stirnwand mit dem alten Altarkreuz und einem Gedenkbuch für die Gefallenen der Weltkriege und eines am Südausgang mit einer Opferbüchse. Die Orgel (Firma Walcker) ist in staffelförmigen Gehäusefeldern an der Stirnwand der Empore angebracht und unter die Schräge des Daches gefügt. Eine eingesetzte Glasspolie in das Fenster gegenüber dem Südeingang mit einem Brustbild von Luther in spitzbogiger Rahmung (Fa. Bringmann) stammt aus den 30er Jahren aus Amerika, gespendet von dorthin Ausgewanderten der Gemeinde. Ferner hängt an der linken Stirnwand ein Mosaik (von 1978, aus Berlin erworben durch Pfarrer Gottfried Prechtel) mit der Weltkugel, dem Gnadenstuhl und der Friedenstaube („heilbringende Wirkung des Heiligen Geistes auf unsere Welt und das Böse in ihr" – nach dem 1. Petrusbrief – Paulmaier/Prechtel). 350 Plätze stehen zur Verfügung.

Qu.: Auskünfte von Pfarrerin Birgit Paulmaier und Pfarrer i. R. Gottfried Prechtel, 2001.
Lit.: DF CO I 106–109. – DF CO II 189 f. – PB SoBl Nr. 22/1978: Biedermann H.: Freude in Weidhausen über erneuerte Kirche, mit 2 Abb. – Teufel 162.

3.94. Gößweinstein

Lkr. Forchheim, Pf. Kirchahorn, Dek. Forchheim
Grundsteinlegung 7. Oktober 1978, Einweihung: 11. Juli 1979

Das in Holzbauweise ausgeführte Gemeindezentrum liegt etwas abseits im westlichen Teil des Marktes, nur durch einen Fußweg erreichbar. Historisch gesehen gehört der Ort mit berühmter Wallfahrtskirche zum Bamberger Hochstift. Architekten waren Georg und Ingrid Küttinger, München (geb. 1931 bzw. geb. 1940). „Durch ihren

Abb. 147: Weidhausen, Neubau der Kirche von 1978, Mosaik

Abb. 148: Gößweinstein, Kirche von 1979

satten, dunkelbraunen Ton und ihre von der Hauptstraße aus zurückgesetzte Lage tritt (die Kirche) nicht hervor und somit auch nicht in Konkurrenz zu den beiden das Ortsbild bestimmenden Bauten, der Basilika und der Burg" (Poscharsky). Der Bau gliedert sich, äußerlich erkennbar, in drei Teile: den Eingangsbereich im Untergeschoss des relativ hohen Glockenträgers samt einer offenen Glocke, ein mit einem nur leicht geneigten Pultdach besetzter Trakt mit Foyer und Nebenräumen und die mit aufragendem Pultdach versehenen

und miteinander kombinierbaren beiden Räume für Gottesdienste und Gemeindeveranstaltungen. Ein Holzkreuz darauf macht auf das kirchliche Gebäude aufmerksam.

Den kleinen Kirchenraum, der durch viel Holz geprägt ist, betritt man von seiner Stirnwand her. Gegenüber reicht eine Fensterfront vom Boden aus weit nach oben. Einzelstühle gruppieren sich in drei Blöcken. Die Prinzipalstücke reihen sich auf gleicher Ebene neben dem Eingang: von links ein sechseckiges Taufgefäß in Holz mit Metalleinlage und Messingdeckel, ein schlichter Tischaltar, von der Wand so weit entfernt, dass er beidseitig erreichbar ist, ein einfaches Holzpult. Hinter dem Altar hängt an der Wand, die ansonsten mit aktuellen Bildplakaten geschmückt ist, ein einfaches Holzkreuz. In der Ecke, dem Eingang diagonal gegenüber, steht ein Harmonium. Der Raum fasst 40 Plätze.

Qu.: Auskunft von Pfarrer Wolfgang Reinsberg, Kirchahorn, 2001.
Lit.: Poscharsky VI 190.

3.95. Bayreuth, Epiphaniaskirche

Stadt und Dek. Bayreuth
Einweihung 23. Dezember 1979

Erste Planungen für eine Kirche im Stadtteil Laineck im Nordosten der Stadt von H. C. Reissinger gehen auf 1966 zurück. Das Grundstück liegt zwischen der Eisenbahnlinie und der Straße nach Warmensteinach. Nach Rückzug der Finanzierung durch den Bund – wegen der nahe gelegenen Kaserne war eine Mitbenutzung als Garnisonkirche eingeplant – platzten auch die ersten Konzepte. Schließlich entschied man sich für ein Montagegemeindehaus (Fa. Barth, Fellbach) samt einer Sakristei, die den ersten Bauabschnitt des Gemeindezentrums bildeten mit Einweihung am 11. Juni 1972. Der Kirchenraum war so klein, dass man für bestimmte Gottesdienste Platzkarten ausgeben musste. Als nächstes kam am 19. April 1976 der Glockenträger dazu, abseits stehend, mit einer von vier Stützbalken ausgehenden spitzen Pyramide und der Bekrönung mit einem vergoldeten

Kreuz, nach Plänen von Franz Lichtblau (& Bauer). Der dringend nötige Erweiterungsbau für den Kirchenraum samt einer Unterkellerung für einen Gemeinderaum (Arch. Kurt Baumann) folgte drei Jahre später. Es handelt sich um einen barackenähnlichen einfachen Rechteckbau mit Satteldach, zu dem ein kleiner verglaster Windfang führt. Der Gemeindepfarrer sprach von einem „Schuppen auf einem Acker" (PB). Da man den Bau als „ka richtige Kerng" ansieht, suchen sich heiratswillige Gemeindeglieder lieber eine andere Kirche, wird berichtet (DF). Die Rechteckfenster reihen sich eng aneinander.

Der Kirchenraum stellt einen Einheitssaal dar. Der Blick zur Bretterdecke ist offen. Die Bestuhlung erfolgte durch Einzelstühle mit Polster. Eine Erweiterung lässt sich zu einem anschließenden Gemeinderaum herstellen. Der Altarbereich befindet sich um eine Stufe erhöht vor der verbretterten Stirnwand, an der, etwas zur Seite gerückt, ein schlichtes Holzkreuz hängt. Das Holz für den Tischaltar besteht aus Senesche. Das Pult, zugleich für Lesungen und Predigt verwendet, steht auf dem Altarpodest, seitlich links vorne. Auf der anderen Seite, unterhalb des Podestes, ist der Taufbehälter aus Holz platziert. Die drei Prinzipalstücke samt dem Kreuz entwarf der Gemeindepfarrer, hergestellt wurden sie in der Tischlerei der Firma Andreas Oetter GmbH, Bayreuth. Eine Orgel mit einfachem rechteckigen Holzgehäuse wurde 1973 beschafft, sie stammt von der Firma Baumgartner und steht links neben dem Altar, an die Stirnwand gerückt. Der Raum fasst etwa 180 Personen.

Qu.: Auskünfte von Pfarrer Christian Geyer, 1980; PfA: Unterlagen.
Lit.: DF Bayreuth II 98–102. – PB NK 24.12.1971: Weihnachtsgeschenk für Gemeinde. – Reissinger 146–148, Abb. 113, 114.

Abb. 149: Weidach, Kirche von 1971, Altarfront (PfA)

3.96. Weidach

Gmd. Weitramsdorf, Pf. Scheuerfeld, Lkr. und
Dek. Coburg
Baubeginn 7. Juni 1971, Einweihung des
Gebäudes 31. Oktober 1971, Weihe der Glocken
22. März 1980

Als der Bedarf nach einem gottesdienstlichen Raum
am Ort immer größer wurde, baute man ein Zimmer in der alten Schule als Kirchengemeinderaum
aus (eingeweiht im Januar 1962). 1971 konnte
dann ein Montagegemeindehaus am Rande des
Ortes errichtet werden (s. dazu Kap. 1.4.). Die Planung lag bei Clodt D. von Pezold. Als dann dane-

ben eine Vorrichtung vorhanden war zur Aufnahme der Glocken, diese ihrer Bestimmung übergeben und die Abendmahlsgeräte gestiftet waren (1980, Abb. 6), betrachtete und bezeichnete man das Gebäude als Kirche. Es hat eine rechteckige Grundform mit einem Satteldach und Schieferbedeckung. Die Südgiebelseite ist mit Brettern verkleidet. Der Glockenträger steht frei an der Südwestecke des Grundstücks auf vier Eckpfosten mit hoch aufsteigendem Pyramidendach, auf zwei Ebenen mit lamellenartigen Öffnungen für das Geläute versehen; eine der Glocken stammt von der alten Schule. Auch eine Uhr mit Zifferblättern ist vorhanden. Ein Wetterhahn bekrönt den Aufbau. An der Ostseite befindet sich der Eingang zum Hauptgebäude mit Treppenaufgang und einem Vordach.

Von einem Foyer aus bestehen Zugangsmöglichkeiten in drei Richtungen: links zu kleineren Nebenräumen, in der Mitte zu einem Gemeinderaum und rechts zum Kirchensaal. Zwei Blöcke mit Einzelstühlen sind in diesem nach vorne ausgerichtet. Eine rückwärtige Schiebewand gestattet die Einbeziehung des Gemeinderaums. Die beiden Langseiten weisen Fensterreihen auf; Kreativmalereien auf den beiden vorderen Fenstern verschließen die Sicht nach außen. Der Blick ins flache Satteldach ist frei. Auf dem einstufigen, an die geschlossene Giebelwand im Norden geschobenen Podest steht der Altar aus Holz. Die Mensa des Tisches liegt auf seitlichen Wangen, die sich in drei Stufen nach unten verjüngen. Ein Metallkreuz hängt über dem Altar. Das Lese- und Predigtpult steht links auf dem Podest, mit drei sich verstärkenden Abstufungen nach unten an den seitlichen Brüstungen. Das Taufgefäß ist rechts in die Ecke neben dem Podest platziert. Es besteht aus Metall, ruht auf vier Beinen und trägt eine runde offene

Schüssel; an der Wand dahinter steht ein älteres Vortragekreuz. Die Prinzipalstücke wurden von Studenten der Fachhochschule Coburg entworfen. An der rechten Ecke des Podestes befindet sich ein Kerzenständer, der aus dreifach sich nach oben verjüngenden Elementen von rechteckigen Holzplatten besteht. Gleich neben der Eingangstüre, auf dem Bodenniveau des Gestühls, hat die Orgel vom Jahre 1987 (Fa. Hey) ihren Platz mit einem rechteckigen Gehäuse in drei Fächern; die oberen Freiflächen zwischen den Pfeifen sind ausgefüllt mit quadratischen Gitterelementen. 1995 erhielt die Gemeinde neue Paramente.

Qu.: Auskünfte von Pfarrer z. A. Michael Sonnenstratter, Weidach, 2001; PfA: Unterlagen, Presseberichte ohne Herkunfts- und Datenangaben.
Lit.: DF CO II 214, mit Abb.

3.97. Bayreuth, Lutherkirche

Stadt und Dek. Bayreuth
Grundsteinlegung 3. Oktober 1980, Einweihung 6. Dezember 1981

Das Gemeindezentrum liegt am Bodenseering, zwischen den Stadtteilen Roter Hügel und Meyernberg im Südwesten der Stadt. Horst Rudorf fertigte die Pläne. Der Gottesdienstbereich lässt sich mit einem Gemeinderaum durch eine Schiebetür kombinieren. Ferner sind vorhanden: eine zweigeteilte Sakristei, Räume zum „Gemeindetreff" (zwei Jugendräume mit eigenem Eingang), Bastel- und Tischtennisraum (im Untergeschoss), Toiletten, Teeküche, Vorraum mit Theke, Pfarramtsbüro und Pfarrerwohnung. Wert gelegt wurde bei der

Planung auf eine behindertengerechte Bauweise. Die Gebäudegruppen sind mit Pultdächern versehen, ausgeführt in unverputzten Klinkern unter Verwendung von viel Holz und wenig Beton. Ein relativ kleiner Glockenträger (mit drei Glocken) bildet den „Dreh- und Angelpunkt" für das kleine Zentrum, aufsteigend von der inneren Ecke des Gottesdienstraumes und mit einem Flachdach samt Kreuz endend. An der Vorderseite der Kirche findet sich ein Areal mit Parkplätzen, Wiesen- und gepflasterten Flächen, aufsteigend zum Kirchplatz hin vor dem Haupteingang. Am rückwärtigen Eingang zu den Jugendräumen schließt sich ein terrassenförmig ansteigender Grillplatz an.

Der Gottesdienstraum ist über zwei Ebenen angeordnet, einer quadratischen mit bestuhlten Sitzplätzen, die ebenerdig zum Altarbereich verläuft, und einer höheren an der Rück- und Seitenfront mit einer Brüstung. Eine schiefe Ebene stellt die Verbindung zwischen den unterschiedlichen Arealen her. Kleinere Fenster befinden sich in der Stirn- und äußeren Seitenwand sowie an der Rückwand. Der Altar – ohne Podesterhöhung – besteht aus einem runden Tisch; seitlich links davon befindet sich der zylindrische Taufstein und, um zwei Stufen erhöht, eine Ambo-Kanzel, alle Teile in Fichtenholz konstruiert (von Reinhart Fuchs). Seit 1985 zieren ein Teppich an der Stirnwand, auf dem das Thema „Aufbruch" verarbeitet ist (von Angelika Paerschke, Murrhardt) und seit 1993 ein großes Holzkreuz an der Eingangsseite den Raum. Auf dem hinteren Emporenteil befindet sich eine Kleinorgel mit einem fünfteiligen Prospekt (Fa. Hey). Durch zwei Flügeltüren besteht eine Verbindungsmöglichkeit zur Eingangshalle, die auf zwei Stufen Sitzbretter aufweist. Das pultartig nach hinten ansteigende Dach ist innen

durch zwei Querbinder und mehrere Hängeleuchten gegliedert. 200 Sitzplätze bietet der Raum.

Lit.: DF BT II 102–107, mit 2 Abb. – PB NK 8.12.1981: Schlußstein für neues Viertel.

3.98. Lorenzreuth, Christuskirche

Stadt und Pf. Marktredwitz, Lkr. und Dek. Wunsiedel
Grundsteinlegung 7. Dezember 1980, Einweihung 23. Dezember 1981

Bereits 1956 hatte man in Marktredwitz-Ost ein Gemeindezentrum mit Pfarrhaus und einen Kindergarten errichtet, vom Bau des geplanten Kirchengebäudes „Zum guten Hirten" (Reissinger) aber letztlich abgesehen. Mit dem Standort Lorenzreuth wurde, 25 Jahre später, im noch etwas weiter nach Osten zu gelegenen Stadtteil die Christuskirche gebaut. Die Entwürfe fertigte Albert Köhler, die weitere Bauplanung übernahm Horst Rudorf. Der Rechteckbau mit Satteldach steht mit der südlichen Giebelfront zur Straße hin, von dieser aber etwas zurückgesetzt; ein Vordach ragt über dem Eingang vor, ein Dachreiter mit einer offenen Glocke und golden leuchtendem Kreuz thront auf dem Giebel.

Ein Gang führt zwischen Nebenräumen hindurch in den eigentlichen Kirchenraum im nördlichen Teil des Gebäudes, der als Querraum angelegt ist (Breite rund 12, Länge 7 m). Relativ kleine Rechteckfenster liefern das Tageslicht. Der Blick ins Satteldach mit seinem Gebälk ist frei. Einfache Bänke stehen ringsum außen an drei Wänden; in der Mitte sind die Einzelstühle umscharend um

Abb. 150: Lorenzreuth,
Christuskirche von 1981

den Altarbereich angeordnet. Dieser hebt sich nicht besonders ab, steht auf gleicher Ebene wie das Gestühl und wird nur ideell durch einen Bodenteppich markiert. An der Wand hinter dem Holz-Altartisch hängt ein Holzrelief (von Joachim Rohrer, Marktredwitz/Höchstädt) mit insgesamt 21 unregelmäßig und unterschiedlich großen Rechteckbildern – darunter solchen des Alten und des Neuen Testaments –, eines mit Christus am Kreuz, in der Mitte das größte, kreuzförmig gestaltet, mit Symbolen zum Abendmahl (Ähren, Trauben, Kelch, Brot). Der Holzambo links vom Altartisch ist mit seiner Frontwange direkt an dessen Ecke angefügt. Das Taufgefäß, ein Holztischchen mit eingelegter Metallschale, steht rechts vom Altar. Eine einfache Empore mit Lattenbrüstung verläuft unter der mit eingesetzten kleinen Fensterluken gestalteten Dachschräge auf drei Seiten. Die kleine Orgel von 1991 (Fa. Peter Vier) weist mit ihrem flachen Prospekt zwei Außentürme und drei Mittelfelder auf. An der linken Seitenwand hängt ein (wohl älteres) Kruzifix.

Qu.: Auskünfte von Manfred Daub und Fritz Wunderlich, Lorenzreuth, 2001.
Lit.: Annäherung 1/97, S. 259. – Reissinger Abb. 52, 53.

3.99. Haarbrücken, „Haus der Begegnung"

Stadt Neustadt b. Coburg, Lkr. und Dek. Coburg
Grundsteinlegung nicht bekannt, Einweihung
26. September 1982

Abseits der Hauptverkehrsstraße, angrenzend an ein Waldgrundstück, östlich des so genannten „Haarbrücker Schulbergs", ging man nach Gründung eines eigenen Kirchenvorstands 1964 an die Projektierung eines Montagegemeindehauses, das 1965 benutzbar war, mittlerweile jedoch zu einem Kindergarten umgebaut ist. Eine „rasante Bevölkerungsentwicklung", ferner nähere Kirchwege für die Ortsteile Ketschenbach und Thann ließen den Wunsch nach einem neuen kirchlichen Gebäude wachsen. 1974 konnte ein erstes „Haus der Begegnung" und unter der Planung von Christian Focke, Hameln, – etwas weiter zurückgesetzt gegenüber dem ursprünglichen Bau – 1982 das neue „Haus der Begegnung", realisiert werden. Der lange Rechteckbau mit Schiefersatteldach samt einem Kirchenraum mit Turm kann kaum von der Zufahrtsstraße wahrgenommen werden. Der gottesdienstliche Bereich darin nimmt etwa ein Viertel des gesamten Gebäuderaumvolumens ein. Er befindet sich im Hochparterre und kann durch eine Schiebetüre mit einem Gemeinderaum seitlich dahinter verknüpft werden. Von einem Vorplatz aus führt eine Treppe zum Eingang an der Westseite, wo ein Windfang in Metallkonstruktion und Glassatteldach samt einem Kreuz darauf die Eingangspforte schützt. Innen öffnet sich ein großes Foyer, von dem aus der Kirchenraum nach rechts erreichbar ist. Im Untergeschoss liegen weitere Jugend- und Gemeinderäume; ein tief gelegener gepflasterter großer Vorplatz breitet sich davor aus. Der Kirchenraum ist durch große Rechteckfenster erkennbar; die übrigen Rechteckfenster des Gebäudes sind kleiner und quer verlaufend. Der gedrungene Turm mit unterschiedlich großen Fenstern an den einzelnen Seiten fügt sich baulich in die Südostecke ein, ist im oberen Teil verbrettert mit großem Zifferblatt an der Südseite, in das einzelne Symbole eingearbeitet sind, und trägt ein geknicktes Schieferpyramidendach mit einem Knauf samt dem Kreuz über einem Kreis als Abschluss. Vier Glocken befinden sich darin. Diese letzten Neubauten kosteten 450 000 DM.

Im Kirchenraum besteht ein freier Blick in das verbretterte Satteldach. Zwei seitliche Pfeiler, nach oben verbreitert samt einer Verbindung miteinander über den inneren Dachverlauf, markieren den Ansatz des ideellen Chorbereichs. Einzelstühle stehen, in zwei Blöcken angeordnet, leicht eingeschwenkt. An der Stirnwand fällt sofort ein Knick auf, der außen kaum erkennbar ist und wie eine Nahtlinie vom Giebel zum Boden verläuft. Zwei breite Podestteile führen stufenförmig im Mittelteil zum Altar empor und nehmen, ohne bis zur Wand zu verlaufen, diesen auf. Der Altar besteht aus einem Metallgerüst in Tischform. Ein großes modernes Metallkreuz mit deutlich aufgemaltem Korpus schwebt über dem Altar. Ein älteres Kruzifix hängt an der Stirnwand seitlich rechts. Ein schmales Glasfenster rechts am Giebelansatz verläuft in der Stirnwand von unten bis zur Dachschräge. Links auf dem Niveau des Gestühls steht ein Pult in Metallkonstruktion mit Holzauflage, das zugleich für die Predigten benutzt wird. Rechts, vor dem Eingang zur Sakristei in einem Turmgeschoss, befindet sich das Taufgefäß, wie die beiden anderen Prinzipalstücke aus Metallstützen samt Diagonalstreben mit einer Platte in der Form eines griechischen Kreuzes, in die eine flache runde Taufschale eingelegt ist. Die Konstruktionsteile der Prinzipalstücke entstanden am Ort in Zusammenarbeit mit dem Siemenswerk (unter Leitung von Fredy Forkel). Links an der Seite befindet sich ein weiteres über beide Stockwerke verlaufendes großes Fenster, vor dem auf ebenem Boden das Orgelpositiv steht (von 1965 – von Walcker, erweitert

1982 – von Hey). Die Glasfenster von 1984 schuf Ingrid Vetter-Spilker mit Motiven des biblischen Freudenmahls.

Qu.: Auskünfte von Pfarrer Eckard Fischer, 2001.
Lit.: FS zur Kirchenweihe am 1. Advent 1982: ha – ketsch – tha von A – Z – Aktuelles zur Kirchenweihe, Gemeindeleben einst und jetzt. Eigendruck des Pfarramtes Haarbrücken 1982. – DF CO II 158–163, mit Abb. – PB SoBl 41/1982: Neue Kirche für opferbereite Gemeinde, mit Abb.

3.100. Bamberg, Philipppuskirche

Pf. Bamberg/St. Stephan, Stadt und Dek. Bamberg
Grundsteinlegung Oktober 1987, Einweihung
5. März 1989

Der unauffällige Bau der Diasporagemeinde steht im Südwesten der Stadt an der Straße zum Ortsteil Bug, direkt neben dem Klinikum. Architekt war Franz Lichtblau (& Bauer). Um einen nahezu geschlossenen Innenhof mit Rasen- und gepflasterten Flächen, Bäumen und Brunnen gruppieren sich Gebäude des Pfarrhauses und eines Gemeindezentrums samt Kindergarten mit Pultdächern, die teils nach außen oder nach innen gewandt sind, je nach dem günstigsten Sonneneinfallswinkel. Der gesamte Warmwasserbedarf sowie ein Teil der Heizung wird durch Solarheizung gedeckt – ein Pilotprojekt der Landeskirche (PB 1988). Der mit einem Foyer und Nebenräumen verbundene Gottesdienstraum ist von der Grundgestalt her schwierig zu erfassen, da die Baulinien nicht gerade durchgeführt, sondern mit Einsprüngen versehen sind; ein nach Osten schräg herabgezogenes Kupferblechdach fasst den Baukörper zusammen. Im Prinzip kann man von einer unregelmäßig

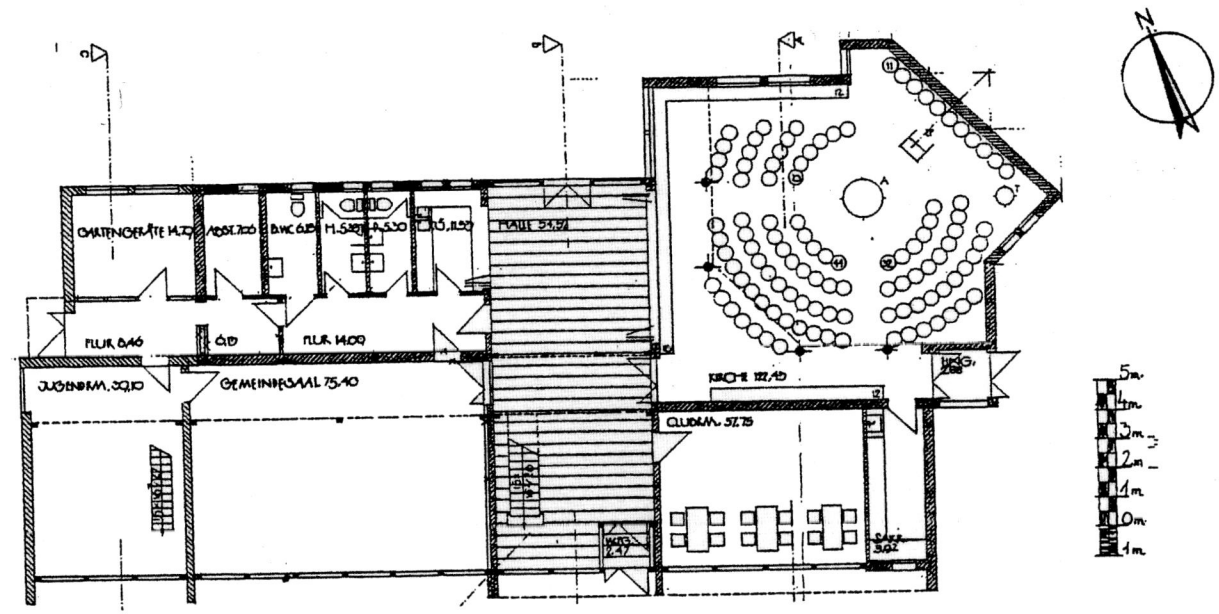

Abb. 151: Bamberg, Philippuskirche von 1989, Grundriss (M. Daub)

fünfeckigen Grundfläche sprechen. Die niedrigste, fensterlose Wand zur Straße hin (nach Osten, eine Art Chor ausweisend), ist außen mit wildem Wein zugewachsen. Der Haupteingang zur Kirche liegt schräg dazu, nach Südosten gewandt. Er befindet sich im Unterteil eines nicht allzu hoch aufragenden turmartigen Bauglieds mit Pultdach nach hinten, in dem aber keine Glocke hängt, obwohl eine lamellenartige Öffnung vorhanden ist. Der „Turm" trägt ein vergoldetes Kreuz (Abb. 27). Eine Sakristei fügt sich an den Turm. Dcr an den hoch geführten Bauteil mit dem gottesdienstlichen Raum nach Norden gesetzte Anbau hebt sich deutlich niedriger davon ab. Kleinere Rechteckfenster sind an den Seitenwänden erkennbar

sowie auf beiden Seiten der hoch aufragenden Nordwestecke zwei längere Trapezfenster, dem Dachverlauf angepasst. 2,7 Millionen DM kostete das Kirchenzentrum.

Der Kirchenraum mit einer Fläche von 125 qm kann von der Turmseite, aber auch vom Foyer des Anbaus aus betreten werden. Der für eine Erweiterung mögliche Anschluss an den Anbau wird nur durch ein breites verschließbares Fenster ermöglicht. Das Einzelgestühl gruppiert sich in zwei Blöcken im Halbkreis zur Altarwand hin. Eine Bank zieht sich an der Wand zwischen den beiden Eingängen entlang und ist an der Nordwand weitergeführt. Ein abgehobener Bereich für die Prinzipalstücke besteht nicht, nur durch Muster im Klinkerboden zeichnen sich die Standorte dafür ab. Die Fenster an der Nordseite zeigen ornamentale Bemalungen. Vor der niedrigsten Wand, die durch beiderseitige rechtwinkelige Begrenzungen so etwas wie einen eingezogenen Bereich schafft, steht frei der truhenartige Altartisch in Holz mit abgeschrägten Ecken. Die ganze Altarwand zeigt eine große Bemalung, von der Dachschräge herabgeführt (von Hubert Distler). Eine nach unten stürzende Gestalt ist zu erkennen, mit der – gleichgültig, wer damit gesehen wird – das „Ausgeliefertsein des Menschen gegenüber dem Kosmos und der Welt" dargestellt sein soll, „in Gefahr und Krankheit, in Not und Tod". Die Erlösung erfolge durch das Kreuz (Distler). Links vom Altartisch befindet sich ein einfaches Holzpult, das auch für die Predigten dient. Rechts reihen sich ein im Boden verankertes Standkreuz, eine Taufkerze und das hölzerne Taufgefäß, ein quadratischer, seitlich bis obenhin geschlossener Ständer mit abgeschrägten Ecken und einer aufgelegten Schale. Die Prinzipalstücke schuf Karlheinz Hoffmann. Eine einfache Empore spannt sich, leicht eingeschwungen, zwischen den beiden Zugängen; fünf der geschlossenen Brüstungsfelder sind mit runden Scheiben bemalt (von Distler) zum Wirken des Philippus nach Apostelgeschichte 8. Das Gehäuse der auf der Empore über Eck gestellten Orgel (1991, Fa. Hey) besteht aus zwei seitlich vorspringenden Türmen und einem dreifeldrigen flachen Mittelteil und ist in den Farben Ocker, Blau und Weiß gefasst (Entwurf Distler).

Qu.: Auskünfte von Pfarrer Friedrich Martin, Bamberg, und Hubert Distler über Manfred Daub, 2001.
Lit.: PB SoBl 21/1988: Eine Kirche mit Solarheizung. – PB SoBl 9/1989: Bambergs neue Kirche. – PB SoBl 14/1991: Eine Kirche als „Gesamtkunstwerk".

3.101. Bayreuth, Magdalenenkirche

Pf. Bayreuth/St. Johannis, Stadt und Dek. Bayreuth
Grundsteinlegung 1. Oktober 1989, Einweihung 7. Oktober 1990

Die Kirche steht im Stadtteil Aichig-Grunau im Südosten der Stadt. Die Planungen stammen von Theodor Steinhauser (geb. 1922) und Udo Graefe, beide im Landeskirchenamt München. Kirche samt Gemeindezentrum bilden ein regelmäßiges Sechseck im Grundriss. Ein Zeltdach, bedeckt mit Ziegeln, mündet in einem abgeknickten, spitz zulaufenden Glasaufbau. Ein schlichter Holzständer mit einer Kreuzbekrönung neben dem Eingang dient als Gerüstaufbau für eine Glocke. Das Gebäude ist in den Hang gesetzt mit den Gemeinderäumen im Untergeschoss. Die Baukosten beliefen sich auf 2,1 Millionen DM (einschließlich des daneben stehenden Pfarrhauses). Dem Eingang (im Nordosten) ist ein Windfang mit flachem Dach vorgestellt.

Der Foyerbereich führt zu Nebenräumen, wie z. B. eine Teeküche, sowie zum Emporenaufgang. Der Kirchenraum ist mit teilweise bis zum Boden reichenden Struktur- und Klarsichtfenstern ausgestattet und lässt den Blick in die Dachkonstruktion frei. Licht fällt ferner über die Glasspitze ein. Bewegliches Gestühl steht, auch zwischen den Emporenstützen, im Halbrund angeordnet und kann beliebig gruppiert werden. Der nicht erhöhte Altarbereich wird durch eingezogene Seitenwände für einen vorstehenden Bauteil mit stumpfem Winkel sowie zwei Buntglasfenstern markiert. Alle Prinzipalstücke (Altar, Kanzelpult und Taufgefäß) sind mobil in Holz ausgeführt (von Karlheinz

Abb. 152: Bayreuth, Magdalenenkirche von 1990

Hoffmann), im Grundriss der Planer wohl bewusst nicht festgelegt, ohne besondere schmückenden Elemente. Der Altartisch in der südwestlichen Ecke ist quadratisch mit abgeschrägten Kanten konstruiert. Mit dem Rund der Bodenplatten wird das Altarareal markiert. Neben dem Tisch steht rechts ein Kruzifix in der Form eines Vortragekreuzes. Der große siebenarmige Kerzenständer aus Bronze, wieder seitlich davon, stammt ebenfalls von Hoffmann. Der Ambo mit Holzpodest hat nahe der Wand links seinen Platz, das Taufgefäß mit vier Beinen in der Regel rechts. Zwei schmale rechteckige Buntglasfenster von Valentin Feuerstein, Neckarsteinach (1917–1999), thematisieren die biblische Geschichte von Christus und Maria Magdalena. (Von Feuerstein wurden auch die 1995 beschafften Antependien entworfen.) Eine Empore mit Gittergeländer, in stumpfem Winkel geknickt, nimmt die Orgel auf (von 1993, von Peter Collins), die in zwei Gehäuseteilen über Eck steht. 200 Plätze sind vorhanden.

Qu.: Auskünfte von Pfarrer Dr. Friedemann Hebart und von Ursula Wolf, Bayreuth, 2001.

Lit.: DF BT II 109–112. – FS Einweihung Magdalenenkirche Ai-
chig/Grunau/Bayreuth, als Gemeindebrief 27, hg. von Pfarrer
Dr. Friedemann Hebart. Bayreuth-St. Johannis 1990. – PB So-
Bl 42/1990.: Bayreuths 14. Kirche hat ein Zeltdach. – PB SoBl
Nr. 17/1993: Neue Orgel aus England.

3.102. Wiesentfels, Betsaal

Stadt Hollfeld, Pf. Krögelstein, Lkr. Bayreuth,
Dek. Thurnau
Einweihung nach Umarbeitung 9. Mai 1991

Das kleine Gebäude, das sich direkt an den Jura-
steilhang neben der Bundesstraße Bayreuth–Bamberg anlehnt, ist Fortsetzung eines größeren
Hauses, das sich in der westlichen Hälfte in Privat-
besitz befindet. Es wurde zum Teil mit Sandstein-
quadermauerwerk, zum Teil in Fachwerkbauweise
errichtet. An die Ostgiebelseite ist zur Hälfte ein
Eingangsvorbau angesetzt. Als „Legende" bezeichnet wird eine frühere Nutzung des Gebäudeteils
als Schafstall; später diente er als Klubheim für
eine Naturfreundegruppe, die in der nationalsozialistischen Ära verboten wurde. Damals griff
der Krögelsteiner Pfarrer Vetter zu und erwarb
den Raum als Notbehelf für Bibelstunden in dem
früher rein bambergisch-katholischen Ort. Der
Dachreiter mit offener Laterne, in der das vom
Kirchenraum aus zu läutende Glöcklein hängt,
schließt mit polygonaler Zwiebelhaube, Knauf
und Hahn ab.

Abb. 153: Wiesentfels, Bethaus von 1991

Den nur rund 30 qm großen rechteckigen Raum
begrenzt nach oben eine Bretterdecke, die durch
Balkenunterzüge und eine Holzsäule gestützt
wird. Die Seitenwände sind bis etwa zur Hälfte
mit Paneelen belegt. Die Einzelstühle reihen sich
in einem Mittelblock auf; an drei Wänden sind
Bänke angebracht. Das Tageslicht gelangt durch
zwei kleine seitliche Fenster im Süden und eines
an der Ostseite in den Raum. Zwei Wandleuchten
sowie Deckenleuchten erhellen den Raum am
Abend. Vor der westlichen Stirnwand stehen auf
gleicher Ebene wie das Gestühl die Prinzipal-

Abb. 154: Siegritz, Johanniskirche von 1998

stücke: ganz links ein Harmonium, daneben ein (älterer) Taufbehälter in Stein, oktogonal gestaltet mit Fuß, Schaft und Becken mit Holzdeckel, der kleine Altartisch (90 mal 50 cm) und rechts ein einfaches Holzpult. Außer einem Kruzifix über dem Altartisch weist der Raum keine schmückenden Beigaben auf. Auf dem Tisch stehen vier kleine Leuchter. 1991 wurde ein neuer Fußboden verlegt und eine Heizung installiert.

Qu.: Auskünfte von Harald Wölfel, Wiesentfels, 2001.
Lit.: PB NK 8.5.1991: Morgen Betsaaleinweihung in Wiesentfels, mit 1 Abb.

3.8 b. Siegritz, Johanniskirche

Markt Heiligenstadt, Lkr. Bamberg, Pf. Heiligenstadt (eigene Pfarrei), Dek. Forchheim
Einweihung des Neubaus: 21. Juni 1998

Nach seinem Erwerb wurde der Tanzsaal einer Gastwirtschaft 1929 als Betsaal eingerichtet (Einweihung 30. Juni 1929). 1974 erfolgte eine Renovierung. 1995 begannen die Arbeiten für einen Anbau. 1996 brach man das Gebäude ab unter Bewahrung der denkmalgeschützten Ausstattungsstücke. Die Planungen dafür stammen von Architekt Rainer Beyerlein, Heiligenstadt. Der nunmehr als „Johanniskirche" eingeweihte und vergrößerte Bau nahm auch eine Sakristei in Verlängerung des Kirchenraums sowie im Obergeschoss hinter der Empore einen Besprechungsraum auf. Der langgezogene eingeschossige Kirchenbau, im wesentlichen originalgetreu entsprechend dem Vorgängerbau über rechteckiger Grundfläche mit Satteldach errichtet, weist am Giebel zur Straßenseite hin die alten Fachwerkmuster auf. Der Eingang befindet sich an der Ostseite mit überhängendem Vordach und der Inschrift „Herr, ich habe lieb die Stätte deines Hauses" über der Tür. Ein Dachreiter mit flachem Pyramidendach sitzt ziemlich am Nordende auf dem First.

Im Inneren ist der Blick in das Dach samt seinen stabilisierenden Eisenkonstruktionen frei. An den drei Wänden befinden sich Fenster mit Stichbogen. Einzelstühle stehen in zwei Blöcken zur nördlichen Stirnwand ausgerichtet. Über die ganze Breite dieser Wand erstreckt sich ein um zwei Stufen erhöhtes Podest. Darauf steht der frühere Altar mit einer wuchtigen Stipestruhe, ornamental mit floralen Mustern geschmückt; auf die Mensa aufgesetzt befindet sich ein tabernakelartiger turmförmiger Aufbau mit einer Christusgestalt und einer haubenartigen Bekrönung samt einem Kreuz als Abschluss. Die im Giebel dieser Front sitzenden Fenster tragen in Blau getönte Scheiben vom Vorgängerbau, auf denen Luther und Melanchthon dargestellt sind. Der Ambo baut sich links auf dem Podest auf mit vier stumpfwinkeligen Brüstungsflächen, die vordere mit bugartigem Knick und darauf einem geschnitzten offenen Buch, welches das Wort aufweist: „Er muss wachsen – ich aber muss abnehmen". Der Taufstein

befindet sich links mit einem ausgreifenden achteckigen Becken. An der linken Seitenwand hängt ein filigranes, in Metall gearbeitetes Kreuz. An der Südwand steht auf zwei gewunden geschnitzten Säulen eine Empore mit einer 1998 im Handel bezogenen Elektronikorgel (Ahlborn). Die Brüstung ist mit geschnitzten Flachreliefbildern geschmückt, auf denen neben Bibelworten und Symbolen die Szenen Geburt, Taufe, Kreuzigung, Auferstehung Jesu und das Pfingstereignis dargestellt sind. Die meisten der Holzschnitzarbeiten fertigte Hans Mai, Köttweinsdorf.

Qu.: Auskünfte von Pfarrer Ewald Pusch, Heiligenstadt, 2001. Lit.: FS Gemeinde-Chronik. Markt Heiligenstadt in Oberfranken, hg. anläßlich der Verleihung des Marktrechtes an Heiligenstadt. Erlangen 1995, 354. – PB SoBl. 12/1997 Tauziehen um sakralen Schwarzbau, 1 Abb. – PB NK 20/21.6.1998: Einst Tanzkapelle, ab morgen Kirche, 1 Abb.

3.103. Neunkirchen am Brand, Christuskirche

Lkr. Forchheim, Dek. Gräfenberg
Grundsteinlegung 20. Juni 1999, Einweihung 10. Dezember 2000

1978 konnte eine erste gottesdienstliche Stätte im fertig gestellten Gemeindehaus in dem ursprünglich vollständig katholischen Markt auf Bamberger Territorium eingerichtet werden. Mit der Gründung eines Kirchbauvereins 1989 wurde die Erstellung eines Kirchengebäudes angestrebt. Dabei ging man ungewöhnliche Wege: Man verzichtete auf die Mitarbeit des Technischen Referats der Landeskirche und auf einen Architektenwettbewerb. In eigenen Arbeitsgruppen, die das gewünschte Bauprogramm erstellten, wurde eine „maßgeschneiderte" Kirche erstrebt (FS 11). Bei den Vorberatungen leistete Theodor Henzler Hilfe. Letztlich beauftragte man mit dem Bau 1995 den einheimischen Architekten Bruno Rehm (geb. 1939), der die meisten Ausstattungsstücke entwarf, sowie eine „Kirchbauhütte" mit fachkundigen Mitgliedern des Kirchbauvereins. Der geostete Hauptbau erreicht seine höchste Stelle im Osten in 15 m Höhe mit der halbrunden Apsis, die bis oben durchläuft und außen eine lange „Kerbe" von oben bis unten aufweist (Abb. 9). Nach Westen zu fällt schräg ein großes flügelartiges Mitteldach bis zum Haupteingang ab, auf dem von oben nach unten ein spitz herausragendes Fensterband – an der höchsten Stelle durch ein Kreuz bekrönt (von Kunstschmied Hans Schneider, Poxdorf, geb. 1952) – bis zum Portal durchläuft. Seitlich und etwas niedriger angelegt schließen sich zwei lange und breite Dachflächen an, die schräg nach Westen und nach unten verlaufen und ebenfalls zu Seiten des Portals münden (Abb. 28). Der Eingang wird begrenzt durch zwei Betonwangen, die turmartig hinaufreichen bis zu einer Höhe von 22 m und oben die Glockenstube mit Schallöffnungen einschließen. Ein versilberter „Wetter-Gockel" bildet die Bekrönung (Entwurf: Felix Müller, Neunkirchen, 1904–1997, Ausführung: Schneider). Der Zugang zum Portal führt über einen Steg („wie eine Zugbrücke"), der einen kreisrunden Teich überspannt; dieser sammelt das Regenwasser von den Dachflächen. Außen auf die Eingangstür aufgearbeitet ist in Metall als Türgriff das berühmte Labyrinth von Chartres (Schneider). Geschätzt wurde der Bau auf 2,7 Millionen DM; zur Zeit der Einweihung fehlten noch Glocken und Orgel sowie die einen Atriumhof einschließenden Seitengebäude.

Innerhalb des Vorraums befindet sich an der Wand ein Reliefstein mit der Angabe des Grundsteinlegungsdatums und der Darstellung von Jakobs Traum mit der Himmelsleiter (Heinrich Schreiber, Kronach, geb. 1936). Betritt man den Innenraum, so gelangt man erst in einen trapezförmig sich erweiternden Parterrebereich, über den sich zwischen die Seitenwände eine Galerie spannt. Der Mittelgang endet vor einer um zwei Stufen erhöhten kreisrunden Fläche innerhalb der halbrunden Apsis. Auf drei Ebenen ziehen sich (50) schemelartige Sitzplätze für den Sängerchor an der Apsiswand entlang. Die hohe Wandfläche wird belebt durch die sich abzeichnenden Lichtreflexe des Fensterbandes, die wie eine Himmelsleiter wirken, aber auch durch ein 9 mal 5 m großes abstraktes farbenfrohes Gemälde zum Thema „Ich bin das Licht der Welt" (von Oskar Koller, Abb. 52). Die im Langhausbereich angeordneten Blöcke mit Einzelstühlen setzen sich nach Süden hin fort. Dahinter liegt jenseits einer Schiebewand ein Gemeinderaum, der angeschlossen werden kann. Die um zwei Stufen erhöhte Insel trägt den transportablen Altartisch in Holz mit einer Mensa, die auf vier diagonal nach innen gerichteten Wangen aufliegt. Ein silbernes Kreuz hängt über dem Tisch (Stefan Leisgang, Hirschaid, geb. 1965). Der Ambo ist mit seiner quadratischen Grundfläche und einer Podeststufe an der linken Seite der Insel so eingepasst, dass eine Ecke über das Rund der Insel vorsteht. Die Fuge zwischen Unterbau und schräger Pultauflage füllt eine kronenartige Halterung (Ausführung Altar und Ambo: Möbelwerkstätte Friedrich Kram, Burgebrach). Den Taufbereich hat man (links) seitlich in einen Raumteil verlegt, der mit einer Säule und einem schmalen Fensterband bis obenhin reicht und Kapellencha-

rakter besitzt. Ein zylindrischer Stein lässt aus seinem Schaft Wasser hervorsprudeln, das die Stille
des Raumes durchbricht. Das Wasser fließt in ein
großes Bodenbecken, in dem inselartig Steine in
Form einer Taube ausgelegt sind. Darauf kann die
Taufhandlung vollzogen werden (Gestaltung:
Schreiber). Die vorher schon im Gemeindehaus
vorhandene Kleinorgel (Fa. Peter) steht in Höhe
der Altarinsel rechts seitlich an die Wand gerückt.
Über Prinzipalstücke, Wände und die Innenseite
der Türe verteilt finden sich acht „Ich bin…"-Wor-
te Jesu aus dem Johannesevangelium. Die Empore schwingt sich im Halbrund, vorne und hinten
sichtbar, das Halbrund des Altarbereichs gleichsam schließend, mit glatten weißen Brüstungsflächen. Die Sitzplatzzahl wird unterschiedlich angegeben zwischen 356 und 412.

Qu.: Auskünfte von Peter Hanstein, Neunkirchen, 2002.
Lit.: FS zur Weihe der Christuskirche in Neunkirchen am Brand
10. Dezember 2000, hg. v. E.-L. Pfarramt Neunkirchen. Schein-
feld 2000. – PB SoBl Nr. 49/2001: Petersen, Susanne: Die
Bibel als Brücke zur Kirchenarchitektur, mit 1 Abb. – Rezen-
sion der FS durch P[oscharsky, Peter] in K+K 2/2001, 58 f.

*Abb. 155: Neunkirchen a. Brand, Christuskirche
von 2000*

Erst während der Drucklegung wurde die Filialkirche (Heilig-Geist) in Frankenberg bekannt, die nicht mehr im Katalog an entsprechender Stelle eingeordnet werden kann.

Frankenberg, Heilig-Geist-Kirche

Gmd. Speichersdorf, Pf. Neustadt am Kulm,
Lkr. Bayreuth, Dek. Weiden
Grundsteinlegung 14. November 1954, Einweihung 22. Mai 1955

Wegen des weiten Fußweges zur zuständigen Kirche in Neustadt (zwei Gehstunden einfach) strebte man nach dem Krieg eine eigene Kirche mit einem Friedhof an. Das Gebäude mit 13 mal 8 m in der Grundfläche auf einem Gelände am Rande des Ortes wurde von Hanns Holl geplant (Kostenvoranschlag: 37 000 DM; tatsächliche Kosten: 42 765 DM). Es handelt sich um einen Rechteckbau, der nach Norden gerichtet ist, in späterer Zeit (1972) an der Nordseite eine Leichenhalle angefügt bekam samt neuer Sakristei (die ursprüng-

liche in der Südwestecke dient nunmehr als kleiner Gemeinderaum). Ein Holzdachreiter mit Kreuz (und einer Glocke – ausgetauscht 1957) saß zuerst über dem Eingangsgiebel des Satteldaches an der Südwand. Dort fügte man 1989 ein breites Vordach an, walmte an dieser Schmalseite das Kirchendach ab und schuf einen befestigten und eingesäumten Freiplatz.

Der kleine Rechteckraum weist beiderseits je drei Rundbogenfenster auf. Ein Chorbereich wird nur durch die Erhöhung um eine Stufe in ganzer Raumbreite ausgewiesen. Zum Altar direkt an der Nordwand führt eine weitere kleinere Stufe. Auf dem Altartisch mit Steinwangen steht, direkt an der Wand, ein Kruzifix. Links befindet sich der Taufstein, rechts der Holzambo über einem Podest. Eine Walcker-Kleinorgel (1964) steht in einer Nische im Südosten.

Qu.: Auskünfte von Pfarrer Lorenz von Kampenhausen, Neustadt, und Kirchenvorsteher Andreas Feigt, Frankenberg; PfA. Neustadt: Unterlagen zur Kirche Frankenberg.
Lit.: DB WEN 62 f.; FS Hans Gräbner: 40 Jahre Heilig Geist Kirche Frankenberg. O. O. 1995; PB NK 28. 5. 1995: Weg nach Neustadt war zu weit; PB NK 30. 4. 2003 (Beilage S. 16).

Literatur und Abkürzungen

Adam, Adolf: Wo sich Gottes Volk versammelt. Gestalt und Symbolik des Kirchenbaus. Freiburg 1984.

AfH = Aus der fränkischen Heimat, Beilage der BR.

Angerer: Eckersdorf: Angerer, Fritz (Hg.): Evang.-Luth. Kirche St. Ägidius Eckersdorf. Kurzbericht zur Innenrenovierung 2000/2001, Bayreuth 2001.

Annäherung: Die schönen Künste und die Evang.-Luth. Kirche in Bayern, hg. von Gerhard Hildmann, München.

AO = Archiv für Geschichte (und Altertumskunde) von Oberfranken, hg. vom Historischen Verein für Oberfranken, Bayreuth.

Axmann, Rainer: Salvatorfriedhof und Salvatorkirche. MS, o. J.

BA usw. Autokennzeichen für Angabe von Land- oder Stadtkreisen.

Baier, Helmut. Vom Flüchtling zum Neubürger. Die Integration der Flüchtlinge und Vertriebenen (VII.1.2). In: Müller/Weigelt/Zorn II.

Bartning, Otto (I): Vom neuen Kirchenbau. Berlin 1919.

Bartning, Otto (II): Zur Frage des evangelischen Kirchenbaus. In: Vom Raum der Kirche. Osnabrück 1958.

Bartning, Otto (III): Zum neuen Kirchenbau. 1959.

Benevolo, Leonardo: Geschichte und Architektur des 19. und 20. Jahrhunderts. 3 Bände. München 1988.

Bohrer, Hermann: Selb – eine Kirchen- und Heimatkunde. Selb [1930].

Bosl, Karl (Hg.): Bosls bayerische Biographie, 2 Bände. Regensburg 1983 und 1988.

BR = Bayerische Rundschau, Kulmbach.

Bredow, Jürgen/Lerch, Helmut: Materialien zum Werk des Architekten Otto Bartning. Darmstadt 1983.

Büder: NN: Angewandte Arbeiten Rudolf Büders bis 1990. In: Annäherung 2/1995.

Busse, Hans-Busso von (I): Räume der Kirche. Dortmund 1992.

Busse, Hans-Busso von (II): Räume der Kirche. München 1993.

Coburg/Katalog: Ein Herzogtum und viele Kronen. Coburg in Bayern und Europa. Katalogband. Hg. vom Haus der Bayerischen Geschichte u. a. Augsburg 1997.

Coburg: Stadtführer: Klüglein, Norbert: Führer durch Coburg Stadt und Land. Coburg 1990.

Dehio [I], Georg (Bearb.: Breuer, Tilmann u. a.): Franken. München 1/1979.

Dehio [II], Georg (Bearb.: Breuer, Tilmann u. a.): Franken. München 2/1999.

DF [Dekanatsführer] BA: Dietz, Otto (Hg.): Kirchengemeindebuch für den Evang.-Luth. Kirchenbezirk Bamberg. [Detmold] 1953.

DF BT I: Burkert, Karl (Hg.): Unser Bayreuther Kirchenbezirk. Detmold 1952.

DF BT II: Hofmann, Helmut (Hg.): Evangelisch im Bayreuther Land. Erlangen 1993.

DF CO I: Weiß, Curt (Hg.): Evangelische Kirchen im Coburger Land. Detmold 1954.

DF CO II: Kollmer, Eckhart (Hg.): Evangelische Kirchengemeinden im Coburger Land. Erlangen 1984.

DF FW: Gunsenheimer, Friedrich/Vogel, Herta (Hg.): Evangelische Kirche im Frankenwald. Erlangen 1990.

DF HO I: Wittmann, [Andreas] (Hg.): Unser Hofer Kirchenbezirk. Detmold o. J.

DF HO II: Wunderer, Hermann (Hg.): Grenzlanddekanat Hof. Erlangen 1/1979.

DF HO III: Wunderer, Hermann (Hg.): Grenzlanddekanat Hof. Erlangen 2/1988.

DF KC: Koerber, Georg (Hg.): Unser Kronacher Kirchenbezirk. Detmold 1954.

DF KU I: Kolb, Hermann (Hg.): Kirchengemeindebuch für die evang.-luth. Kirchenbezirke Kulmbach und Thurnau. Detmold o. J.

DF KU II: Schott, Gerhard (Hg.): Evang.-Luth. Dekanat Kulmbach. Erlangen 1991.

DF Michelau: Mädl, Wilhelm (Hg.): Der Kirchenbezirk Michelau. Hof 1955.

DF MÜB I: Fechter, Heinrich (Hg.): Kirchengemeindebuch. Ein Wegweiser durch den Kirchenbezirk Münchberg. Detmold 1953.

DF MÜB II: Herrmann, Ekkehard (Hg.): Dekanat Münchberg. Geschichte und Gegenwart. Erlangen 1983.

DF NAI: Haßmann, [Alfred] (Hg.): Der Evang.-Lutherische Kirchenbezirk Naila. Hof o. J.

DF PEG I: Hanow, Wolfram (Hg.): Der evangelisch-lutherische Kirchenbezirk Pegnitz und seine Pfarreien. Bayreuth 1972.

DF PEG II: Schmidt, Christian (Hg.): unterwegs daheim – daheim unterwegs. Glauben und Leben im Dekanat Pegnitz. Pegnitz 1994.

DF Weiden: Sommermann, Hilmar (Hg.): Evang.-Luth. Dekanat Weiden in der Oberpfalz – Porträt eines Grenzlandbezirkes. Erlangen 1982.

Distel, Walter: Protestantischer Kirchenbau seit 1900 in Deutschland. Zürich 1933.

Drechsel, Heinrich (Hg.): Der Landkreis Wunsiedel. München 1968.

Eichhorn, Walter: Lautertal – Die Zent Lauter, Bindeglied zwischen Franken und Thüringen. Lautertal 1992.

E.-L. / e.-l. = Evangelisch-Lutherisch.

F./W. I = Fischer, Hermann/Wohnhaas, Theodor: Historische Orgeln in Oberfranken. München/Zürich 1985.

F./W. II = Fischer, Hermann/Wohnhaas, Theodor: Lexikon süddeutscher Orgelbauer. Wilhelmshaven 1994.

F./W. III: Fischer, Hermann/Wohnhaas, Theodor: Zur Geschichte des Orgelbaues in Bayreuth. In: AO 81, 2001.

FP = Frankenpost, Hof.

FPr = Fränkische Presse, Bayreuth (bis 1968).

Friedrich, Reinhold: Kirchliches Leben und Frömmigkeit (VI.2). In: Müller/Weigelt/Zorn II.

FS [Festschrift] Ahornberg I: Landbauamt Hof: Baudokumentation. Hof 1986.

FS Ahornberg II: Pf. Ahornberg (Hg.): Festschrift und Chronik zum Tag der Wiedereinweihung unserer St. Martinskirche zu Ahornberg im Jahre 1986. Zell 1986.

FS Bad Alexandersbad: Guth [Werner, Grußwort]: Evangelisch-Lutherische Kirchengemeinde Bad Alexandersbad anlässlich des 50jährigen Jubiläums der Heilig-Geist-Kirche am 26. Mai 1980.

FS Bamberg/Erlöserkirche: Evang.-Luth. Erlöserkirche Bamberg 1934–1984, hg. von der Evang.-Luth. Kirchengemeinde. Bamberg 1984.

FS Bamberg/St. Stephan: 950 Jahre St. Stephan, 150 Jahre evangelische Gemeinde Bamberg, hg. vom Ev.-Luth. Dekanat Bamberg, Bamberg 1957.

FS Bayreuth/Friedenskirche: Drechsel, Friedrich: Friedenskirche Bayreuth. Worfelden 1972.

FS Bayreuth/St. Johannis: Meißner, Helmuth: 250 Jahre Markgrafenkirche St. Johannis, Bayreuth 1745–1995. Bayreuth 1995.

FS Bayreuth/Stadtkirche Orgel: Die Orgel der Stadtkirche Bayreuth, hg. aus Anlass der Weihe der neuen Orgel am 17. September 1961 im Auftrag des Pfarramts Bayreuth/Stadtkirche von Viktor Lukas. [Bayreuth 1961].

FS Brand/Orgel: Häberlein, Paul (Hg.): Festschrift zur Orgelweihe, Pfingstsonntag 1999, in der Reihe „Brander Geschichte und Geschichten", Heft 4. Brand 1999.

FS Buch am Forst: Fritsche, Reinhard: 1998 – 500 Jahre Kirchengemeinde Buch am Forst. Neuses 1998.

FS Burghaig: Adolf Müller (Hg.): Evang. Johanneskirche Burghaig. Langen/Hessen 1968.

FS Caspar: Hindelang, Eduard (Hg.): Karl Caspar – 1879–1956. Zum hundertsten Geburtstag. Langenargen 1979.

FS Coburg/St. Salvator. 600 Jahre St. Salvator. Herausgeg. vom Kirchenvorstand der Ev.-Luth. Kirchengemeinde Coburg. Coburg 1992.

FS Distler: Hubert Distler – Malerei und Graphik. Festschrift zur Verleihung des Kunstpreises der Evangelisch-Lutherischen Kirche in Bayern [...]. München 1980.

FS Döbra: Barczus, Kurt: 100-Jahr-Feier der 1875 wieder eingeweihten Kirche zu Döbra. Naila 1975.

FS Einberg: Wolf, Paul: 800 Jahre Einberg 1162–1962. Coburg 1962.

FS Erkersreuth: Kontakt – 1928–1978 50 Jahre E.-L. Kirche Erkersreuth. O. O., o. J. [1978].

FS Fuchs: Reinhart Fuchs – Arbeiten 1949–1993. Katalog der Ausstellung in Abenberg 1993. Nürnberg 1993.

FS Gattendorf: Klein, Michael: 750 Jahre Gemeinde Gattendorf. Hof 1984.

FS Gefrees/Gottesackerkirche: Luther, Hans: Die Gottesackerkirche – Gefrees. Nürnberg 1967.

FS Gössersdorf: Voigt, Manfred: Chronik 650 Jahre Gössersdorf. [Gössersdorf] 1983.

FS Höchstädt: Festschrift zum 100jährigen Jubiläum der Kirche in Höchstädt 1887–1987, hg. von der Kirchengemeinde H. O. O. 1987.

FS Hof/St. Johannes: St. Johannes 50 Jahre – 1927–1977, hg. vom Gemeindebriefteam St. Johannes. Verv. 1977.

FS Hof/St. Lorenz: Wölfel, Karl: St. Lorenzkirche Hof 1979/Festschrift zur Einweihung. Hof 1979.

FS Hohenberg: Rönsch, Gerhard: Die evang.-luth. Kirche zu Hohenberg a. d. Eger und ihre Gemeinde. In: Wie's früher war. Festschrift der Sparkasse Selb-Rehau 1975.

FS Kirchenlamitz: Meyer, Heinrich (Hg.): 600 Jahre Stadt Kirchenlamitz 1374–1974. Hof 1974.

FS Köditz: Hofner, Hans: 350 Jahre St. Leonhard Kirche zu Köditz, 1641–1991. Hof 1991.

FS Köhler: Daub, Manfred u. a.: Albert Köhler zum 80. Geburtstag. Hg. vom Technischen Referat im Landeskirchenamt. München [1995].

FS Kronach: Gerbig, Jakob-Erwin: 100jähriges Jubiläum Evang.-Luth. Kirche Kronach 1861–1961. O. O. 1961.

FS Kulmbach/Auferstehungskirche: 1955 mit Beiträgen u. a. von Richard Reinhardt. O. O., o. J., o. P.

FS Kulmbach-Friedenskirche: Festschrift zur Einweihung der Friedenskirche in Kulmbach-Ziegelhütten [...] hg. v. Ev. Pfarramt Kulmbach-Ziegelhütten mit Beiträgen von Pfarrer Siegfried Baierle und Arch. Reissinger. Kulmbach/Langen 1964.

FS Kulmbach/Kreuzkirche: Festschrift zur Einweihung der evang.-luth. Kreuzkirche in Kulmbach, hg. Ev.-Luth. Pfarramt Kulmbach-Kreuzkirche, Kulmbach/Langen 1962, mit Beiträgen von Gulbransson, Schwabenbauer.

FS Kulmbach-Mangersreuth I: Bauer, Wilfried (Hg.): Festschrift zur Wiedereinweihung der renovierten Kirche zu Kulmbach Mangersreuth. Kulmbach 1980.

FS Kulmbach-Mangersreuth II: Lenker, Richard/Bauer, Wilfried: 625 Jahre Mangersreuth: 1361 – 1736 – 1986. Mainleus 1986.

FS Lauenstein: Scheidig, Siegfried: 200 Jahre St.-Nikolauskirche Lauenstein. Ludwigsstadt 1987.

FS Leupoldsgrün: Weichselmann, Erwin: Festschrift zum 250jährigen Jubiläum der Evangelisch-Lutherischen Kirche in Leupoldsgrün 1737–1987. O. O. 1987.

FS Lichtenfels: Weber, Klaus (Hg.): 75 Jahre Evangelische Kirche in Lichtenfels. 1903–1978. Lichtenfels 1978.

FS Lichtenfels/Orgel = Weber, Klaus (Hg.): Festschrift zur Orgelweihe in der Martin-Luther-Kirche in Lichtenfels. Lichtenfels 1987.

FS Lichtenfels/Sparkasse: Im oberen Maintal auf dem Jura an Rodach und Itz. – Landschaft, Geschichte, Kultur. Zum 150. Geschäftsjubiläum der Kreissparkasse Lichtenfels. Lichtenfels/Sonnefeld 1990. Darin: Josef Urban: Kirchengeschichtliche Stationen seit 1802.

FS Lippertsgrün: Hill, Hans: 50 Jahre Kirche in Lippertsgrün. Schwarzenbach am Wald 2001.

FS Ludwigsstadt: Scheidig, Siegfried: 200 Jahre Michaelskirche Ludwigsstadt. Ludwigsstadt 1992.

FS Mai: Bulisch, Jens/Klingner, Dirk/Mai, Christian (Hg.): Kirchliche Kunst in Sachsen. Festgabe für Hartmut Mai zum 65. Geburtstag. Beucha 2002.

FS Marlesreuth: Festschrift zur 600-Jahr-Feier der Gemeinde Marlesreuth. Naila 1962.

FS Marxgrün: 50 Jahre Christuskirche Marxgrün, hg. vom Dekanat Naila (Elias Friedrich). O. O. 1989.

FS Michelau: Bauer, Wilfried/Dippold, Günter: Evang.-Luth. Johanneskirche Michelau. Geschichte und Beschreibung. Michelau 1994.

FS Naila/Orgel: Fleischmann, Bruno (Hg.): Die neue Schuke-Orgel der Stadtkirche Naila. Naila 1997.

FS Neuensorg: Zeitler, Barbara (Hg.): 40 Jahre Auferstehungskirche Neuensorg. 1961–2001. O. O. [2001]

FS Neunkirchen: Bertholdt, Axel (Hg.): Festschrift zur Weihe der Christuskirche in Neunkirchen am Brand 10. Dezember 2000. Neunkirchen 2000.

FS Oberkotzau: Buckel, Gerhard u. a.: Festschrift zur Einweihung der renovierten St. Jakobus Kirche in Oberkotzau. Hof 1977.

FS Oberredwitz: Hain, Matthias (Hg.): Heilig-Geist-Kirche Oberredwitz. O. O. [1993].

FS Oberröslau: Seidel, Gerhard: Die Kirche St. Johannis der Täufer in Röslau. Röslau 1999.

FS Obristfeld: Kreuter, Gerhard: Obristfeld in vergangenen Zeiten 1096–1996. O. O. 1996.

FS Oeslau: 800 Jahre Oeslau 1162–1962, hg. von der Gemeinde Oeslau. Coburg 1962.

FS Pegnitz: Brehm, Heinrich: Festschrift zum 75jährigen Jubiläum der Evang.-Luth. Stadtpfarrkirche St. Bartholomäus in Pegnitz. [Pegnitz] 1975.

FS Poscharsky = Festschrift: Geschichte des protestantischen Kirchenbaues, siehe: Raschzok/ Sörries.

FS Pottenstein: 30 Jahre evangelische Johanneskirche Pottenstein. Hg. Pfarramt Bronn (Vera Ostermayer u.a.). Pegnitz 1989.

FS Regnitzlosau: Eichner, Klaus-Dieter (Hg.): Wiedereinweihung Pfarrkirche Regnitzlosau 19. August 1973. Regnitzlosau 1973.

FS Rugendorf: Kohlmann, [Philipp]: 600 Jahre Kirche zu St. Erhard und St. Jakob in Rugendorf. Kulmbach 1950.

FS Schauenstein: 750 Jahre Schauenstein – 550 Jahre Stadt. Darin Beitrag von Dieter Bachmann: Kirchengeschichte Schauensteins. O. O. 1972.

FS Schirnding 1979: Lieb, Fritz: Die Geschichte der Evang. Kirchengemeinde Schirnding. In: 100 Jahre Schirndinger Kirche 1879–1979. Schirnding 1979.

FS Selb: Schindler, Heinz (Hg.): Die evang. Stadtkirche „St. Andreas" in Selb – Anläßlich der Wiedereinweihung nach der Renovierung 1978/ 83. Selb 1983.

FS Steinhauser: Theo Steinhauser zum 80. Geburtstag. Hg. vom E.-L. Landeskirchenamt München [2002].

FS Strössendorf: 800 Jahre Strössendorf, hg. von der Gemeinde Strössendorf. Coburg [1980].

FS Veitlahm: Hübner, O. D. (Red.): 700 Jahre Veitlahm – 710 Jahre Wernstein. Kulmbach 1975.

FS Weißenbrunn: Die Evang.-Luth. Kirchengemeinde Weißenbrunn – Perspektiven einer oberfränkischen Dorfgemeinde. Hg. von der Kirchengemeinde aus Anlass der 300. Wiederkehr des Kirchenbaues. Bayreuth [1998].

FS Wüstenselbitz: Müller, Robert: 50jähriges Kirchenjubiläum […] der Dr. Martin Luther Kirche. Röthenbach [1951].

Fuchs, Siegfried: Historische Wallfahrtskirche und Kirchenburg – Kirche St. Marien zum Gesees. In: Heimatbeilage zum Oberfränkischen Schulanzeiger, Nr. 277, Bayreuth, Dezember 2000.

GaO = Geschichte am Obermain. Jahrbuch des Colloquium Historicum Wirsbergense, Lichtenfels.

Gebeßler, August: Gestühlsordnung und Emporen in den protestantischen Barockkirchen Frankens. In: 25. Bericht des bayerischen Landesamtes für Denkmalpflege 1966. München 1967.

GR = Grundriss.

Graf, Friedrich Wilhelm: Theologische Strömungen (VI.4.). In: Müller/Weigelt/Zorn II.

Griebel, Frtz: Die Kirche von Streitberg und ihr neu ausgestalteter Chor. In: K+K 4/1934.

Gutekunst, Eberhard: Gottesdienst. In: Zwischen Kanzel und Kehrwoche – Glauben und Leben im evangelischen Württemberg, Katalog des Landeskirchlichen Museums Ludwigsburg 1994.

Guth, Klaus: Erzbistum und Kirchenkreis. In: Oberfranken im 19. und 20. Jahrhundert, hg. von Elisabeth Roth. Bayreuth 1990.

Hacke, Heinz: Die Geschichte der Kirche von Glashütten. Manuskript masch. O. J.

Hackelsberger, Christoph: Die aufgeschobene Moderne. Ein Versuch zur Einordnung der Architektur der Fünfziger Jahre. München/Berlin 1985.

Hampe, Hermann: Zeitfragen des Kirchenbaues. In: s. Söhngen.

Hanselmann, Johannes (Hg.): Bayern evangelisch. Protestantische Vielfalt zwischen Alpen und Frankenwald. München [1993].

Hartnagel, Stephan: Geschichte von Eckersdorf. O. O. [2000?].

Heidelmann, Hildegard/Meißner, Helmuth: Evangelische Beichtstühle in Franken. Bad Windsheim 2001.

Henle, Julius v.: Handbuch der inneren Verwaltung für Bayern rechts des Rheins. München 1925.

Henzler, Theodor: Kirchenbau: ein Architekt hat das Wort. In: K+K 3/1969.

Herrmann, Dietmar: Lexikon Fichtelgebirge. Hof 2000.

Hg. = Herausgeber; hg. = herausgegeben …

Höllerich, Hans: Geschichte der Kirche und Pfarrei Rehau. Hof 1970.

Hofmann, Bernhard: Kirchahorn – Eine Ortsgeschichte. Kirchahorn 1982.

Hofner, Hans: Der ostfränkische Orgelbau. In: AO 52, 1972.

Hübner, Hans-Peter: Die Neuordnung der Evangelisch-Lutherischen Landeskirche und ihres Verhältnisses zum Staat (VI.1). In: Müller/Weigelt/Zorn II.

Jäger, Elisabeth: Wunsiedel 1810–1932. III. Band einer Geschichte der Stadt Wunsiedel. Wunsiedel 1983.

K+K: Kirche und Kunst, Organ des Vereins für Christliche Kunst in der Evang.-Luth. Kirche in Bayern e. V., Nürnberg.

Kantzenbach, Friedrich Wilhelm: Der Weg der evangelischen Kirche vom 19. zum 20. Jahrhundert. Gütersloh 1968.

Katalog Kunst: Kunst aus evangelischen Kirchen in Bayern. Katalog einer Ausstellung von 1979. Hg. vom Landeskirchenrat der Evangelisch-Lutherischen Kirche in Bayern. München [1979].

KDM [Kunstdenkmäler] BT = Gebeßler, August: Stadt und Landkreis Bayreuth (Bay. Kunstdenkmale). München 1959.

KDM FO: Breuer, Tilmann: Stadt und Landkreis Forchheim (Bay. Kunstdenkmale). München 1961.

KDM HO: Gebeßler, August: Stadt und Landkreis Hof (Bay. Kunstdenkmale). München 1960.

KDM KC: Breuer, Tilmann: Landkreis Kronach (Bay. Kunstdenkmale). München 1964.

KDM KU: Gebeßler, August: Stadt und Landkreis Kulmbach (Bay. Kunstdenkmale). München 1958.

KDM LIF: Breuer, Tilmann: Landkreis Lichtenfels (Bay. Kunstdenkmale). München 1962.

KDM MÜB: Breuer, Tilmann: Landkreis Münchberg (Bay. Kunstdenkmale). München 1961.

KDM NAI: Lippert, Karl-Ludwig: Landkreis Naila (Bay. Kunstdenkmale). München 1963.

KDM PEG: Schädler, Alfred: Landkreis Pegnitz (Die Kunstdenkmäler von Bayern/Oberfranken II). München 1961.

KDM REH: Brix, Michael/Lippert, Karl-Ludwig: Ehemaliger Landkreis Rehau und Stadt Selb (Bay. Kunstdenkmale). München 1974.

KDM SAN: Lippert, Karl-Ludwig: Landkreis Stadtsteinach (Bay. Kunstdenkmale). München 1968.

KDM STE: Lippert, Karl-Ludwig: Landkreis Staffelstein (Bay. Kunstdenkmale). München 1968.

KDM WUN: Röttger, Bernhard Hermann: Landkreis Wunsiedel und Stadtkreis Marktredwitz (Die Kunstdenkmäler von Bayern/Oberfranken, 1). München 1954.

Keck, Johannes: Der Bayreuther Orgelbauer Ludwig Weineck. In: AO 81, 2001.

KF (Kirchenführer) Bamberg/St. Stephan: Seiß, Johannes: St. Stephan Bamberg. Bayreuth 1987.

KF Bayreuth/St. Johannis: Schmidt, Gustav: In St. Johannis. O. O., o. J.

KF Bayreuth/Stadtkirche I: Reber, Herbert: Stadtkirche Bayreuth. München/Zürich 1979.

KF Bayreuth/Stadtkirche II: Fallois, Hartmut de: Stadtkirche Heilig-Dreifaltigkeit Bayreuth. Bayreuth 1994.

KF Eckersdorf: Bernreuther, Jörn: Eckersdorf. O. O., o. J.

KF Hof/St. Michael: Wunderer, Hermann: Evangelisch-Lutherische Hauptkirche St. Michaelis Hof. München/Zürich 1984.

KF Kirchenlamitz: Eichner, Klaus-Dieter: Evang.-Luth. Michaeliskirche Kirchenlamitz. München/Zürich 1987.

KF Pegnitz/Stadtpfarrkirche: NN: Evang.-Luth. Bartholomäuskirche Pegnitz. Verv. masch. o. J.

KF Rödental-Oeslau: Altmann, Lothar: St. Johannis Rödental-Oeslau. München/Zürich 1976.

KF Sclb: Arzberger, Dieter/Schindler, Heinz: Evang.-Luth. Stadtkirche St. Andreas Selb. München/Zürich 1984.

KF Trogen: Hühnlein, Dieter: Die Trogener Kirche – ihre Geschichte und ihre Kunstwerke. Hof 1997, o. P.

Kneule, Wilhelm: Kirchengeschichte der Stadt Bayreuth. 2 Bde. Neustadt a. d. Aisch 1971.

Knopf, Otto: Lexikon Frankenwald. Hof 1993.

Koepf, Hans: Bildwörterbuch der Architektur. Stuttgart 2/1974.

Kohnert, Frauke: 50 Jahre Otto-Bartning-Kirchenprogramm. Geeste 2000.

Krauss, Georg: Weißenstädter Heimatbuch. Weiden 1971.

Lit. = Literatur.

LKA = Landeskirchenamt München.

LkA Nbg. = Landeskirchliches Archiv Nürnberg.

Langmaack, Gerhard: Evangelischer Kirchenbau im 19. und 20. Jahrhundert. Kassel 1971

Lukas FS Orgel: Lukas, Viktor: Der Bau der neuen Orgel. In: FS Bayreuth/Stadtkirche Orgel.

Mai, Hartmut: Der evangelische Kanzelaltar. Geschichte und Bedeutung. Halle 1969.

Malter Wilhelm (I): Oberfranken West. Landschaft, Geschichte, Kultur, Kunst. Nürnberg 1965.

Malter, Wilhelm (II): Oberfranken Ost. Landschaft, Geschichte, Kultur, Kunst. Nürnberg 1967.

Meißner, Helmuth (I): Gestaltungsprinzipien beim Kirchenbau der Gegenwart, erläutert an Beispielen neuer Kirchen im Obermaingebiet. In: GaO 7, 1971/72.

Meißner, Helmuth (II): Die Kirche von Rugendorf. In: GaO 13, 1981/82.

Meißner, Helmuth (III): Kirchen mit Kanzelaltären in Bayern. München/Berlin 1987.

Meißner, Helmuth (IV): Die Kirche von Krögelstein. In: GaO 18, 1991/92.

Meißner, Helmuth (V): Bau- und Ausstattungsmaßnahmen bei evangelischen Kirchen im Markgraftum Brandenburg-Kulmbach/Bayreuth während des Reformationsjahrhunderts. In: ZBKG, 68. Jg. 1994.

Meißner, Helmuth (VI): Ein kirchliches Ausstattungsstück – ganz persönlich gesehen: Der Kanzelaltar der Kirche zu Brand. Heft 3 der Schriftenreihe „Brander Geschichte und Geschichten". Brand 1996.

Meißner, Helmuth (VII): Taufengel in Oberfranken. Lichtenfels/Bamberg 1996.

Meißner, Helmuth (VIII): Kirchen mit Kanzel-altären in Bayern. In: SchöHei 3/1997.

Meißner, Helmuth (IX): Evangelischer Kirchenbau in Oberfranken im 19. Jahrhundert. Lichtenfels/Weißenstadt 2001.

Mensing, Björn (I): Pfarrer und Nationalsozialismus. Göttingen 1998.

Mensing, Björn (II): Kontinuität und Neubeginn seit 1945 (VII.1; VII.1.1). In: Müller/Weigelt/Zorn II.

Meyer: Bad Berneck: Meyer, [Franz Simon] (Hg.): Evang.-Luth. Kirche zur heiligen Dreifaltigkeit Bad Berneck. Bericht zur Gesamtinstandsetzung. Bayreuth 1991.

Meyer: Busbach: Meyer, [Franz Simon] (Hg.): Evang.-Luth. Pfarrkirche St. Peter und Paul Busbach. Bericht zur Instandsetzung 1995/96. Bayreuth 1996.

Meyer: Glashütten: Meyer, [Franz Simon] (Hg.): Evang.-Luth. Filialkirche St. Bartholomäus Glashütten. Kurzbericht zum Abschluß der Inneninstandsetzung 1993/94. Bayreuth 1994.

Meyer: Goldkronach: Meyer, [Franz Simon] (Hg.): Evang.-Luth. Stadtpfarrkirche Goldkronach. Bericht zur Gesamtinstandsetzung. Bayreuth 1991.

Meyer: Lanzendorf: Meyer, Franz Simon (Hg.): Evang.-Luth. Pfarrkirche St. Gallus Lanzendorf. Kurzbericht zum Abschluß der Gesamtinstandsetzung 1996/98. Bayreuth 1998.

Meyer: Trumsdorf: Meyer, Franz Simon (Hg.): Evang.-Luth. Pfarrkirche Trumsdorf, Dekanat Thurnau. Kurzbericht zum Abschluß der Generalsanierung 1992/93. Bayreuth 1993.

Meyer: Wonsees: Meyer, Franz Simon (Hg.): Evang.-Luth. Pfarrkirche St. Laurentius in Wonsees. Kurzbericht zum Abschluß der Sanierung 1996–1998. Bayreuth 1998.

Meyers Lexikon: Meyers Enzyklopädisches Lexikon in 25 Bänden. Mannheim/Wien/Zürich 1971–1979.

„monumente" = Magazin für Denkmalkultur in Deutschland, hg. von Deutsche Stiftung Denkmalschutz, Bonn.

Muck, Herbert: Lebendiger Gottesdienst. Die Gestaltung des Kirchenraums nach der Liturgiereform. Münster 1966.

Müller, Gerhard/Weigelt, Horst/Zorn, Wolfgang (Hg.): Handbuch der Evangelischen Kirche in Bayern. Bd. II: 1800–2000. St. Ottilien 2000.

Münzer, Adolf: Chronik der Gemeinde Mainleus. Kulmbach 1966.

Mulzer, Hans: Zwischen Waldstein und Döbraberg. Der Landkreis Münchberg – kirchengeschichtlich gesehen. Helmbrechts 1987.

NK = Nordbayerischer Kurier, Bayreuth.

NN = Autor unbekannt.

Norman, Edward: Das Haus Gottes. Die Geschichte der christlichen Kirchen. Stuttgart 1990.

O. J. = Ohne Angabe des Erscheinungsjahres.

O. O. = Ohne Angabe des Erscheinungsortes.

O. P. = ohne Paginierung.

PB = Pressebericht.

Perzel, Herbert: Ein fränkischer Ort im Wandel der Jahrhunderte. Michelau 1988.

Pevsner, Nikolaus u. a. (Hg.): Lexikon der Weltarchitektur. Darmstadt 1971.

Pf. = Pfarrei, Pfarramt, Pfarrkirche

PfA = Pfarrarchiv

Pfarrbeschreibung Trumsdorf: Wenz: Pfarrbeschreibung mit Ergänzungen von 1913/14, PC-Abschrift aus dem Pfarrarchiv.

Piper/Haak: Piper, Hans-Christoph/Haak [Hack, Hatto]: Die Umgestaltung der Kirche zu Affalterthal 1968. In: K+K 2/1969.

Poscharsky, Peter (I – Hg.): Die Problematik des modernen Kirchenbaues. Marburg/Arnoldshain 1960.

Poscharsky, Peter (II): Die Kanzel. Erscheinungsformen im Protestantismus bis zum Ende des Barocks. Gütersloh 1963.

Poscharsky, Peter (III): Kirchen von Olaf Andreas Gulbransson. München 1966.

Poscharsky, Peter (IV): Ende des Kirchenbaues? Stuttgart u. a. 1969.

Poscharsky, Peter (V): Gemeindezentrum Ketschendorfer Hang in Coburg. In: K+K 3/1970.

Poscharsky, Peter (VI): Die Kirchen der Fränkischen Schweiz. Erlangen 1990.

Poscharsky, Peter (VII): Kirche und Kunst (V.9; VI.7; VII.11). In Müller/Weigelt/Zorn II.

Poser, Renata von: Rudolf Schäfer Kirchenausstattungen. Religiöse Malerei zwischen Bibelfrömmigkeit und Pathos. Regensburg 2000.

Qu. = Quelle (einer Information).

Raschzok, Klaus: „…an keine Stätte noch Zeit aus Not gebunden" (Martin Luther). In: K+K 1/2001.

Raschzok/Sörries: Raschzok, Klaus/Sörries, Reiner: Geschichte des protestantischen Kirchenbaues. Erlangen 1994.

RDK = Reallexikon zur deutschen Kunstgeschichte, hg. von O. Schmitt, E. Gail, L. Heydenreich. Stuttgart 1937 ff.

Reissinger, Elisabeth: Hans C. Reissinger und der evangelische Kirchenbau der 50er und 60er Jahre in Franken. Münster/New York 1995.

Roepke, Claus-Jürgen: Die Protestanten in Bayern. München 1972.

Rößler, Hans: Hans Kieser (1853–1925) und der Verein für christliche Kunst in der evangelischen Kirche in Bayern. In: ZBKG 70, 2001.

Roth, Elisabeth: Gotische Wandmalereien in Oberfranken. Würzburg 1982.

Rupprecht, Walter: Der kirchliche Anschluß des Coburger Landes an die Bayerische Landeskirche. In: Jahrbuch der Coburger Landesstiftung, Coburg 1972.

Sandner, Harald: Coburg im 20. Jahrhundert. Coburg [2000].

Sanke, Annerose: Die Petrikirche in Kulmbach. Masch. 1970.

Scheurmann, Ingrid/Hoffmann, Katja: Sakralbauten. Bonn 2001.

Schleußberger, R.: Heimatschutzbestrebungen in älterer Zeit. In: Der Mainbote von Oberfranken, Lichtenfels 1925.

Schneier, Walter: Coburg im Spiegel der Geschichte. Coburg 1985.

SchöHei = Schönere Heimat – Erbe und Auftrag, Zeitschrift des Bayerischen Landesvereins für Heimatpflege e. V., München.

Schwarz, Georg (I): Ein Gang durch die Geschichte von St. Nikolaus in Alladorf – Denkmal für den Opfersinn einer Gemeinde. In: AfH 4/1980.

Schwarz, Georg (II): Das historische Hof/Saale. Heimatbeilage des Regierungsbezirks Oberfranken, Nr. 161, Bayreuth 1990.

Schwarz, Georg (III): Trumsdorf, eine der ältesten Pfarreien Oberfrankens – Keine Rückkehr für wertvollen Altarschrein. In: AfH 11/1992.

Seggel, Fr[iedrich] (I): Glashütten: wechselvolle Geschichte eines Dorfes. In: Frankenheimat, Beilage des Bayreuther Tagblatts, Bayreuth Nr. 10/1954.

Seggel, F[riedrich] C[arl] (II): Hummelgauer Heimatbuch. Bayreuth 2/1983.

Seiß, Johannes: Moderne Kunst in einer alten Kirche? Verf. Faltblatt zur St. Stephanskirche in Bamberg. O. O., o. J.

Seitz, Manfred: Kirchliches Leben (VII.6). In: Müller/Weigelt/Zorn II.

Simon, Matthias: Evangelische Kirchengeschichte Bayerns. München 1942.

Singer, Friedrich Wilhelm: Heimat an der Hohen Warte. Hof 1982.

Sitzmann, Karl: Künstler und Kunsthandwerker in Ostfranken, Bd. I und II. Kulmbach 1957/1962.

SoBl = Sonntagsblatt, Evangelische Wochenzeitung für Bayern, München.

Söhngen, Oskar: Der kultische Raum nach lutherischem Verständnis. In: Ev. Kirchbautagung in Berlin 1948. Berlin 1949.

Sörries, Reiner: Die Evangelischen und die Bilder. Erlangen 1983.

Spindler, Max (Hg.): Bayerische Geschichte im 19. und 20. Jahrhundert – 1800–1970. 2 Bde. München 1974/75.

Stark, Harald: Die Evang.-Luth. St.-Nikolaus-Kirche in Marktleuthen. Marktleuthen 1988.

StHBA = Staatliches Hochbauamt Bayreuth.

Suckale, Robert u. a. (Hg.): Bamberg – Ein Führer zur Kunstgeschichte der Stadt. Für Bamberger und Zugereiste. Bamberg 3/1993.

Teufel, Richard: Bau- und Kunstdenkmäler im Landkreis Coburg. Coburg 1956.

Thiel, Heinrich: Studien zur Entwicklungsgeschichte der Markgrafenkirchen. Kulmbach 1955.

Thiersch, Heinz: German Bestelmeyer. Sein Leben und Wirken für die Baukunst. München 1961.

Werner, Andreas: Schney – Zeit- und Kulturgeschichte. Lichtenfels 1978.

Wilfert, Johannes: Emtmannsberg im Spiegel seiner Geschichte. Bayreuth 1987.

ZBKG = Zeitschrift für Bayerische Kirchengeschichte. Organ des Vereins für Bayerische Kirchengeschichte, Nürnberg.

Zorn, Wilhelm: Aus der Geschichte des Hospitals und unserer Kirche. In: Der Hospitalbrief, Juni 1971.

Anmerkungen

1   Meißner IX.
2   Meißner IX 31, 68.
3   Coburg/Katalog 219–221; Sandner 71.
4   Simon 678.
5   Kantzenbach 171.
6   Simon 679 f.; Hübner 212; Spindler 902.
7   Hübner 212; Spindler 902.
8   Hübner 212 FN 8.
9   Henle 266.
10 Hübner 217; Graf 268.
11 Guth 378.
12 Hübner 214–218; Mulzer 93.
13 Roepke 392; Hübner 219/220.
14 Roepke 392; Henle 324.
15 Henle 325.
16 Hübner 222; Simon 683 f.; Sandner 74, 75.
17 Hübner 223.
18 Mulzer 94.
19 Jäger III 256.
20 Ebd. 301.
21 Kneule II 62.
22 Ebd. 77.
23 Höllerich 172.
24 Kneule II 78.
25 Bohrer 280 f.
26 Hackelsberger 12.
27 Langmaack 138.
28 Bartning I 9 f.
29 Kohnert.
30 Langmaack 282.
31 Ebd. 141.
32 Ebd. 283–285.
33 Distel 48 f.
34 Poscharsky VII 331.

35 Meißner IX 41, 61.
36 Zu Will: Meißner IX 29.
37 Er war mit der gleichnamigen Industriellenfamilie in Selb und Erkersreuth weder verwandt noch verschwägert. Nach Auskünften von Heimatpfleger Dieter Arzberger und von M. Daub, 2001.
38 Reissinger 8 ff.
39 Friedrich 223.
40 Mulzer 94.
41 Ebd. 94 f.
42 Mensing I 9 ff.
43 Hackelsberger 13.
44 Kneule II 90; Spindler 905 f.
45 Spindler 906.
46 Hackelsberger 13.
47 S. Kap. 2.2.1.
48 Münzer 321.
49 Poscharsky VII 332.
50 FS Caspar 94.
51 Suckale 288.
52 Poscharsky VII 331; siehe Kap. 2.2.1. – Auch für eine vor allem in späterer Zeit oft nur enge ausgewiesene Altarnische bleibt die Erinnerung an den „Chor" bestehen und dieser Begriff im weitesten Sinne angewandt.
53 Raschzok 5.
54 Poscharsky VII 336.
55 Ebd. 337.
56 Ebd. 335 f.; Poser 15 ff; s. Kap. 2.4.3.2. und 2.4.3.3.
57 Mulzer 96.
58 Kneule 96; Friedrich 223, 235; Spindler 909
59 Ausstellung Historisches Museum Bayreuth März 2001: Bayreuther Chronik 1933–1945.
60 FS Marxgrün 5; Höllerich 177.
61 S. Kap. 2.6.2.

62 S. Kap. 2.6.

63 Höllerich 183.

64 Kohnert; Abb. bei Baier 367; Kohnert, Frauke: Auf den Spuren Otto Bartnings. In: K+K 2/2000, 33 f.; Auskunft von M. Daub, 2002.

65 S. Kat. 3.23. und 3.35.

66 Hackelsberger 27, 29.

67 Ebd. 79.

68 Mensing II 355.

69 Baier 367.

70 Hübner 388.

71 Spindler 911. Ein weiteres Gesangbuch während der Untersuchungszeit erschien 1995.

72 Roepke 428.

73 Seitz 456; Spindler 911.

74 Spindler 912.

75 Roepke 434.

76 Ebd. 441.

77 Söhngen 19.

78 Langmaack 143, 286–289.

79 Ebd. 153 f., 147 f.

80 Normann 301.

81 Muck 30.

82 Reissinger 119.

83 Hampe 149.

84 Bartning III 113.

85 Poscharsky I 13.

86 Ebd. 49 f.

87 Ebd. 57.

88 Ebd. 59.

89 Ebd. 85, 87.

90 Hackelsberger 80 f.

91 Ebd. 81.

92 Ebd. 85.

93 Ebd. 80.

94 Guth 403.

95 Poscharsky VII 543, 546.

96 Poscharsky III 16.

97 Roepke 441 f.

98 Höllerich 189.

99 Roepke 444.

100 Henzler 38.

101 Reissinger 187 ff.

102 Sitzmann II 9.

103 Nach Angaben der Familie Reissinger, Bayreuth, 2001; Reissinger 215 FN 7. Im folgenden ist mit Reissinger ohne

104 Schriftliche Auskünfte von Horst Rudorf vom 14.9.2001 sowie von M. Daub vom 10.11.2001.

105 Reissinger 44.

106 Siehe Kat. 3.96.

107 Annäherung 2/1997: Anmerkungen zum Kirchenbau von Hanns Lilje (1967), 286.

108 Interview im Bayerischen Rundfunk am 11.11.1968; die Aussage von M. Twain stammt von 1878.

109 P. [Poscharsky, Peter]: Schlecht angelegte und falsch ausgewertete Umfrage. In: K+K 2/1971, 20.

110 NN: Nachrichten – Umfrage. In: K+K 1/1971, 16.

111 In: K+K 2/1971, 21.

112 Ebd. 22.

113 Roepke 434.

114 Ebd. 443.

115 PfA Coburg/St. Lukas: Gemeindeblatt vom 20.10.1969; Poscharsky V 37 f.

116 Reissinger 28.

117 Langmaack 357 und Anm. 73 S. 361 f.: 1968.

118 Ebd. 158.

119 In: Frankfurter Allgemeine, 12. Juni 1969: Die leeren Räume.

120 Benevolo III, 9.

121 Scheurmann/Hoffmann 17.

122 Ebd. 21 f.

123 Schleußberger 32 ff.

124 H. L.: Denkmalpflege in alter Zeit. In: Heimatbote, Bayreuth 10/1956.

125 PB SoBl., siehe Kap. 2.5.1.[3].

126 In: Sonderausgabe der Zeitschrift Bayerland, Denkmäler bayerischer Kultur. München 1966/7.

127 In: Arbeitshilfen für den Heimatpfleger, Heft 2: Alphabetische Erläuterungen zum Bayerischen Denkmalschutzgesetz. München 1974.

128 Bach, Bernhard: Kirche darf kein Museum werden. In: PB SoBl. 23/1983.

129 Maier, Hans (Hg.): Dritter Fünfjahresplan für Denkmalpflege, hg. vom Bayer. Staatsministerium für Unterricht und Kultus, München 1978, 4.

130 In seinem Artikel von 2000 „Kann die Denkmalpflege entstaatlicht werden" verschärft er seine früheren Thesen. In: Stabenow, Jörg: Flucht in die Vereinfachung. In: Kunstchronik, Nürnberg 8/2000, 365.

131 Poscharsky IV 16.

132 Ebd. 17.

133 Ebd. 25.

134 Ebd. 8.

135 Poscharsky VII 547.

136 Ebd. 547 FN 34.

137 Ebd. 548.

138 Ebd. 549.

139 Ebd. 550.

140 Ebd. 551 f.

141 Annäherung 1997/1.

142 Letzte Chance für den Kirchenbau? Gespräch (Raschzok) mit Pfarrer E. Bibelriether, Nürnberg. In: K+K 2/1977, 30.

143 Hanselmann 38.

144 Schanzmann, Karl-Heinz: Evangelischer Kirchbautag in Lübeck. In: K+K 1/1980: 17.

145 Ebd.

146 Busse II 1.

147 Busse I 26.

148 Kirchenbau – Beschäftigung mit Alternativen der Zukunft (Gespräch mit Horst Schwebel). In: K+K 1/1980, 8.

149 Anmerkungen zum Kirchenbau. In: Annäherung 2/1997, 287; FS Steinhauser o. P. (Die Magdalenenkirche in Bayreuth ist nicht im Werkverzeichnis angegeben.)

150 Hg. von der Geschäftsstelle des Ev. Kirchbautages, Berlin.

151 Track, Joachim: Protestantische Gestaltung und Bildende Kunst – Systematisch-Theologische Impressionen. In: K+K 1/1980, 12.

152 Ebd. 14.

153 FS Neunkirchen 34.

154 Ebd. 27.

155 Ebd. 29.

156 Ebd. 11, 35.

157 Ebd. 54.

158 Ebd. 23.

159 Ebd. 34.

160 S. Kap. 1.2.2.

161 Raschzok 5.

162 Norman 304.

163 PB SoBl 27/2001: Baustopp für Gotteshäuser in Bayern kein Thema mehr.

164 KDM NAI 59; FS Schauenstein [21] mit Abb.

165 FS Erkersreuth 7 (s. Kat. 3.6.).

166 Reissinger 98–100, Abb. 66, 67.

167 Laut Auskunft von Pfarrerin Patricia Pretzsch, Birk, 2001.

168 Mitteilung von M. Daub.

169 G.: siehe Kirche Kat. 3.29. in Stockheim. – T.: Auskunft Pf. Unterlauter, 2001.

170 N.: DF FW 148. – Schw.: FS Distler, o. P.

171 Prospekt Evangelisch-Lutherische Heimvolkshochschule Alexandersbad. O. O., 2000. Abb. Wandteppich Katalog Kunst, o. P. [27].

172 DF KC 16 ff., mit Abb.; KDM KC 250; Knopf Sp. 51.

173 PB SoBl. Nr. 4/1997: Freizeitheim Sachsenmühle im Aufwärtstrend [...].

174 FS Einweihung des Kirchenraumes in Röthenbach. Das alte Schulhaus in Röthenbach. Hg. E.-L. Kirchengemeinde Arzberg, 24. Juli 1988, Computerdruck, o. P.; Auskünfte von M. Daub.

175 Schriftliche Mitteilung von Pfarrer Dr. Friedemann Hebart vom 31.7.2001.

176 Vgl. Kat. 3.56.

177 BA: FS 19. – C.: PB SoBl 7/1992: Coburger Millionenprojekt. – HO/Hosp.: Zorn. – H/St. M.: Dekanatsarchiv Hof: Akte XLI 73; PB SoBl 40/1993: Ein gläserner biblischer Bilderbogen wird wieder komplett.

178 Kneule II 100, 102; PB SoBl. 24/1983: Kirche am Friedhof – Renovierung ohne Zuschuß.

179 Endres, Rudolf: Das Ende des Zweiten Weltkriegs in Franken. In: AO 75 (1995), 421.

180 HO: FS 17. – Th.: KDM WUN 324. – Hö.: Meißner IX 112. – R.: DF CO II 91. – U.: Teufel 152. – C.: DF CO I 20. – N.: PB-Kurzbericht SoBl 15.2.1998; s. Kap. 2.4.3.6.

181 W.: Krauss 89. – L.: Jahreis, Reinhard: Aus der Geschichte Lanzendorfs. In: 50 Jahre Gartenbauverein Lanzendorf, o. O. 1979, 25. – St.: DF Michelau 65. – Kr.: FS 15; KDM KC 68. – KU: Bachmann, Erich u. a.: Plassenburg ob Kulmbach. Amtlicher Führer. München 1991, 26.

182 L.: FS 21, 23, 29. – R.: FS 36; Meißner II 78. – N.: DF KU II 103.

183 Immerhin wurden die abgeholten Glocken des Zweiten Weltkriegs archiviert: Himmel, Barbara: Ersetzt und doch unvergessen: Das Deutsche Glockenarchiv [...]. In: SchöHei. 3/2002, 155.

184 FS 9.

185 FS Bayreuth/St. Orgel 48.

186 F.: DF KC 23. – S.: KF 14.

187 B.: Meißner VI 35. – M.: Stark 34, 40, 47. – O.: Meißner III Nr. 169; FS o.P.; DF HO II 94. – A.: Poscharsky VI 113; Piper/Haak 24 ff.

188 FS II 15, 17.

189 E.: Teufel 51; vgl. Kap. 2.2. und 2.3. – B.: Kneule II 76; Meißner IX 162. – L.: FS 29.

190 PB SoBl 25/1984: 20-Jahr-Feier der Coburger Johanniskirche [...]; Sandner 287.

191 G.: PB Bayreuther Tagblatt 19./20.11.1963: St. Marien zum Gesees gerät nicht mehr ins Rutschen; PB SoBl. 25/1979: Kirchenburg vor Einsturz gerettet; Meißner IX 87. – A.: PB SoBl. 47/1992: Generalsanierung nach Deckeneinsturz.

192 PB FP 6.5.1996: Lindan, PCP: Schloßkirche geschlossen.

193 CO.: PB FP 30.3.1994: Feuer in Coburger Salvatorkirche. – HO: SoBl 12/1994: Hofer Kirche in Flammen – Brand unter dem Dach. – CO.: PB SoBl. 11/1998: Knapp an Katastrophe vorbei; Sandner 362. – Hi.: PB NK 23.10. 1998: Altarbrand gerade noch verhindert.

194 Angerer: Eckersdorf, 11.

195 Auskünfte von M. Daub und des Pf. Burkersdorf, 2002.

196 B./J.: Meißner VII. – CO.: PB SoBl 1/1984: Rätselhafter Sturz. – Cr.: PB NK 2.10.1989: Engel aus Kirche gestohlen. – B./O.: Rabenstein, Christoph/Werner, Ronald: Bilder und Geschichte(n) St. Georgen. Bayreuth 1994.

197 Li · DF KU I 64; PB BR 19.5.1988. Limmersdorfer Kirche wieder ein Schmuckstück. – Lu.: FS 43. – G.: Reissinger 80 f., Abb. 49–51; FS 8–10; KDM SAN 21; vgl. Kap. 2.2.

198 U.: Teufel 160; DF CO II 201 ff.; s. Kat. 3.85. – Oe.: Teufel 114 ff.; DF CO II 101 f.; s. Kat. 3.87.

199 Teufel 162; DF CO II 189 f.; s. Kat. 3.93.

200 BB.: Meyer: Bad Berneck 12 ff. – G.: Meyer: Goldkronach 14.

201 Meißner IX 77 f.

202 Schneier 263; Maedebach, Heino: Veste Coburg. München/Zürich 1993, 12; Coburg Stadtführer 84.

203 Seggel II 133 f.; Hacke; PB SoBl 34/1972: Rückblick in Glashütten, mit 3 Abb.; Reissinger 31 ff., Abb. 2.

204 Th.: Singer 211, 212, 219; KDM WUN 306, 316. – R.: Höllerich 170 f.

205 Meißner IX 43.

206 KDM KC 29–31; DF KC 15.

207 Schreiben Rosenthals vom August 1927 an das Pf. Erkersreuth, also kurz vor Baubeginn – nach Auskunft von Pfarrer Bernhard Wanner, Erkersreuth, 2001.

208 FS 52, Abb. 53.

209 FS 47 f.; Perzel 80; Meißner IX 29.

210 L.: FS 42. – S.: Teufel 134; Auskunft von Pfarrer Volker Reißenweber, 2001; Auskunft von Thomas Peetz, 2002.

211 Thiersch Abb. 121.

212 Leeb, Rudolf: Der Kirchenbau der Los-von-Rom-Bewegung. In: FS Mai 167.

213 FS Erkersreuth 26.

214 Griebel 26–28.

215 Stark 34, 37.

216 DF HO III 94, Abb. 95; FS [7].

217 PfA Brand: Akten 130, 131, 136, 137; Auskünfte von Pfarrer Paul Häberlein, 1993.

218 Piper/Haak 24 ff.

219 Poscharsky VI 113; Poscharsky VII 337; Piper/Haak 26.

220 Stößlein, Hans: Grafengehaig und seine Kirchenpfalz. In: PB Kulmbacher Anzeiger, ?/1987; DF KU II 68.

221 DF MÜB I 18; FS Ahornberg II 10.

222 Büder 216 f., Abb. 217; Abb. DF CO II 148.

223 FS 9.

224 Poscharsky III 17 ff.

225 Ebd. 14.

226 Telefonische Auskunft von Horst Rudorf vom 14.9.2001.

227 Pevsner 168, mit Hinweis auf das Werk von Walter Gropius von 1926 Das flache Dach, das damals große Experimente in dieser Richtung auslöste.

228 Rößler 184.

229 FS 26 (s. Kat. 3.22).

230 W.: DF CO I 113 f. – H.: FS 9; alte Abb. 6, neu 15; s. Kap. 2.2.3.

231 H.: Auskunft von M. Daub; KDM REH 16 f.; Meißner III 302; FS. – W.: DF MÜB 69. – Th.: KDM WUN 324, 328. – Schw.: DF FW 113; Auskunft Pf. Schwarzenbach a. W.

232 E.: S. Kat. 3.20. – Oe.: FS 42; KF Rödental-Oeslau 8.

233 L.: DF KU I 64. – U.: Eichhorn 91; Meißner, Helmuth: Kirchen und Kanzeln im Coburger Land. In: Frankenland, Nr. 11, Würzburg 1979, 307, Abb. 306. – O.: KDM WUN 212; FS 35 f., Abb. 36.

234 St.: KDM LIF 173 f.; FS 35 f., Abb. 36. – L.: FS 43. – G.: Reissinger 80 f., Abb. 49–51; FS 8–10.

235 L.: Meißner IX 61. – Schw.: DF FW 114; KDM NAI 65 – K.: FS 39; FS Köhler, o. P. – Scho.: KDM STE 191. – W.: DF MÜB II 75.

236 C.: Axmann; Meißner III 300; Coburg: Stadtführer 60 f.; Auskunft von Thomas Peetz. – K.: Hofmann 21.

237 A.: PB SoBl 31/1982: Kleine Gemeinde hat auch Vorteile. – Sch.: Meißner IX 116, 119. – Th.: PB BR 26./27.3.1966: Die Thurnauer Kirche wird ein Schmuckstück.

238 A.: Piper/Haak, 24, Abb. 25; Poscharsky VII 549; Meißner VII 50. – E.: Mitteilung von M. Daub, 2002.

239 Mit „Saalraumkirche" wird nicht der in der Kunstgeschichte übliche, aber „nicht klar definierte Begriff" (Koepf 321) einer Saalkirche angesprochen, sondern der

eines Raumes ohne eigens ausgewiesenen Chorbereich, bei Thiel mit „Einheitsraum" (63) bezeichnet. Er besagt nicht, dass auch die Prinzipalstücke zentral situiert sein müssten.

240 Höllerich 194.

241 Ebd. 189, 194 f., 197; Meißner III Nr. 185.

242 FS BA/Erlöserkirche 21; PB SoBl ?/1972: Gotteshaus in Gundelsheim St.-Markus-Kirche benannt.

243 S. Kap. 2.4.2.; FS 12 ff.

244 DF CO II 90, Abb. Katalog Kunst [58, 59].

245 Meißner IX 41, 63 ff.; FS Fuchs, o. P.

246 B.: KF 17; Seiß. – K.: FS 17. – W.: DF CO I 113; DF CO II 217; Meißner III Nr. 259.

247 KU: FS I 50. – T.: FS o. P., mit Abb.; Meißner III Nr. 223; Meißner, Helmuth: Der ehemals Strössendorfer Kanzelaltar in der Kirche zu Tettau. In: AO 61, Bayreuth 1981.

248 L.: FS 22. – Sch.: Meißner III Nr. 201 a. – N.: Meißner III 303.

249 PB Kurzmeldung SoBl. Nr. 8/1992.

250 L.: Meißner, Helmuth: Neugestaltung der Kirche zu Lichtenberg (Bericht). In: K+K, Nr. 1/1997, 18 f.; E.-L. Pfarrkirche in Lichtenberg. Bericht Gesamtinstandsetzung 1993–1996, hg. v. Landbauamt Hof 996. – B.: Meißner VI.

251 E.: Wilfert 252. – U.: PB BR 16.12.1994: Operation geglückt, Patient tot? – S.: FS 20. – R.: Höllerich 178.

252 S. jeweils im Katalog.

253 Bartning I 9 f.

254 S. jeweils im Katalog.

255 Vgl. Kap. 2.2.1.; Hacke; Seggel I, mit Abb.; Seggel II 136, Reissinger 31 ff., Abb. 2.

256 DF CO II 131.

257 Meißner IX 81; Werner 51.

258 Bosl II 121.

259 PfA Brand: Akte 149.

260 KDM WUN 90.

261 S. Kat. 3.58.; FS o. P.

262 Suckale 288.

263 S. Kap. 2.1.; FS I 18; FS II 19.

264 Hackelsberger 86.

265 S. Kap. 2.2.2.; KDM NAI 65 f.; DF FW 113.

266 E.: s. Kat. 3.20. – L.: FS 25, 49.

267 FS 21–27; Meißner IX 84.

268 Münzer 328.

269 KF Rödental-Oeslau 8.

270 Hoh.: Herrmann Sp. 290, mit Abb. – HO: Schwarz II 15. – P.: Meißner IX 87.

271 O.: PB Kurzmeldung SoBl Nr. 8/1992; s. Kap. 2.2.3. – E.: S. Kap. 3.20.

272 FS 22.

273 Einberg (PB SoBl 29/1995: „Einberg-Kreis" sammelt für neue Kirchenglocken) und Köditz (FS 16).

274 Weißenstadt/Pf. KDM WUN 369.

275 FS 34.

276 Höllerich 169.

277 FS 42.

278 Auskunft von Johanna Dippold, Seidwitz, 2001.

279 DF Weiden 123.

280 Höllerich 171, 294.

281 FS 25.

282 F.: DF KC 23. – A.: Piper/Haak 26. – H.: FS 9; Schwarz II 15. – Sch.: KDM NAI 65; Meißner IX 91.

283 N.: FS Naila/Orgel, o. P. – L.: S. Kap. 2.1. mit Lit.; DF KU I 64. – K.: KDM KU II 13; Meißner V 63, 93 f.

284 Gebeßler 45 f.

285 Ebd. 46.

286 Ebd. 52.

287 Bartning I 9 f.

288 FS Gottesackerkirche 14.

289 Meißner IX 92. – Rößler 184 – nach Ansicht des Vereins für Christliche Kunst in der ev. Kirche Bayerns.

290 FS 16.

291 FS o. P.

292 Piper/Haak 26; Poscharsky VI 113; Poscharsky VII 337.

293 FS Bayreuth/Friedenskirche 5.

294 Auskunft von M. Daub, 2002.

295 Henzler 39.

296 FS 20.

297 B.: KDM KC 31. – O.: FS 24. – M.: Stark 37. – G.: KDM SAN 26. – Sch.: DF FW 114. – G.: FS Gottesackerkirche 13 ff. – W.: PB Sechsämter Neueste Nachrichten 5.2.1970: Geschichte einer Kirche – Geschichte Wunsiedler Bürger. – K.: FS II 27.

298 G.: DF BT II 183; Fuchs Abb. 32/33. – A.: Piper/Haak 26 f. – M.: PB SoBl 45/1968: Münchberger Friedhofskirche renoviert. – Th.: PB BR ? März 1965: Vorerst keine Gottesdienste in der Laurentiuskirche.

299 Laut Auskunft von M. Daub.

300 Archiv des Staatl. Hochbauamtes Bayreuth; s. auch Kap. 2.5.1.

301 S. Kap. 2.2.2.; Gutekunst 124; Meyer: Lanzendorf 22; Heidelmann/Meißner, Abb. 52, 53.

302 DF HO I 94; Abb. DF HO II 95; GR FS [7].

303 Gebeßler 51.

304 KDM WUN 90; Thiel 34 f.

305 A.: KDM MÜB 5; FS II 10. – W.: KDM MÜB 56. – Th.: KDM WUN 324. – H.: siehe Kap. 2.1.; Auskunft von M. Daub. – E.: Auskunft Pf. Einberg, 2002. – O.: FS 48. – BT/St.: KF I 10. – N.: DF CO II 198.

306 Poscharsky VI 54.

307 FS I 50.

308 M.: FS 52. – K.: FS 17.

309 Th.: KDM WUN 306; s. Kap. 2.1. – Sch.: Auskunft Pf. Schwarzenbach. – R.: Meißner II 14.

310 DF PEG II 60 mit Abb.; PB SoBl 45/1994: Ruhepunkt im hektischen Alltag

311 PB SoBl 46/2002: Eva Bartylla: Aus tristem Grau wurde alte Farbenpracht.

312 Seggel II 184.

313 FS Gattendorf 52; s. u.

314 Sörries 15.

315 Jäger, Elisabeth: Die Gottesackerkirche in Wunsiedel. In: K I K 3/70, Abb. 42.

316 Henzler, s. Höchstadt (Kat. 3.65), 18.

317 Bartning II 16/17.

318 In: Sörries 233 sowie in Annäherung 2000/01, 377.

319 DF CO II 203.

320 PB SoBl 45/1995.

321 Sandner 274.

322 S. monumente 7, 8/2000, 47 ff.

323 G.: DF KU II 69. – K.: FS Gattendorf 52, 53. – H.: Meißner IX 112. – Oe.: KF Rödental-Oeslau 8. – W.: FS 61. – L.: Archiv des StHBA Bayreuth; Meißner IX 113 f.

324 FS 52.

325 Lau.: FS 52, 54. – Lu.: FS 43, 44 (Abb.). – Th.: Meißner IX 115.

326 Jäger III 262.

327 P.: Meißner IX 114. – S.: Auskünfte von Rudolf Eich-müller, Johanna Dippold, 2001.

328 L.: s. u.; FS 22, 23. – B.: Meyer 14; Meißner IX 112.

329 KDM NAI 65.

330 FS 26.

331 Th.: KDM WUN 306. – G.: Hacke.

332 FS 60.

333 St.: Griebel 26 mit Abb. – Br.: Auskunft von Pfarrer Paul Häberlein, 2001; Löwenhag, Hanno: Marktredwitzer Kost-barkeiten. Hof 1989, 88, Abb. 50. – P.: DF PEG II 18. – Be.: Meißner IX 105; KDM PEG 69; Hacker, Walter: Beiträge zur Geschichte der Pfarrei Betzenstein. Pegnitz 1980, 21.

334 E.: DF CO II 148; Annäherung 2/1995, mit Abb. 217. – G.: Reissinger 80 f., Abb. 49–51; FS 8–10.

335 Meyer: Trumsdorf 11 f.; Schwarz III – s. Emporen; PB SoBl 11/1993: Kontroverse um Deckenbild; Auskunft von M. Daub, 2002.

336 Sch.: FS 39, Abb. 25. – L.: FS 22/23.

337 S. Kap. 2.2.3. mit Anmerkung.

338 G.: Hacke. – S.: Auskünfte von Dieter Arzberger, 2001 und 2002; FS Selb 170.

339 Singer 212; KDM WUN 306 mit Abb. 309.

340 D.: FS o. P.; Meißner IX Abb. 40. – Ma.: Abb. FS o. P., mit Abb. – Mi.: FS 52. – P.: Auskunft von Dekan Christian Schmidt, 1995. – O.: DF HO I 94; Abb. DF HO II 95; GR FS [7]. – Aff.: Piper/Haak 26; Poscharsky VI 113; Poscharsky VII 337. – Ah.: DF HO II 24; FS II 10.

341 K.: Meißner IV 18, 51–56, Abb. 52, 55; LkA Nbg. 2175 II, S. 95; PfA Krögelstein: Pfarrbeschreibung 1931–1966, o. P. — HO: FS 9; KDM HO 11. – L.: FS 22. - O.: KDM WUN 212; FS 73 ff. (Abb.), 78

342 E.: DF CO II 148; Roth 47; Büder 217. – A.: Piper/Haak 26.

343 K.: FS 17, 23; Abb. Rückseite; Auskunft von Pfarrer Wolf Herbert Rodrian, 1997. – L.: FS 21–23. – A.: Auskunft von Pfarrer Friedrich Jehnes, 2001; FS II 15.

344 Nähere Angaben s. jeweils im Katalog.

345 H.: Mitteilung von M. Daub, 10.12.2001. – W.: Meyer: Wonsees 13; Auskunft von Pfarrer Heinrich Krämer, 1998.

346 Lo.: Meißner IX 109. – M.: Seggel II 184. – Lu.: FS 111. – O.: Frühere Bilder von ihm (an Chorbogen und Kanzel-säule) sind nicht mehr vorhanden; Auskünfte der Pfarrer Heinz Irmer, 1989, und Heinz Bogner (21.11.2002). – Lau.: FS 52, 54, Abb. 53.

347 M.: Stark 56. – G.: DF KU II 68 f. – L.: Archiv StHBA Bay-reuth. – C.: Axmann. – K.: Auskunft von Pfarrer Wolfgang Reinsberg, 2000.

348 P.: DF PEG II 60, 88 mit Abb.; PB SoBl 45/1994: Ruhe-punkt im hektischen Alltag. – B.: DF PEG II 19, Abb. 80.

349 BT.: NK 21.4.1993: „Die Heilung des Gelähmten" ist wieder da. – A.: Auskunft von Pfarrer Robert Schmidt, 1994. – Sch.: Abb. PfA Schirnding.

350 L.: PB BR 29./30.8.1981: Limmersdorfer Kirche entstand an Stelle eines Gnadenkirchleins; Schwarz, Georg: Die Elisabeth-Statue in der Limmersdorfer Pfarrkirche. In: AfH 8/1975. – M.: FS 61. – O.: Auskunft von Pfarrer Heinz Irmer, 1989. – G.: PB BR 31.8./1.9.1991: Heiliger Ägidius der Patron, mit Abb. – T.: Auskunft von Pfarrer Dr. Matthias Westerhoff, Berndorf, und Herbert Weiser, Thurnau, 2001.

351 S.: FS 170; KF 14. – KU: Sanke 90. – Th.: Singer 215; KDM WUN 314. – G.: DF KU II 69.

352 T.: KF, mit Abb. – M.: FS 59. – B.: PfA Brand: Akte 136; KDM WUN 94; Auskunft von Pfarrer Paul Häberlein, 2001. – W.: s. Kat. 3.93.

353 M.: Stark 59. – H.: DF HO II 46. – P.: DF PEG II 70, 72, mit Abb.; KF 4. – A.: FS I 10.

354 W.: Krauß 88, mit Abb. – R.: FS 46; Meißner II 78. – G.: DF Michelau 13.

355 St.: Abb. FS 36; DF Michelau 65; KDM LIF 173. – G.: Reissinger 81; FS 9. – K.: FS Köhler, o. P. – C.: Axmann.

356 Th.: Annäherung 2/1995, 216. – BT.: KF I 13; PB NK 11.1.1978: Klares Konzept für Stadtkirchen-Renovierung.

357 H.: KF HO 13, Abb. 14; PB SoBl. 40/1984: Thomasfenster erneuert, 40/1993: Ein gläserner biblischer Bilderbogen wird wieder komplett. – G.: PB BR 29.12.1994: Neues Kunstwerk in der Gössersdorfer Kirche. – N.: P-Kurzbericht SoBl 15.2.1998.

358 Roth 7.

359 Th.: KDM WUN 306. – B.: Roth 41 f. – C.: Roth 42. – O.: Roth 73. – E.: KDM BT 107, Roth 49. – G.: Roth 58. – N.: Roth 71. – K.: Roth 61; FS Gattendorf 41. – P.: Roth 73.

360 E.: Roth 47. – F.: Roth 49. – N.: Roth 66 f. – H.: KDM KC 58; DF KC 26. – Kö.: FS 16. – Tr.: DF HO II 115; KF o. P. – Ka.: Schmudlach 74. – U.: Meißner IX 100; PB s. o. Kap. 2.4.3.2. samt Anmerkung; KDM SAN 106, 108. – Ma.: Roth 63. – L.: Roth 62; KF St. Michaelskirche Lindenhardt von Karl Ludwig Dasser. Regensburg 2/1994, 7. – Mi.: Auskünfte von Pfarrer Herbert Helmut Junker (seiner Meinung nach war es 1952) und Prof. Dr. Poscharsky, 1989.

361 U.: PB BR 20.9.1962: Zur Kirchweih in Untersteinach; Meißner IX 105. – Sch.: Roth 78 f.; cro: Das Lamm Gottes unter Wasserdruck. In: monumente 7, 8/2000, 46 ff.

362 Tru.: Meyer: Trumsdorf 5; Schwarz III; Meißner IX 100. – Wa.: Roth 88. – Wei.: Roth 88 f. – St.: Roth 83. – B.: FS 37, Abb. 36. – A.: Schwarz I. – Tre.: PB BR 9.12.1966: Mit Pinsel und Spachtel wurde das Rad der Zeit zurückgedreht; Meißner IX 107. – M.: Dehio II 650. – Oe.: KF Rödental-Oeslau 15 f.

363 K.: Bericht in K+K 3/1972, 42 f. – I.: DF FW 77. – E.: Roth 46 f., KF 8; Hartnagel 32.

364 Adam 93.

365 Siehe Kap. 1.4. – München, St. Lukas: Annäherung 2/1, 2001 S. 403.

366 Meißner IX 134 ff.

367 Bartning I 9 f.

368 KU: FS II 28 f. – La.: PB NK 19.5.1969: Alarm für Pfarrkirche Langenstadt; PB BR 8./9.1.1972: Gotteshaus erstrahlt in neuem Glanz. – Leu.: FS 22.

369 Sonderdruck des Evangelischen Kirchbautages, Berlin, 4.

370 S. Poscharsky II, Mai, Meißner III.

371 B.: Meißner III Nr. 42; Meißner VIII 215; Meyer: Busbach 12.

372 Langmaack 282.

373 Ebd. 283.

374 Ebd. 287.

375 In: Annäherung 2/1997: Anmerkungen zum Kirchenbau, 287.

376 Kg.: KF o. P. – A.: Piper/Haak. – B.: Meißner IX 131 ff. – Ka.: Ebd. 125. – L.: FS 54. – Schw.: Meißner IX 133. – S.: Auskunft von Johanna Dippold, 2000.

377 Meißner III.

378 R.: Meißner III Nr. 185. – B. A.: Meißner III 300; Kat. 3.11. – St.: Meißner III Nr. 218: Griebel 26–28. – B.: Meißner III Nr. 37; Meißner VI. – Ah.: FS II 10. – H.: KDM REH 16 f.; Meißner III 302. – Th.: KDM WUN 328. – W.: Meißner III 307. – P.: Meißner III 304. – N.: Meißner III 303.

379 U.: Meißner III Nr. 234; Eichhorn 91. – St.: FS 35 f.; Abb. 36; Meißner III 306. – G.: Reissinger 80 f., Abb. 49–51; FS 8–10; Meißner III 302. – K.: Meißner III Nr. 117; FS 39. – Sch.: KDM STE 191; Meißner III 305. – W.: Meißner III 307. – C.: Axmann; Meißner III 300; Coburg: Stadtführer 60 f. – T.: S. Kat. 3.63.; Meißner III 306. – D.: Meißner III Nr. 54; Kat. 3.67. – H.: Meißner III Nr. 100; Kat. 3.68. – E.: Meißner III Nr. 59; Kat. 3.73. – H.: Meißner III Nr. 106; Kat. 3.71.

380 D.: Meißner III Nr. 117; FS 39. – C.: Meißner III Nr. 48. – R.: Meißner III Nr. 185. – BT: Meißner III Nr. 22. – G.: Meißner III Nr. 95.

381 K.: Meißner III Nr. 125. – G.: Meißner III 302. – B. A.: Meißner III 300; Mathes 159 (Kat. 3.11.). – W.: Meißner III Nr. 259. – R.: DF CO II 91. – T.: Meißner III Nr. 223. – Sch.: Meißner III Nr. 201 a. – N.: Meißner VIII 212. – Il.: Meißner VIII 213. – L.: Meißner VIII 213, Abb. 210. – B.: Meißner VI; Meißner VIII 211, mit Abb.

382 Obr.: Meißner III Nr. 176. – H.: Meißner III Nr. 101. – W.: Meißner III Nr. 255. – O-Rös.: Meißner III Nr. 174; KDM WUN 212. – R.: FS 20. – N.: Auskunft von Pfarrer Gerhard Fellner, 1993.

383 L.: S. o. und Kap. 2.5.1.1.; FS 52, Abb. 53. – H.: KDM FO 131. – Ma.: KDM WUN 624; Abb. 606 und 608. – Aff.:

Piper/Haak; Poscharsky VII 549. – B.: PfA Brand: Akte 137. – G.: DF KU II 68 f. – Mü.: Poser 165–169. – Ah.: FS II 10. – St.: Meißner III 215; Poser 172 f.

384 H.: KDM REH 26 f.; Meißner III 302; FS. – K.: FS 16. – M.: KDM WUN 624, Abb. 595. – BA: FS 19. – L.: PfA Lehenthal: Auskunft von Pfarrerin Diana Eschrich-Skoda, 2002. – Sch.: Abb. DF FW 114; Mitt. von M. Daub, 2002.

385 H.: FS 49. – Scho.: KDM STE 191. – K.: Hofmann 21. – Schi.: FS 39, Abb. 25; Auskunft von Pfarrer Werner Latteier, 2000; PfA: Fotografie. – G.: FS Gottesackerkirche 16. – B.: DF FW 52. – A.: Piper/Haak: Poscharsky VII 549. – P.: FS 44.

386 W.: Poscharsky VI 409; Meißner IX 126. – K.: Bericht K+K 3/1972, 42 f. – BT.: FS Abb. 4; PB 22.9.2000: Neuer Altartisch.

387 R.: DF CO II 90; Abb. in Katalog Kunst [59]. – Sei.: Auskünfte von Rudolf Eichmüller und Johanna Dippold; KDM PEG 512; DF PEG II 10. – B.: Wilfert 252. – P.: FS PEG 73. – So.: DF CO II 186 mit Abb., Katalog Kunst, Abb. [57].

388 B.: Auskunft von Dekan Seiß, 2001; KF 17, 18, 20; Seiß.

389 Kö.: FS 17; s. o. – KU: FS I 50; FS II 26. – G.: Archiv des StHB. Bayreuth; Abb. PB SoBl 30/1981: Statt Abbruch Erneuerung – Wiederweihe der neugotischen Gefreeser Johanniskirche. – Bie.: Poscharsky VI 125. – Bu.: PB SoBl Nr. 3/1988: Der Altar kam aus der Rhön, mit Abb.

390 BT.: PB NK 18.9.1989: Hochaltar bald in neuem Glanz. – Bi.: PB FP 24.–26.12.1997: Kirchenkunst in Bischofsgrün: Der Altar der Lindenfiguren; Hildmann: Die Predigt der Lindenholz-Figuren. In: Bayern evangelisch. München [1993], 55.

391 Katalog Kunst, Abb. o. P. [26, 68, 106].

392 Ein Pfarrer schrieb an den Verfasser als „kleine Anmerkung", er weise darauf hin, „daß im protestantischen Kirchenbau weniger von einem ‚Ambo' als vielmehr von der ‚Kanzel' die Rede" sei; er blieb nicht der einzige mit diesem sanften Protest gegen den Begriff „Ambo".

393 RDK Bd. 1, Sp. 627–635.

394 Adam 120.

395 S. Kat. 3.28.

396 Langmaack 287.

397 FS 36.

398 PfA Brand: Akte 137; Schreiben vom 18.4.1936; Rechnungsakte R 10.

399 M.: Stark 37, 40. – G.: PB FP 7.9.1990: Wundertätiges Bild in Protestantenhand – Wallfahrten machten früher in Gra-

fengehaig halt [...], mit Abbildung des Chorraums vor 1936.

400 H.: DF HO II 46. – A.: Abb. FS II 10; DF MÜB I 18; DF MÜB II 24. – W.: DF CO I 113 f.; Meißner III Nr. 259.

401 H.: KDM REH 16 f.; Meißner III 302; FS. – T.: KDM WUN 328. – Schw.: DF FW 114. – St.: FS 35 f., Abb. 36.

402 G.: Reissinger 80 f., Abb. 49–51; FS 8–10. – W.: FS 72. – P.: KDM SAN 74. – L.: Archiv StHBA Bayreuth.

403 H.: FS 49. – W.: Abb. PB NK 1./2.5.2000: Friedhofskirche festlich geweiht. – Sch.: KDM STE 191. – C.: Meißner III 300; Coburg: Stadtführer 60 f.; Axmann. – K.: Hofmann 21.

404 Sch.: FS Abb. 25, 26; 19. Jh. 130. – T.: Meißner IX 142. – G.: FS Gottesackerkirche 16. – P.: Auskunft von Dekan Christian Schmidt, 1995; DF II 18.

405 R.: DF CO II 90; Abb.: Katalog Kunst [59]. – A.: Meißner VII 50. – BA: Auskunft von Dekan Johannes Seiß, 2001; Seiß. – Br.: Meißner VI. – H.: Auskunft von M. Daub.

406 Langmaack 284.

407 Reissinger 171 Anm. 110.

408 Langmaack 288.

409 Sonderdruck des Evangelischen Kirchbautages Berlin, Nr. 5.

410 FS 44, 37.

411 T.: KDM WUN 306. – R.: Höllerich 171. – M.: Meißner VII 85. – A.: Piper/Haak. 24, Abb. 25; Poscharsky VII 549. – BT.: KF I 14. – G.: Meißner VII 65.

412 Br.: PfA Brand: Akte 137. – W.: DF CO I 113 f. – H.: KDM REH 16 f.; Meißner VII 302; FS; Auskunft von M. Daub. – Th.: KDM WUN 328. – U.: Eichhorn 91. – Gö.: Reissinger 80 f., Abb. 49–51; FS 8–10. – L.: Archiv StHBA Bayreuth. – Schw.W.: DF FW 114. – K.: KF 10; Meißner VII 73. – Scho.: KDM STE 191. – Schw./S.: Meißner VII 97; Abb. PfA. – Schi.: FS Abb. 25, 26; Meißner IX 130. – Bernst.: DF FW 52. – Ge.: FS Gottesackerkirche 16. – O.: FS 14. – R.: DF CO II 90; Katalog Kunst, Abb. [59]. – Berg: Meißner VII 57 f. – BA: Seiß; Auskunft von Dekan Johannes Seiß, 2001.

413 G.: Meißner VII 63 f. – Sp.: Ebd. 100. – Ma.l.: Ebd. 82. – S.: Ebd. 97 f. – Ki.ga.: FS Gattendorf 50; Meißner VII 74. – P.: Meißner VII 89 f. – Kö.: FS 16; Meißner VII 76 f. – Tro.: Meißner VII 106. – I.: Ebd. 70. – Mü.: Ebd. 84 f. – Tre.: Ebd. 104 ff. – R.: FS 20; Meißner VII 91. – BT.: PB NK 22.10.1973: Bei Renovierungsarbeiten in der Pfarrkirche St. Johannis freigelegt: Wertvolle Grabsteine und Grüfte. – Ma.: Meißner VII 82. – Sch.: Ebd. 94. – Kau.: Ebd. 72. – He.: Ebd. 68. – Kiga.: Ebd. 75 f. – Be.: Ebd. 57.

414 K.: Hofmann 21. – W.: FS 81.

415 FS Brand/Orgel 5, 9.

416 Meyers Lexikon Bd. 17, 728. Kanzelle bedeutet die Kammer, durch die die Orgelwind die Pfeifen erreicht; es gibt Ton- und Registerkanzellen. Man wählt heute fast nur noch das bewährte System über die Tonkanzellen aus der Barockzeit. Auskunft von Professor Viktor Lukas, Bayreuth, 15.11.2001.

417 PB SoBl 41/1994: Lammel, Wolfgang: Kulmbach hofft auf neue Kirchenorgel „noch vor der Jahrhundertwende".

418 PB BR 2./3.9.2000 Dagmar Besand: „Das wird ein brillantes Instrument".

419 B.: FS Brand/Orgel 65. – N.: FS Naila/Orgel, o. P.

420 FS Lahm = Löblein, Gottfried (Hg.): 250 Jahre Schlosskirche Lahm und ihre Herbst-Orgel. Als MS verv. 2/1983, 72 f. – Viledon: ein Stoff aus Viskose für Ventilkastendichtungen (Auskunft von Werner Baumgartner).

421 FS Lichtenfels/Orgel.

422 PB BR 18.12.2000: „Ein herrliches Geschenk für die Gemeinde".

423 Meißner IX 156. – F./W. I 44; F./W. II 402 f.

424 Zu den Orgelbaufirmen: Auskünfte von Werner Baumgartner. – Baumgartner: F./W. I 31; F./W. II 23. – Dietmann: F./W. I 33; F./W. II 64. – Thierauf: F./W. I 44; F./W. II 64, 416 f. – Eichfelder: F./W. II 83. – Graßmuck: F./W. I 36; F./W. II 122; s. u. Einberg: FS 180. – Keller: F./W. I 39; F./W. II 189. – Zu Neumann: Auskünfte von Herbert Fischer, Aschaffenburg, und Stadtarchivar Walter Bartl, Bayreuth, 2001.

425 Bauer: F./W. I 31; F./W. II 22. – Bosch: F./W. II 40 f. – Deininger & Renner: F./W. I 33; F./W. II 62. – Hey: F./W. I 37; F./W. II 156. – Hoffmann: F./W. I 37; F./W. II 162 f. – Ott: F./W. I 41. – Schmid: F./W. I 43; F./W. II 360 f. – Simon: F./W. I 44; F./W. II 392. – Walcker: F./W. I 45; F./W. II 443 ff.; Meyer-Lexikon Bd. 24, 790.

426 Heinze: F./W. I 36; F./W. II 149 f. – Hirnschrodt: F./W. II 160. – Holländer: F./W. I 38; F./W. II 168 f. – Ismayr: F./W. II 178 f. – Jann: F./W. I 39; F./W. II 181 f. – Kemper: Auskunft von KDM Roland Weiß, Pegnitz, 2002. – Klais: F./W. I 39; F./W. II 198. – Koch: F./W. I 38; F./W. II 206. – Maderer: F./W. II 240. – Sandtner: F./W. I 42; F./W. II 337. – Schwan: F./W. I 43; F./W. II 380. – Sieber: PfA Krögelstein: Akte 217; F./W. II 388 – Späth: F./W. II 395. – Thonius: F./W. II 418. – Vier: F./W. II 427. – Weigle: F./W. I 45; F./W. II 454 f. – Rieger: F./W. I 42; F./W. II 319. – Weise: F./W. II 161.

427 Z. B. im Bericht über die Orgel in Höchstadt – heute nicht mehr bei Oberfranken: Die Qual der Wahl… In: Die neue Schuke-Orgel der Christuskirche in Höchstadt, hg. vom E.-L. Pfarramt Höchstadt, 1998.

428 M.: FS o. P. – D.: FS o. P. – S.: FS 45. – G.: Klein, Christa: Die Geschichte Glashüttens. Bayreuth 1976, 88; Meyer: Glashütten 14; Reissinger 32. – Th.: Singer 221. – Emt.: Wilfert 153. – T. und A.: Neumann laut Pfarrbeschreibung Wenz 20. – BT/St.: Kneule II 119; Lukas FS Orgel 47; Auskunft von Prof. Viktor Lukas, 2001; F./W. III 208. – K.: FS 25. – Ein.: FS 180. – BT/Fr.: Kneule II 76; F./W. III 195.

429 F./W. III 197.

430 BT: Keck 373. – St.: PB BR 17./18.1.1998: Ein klingendes Kunstwerk. – G.: KDM SAN 26. Nach Auskunft von Hermann Fischer (2001) stammt dieses Werk von Heinrich Keller, Selb. Die Beschuldigung über die Herkunft des Orgelbauers ist damit anzuzweifeln. – KU: DF KU II 37. – O.: FS 18. – Kr.: PfA Krögelstein: Pfarrbeschreibung 1931–1966, o. P.; Akten 37, 217; Meißner IV 56. – Marl.: FS o. P. – Markt.: Stark 34, 46 f. – Br.: Mitt. v. M. Daub, 2002; FS Brand/Orgel, Abb. 54.

431 G.: Meyer: Goldkronach, o. P. – M.: KDM WUN 627.

432 Oe.: FS 42. – P.: DF PEG II 10. – K.: FS 39. – BT: Lukas: FS Orgel 48–50; Kneule II 119/120; DF BT II 56; KF I 14, Abb. 15; F./W. III 197.

433 Hö.: FS 49. – M.: FS 52. – Sch. : KDM STE 191. – P.: DF KU II 108. – CO: Axmann. – He.: DF CO II 100. – Th.: Singer 221. – G.: Auskunft von Organist Hartmut Gebauer, Bad Berneck, 2002. – Cot.: Hofner 88; PB BR 16.10.1996 Peter Müller: Ein Kleinod ist in Gefahr; PB BR 16.7.1999: Kleinod erstrahlt in neuem Glanz – Cottenauer Pfarrkirche Peter und Paul wurde renoviert; Meißner IX 160. – O.: FS Röslau 54, Abb. 55.

434 L.: FS 68 f., Abb. 67. – C.: Keck 374; Auskunft von KMD Roland Weiß, 2002. – E.: Wilfert 153. – G.: FS 10. – B.: DF PEG II 19. – K.: Wilhelm Lederer: Nikolaikirche mit altem Friedhof. In: Veranstaltungskalender der Stadt Kulmbach für Oktober 1974, 3. – L.: Keck 374. – P.: DF PEG II 16; KF 4; Auskunft von KMD Roland Weiß, 2002.

435 BT/J.: KF 14, mit Abb.; Keck 373. – E.: Hartnagel 32; Angerer: Eckersdorf 8. – H.: DF PEG II 24. – P.: Keck 374. – Bi.: Wilfert 254. – M.: FS 52. – O.: FS o. P. [25]. – BT: PB NK 28./29.5.1983: Geglückte Renovierung – Evangelische Gottesackerkirche wird wiedergeweiht; DF BT II 56, Abb. KF Stadtkirche II Nr. 3; F./W. III 198; Auskunft von KMD Richard Lah, 2002. – Zu Hüll, Betzenstein und Birk: Aus-

künfte von KMD Roland Weiß, 2002. – L.: Mitt von M. Daub und Pf. Lichtenberg, 2002.

436   F.: DF CO II 158. – Z.: DF MÜB 81, mit Abb. – L.: Archiv StHBA Bayreuth. – N.: Keck 374. – Br.: Auskunft von KMD Roland Weiß, 2002. – G.: Mitt. v. M. Daub, 2002. – R.: DF CO II 91. – V.: FS 38. – K.: Meißner IV 56. – A.: Keck 374. – E.: PB SoBl 41/1988: Neue Orgel geweiht. – Zu Thurnau, Azendorf, Issigau und Peesten: Auskünfte von Werner Baumgartner, 2001.

437   FS Orgel 8–16.

438   Sch.: DF KU II 117, mit Abb. – B.B..: PB NK 24.11.1992: Weihe der neuen Orgel. – G.: PB BR 21./22.6.1997: Neue Orgel: Kirche eine Baustelle. – N.: FS Orgel. – St.: PB BR 17./18.1.1998: Ein klingendes Kunstwerk. – U.: PB FP 29.11.1999: Neue Töne in der St.-Oswald-Kirche. – Bu.: PB FP 26.9.1991: Orgelpfeifen während des Krieges für Rüstungszwecke eingeschmolzen. – Br.: FS Orgel.

439   FS Orgel.

440   PB FP 18.12.2000: Stephan Herbert: Ein tonnenschweres Meisterwerk lässt aufhorchen.

441   PB BR 2./3.9.2000: Dagmar Besand: „Das wird ein brillantes Instrument".

442   PB SoBl 17/2000: Wolfgang Lammel: Der lange Weg zu einem Jahrhundert-Geschenk.

443   Ebd.

444   Abb. PB BR 16./17.12.2000: Petri-Orgel: Am Ziel der Wünsche.

445   Auskunft von Pfarrer Robert Schmidt, 1994.

446   A.: Piper/Haak; Poscharsky VI 113; Poscharsky VII 337. – P.: KF 3; FS 42. – H.: DF CO II 142. – R.: DF CO II 142; Katalog: Kunst, o. P. [58, 59]. – Schi.: Abb. PfA. – Schw.: Meißner IX 126; Mitt. Pf. Schwarzenbach, 2002.

447   M.: DF MÜB I 10. – Wei.: DF CO I 114. – B.: PB BR 21.9.1966: [Schwarz, Georg]: Baujubiläum der St.-Georgs-

Kirche in Berndorf [...]. – Wei.: Mitt. v. M. Daub, 2002. – Wü.: Katalog Kunst, Abb. o. P. [80]. – M.: DF HO II 91. – K.: PB SoBl 39/1974. – I.: DF HO II 74, Abb. 75. – E.: PB SoBl 27/1996: Neues Altarkreuz: „Lebensraum mit Wunden, Narben und Knospen". – G.: FS 10. – BT: Abb. Meißner III Nr. 22; Katalog Kunst Abb. [52, 53]. – H.: Ebd. [73], Meißner III Nr. 98, mit Abb.

448   BT: PB NK 13.5.1978 Baudenkmal von besonderem Rang. – A.: KF „Tut mir auf die schöne Pforte" – Ein Gang durch die e.-l. Kirche zu Ahorn. Hg. durch das e.-l. Pfarramt Ahorn. Ahorn 1995, o. P. – K.: FS Gattendorf 45.

449   T.: Pfarrbeschreibung Trumsdorf 20. – N./B.: Reissinger 12 FN 37; Auskünfte der Pfarrer Gerhard Fellner und Norbert Kotowski, 2001.

450   M.: FS o. P. – S.: FS 170; Auskünfte von Dieter Arzberger, Oberweißenbach, 2001. – L.: DF BA 64; Malter I 135, hier irrtümlich Heinz Schiestl. – Sch.: KDM STE 191.

451   R · Meißner II 78; FS 37 – I.: FS 23 – K · PfA Krögelstein: Akte „Pläne"; Auskunft StHBA BT.

452   FS 54.

453   B.: Wilfert 254. – O.: FS 46. – G.: PB s. Kap. 2.5.2.; CZ: Wundertätiges Bild [...], mit Abb. – L.: Archiv StHBA Bayreuth. – K.: PfA Krögelstein: Akte Pläne. – Meißner IV 56. – S.: P-Kurzbericht SoBl 10/1995. – A.: Schwarz I Abb. – L.: FS 45. – G.: Meyer: Goldkronach 22. – P.: Meyer: Plech 20. – BT/J.: PB NK 22.9.2000: Neuer Altar; Mitt. von Pfarrer Dr. Friedemann Hebart, 2002. – N.: PB SoBl Nr. 13/2000: Totenkrone gab Denkanstoß, mit Abb.

454   Kr.: Meißner IV 56. – P.: FS 73. – M.: Abb. Katalog Kunst [68]; Meißner III Nr. 151, Abb. – Ki.: PB BR 24.12.1985: Aus Trümmern wurde wieder eine Stätte der Verkündigung.

455   E.: Hartnagel 32. – M.: Stark 58. – W.: FS 86.

Register

Alle Aufnahmen, falls nicht anders (in Klammern) vermerkt, vom Verfasser im Jahre 2001 (Abb. 1: DF BT II 171).